D1754750

für Andrea
Hilmar
30/11/2020

Mallomania

und andere postmoderne Geschichten

garniert mit Zeitgedichten

Don Azor

Postmoderne

POSTMODERNE
MODERPOSTEN
TOPMODERNES
MODEPROTSEN

OPSTMODERNE
ERNSTPODOME
SPONDOTERME
TRENDPOSOME

SPORTMODENE
PORNOMEDTSE
SPERMOTODEN
POMTONERDSE

NOSTOPMERDE
POSTERMODEN
ONSTEPMORDE
TERMOSPODEN

MOTORSPENDE
MOPEDROSTEN
ROTMOPENDES
PODEMROTSEN

POTMODERNES
SERMONDEPOT
PESTMODONER
PERSONEMTOD

Mallomania

Alles schien gut. Wir dachten, wir hätten es geschafft. Ja, Deutschland galt in der Welt fast zwei Jahre lang als Musterland des sozialen Friedens. Die Ausländer waren integriert, ruhig gestellt oder vertrieben; den Bürgern ging es gut, sie fühlten sich wohl und waren zufrieden. Alle vertrauten der Regierung und machten das, was man von ihnen erwartete.

Dann gab es eine Panne. Aber der Reihe nach.

Wir schrieben das Jahr 2035. Die Klimakatastrophe war ausgeblieben, es ist merklich kälter geworden, die Gletscher sind gewachsen, es drohte die nächste Eiszeit. In Regierungskreisen erwog man eine Glazialsteuer.

Genau betrachtet ist es gar nicht so schwierig gewesen, Deutschland zu dem zu machen, was es damals war. Die stille Sehnsucht seiner Menschen nach Glückseligkeit sowie nach einer starken Persönlichkeit, die ihnen solches verheißt, erleichterte uns die Arbeit erheblich.

Gehen wir 12 Jahre zurück zum Tag meiner Erleuchtung, wo mir klar wurde, daß ich ein Mallonier bin.

Zuerst war ich ganz schön geschockt. Aber schließlich gewöhnte ich mich an den Gedanken, ein Außerirdischer zu sein. Ich versuchte, mein Dasein so gut es ging einzurichten. Das war in jenen Tagen nicht leicht, wo man ja gerade uns Mallonier für alle Übel dieser Welt verantwortlich machte. Ob Kriege, Vertreibungen, Pogrome, Hungersnöte, Seuchen, Dürren, Heuschreckenschwärme, Rattenplagen, der vielfach beschworene Klimawandel oder Naturkatastrophen wie Taifune, Erdbeben, Vulkanausbrüche, Tsunamis, immer waren die Mallonier schuld.

Diese Vermutung galt sogar als gesichertes Wissen, seit der Wiener Atlantisforscher Professor Weisfiel anhand der Ergebnisse seiner Feldforschungen schlüssig gefolgert hatte, daß Außerirdische unter uns leben. Dabei würden sich ‚diese Wesen' überhaupt nicht von normalen Menschen unterscheiden, auch wüßten sie selber nichts von ihrer außerirdischen Herkunft. Jeder Mensch könnte ein Außerirdischer sein, niemand weiß es genau.

Vor meiner Selbstfindung hatte ich keinerlei Zweifel, ein ganz normaler Erdenbürger zu sein, zumal alle Merkmale, die laut Professor Weisfiel einen Mallonier charakterisieren, ganz und gar nicht auf mich zutrafen. Mittelgroß, hängende Schultern, breite Hüften, fahle Haut, grüne Augen, schütteres Haar; all das hatte nichts mit mir zu tun. Die auffallend hohe Stirn und meine überdurchschnittliche Intelligenz konnte ich dagegen nicht verleugnen.

Laut der Forschungsergebnisse des Professors, die übrigens durch eine Indiskretion an die Öffentlichkeit gelangt waren, habe man uns, also den Malloniern, die Zerstörung der Menschheit quasi als Lebensaufgabe in die Gene eingepflanzt. Unser letzter Coup sei übrigens die Einführung des *www.* gewesen, also gleichsam die Entfaltung der Teufelszahl *666*, was, so der Professor, überdeutlich mache, was die Mallonier tatsächlich im Schilde führten.

Der Professor, das muß hier gesagt werden, hatte sich in vielen Punkten geirrt. Genau genommen wußte er fast nichts über unsere Zivilisation. Von unseren Plänen mit dem Planeten Erde und der Menschheit hatte er keine Ahnung; die Tatsache, daß wir seit geraumer Zeit gerade Deutschland im Fokus hatten, dürfte ihm nicht einmal im Traum eingefallen sein.

Mir geht es nun weniger um die Phantasien des Professors, sondern eher darum zu zeigen, wie schnell die deutschen Politdarsteller spleenige Ideen aufgreifen, wenn diese nur versprechen, daß sie von deren Fehlleistungen ablenken und sie die Bürger straffer an die Kandare nehmen können.

Die Politik hatte die Mutmaßungen des Professors dankbar aufgenommen und ungesäumt dem Volk als bare Münze verkauft. Die Kanzlerin erklärte die Angelegenheit zur Chefsache, schaltete die Staatssicherheit ein und ordnete eine Dringlichkeitssitzung des Bundesparlaments an. Nach einer hitzigen Debatte kamen die Abgeordneten zu dem Entschluß, daß „die Feinde der Menschheit", woher sie auch kommen mögen, zeitnah zu identifizieren seien und dann ein Umerziehungsprogramm zu absolvieren hätten. Allein die Grünen zeigten gewisse Vorbehalte. Ihre Vorsitzende, Renate Herbes-Knirsch, warnte vor Schnellschüssen. Zuerst sei zu klären, welche geschlechtliche Orientierung die Mallonier hätten und wie sie am besten zu integrieren seien, damit sie unsere bunte Kultur bereichern und ihr mit ein paar exterrestrischen Farbspritzern sozusagen die kosmische Weihe erteilten. Auf jeden Fall greife bei Ihnen der Minderheitenschutz, da gebe es keinen Zweifel. „Niemals lassen wir zu, daß die mallonitischen Mitbürger Opfer rechtspopulistischer Hetze werden."

Indes erhob die Linke die Frage, ob die Mallonier nicht etwa die fünfte Kolonne der AfD sein könnten. Das Kontra kam prompt: „Die Geschichte zeigt es eindeutig, Karl Marx war ein lupenreiner Mallonier. Gibt es Zweifel? Dann schaut doch die Blutspur an, die der Sozialismus hinter sich herzieht. Führt sie nicht direkt in die Katastrophe? Ist es nicht das, was die Mallonier wollen?!"

Der Streit drohte zu eskalieren, bis die Parlamentsproletin Dörte Bull-Schittling schrill ins Plenum schrie: „Wir behalten euch Nazischweine im Auge, darauf könnt ihr Gift nehmen!" Dem wollten die Rechten nichts hinzufügen.

Es rührte schon seltsam an, wie sich erwachsene Menschen über Wesen ereiferten, die sie in ihrem Leben noch nie gesehen hatten. Bald tauchte auch die Frage auf, woran man nun die kosmischen Zuwanderer erkenne. Die vom Professor genannten Erkennungsmerkmale seien ja wohl ein Witz: Hängende Schultern, breithüftig, fahle Haut, schütteres Haar! „Wer so daherkommt, der ist krank!" flüsterte ein fahlhäutiger Grüner seiner breithüftigen Kollegin zu. Mit Rationalität und überdurchschnittlicher Intelligenz könne man sich zwar anfreunden, sinnierte er weiter, aber dann wären ja wir Grünen fast alle Mallonier. „Das ist doch ausgemachter Blödsinn!"

Der rettende Einfall kam von der Kanzlerin persönlich: die genealogische DNA-Analyse.

Den hoch dotierten Auftrag erhielt die Abteilung *Genetische Genealogie* des renommierten Erich-von-Däniken-Instituts, das damals wohl die umfangreichste Sammlung von Zeugnissen außerirdischer Zivilisationen besaß.

Das Ergebnis ließ nicht lange auf sich warten. Mehrere Vergleichsanalysen von erstaunlich gut erhaltenen Knochen, Zähnen, Haaren und Gewebsteilen außerirdischer Wesen zeigten übereinstimmend eine signifikante Aufblähung des Steuergens am Kreuzpunkt des absteigenden Astes der Doppelhelix des Chromosoms Nr. 13. Ein Erscheinungsbild, so der Direktor des Instituts, das für die vormaligen Bewohner des Planeten Mallóna phänotypisch gewesen sei. Freilich komme diese Genanomalie auch bei normalen Menschen vor, die dann gewöhnlich einen auffälligen Hang zu Machtgier, Selbstüberschätzung und Größenwahn zeigten. Im günstigen Falle, so der Direktor, seien sie bloß debil und autoritätshörig, blieben aber im Großen und Ganzen unauffällig.

Zwei Monate nach Bekanntgabe der DNA-Analyse, verabschiedete der Bundestag das sogenannte *Malloniergesetz*, das alle öffentlichen Einrichtungen sowie die politischen Parteien verpflichtete, ihr Personal auf einen mallonitischen Hintergrund zu überprüfen.

„Im Zweifelsfalle", so die Ausführungsbestimmung, „ist die fragliche Person verpflichtet, sich einem DNA-Test zu unterziehen."

Dann verschwand das Mallonierproblem für eine Weile in der Versenkung; wichtigere Themen hatten Vorrang, zum Beispiel die Quotenregelung bei Tanzlehrer*innen. Erst die Schlagzeile der Bild "Gauweidel als Alien entlarvt" brachte das Malloniernarrativ wieder ins Gespräch. Vermummte Aktivisten hätten in einer Nacht- und Nebelaktion dem rechtspopulistischen Vordenker Gauweidel gewaltsam Blut entnommen und davon einen DNA-Test machen lassen. Das wenig überraschende Ergebnis: Gauweidel, ein lupenreiner Mallonier!

Darauf prasselte auf die Rechte ein Shitstorm nieder, der alle Rekorde brach. Ich erspare mir, einzelne Beiträge zu zitieren, hier geht es ja nicht um Bologna und die Bildungskatastrophe. Jedenfalls hat nicht einer*in der Disputant*innen jemals eine*n Mallonin*er gesehen, gehört, getroffen, gesprochen, aber jede*r wußte Bescheid und hatte eine dezidierte Meinung.

Die Staatsmedien hechelten wochenlang nur ein Thema durch: die Verschwörung der Mallonier und ihr geheimes Netzwerk. In Talkshows traten Experten auf, die eindringlich vor einer exterrestrischen Invasion warnten und den Staat aufforderten, Maßnahmen zu ergreifen, die den Bürger vor den Mallonier schützen. Die Bürger wurden aufgefordert, mit der Polizei zusammenzuarbeiten und jede Person zu melden, die irgendwie mallonisch aussehen würde. In öffentlichen Anlagen wie Bahnhöfen und Marktplätzen begann man neuartige Infrarotkameras zu installieren, die jede Person, deren Körpertemperatur 38° Celsius und mehr beträgt, automatisch aufzeichneten. Diese Grenztemperatur fuße auf neusten Forschungsergebnissen, wonach der Normalmallonier durchschnittlich ein Grad wärmer sei als der gewöhnliche Sterbliche. Das Ergebnis dieser Maßnahme war dann eher peinlich. Die Kameras identifizierten in einem Monat 17.925 Personen, wobei alle mehr oder weniger hohes Fieber hatten, darunter befand sich jedoch kein Mallonier.

Neue Erkenntnisse erforderten ebenfalls eine Revision der Merkmale. Der Professor gab zu, hier etwas durcheinandergebracht zu haben, denn in Wahrheit seien körperliche Merkmale bei Malloniern schon deshalb nicht zu bestimmen, weil sich die Mallonier seit ihrem Erscheinen vor etwa 4000 Jahren die Fähigkeit zugelegt hätten, sich wie Chamäleons der jeweiligen sozialen Umgebung anzupassen. Allerdings gäbe es eine Besonderheit, die freilich nur in seltenen Fällen und nur bei weiblichen Exemplaren auftrete, nämlich ein schwanzartiges Anhängsel über der Steißbeinspitze. Im übrigen gälten nach wie vor die herausragenden Eigenschaften überdurchschnittliche Intelligenz und auffällige Rationalität.

Im täglichen Parteiengezänk war es nun kaum noch möglich, die Keule Mallonia zu schwingen. Wer wollte schon dem politischen Gegner überdurchschnittliche Intelligenz und Rationalität zugestehen. Als einziger Makel blieb indes der weibliche Schwanzansatz. Das rief prompt die Gleichstellungsbeauftragte Dr. Regina Kusmaul auf den

Plan, die eine solche Behauptung als extrem frauenfeindlich verurteilte. Nach eigener Recherche habe sie herausgefunden, daß man Schwanzansätze bislang nur bei männlichen Föten gefunden habe, bei Föten, die übrigens nicht überlebensfähig gewesen seien. Wer also den femiphoben Schwanzansatz weiterhin für glaubwürdig halte und diese irrige Annahme auch noch verbreite, schädige die Würde der Frau und müsse mit strafrechtlichen Konsequenzen rechnen.

Als dann 178 unabhängige Wissenschaftler der staatlich geförderten Forschungsgruppe *Scientists for a Better World* (SfBW) in einem Kommuniqué den DNA-Test des Erich-von-Däniken-Instituts als völlig unwissenschaftlich verurteilten, war dieser Punkt vorläufig erledigt.

Nur die Rechte trat noch einmal nach; sie ließ mittels eines Schamhaares der Kriegsministerin einen DNA-Test machen. Das Ergebnis sei angeblich positiv gewesen, man ging dennoch davon aus, dass die Kriegsministerin eine ganz gewöhnliche Erdenfrau sei. Dagegen erhob die Kriegsministerin Klage, und zwar wegen Verunglimpfung ihres Amtes, übler Nachrede, Beleidigung, Rufschädigung und Verleumdung.

Während nun die Parlamente zur Tagesordnung übergingen, entwickelte *der Mallonier* in fast allen Bereichen des öffentlichen Lebens eine bemerkenswerte Vitalität. Dem schwächelnden Kulturbetrieb gab er ganz neue Impulse. In Kunst, Literatur, Theater, Ballett drehte sich zeitweise alles um Mallonía und die Malloniten. Autoren, Dramaturgen, Regisseure, Choreographen und nicht zuletzt deren Kritiker konnten ihren Phantasien freien Lauf lassen, sofern sie nur die Grenzen der Political Correctness nicht überschritten. Zum Beispiel ginge es gar nicht, dem Mallonier weibliche Eigenschaften anzudichten.

Professor*innen und Inhaber*innen von über sechundsechzig Lehrstühlen des Fachbereichs *Gender Studies* seien nach ausgiebigen Geschlechterfeldforschungen und einer genderologischen Sprachanalyse übereinstimmend zu der Erkenntnis gelangt, daß der Mallonier per se ein Bösewicht *(Malefiz)* sei, der, wie das Wort schon sagt, im Grunde einen schlechten *(mal, malevolent, maligne, Malignom)* Charakter habe, der genetisch verankert und im übrigen geschlechterspezifisch maskulin sei (vgl. engl. mal*e*). Außerdem, so postulierten die Genderdamen weiter, gäbe es nach dem vorliegenden geschlechtersensiblen Material keinen Zweifel an der Tatsache, daß die mallonizistische Gesellschaft durch und durch patriarchalisch vergiftet sei, wo strukturelle sowie tatsächliche Gewalt gegen Frauen zum mallonitischen Alltag gehöre. Deshalb, so forderten die Professorinnen, müßten schleunigst Gesetze her, die mallonizistische Umtriebe jeglicher Art verbieten sowie das Leugnen der Existenz von Malloniten unter Strafe stellen sollten.

Die Sorgen der Genderdamen scherten indes die wenigsten Menschen, für sie war das Leben eher ein Kasperltheater, in dem neuerdings der Mallonier den Teufel spielte, eine Quotenfrau die Kasperin und die Kanzlerin die Großmutter. Auch der Polizist war jetzt eine Polizistin und das Krokodil ein (männlicher) Mallatzelwurm. Computernerds griffen die Idee auf und bescherten dem Volk, das sich allgemein gerne von der Wirklichkeit ablenken läßt, das Jägerspiel *Mallomón*. Es würde hier zu weit führen, das Spiel ausführlich zu erklären. Nur so viel, im Grunde ging es darum, möglichst viele Malloniermännchen aufzuspüren, sie bei der Polizei zu denunzieren und vor ein virtuelles Strafgericht zu stellen, wo die einzelnen Untaten zur Sprache kommen und am Ende das Strafmaß ausgewürfelt wird. Die Härte der Strafe steigt von einem bis zu sechs Punkten, wobei die Zahl 1 Genickschuß bedeutet und die Zahl 6 obernotpeinliches Verhör (phantasievolle Folter) mit abschließender Pfählung. Eine ausgefeilte Software sorgte für Lebensnähe, und die optionale 3D-Brille gaukelte dem Spieler perfekte Realität vor. Es seien zwar schon Unfälle passiert, wo einzelne Spieler die Grenze zur Wirklichkeit überschritten hätten, aber das seien ganz seltene Ausnahmen gewesen, die statistisch gesehen vernachlässigt werden könnten. An den allgemeinbildenden Lehranstalten (Schulen) war das Spiel zunächst verboten, bis die ständige Konferenz der Kultusminister*innen das Verbot aufhob, und zwar mit der Begründung, die jungen Menschen müßten frei und eigenständig selber herausfinden, was der Entwicklung ihres Charakters förderlich sei.

Allmählich wurde der *böse* Mallonier zum Selbstläufer, er setzte sich in den Köpfen fest als Agent einer außerirdischen Macht, die die Menschheit ausrotten will, um danach selber die Erde zu bevölkern. Praktisch sah man den Malloniten als hinterlistigen Troll, als ein destruktives Wesen, das nicht zu fassen und dennoch unter den Menschen haust. Sigmund Freud läßt grüßen.

Den verkappten Malloniten traf man nun überall, in Bahnhöfen, an Bushaltestellen, bei Rockkonzerten, politischen Veranstaltungen, Beerdigungen, bei Demonstrationen für und gegen das Klima, in Krankenhäusern, Betriebskantinen, Wartezimmern, Lehrerkollegien, Universitäten, in Pflegeheimen, Gesangsvereinen, beim Oktoberfest, auf Kreuzfahrtschiffen, in Gemeinderäten, Stadtparlamenten, bei Tanzveranstaltungen, Polizei, Bundeswehr, Symphonieorchestern. Der ganze Politbetrieb schien voll davon. Mallonier, Malloniten, Mallomanaken! Kaum auszuhalten. Wo man indes niemals einen Mallonier vermutete: in Frauenhäusern, Frauenzentren, auf Fauenparkplätzen und allen Einrichtungen, die ausschließlich Frauen vorbehalten waren. Nicht so in Freudenhäusern, da spielte der Mallonite gewöhnlich den Zuhälter.

Im Kino hieß der Alien jetzt Mallonier. „Monsieur Mallón, der Frauenmörder von Paris" lautet die deutsche Neuinterpretation eines Filmes von Charly Chaplin.

Das ZDF landete einen Straßenfeger mit dem Titel: „Im Netz des Malloniten". Die Telenovela „Die Frauen des Hauses M." brachte unzählige Frauenherzen zum Flimmern. Karten für das Musical „Ein Lied geht nach Mallón" gab es nur noch auf dem schwarzen Markt, für horrende Summen. Das *Graphic Novel* „Malla rettet die Erdlinge" ging weg wie warme Semmeln. Die Erzählung „Der letzte Mallokaner" des Kultautor Charles Mayo begeisterte nicht nur Kinder.

Der Titel „*Den* Mallonier gibt es nicht. Studie zur geschlechtlichen Diversität eines unbekannten Wesens" entfachte einen hitzigen akademischen Disput, der am Ende mehrere Beleidigungsklagen zur Folge hatte. Eine Welle der Empörung entfachte das achtzigseitige Essay des bislang unbekannten Psychiaters Dr.Dynshies mit dem Titel „Der Mallonier als Projektion diffuser Weltenangst einer paranoiden Gesellschaft." Dr.Dynshies versuchte seinen Lesern klar zu machen, daß ‚der Mallonier' ein reines Wahngebilde sei, das die Politik allein zu dem Zweck erfunden und in die Köpfe gepflanzt habe, um Ängste zu schüren, woraus sich leicht machtpolitisches Kapital schlagen ließe.

Hier schaltete sich die Bundespräsidentin persönlich ein. Wortreich äußerte sie ihren Unmut darüber, daß Dr. Dynshies eine nationale Bedrohung als bloßes Hirngespinst abtun wolle, wo doch jeder Mensch, der mit offenen Augen durch die Welt gehe, klar erkenne, welch psychosozialen Verwerfungen der Mallonier als einzelner und in der Gruppe in diesem unserem Lande anrichte. Sie forderte die Bürger zu mehr Wachsamkeit auf und vor allem zu mehr Vertrauen gegenüber der Regierung und den staatlichen Organen, die ja alles Erdenkliche tun würden, um die Bürger vor den Malloniten zu schützen. Außerdem, betonte das Staatsoberhaupt, schaffe allein deren infames Versteckspiel, dieser unsägliche Mangel an Offenheit, einen Grad an Mißtrauen, das an den Grundfesten unserer freiheitlich demokratischen Grundordnung rüttle. Mit einem Wort, sie, die Mallomanen vergiften in unerträglicher Weise das sozialen Klima. Wir sollten endlich, so das Staatsoberhaupt, auf breiter gesellschaftlicher Basis einen herrschaftsfreien Diskurs darüber führen, wie man die Mallonier am besten aus der Welt, will sagen, davon überzeugen könne, ich meine ganz offen zu dem zu stehen, was ihnen die Natur sowieso zugedacht, sofern sie überhaupt was dachte ..." Hier verlor die Präsidentin den Faden.

Erinnert sei an die Behauptung Professor Weisfiels, ein Mallonier könne im Grunde jeder Mensch sein, nur der betroffene Mensch wisse es nicht.

Wie gesagt, waren ja die anfänglichen Versuche, die Mallonier zu identifizieren, kläglich gescheitert. Die Wissenschaft gab sich indes nicht damit zufrieden, zumal es gerade deren ureigenes Anliegen sei, der Wahrheit der Phänomene möglichst nahe zu kommen, also zunächst nicht erklärbare Sachverhalte aufzudecken und schließlich auf nachvollziehbare Weise erklärbar zu machen.

An der Hypothese, daß der Mallonier tatsächlich existiert, zweifelte so gut wie niemand, es fehlte nur noch der stichhaltige Beweis; die Postulate des Wiener Professors waren einfach zu wolkig. Es müßten Forschungsergebnisse her, die den Mallonier sozusagen dingfest machen. Das jedenfalls verlangte die Politik. Dafür griff sie tief in das Steuersackerl, und zwar für ein Forschungsprojekt, das endlich Klarheit schaffen sollte. Denn schließlich ginge es um die Sicherheit der Bürger, den gesellschaftlichen Frieden und nicht zuletzt um den Bestand des Staates.

Hier erhob auch Professor Weisfiel die Hand. In der Funktion als Leiter des *Institute for Extraterrestrial Affairs*, bewarb er sich um den Forschungsauftrag. Im Namen seines Instituts forderte er auch gleich einen Vorschuß über zwei Millionen Euro. Wie erwartet, erhielt sein Institut den Zuschlag. Schon bevor der Geldregen einsetzte, knallten dort die Sektkorken. Ein dreifach Hoch den Malloniern!

Als erstes setzte der Professor und sein Team die Öffentlichkeit darüber in Kenntnis, woher die Malloniten überhaupt stammen. Das interessierte indes nur wenige Menschen, denn die meisten wußten es ja bereits: „Das sind die Aliens aus dem Film, wie heißt er wieder? Egal, die kommen von der Andromeda-Galaxie und wollen uns kaputt machen". Andere begnügten sich mit der Gegebenheit des Faktischen und sagten: Jetzt sind sie nun mal hier.

Was die Menschen nun hören oder nicht hören wollten, interessierte den Professor wenig, als Mann der Wissenschaft hielt er sich streng an die Fakten, Spekulationen waren nicht sein Ding, als Wissenschaftler ging es ihm allein um die Wahrheit. In der renommierten Vierteljahresschrift *Sternthaler* veröffentlichte er folgenden Beitrag, den ich hier auf das Wesentliche kürze.

„Die Mallonier, Mallonen, Mallomanen, Malloniten oder Mallonaken sind Nachfahren einer technisch äußerst hoch entwickelten Zivilisation, die etwa 8000 Jahre nach der *Creatio ex nihilo* die Erde zu besiedeln begannen. Auf ihrem Heimatplanet Mallóna hatten Wissenschaftler einen neuartigen Treibstoff für Raumfahrzeuge entwickelt, der bei geringfügiger Veränderung des Trägermoleküls einen hochwirksamen Sprengstoff ergab, wovon ein gestrichener Teelöffel genügte, um ein zwölfstöckiges Hochhaus dem Erdboden gleich zu machen. Jetzt muß man wissen, daß in der Endphase des Planeten Mallóna das Land mit zwölf- und mehrstöckigen Hochhausruinen gleichsam zugepflastert war. Bevor sich dann die letzten Malloniten in Richtung Erde davonmachten, beschloß der Weise Rat der Struldbruggs, reinen Tisch zu machen. Das heißt, die häßlichen Ruinen sollten allesamt weggesprengt werden. Bei dieser Aktion wurde der Planet Mallóna derart durchgeschüttelt, daß schließlich kein Stein mehr auf dem andern stand, der Boden völlig durchlöchert, die Vegetation verbrannt und der Rest verstrahlt war. Die Handvoll Malloniten, die noch einigermaßen rüstig waren, wanderten ebenfalls aus. Die Erde schien wie geschaffen für sie, auch die Entfernung war kein Problem. Im übrigen war man über die Zustände auf der Erde bestens informiert.

Bereits seit Generationen charterten ganze Dorfgemeinschaften die preiswerten DRG+ (Dolmusraumgleiter mit Pilot) und suchten ihr Glück auf Gaia (so nannten sie die Erde). Natürlich gab es auch Remigranten, die vom Leben auf Gaia enttäuscht waren. Sie berichteten von Lebewesen, den Gaianern, die sie, die Mallonier, zuerst als Götter anbeteten, sich dann aber ziemlich schnell als feindselig, hinterlistig und überaus aggressiv entpuppten und den Malloniern das Erdenleben unerträglich machten. Dank überlegener Waffensysteme konnten die Mallonier die Wilden im Zaum halten; ja es gelang ihnen sogar, einige Gaianer zu zähmen und als Arbeiter auf den mallonischen Quälfruchtplantagen einzusetzen.

So ziemlich gegen das Ende Mallónas, so hieß es, habe sich der mallonische Obersprengmeister in einem Anfall von Machtrausch in der Menge des Sprengstoffs vergriffen. Jedenfalls setzte die Detonation eine Kettenreaktion in Gang, die mallonaweit alle Sprengstoffdepots erfaßte, bis schließlich der ganze Planet explodierte.

„Sogar die körperlich sehr riesenhaft großen Menschen wurden bei der Berstung des Planeten (Mallona) in großer Anzahl in den freien

Himmelsraum hinausgeworfen, gleichwie auch die anderen Kreaturen. Einige verdorrten Leichname schweben noch im weiten Ätherraume umher, einige sitzen und liegen tot und ganz verdorrt in ihren Häusern, die auf den größeren Planettrümmern noch bestehen; etliche von jenen Menschenleichen fielen sogar auch auf diese Erde, auf der sie aber schon nach etlichen hundert Jahren aufgelöst wurden." (Arunayogi II, S.968ff)

In dem Trümmergürtel zwischen Merkur und Jupiter kreisen seitdem unzählige Asteroiden sowie die vier Monde, die noch intakt und wie die größeren Asteroiden möglicherweise bewohnt sind. So erklärt sich auch, warum immer wieder Asteroiden aus ihrer Kreisbahn ausscheren, Kurs auf die Erde nehmen und wie ein gigantischer Kampfjet knapp vorbeisausen. Die Energien, die dabei frei werden, verwirbeln die Atmosphäre zu gewaltigen Stürmen, lösen Erdbeben, Vulkanausbrüche und Tsunamis aus, beschleunigen den Klimawandel, sind verantwortlich für totale Stromausfälle und, wenn's hart kommt, für den Absturz des gesamten WorldWideWeb, also den Supergau. Rien ne va plus! Punkt Zero. Das Ende unserer Zivilisation."

Als identitärer Mallonier sehe ich es nicht als meine Aufgabe, die abwegigen und teils abstrusen bis absurden Behauptungen des Wiener Professors zu berichtigen. In einer Sache muß ich ihm jedoch widersprechen. Wir Mallonier hatten nie die Absicht, die Menschheit zu vernichten. Im Gegenteil, wir waren stets um das Wohl der Menschen besorgt, denn wir brauchten sie ja als Arbeitskräfte, die uns Malloniern ein sorgenfreies Leben auf dem Planeten Erde ermöglichen sollten.

Von Anfang an versuchten wir, die Menschen mit technischer Entwicklungshilfe auf den Standard zu bringen, der uns am ehesten dienlich schien. Leider scheiterten alle Versuche, die Menschen auf die rechte Spur zu bringen. Die meisten technischen Errungenschaften, die wir den Menschen zur Verfügung stellten, mißbrauchten sie früher oder später als Mordinstrumente oder Waffen für ihre unsäglichen Streitereien und Kriege. Mit dem Rad, das wir ihnen gaben, konstruierten sie Kampfwagen, aus Eisen und Stahl fertigten sie Schwerter, Lanzen, Flinten, Kanonen, Panzer und Schlachtschiffe, den Buchdruck mißbrauchten sie zur Verbreitung ihrer reiligiösen Fantasien, Radio und Fernsehen wurden zum Manipulationinstrument, mit dem die Massen auf den nächsten Krieg eingestimmt werden, aus der nützlichen Kernenergie machten sie die Atombombe. Die Liste könnte ich endlos weiterführen, selbst was den Menschen anfangs weiter half, wurde in deren Händen unweigerlich zu mörderischen Gebilden und Giftschleudern, die den Planeten Erde allmählich zugrunde richteten, wenn wir nicht Einhalt gebieten würden.

Das Ende war freilich abzusehen, das World-Wide-Web (www) machte dies möglich. Es erübrigt sich zu sagen, daß wir Mallonier es waren, die den Menschen dieses überaus nützliche, wenn auch gefährliche Werkzeug zur Verfügung stellten, und zwar mit der festen Überzeugung, damit endlich den rechten Nerv der Menschen getroffen zu haben. Einen eher infantilen Nerv, wohlgemerkt, der ihren Spieltrieb anspricht sowie ihren Willen dominiert, der wie bei Kindern auf sofortige Trieb- und Bedürfnisbefriedigung drängt.

Mit dem Internet und der Digitalisierung aller Lebensbereiche gelang uns ein steuerbarer Informationsfluß, der darauf hinauslief, die Gehirne der Menschen in eine Art moderaten Panikzustand zu versetzen, also in einen Zustand, in dem der kritische Verstand weitgehend ausgeschaltet ist. Ein Beispiel gibt der sogenannte Klimawandel, wo die IPCC die Weltöffentlichkeit systematisch mit gefälschten Klimamodellen in Angst und Schrecken versetzte, bis auch der letzte Einfaltspinsel daran glaubte, dass das Lebenselement CO^2 ein Giftgas sei und die von Menschen gemachte Klimakatastrophe gleichsam vor der Tür stünde.

Mit dem Smartphone setzten unsere Leute noch eins drauf. Sie gaben der Menschheit ein Instrument in die Hand, das alsbald die Menschen beherrschte und ihren Verstand ein weiteres Stück nachhaltig eintrübte. Doch dann gab es Erscheinungen, mit denen niemand gerechnet hatte, und die auffallend häufig gerade in Deutschland zu beobachten waren. Esoterische Wunderlehren, wirklichkeitsferne Ersatzreligionen, alternative Wahrheiten, überbordender Feminismus, faktenfreie Wissenschaften, kollektiver Selbsthaß, Verbotsethiken, Massenhysterien, Wortgurus, Begriffsschamanen, Sprachmagier wuchsen aus dem Boden wie Giftpilze im Sommerregen und brachten weiteren Zank und Hader ins Land. Depressionen, Nervenzusammenbrüche, Selbstmorde, Amokläufe, Massenhysterien, Hass gegen die Welt und alles, was nicht paßte, waren an der Tagesordnung. Was die Menschen bereichern und zusammenbringen sollte, wirkte partout ins Gegenteil, machte sie arm im Geiste, einsam, aggressiv und unglücklich.

Jedenfalls konnte es so nicht weitergehen, das war auch unserem *Weisen Rat der Struldbruggs* klar. Also rief er die weltweit operierenden Experten der Sektion GaSoEng (*Gaia Social Engineering*) sowie Spezialisten (frei übersetzt) der *Technologischen Forschungsanstalt zur Optimierung evolutionärer Prozesse,* kurz TeFOpeP zu einem Symposion auf den Großkometen ZAX-1y ein, wo effiziente Werkzeuge entwickelt werden sollten, mit denen ganze Gesellschaften dauerhaft dazu konditioniert werden können, damit sich die Menschen freudvoll in ihr Schicksal fügen, um so als *all inclusive* versorgte Untertanen ein sorgenfreies, glückliches und mithin gemeinnütziges Dasein zu fristen.

Das Symposion fand vor genau zehn Jahren statt, eben in dem Jahr, wo weltweit ungewöhnlich viele UFOs gesichtet wurden. Vor allem in Deutschland beobachtete man die exterrestrischen Aktivitäten mit großer Sorge. Die deutsche Innenministerin Furchtsam-Gries sprach bereits von einer bevorstehenden Invasion der Mallonier. Ein willkommener Anlaß für die Kriegsministerin, eine Verdoppelung des Wehretats zu fordern, was auch die Finanzministerin begrüßte und quasi im selben Atemzug eine Erhöhung der Mehrwertsteuer auf 30 Prozent durchsetzte. Sozusagen als flankierende Maßnahme meldete sich die Bundespräsidentin zu Wort und ermahnte die Menschen in diesem unserem Lande: „Liebe Mitbürgerinnen und Mitbürger, in der Stunde höchster Gefahr müssen wir alle, die wir hier und heute leben, zusammenstehen, gemeinsam am selben Strang ziehen und dem Feind in breiter Front entschlossen entgegentreten!"

Das Symposion brachte den Durchbruch. Der Direktor des GaSoEng stellte einen neuartigen Microchip vor, der auf der Basis quantenenergetisch-molekularer Prinzipien arbeite und der Leistung eines konventionellen Großcomputers in nichts nachstehe. Der Chip SC7/9plus sei insofern revolutionär, weil er dem Social Engineering ganz neue Möglichkeiten eröffne. Zudem sei der Chip kostengünstig in der Herstellung und für die Massenproduktion bestens geeignet,

Genau betrachtet war der Chip eine Weiterentwicklung des biometrischen *ChipsSC6/8*, den zu dieser Zeit jeder in Deutschland registrierte Einwohner sozusagen als Identitätsausweis tragen mußte. Den Chip schoß ein staatlich lizenzierte Chipsetzer mit einer lasergesteuerten Chippistole schmerzfrei in die Bauchhöhle der Person. Aus Gründen des Datenschutzes mußte dann beim Tode der Person das Leichenentsorgungsinstitut den Chip entfernen und an die *Bundesdatenschutzbehörde* nach Berlin schicken, wo er zwanzig Jahre aufbewahrt und danach vernichtet wurde.

Wo noch der *ChipSC6/8* lediglich Daten versenden konnte, war nun der neue Chip SC7/9plus in der Lage, gezielte Steuerimpulse zu empfangen, die bestimmte Körperdrüsen zu vermehrter Hormonpruduktion stimulierten, beziehungsweise, sofern dies erwünscht, die Hormonproduktion zu reduzierten oder ganz abzusetzen. So war es beispielsweise möglich, einzelne Personen, Personengruppen oder ganzen Sozietäten mit einem Cocktail aus Glückshormonen zu fluten, so dass die Menschen im Rausche ihres Hochgefühls die Beschwernisse des Lebens sozusagen überflogen und für diese Wohltat am Ende noch ihrer Regierung dankten und Hosianna sangen.

Die Frage, welches Land sich nun am ehesten als Laborratte eigne, war schnell beantwortet. Keines würde sich besser eignen als Deutschland. Dort herrsche derzeit ein Feminat, welches das Land ziemlich abgewirtschaftet habe, und dem nun das Wasser bis zum Halse stehe. Es sei sonnenklar, das Regime würde dankbar nach jeder Hand greifen, die ihm irgendwie hilft, an der Macht zu bleiben.

Zur Hilfe kam eine Reihe schicksalhafter Ereignisse, die der deutschen Regierung keine andere Wahl ließ, als unser Angebot anzunehmen. Dabei muß man wissen, daß unsere Leute, also Mallonier, in allen Zentralen der Macht sozusagen inkognito als Berater tätig waren. Aus Gründen der Klugheit hat indes nie ein Mallonier die Macht direkt ergriffen, außerdem sind uns solche Machenschaften strengstens untersagt. Wir bleiben allemal im Hintergrund, wohl wissend, daß wir so den größtmöglichen Einfluß haben, dabei nur wenig angreifbar sind und zudem keinerlei Verantwortung tragen müssen.

Im Frühherbst des Jahres 2023 entwickelte sich die bis dahin latente Mallonierfurcht schlagartig zu einer ausgewachsenen Massenparanoia. Der eigentliche Auslöser war der totale Zusammenbruch des Internets. Dazu kamen heftige Niederschläge mit verheerenden Überschwemmungen. Deutschland versank regelrecht in den Wasserfluten. Der Schaden war unermeßlich.

Das Krisenmanagement der meisten Bundesländer versagte komplett. Die Regierungschefin weilte gerade bei einem Staatsbesuch in China. Keine Frage, sie wollte sofort zurück nach Deutschland und die Rettungsmaßnahmen persönlich leiten; aber leider erlitt die Kanzlerin einen Schwächeanfall, der sie tagelang ans Bett fesselte. Als sie dann, entgegen dem Rat der Ärzte, unverzüglich fliegen wollte, konnte der Regierungsflieger wegen eines schweren technischen Defekts nicht starten. Mit einer Woche Verspätung landete die Regierungschefin schließlich in Berlin.

Für die Opposition war das alles eine abgekartete Sache. Sie warf der Kanzlerin Feigheit vor. Sie habe sich schlichtweg vor der verantwortungsvollen Aufgabe gedrückt, weil sie genau gewußt habe, daß sie der Herausforderung nicht gewachsen gewesen wäre. Die Mehrheit der Bevölkerung zeigte für das Versagen der Verantwortungsträger absolut kein Verständnis. Es gab Unruhen und teils gewaltsame Auseinandersetzungen mit der Polizei. Der Volkszorn wuchs, das Murren wurde zunehmend bedrohlicher. Deutschland stand kurz vor einem Umsturz.

In letzter Sekunde entlarvte der Staatsschutz einen bis dahin unbekannte Gruppe krimineller Hacker, denen nachgewiesen werden konnte, daß sie gezielt das Internet lahm gelegt hatten. Was nun kaum jemand für möglich gehalten hatte, die zwölf Individuen standen in Lohn und Brot des mallonitischen Schurkenregimes, das zudem, daran gab es keinen Zweifel, die schweren Regenfälle und Überschwemmungen zu verantworten hatte. Außerdem war völlig klar, es waren Agenten der Mallonier, die den Fuhrpark des Technischen Hilfswerks lahm gelegt und nicht zuletzt den Flieger der Kanzlerin sabotiert hatten. Dafür gab es zwar keine stichhaltigen Beweise, aber einen hundertprozentigen Konsens regierungsnaher Experten, die den Fall untersucht hatten. Weitere mallonistische Schurkenstreiche erhärteten den Verdacht. Wie zum Beispiel die absichtlich herbeigeführte Massenkarambolagen auf der Autobahn, der Serienabsturz des neuen Eurofighters, der eben noch vereitelte Giftanschlag auf den zentralen Trinkwasserspeicher der Stadt Buxtehude, sowie der jüngst entgleiste ICE Freiburg mit über 46 Toten und nicht zuletzt der mißglückte Briefbombenanschlag auf die Kriegsministerin, wobei die diensthabende Generalin Freifrau von Zitz die Grußhand verlor.

Das Faß zum Überlaufen brachte der Überfall auf das Frauenzentrum der Stadt S. Während eines Vortrags der Frauenrechtlerin Dr. Schwaz-Fiel stürmten mit Macheten und Kalaschnikows bewaffnete Monsterclowns den Saal, trieben die verschreckten Frauen zusammen und zwangen sie, sich gegenseitig zu masturbieren. Die Kanzlerin und sämtliche Ministerinnen zeigten Mitgefühl, taten ihre Abscheu kund und gaben sich entsetzt. Für die Chefin der Staatssicherheit, Frau Dr. Sawane, gab es keine Zweifel: „Zu solch ekelhaften Perversitäten sind nur mallomanische Machos in der Lage, ein normaler deutscher Mann wäre zu einer derart abartigen femiphoben Freveltat erst gar nicht in der Lage gewesen."

Bereits drei Tage später demonstrierten auf dem Marsfeld der Stadt M. mehr als 10 000 Menschen, vorwiegend Frauen, gegen die mallomanischen Triebtäter. Wenige Tage später war die halbe Republik auf der Straße. Der Ruf nach Vergeltung wurde laut. Warum tut die Regierung nichts?! Steckt sie mit denen etwa unter einer Decke? Mallonia verrecke! Nieder mit Mallonia! Mallonaken verpißt euch! Krieg den Malloniten! Nur ein toter Mallone ist ein guter Mallone! Die Mallonierhysterie brachte den über Generationen aufgeschmierten Zivilisationsputz regelrecht zum Platzen. Es gab Hetzjagden auf fremdländische junge Männer, die man für Mallonier hielt. Linke, rechte, mittlere, blaue und grüne Chaoten mischten mit und machten das Marsfeld zum Schlachtfeld. Die anrückende Hundertschaft der Schutzpolizei hatte keine Chance. Die Beamten stießen auf eine Einheitsfront zu allem entschlossener Wutbürger und zogen sich nach der ersten Feindberührung irritiert wieder zurück. Die Mallonierhysterie erfasste das ganze Land. Die Leute gingen massenweise auf die Straße. Schulklassen mitsamt ihren Lehrern verließen den Unterricht und protestierten gegen die Mallonier. Komplette Belegschaften ganzer Seniorenheime schlossen sich den Demonstranten an und forderten die sofortige Ausweisung aller Malloniten. „Es geht um die Zukunft unserer Enkel. Niemals lassen wir zu, daß die Malloniten sie mißbrauchen!"

Die Regierung hüllte sich in Schweigen. Erst Tage später, nach einem Marathon an Krisensitzungen, wandte sich die Regierungschefin über das Fernsehen an die Bevölkerung. Sie versprach, die Lage in den Griff zu bekommen, aber ohne ungewöhnliche und teils schmerzhafte Maßnahmen ginge das leider nicht. „Gemeinsam schaffen wir das!" rief sie in die Kamera und zeigte den verstörten Zuschauern die Sozialistenfaust.

Die „ungewöhnliche Maßnahme" war nun nichts anderes als der Microchip SC7/9plus. Jetzt galt es nur noch, die Bürger davon zu überzeugen, dass der Chip die alternativlose Endlösung des Mallonitenproblems ist. Zusammen mit dem Staatsfernsehen und der systemkonformen Presse gelang es der Regierung in einer vorbildlich geplanten konzertierten Aktion, die letzten Zweifel der Bürger auszuräumen.

Was das Mallonierproblem betreffe, sei es nun möglich, mit Hilfe des neuen Microchips und mittels einer revolutionären DNA-Analysemethode, exterrestrische Lebewesen zu identifizieren, deren Genpool von terrestrisch evolutionär entstandenen Lebewesen signifikant abweiche.

Ein weiterer, ganz großer Fortschritt in der Gesundheitsvorsorge sei die Zentralisierung der persönlichen Gesundheitsakte, wo neuerdings die DNA sowie sämtliche Messwerte wie Blutdruck, Leber- und Prostatawerte, Herzfunktion, Bodenstoffe, Hormone und so weiter ständig aktualisiert werden und es nun möglich sei, medizinische Sofortdiagnosen zu erstellen. Das Einzigartige am neuen Chip sei jedoch die Möglichkeit, gewissermaßen synchron die erforderliche Therapie automatisch zu indizieren. Daß sich damit der Bürger zeitraubende Arztbesuche und Ausgaben für teure Medikamente erspare, liege wohl auf der Hand, zumal die Pflichtteilnahme am staatlichen KdDTS (Kombiniertes digitalisiertes Diagnose- und Therapiesystem) völlig kostenfrei sei.

Von diesen Vorteilen ließ sich die Mehrzahl der Bürger überzeugen. Gegen den neuen Chip gab es keinen nennenswerten Widerstand.

Man muß schon sagen, es war in der Tat eine logistische Meisterleistung, innerhalb sechs Monaten achtundsiebzig Millionen Menschen den Microchip SC7/9plus einzupflanzen. Aber die Mühe war es wert. Innerhalb weniger Wochen lebte in Deutschland das glücklichste Volk der Welt. Über den Mallonitenquark machte man jetzt nur noch Witze. Es gab nun weder Mallonaphobie noch Homophobie noch Xenophobie noch Gynophobie noch Misophobie noch Ergophobie noch Politophobie noch Phobophobie. Kurz, Phobien waren sozusagen abgeschafft. Die Menschen lachten viel, fielen sich bei jeder Gelegenheit in die Arme und küßten sich ab. Mit einem Liedchen auf den Lippen ging man zur Arbeit und erledigte ohne Murren selbst extrem stumpfsinnige Tätigkeiten wie die Überprüfung von Lohnsteueranträgen. Am Abend saß man vor der Glotze und lachte sich halb tot. Ja, in Deutschland lief alles rund, die Gewaltkriminalität sank quasi auf Null, auch sonst kam es kaum noch zu Streitereien. Gerichten ging die Arbeit aus, Richtern und Anwälten winkte Frühpensionierung oder Arbeitslosigkeit. Wie üblich in solchen Fällen genügte eine zusätzliche Dosis Serotonin, um auch deren Frust in Glückseligkeit zu verwandeln. Es kümmerte kaum jemand, daß die Militärausgaben in die Höhe schnellten und die Militarisierung der Gesellschaft zügig voran ging. Das mußte wohl sein, denn der Russe stehe vor der Tür, so hieß es. Doch wen kümmert's, wir werden mit ihm Wodka trinken und Kasatschok tanzen, aber hallo! Und wird er frech, kriegt er eine auf die Russenmütze, ha, ha, ha! Das Leben, eine einzig geile Fete! Komm Brüderchen, umarme mich! Begleitet von Salsamusik tanzten Rekrut*innen euphorisch in die Kasernen, wo ihnen zum Empfang eine Extradosis Noradremalin sowie Mut spendende Metamphetamine verabreicht wurden.

Während das Volk in einer bunten Glückswolke durchs Leben schwebte, bereitete die Regierung still und heimlich den nächsten Krieg vor. Die Depots waren bereits mit Kampfdrogen gefüllt, denn auch im Ernstfall sollte es den Soldaten und Soldatinnen an nichts mangeln.

Alles in allem, Deutschland durchlebte eine friedvolle Zeit.

Das Ende kam quasi über Nacht.

Wieder haben Hacker die Codes geknackt, sind in das KdDTS eingedrungen und haben das System total durcheinander gebracht. Das heißt, die Versorgung mit Glückshormonen war völlig zusammengebrochen, dafür gab es Dauerimpulse für einen Mix aus Testosteron, Dopamin, Adrenalin, Amphetamin und Pervitin. Die Folgen waren verheerend und machten Deutschland zu dem, was es derzeit ist: ein politischer, wirtschaftlicher, kultureller, sozialer, moralischer Trümmerhaufen. Anfangs begriff kein Mensch, was eigentlich passiert war. Die Menschen verharrten in einem kollektiven Schock. Erst allmählich wachten sie auf in einer Art Katerstimmung, als hätten sie Tag und Nacht durchgefeiert. Ihnen war, als seien sie aus einem wunderschönen Flugtraum knallhart auf den Boden der Tatsachen gestürzt. In die sowieso schon kaum erträglichen Entzugserscheinungen mischten sich Weckamine, die die Menschen derart aus dem Häuschen brachten, daß sie sämtliche Hemmungen verloren und ihrer Aggressivität freien Lauf ließen. Wer die Misere verschuldete hatte, war offensichtlich, natürlich die Politschmarotzer, wie man jetzt die Politelite zu diffamieren pflegte. Die Präsidentin, die Kanzlerin, ihre Ministerinnen und den gesamten politischen Rattenschwanz sah man nur noch als eingeschworene Mafia, die das Volk mit miesen Tricks betrügt, an der Nase herumführt und erbarmungslos ausbeutet. Wo sich ein Politdarsteller sehen ließ, wurde er beschimpft und bedroht, er mußte um sein Leben fürchten. Es kam sogar soweit, daß der aufgebrachte Mob die Polizeisperren durchbrach, die Sicherheitsbeamten entwaffnete und niederschlug, die Kriegsministerin aus ihrem gepanzerten Dienstwagen zerrte und sie unter dem Gejohle des Mobs dazu zwang, mit einem Besen in der Hand zu exerzieren und im Stechschritt auf und ab zu marschieren. Danach jagte man sie davon, ihr Dienstwagen ging in Flammen auf.

Die Unruhen eskalierten. Die Polizei und der aufgeputschte Mob lieferten sich blutige Straßenschlachten. Ein Heer von Chaoten mischte mit und schlug alles kurz und klein. Bevor sie desertierten, knüpften die Soldaten*innen ein paar Obristen und Generäle auf, und schauten zu, daß sie Land gewannen. Ein paar Deserteure bemächtigten sich der noch einsatzbereiten Panzer, mit denen sie Finanzämter und Windgeneratoren beschossen und unzählige Voltaikanlagen niederwalzten. Auch die Polizei wollte nicht länger Prügelknabe sein und schloß sich den Aufständischen an. Die öffentliche Ordnung brach zusammen, wenig später die gesamte Infrastruktur. Deutschland versank in Anarchie und Chaos, im Lande ging regelrecht das Licht aus.

Schon als sie Gefahr witterten, machten sich die politischen Verantwortungsträger aus dem Staub und baten befreundete Despoten um Asyl. Die Kanzlerin und die Kriegsministerin schafften es nach Paris. Von da aus versuchten sie, die Europäische Eingreiftruppe (EEC) zu mobilisieren, was ihnen teilweise gelang.

Derzeit kämpft in Deutschland jeder gegen jeden und alle gegen die Söldner der EEC. Die Lage ist völlig unübersichtlich. Wer es schafft, flüchtet ins Ausland, was indes zunehmend schwieriger wird. Die meisten Länder haben ihre Grenzen dicht gemacht, aus Furcht, die Unruhen könnten übergreifen.

*

Nach dem mißlungenen und völlig aus dem Ruder gelaufenen Experiment, habe ich mich und meine Mitbrüder (Schwestern gibt es bei uns nicht) auf die atlantischen Inseln zurückgezogen. Das mit Mallonía, den Malloniern und ihrem *Weisen Rat der Struldbruggs* ist natürlich barer Unsinn, eine solche Zivilisation hat es in Wahrheit nie gegeben. In Wahrheit gibt es aber uns, die *Arkanischen Scientisten*, und zwar seit 540 v.Chr. Wir sind ein wissenschaftlicher Zweig der Pythagoreer mit weitreichendem Einfluß in Politik und Wirtschaft, wir versuchen mit gezielten Experimenten menschliche Gemeinschaften zu befrieden. Die Erfolge halten sich indes in Grenzen, aber wir lassen uns nicht entmutigen. Unser nächstes Experimentierfeld wird das Vereinigte Königreich sein.

♣

Kulturereignis

Kulturereignis in der Oper,
'Carmen' wird heut inszeniert.
Der Regisseur sei genial,
die Kritiker sind fasziniert.

Zum Klang der Kastagnetten
Don José im Unterhemd
nimmt a tergo Carmen,
das Publikum klatscht vehement.

Daher kommt Escamillo,
'Auf in den Kampf Torrero',
und sticht mit dem Cuchillo
in den Po des Penetrero.

Don José, man glaubt es nicht,
empfindet tief Blamage,
Carmen singt die Habañera,
Das Publikum gerät in Rage.

Die Musik spielt furioso,
eine Saite bricht mit Knall,
Publikum stürmt die Bühne
und bringt das Stück zu Fall.

Juratl

Auf seiner dritten Reise im Jahre 1498 entdeckte Christoph Columbus die Insel Judiquata.

Vor der Riffbarriere ging er mit seiner Karavelle vor Anker, schickte ein Boot mit einer Anzahl bewaffneter Männer los, die das neue Land erkunden und in Besitz nehmen sollten.

Sie drangen weit ins Innere der Insel vor, wo sie auf Eingeborene stießen, die zum Erstaunen der Entdecker überhaupt keine Notiz von ihnen zu nehmen schienen. Das beleidigte die stolzen Spanier, und sie hätten mit den respektlosen Wilden kurzen Prozess gemacht, wenn nicht ihr Anführer, António Buero Vallejo, Einhalt geboten hätte. Denn Vallejo war ein alter Fuchs. der sehr wohl wußte, dass man die Kuh nicht schlachtet, bevor man sie gemolken hat. Also mußte der indianische Dolmetscher, den die Eroberer stets mit sich führten, zunächst die Frage nach Gold stellen.

Ungerührt zeigten ihnen die zerlumpten Wilden den Weg ins 'Tal der Gerechten', ein Tal, das in der Sprache der Eingeborenen 'Juratl' hieß, und das Kolumbus in seinem Bordbuch als 'Valle de los Dorados' vermerkte.

Im Tal lag ein muffiger Kirchhofgeruch und Krähen saßen auf den dürren Bäumen. Das aber konnte die hart gesottenen Conquistatores nicht abschrecken, Tod und Verderben gehörten zu ihrem Handwerk. Also gingen sie der Sache auf den Grund.

Sie fanden ein weitverzweigtes Höhlensystem, vor dessen Haupt- und Nebeneingängen ausgehöhlte Tuffkegel standen, in denen sich jeweils eine mit Gold und Edelsteinen behängte Leiche befand. Die Leichen waren teils mumifiziert und von Termiten zerfressen, teils steckten nur noch Skelette in den Löchern. In den Höhlen fanden die Eroberer lediglich Tierknochen und rußgeschwärzte Fragmente ehemaliger Schriftrollen, für die sie keinen Sinn hatten. Also fledderten sie die

Toten, rafften den Schatz zusammen und nahmen mit, was sie nur tragen konnten. Sogar ihre Waffen ließen sie zurück

Oben am Talrand hingen die Wilden herum, waren aber zu schwach, die schwere Last zu tragen. Also schlugen die Eroberer sie tot und schleppten ihre Beute notgedrungen selber zum Boot, das sie dann vollpackten, bis es zum Bootsrand im Wasser lag.

Im stillen Lagunenwasser kamen sie gut voran, doch beim Rifftor schwappte die erste Welle über den Bootsrand, was genügte, dass die Schaluppe und die meisten der mit Goldschmuck beschwerten Insassen wie Wackersteine in die Tiefe sanken.

Die wenigen Geretteten ließ Columbus an den Mast binden und auspeitschen; irgendwie mußte er ja seinem Ärger Luft machen. Die Insel belegte er mit einem Fluch und kehrte nie mehr dorthin zurück.

Fünfhundert Jahre später stieg Frau Dr. Rosemarie Knoblauch, angesehene Kryptologin und Spezialistin für indianische Rand- und Sondersprachen, hinab ins „Tal der Gerechten" und wurde alsbald fündig.

Im Winkel einer Höhle fand sie eine leicht angekokelte aber sonst gut erhaltene Pergamentrolle, vollgeschrieben mit unbekannten Schriftzeichen einer offenbar flüssigen Verlaufsschrift, die laut Dr. Knoblauch auf eine besonders hoch entwickelte Schriftkultur hinweise. Nach aufwendiger kryptologischer Puzzlearbeit gelang es ihr schließlich, die Schrift zu entschlüsseln - doch sie war über den Inhalt des Schriftsatzes bitter enttäuscht. Wie sie später der Presse mitteilte, sei der Text lediglich das Protokoll eines kleinlichen Rechtshändels, versehen mit Anmerkungen und abschließender Honorarberechnung eines Advokaten. Bei dem Streit sei es um die Klage eines Mannes gegangen, der seinen Nachbarn beschuldigte, er habe ihn und sein Haus beleidigt, weil er, der Nachbar, die öffentliche Grußordnung sträflich mißachtet und ihn, den Kläger, nur mit 'Koko' und nicht mit seinem vollen Namen gegrüßt habe, der da lautete: Ocotocolepatl Acopitatzek Seqauaitzacamuital Snebelnemasuza Kok.

Beschwingt durch ihren kryptologischen Erfolg ließ Dr. Knoblauch nicht locker, sie mußte unbedingt mehr über dieses Volk wissen. Da die Höhlen nichts mehr hergaben, machte sie sich systematisch an die Tuffkegel. Von ihren Helfern ließ sie einen nach dem andern abtragen. Schließlich machte sie einen sensationellen Fund. Der siebenundzwanzigste Kegel war fast zur Hälfte gefüllt mit einigermaßen lesbaren Schriftrollen, aus deren Lektüre es Frau Dr. Knoblauch gelang, die Geschichte des im historischen Nebel verschollenen Indiovolkes glaubhaft zu rekonstruieren.

Um das Jahr 1200 unserer Zeitrechnung hatte ein besonders aufgeklärter und freiheitsliebender Aztekenzweig die Nase voll von der Calpixquityrannei des Quetzalcoatltlatocayotl. Unter ihrem Anführer, einem weisen Tlamatintin, banden sie bei Nacht und Nebel ihre Cactli fest, faßten Octli soviel nur ging, schnappten Weib und Kind und machten sich gen Osten davon. Sie gelangten an die Küste, bauten ein riesiges Floß, stießen ab und überließen sich ihrem Tonáli, das sie schließlich an die einzige korallenfreie Stelle einer unbewohnten Insel führte, die sie Tlapelocotoco nannten. Sie fanden den Boden fruchtbar, opferten ihrem Obergott Huitzilopóchtli zum Dank eine Jungfrau und gründeten ihren eigenen Tlatocayotl.

Da ihnen die Freiheit über alles ging, sie indes bald merkten, dass die Freiheit des Einzelnen dort endet, wo die Freiheit des Andern beginnt, beschlossen sie nach langwierigen Diskussionen und vielen Abstimmungen ein Regelwerk des Zusammenlebens, das jedem die optimale Freiheit garantierte, und zwar ohne Rang und Ansehen der Person. Doch damit hatten sie anfänglich sowieso keine Probleme.

Die freie Gemeinschaft gedieh, ebenso die freie Wirtschaft. Alle waren fleißig, die einen mehr, die andern weniger. Es gab reichlich Pilli; neue Nauatl entstanden. Jede Gemeinde brauchte freilich einen Calpullec, der mindestens zwei Tlenamacac benötigte, die ihrerseits ohne eine Anzahl Mandancillos quasi machtlos waren. Dazu gesellten sich mehr und mehr Tlamacatzquiuaques, also Priester, denn jede Gottheit, seis der düstere Tezcatipoca oder die rachsüchtige Quezalcoatl, mußte hinreichend vertreten und mit Opfern versorgt werden, was selbstverständlich einer ausgefeilten Logistik bedurfte, die wiederum ohne geeignete Ixozauquitzonmolcotechuas nicht funktionierte.

Von Nauatl zu Nauatl zogen Pochtecatl mit ihren Tamémime und verkauften begehrte Produkte, wie gestoßene Pinóli, eingelegte Atóli, geräucherte Gishés und Bisslis, vergorenes Oxitl, gebrannten Piciétl und getrocknete Axolotl. Die Pochtecatl handelten die Waren den Maecualli billig ab und verkauften sie mit vielfachem Gewinn den etwas leichtgläubigen Macehuáltin. Natürlich mußten für einen flüssigen Güterverkehr begehbare Wege sowie für schwere Gegenstände spezielle Gleitbahnen gebaut werden - denn das Rad hatte man bis dahin noch nicht erfunden - doch dafür brauchte man Geld und vor allem Arbeitskräfte. Die freilich redeten in der Regel viel und taten wenig, wenn sie nicht gerade von einem Achcacauhtin angetrieben und mit Lohnversprechungen motiviert worden wären. Der Achcacauhtin indes mußte nun seinerseits dem zuständigen Tlenamacac über den Fortschritt der Arbeit täglich Bericht erstatten. Der Tlenamacac wiederum verdichtete die fünfzehn bis zwanzig Berichte der ihm untergeordneten Achcacauhtin zu einer persönlichen Erfolgsanalyse, die er durch einen Netob dem Mexicatlachcauhtli übermittelte, der die Erfolgsanalysen aller siebzehn Tlenamacacs von seinen Schreibern zu einer einzigen Laudatio seiner Tüchtigkeit zusammenschreiben ließ, die er regelmäßig dem Wegerechtsausschuß des Ueuetque (in dem ausschließlich Mexicatlachcauhtli saßen) persönlich abliefern mußte. Der Wegerechtsausschuss wiederum veröffentlichte vierteljährlich ein Bulletin, in dem die Öffentlichkeit über den Erfolgskurs des Ueuetque informiert wurde.

Für die vielfältigen Aufgaben und die kostspielige Verwaltung mit ihren unzähligen Ober- und Unterbeamten und das Heer ihrer Hilfskräfte benötigte das nun recht gut entwickelte Teocalli ein Calpixque, an dessen Spitze der Petlaavalcatl stand und darüber wachte, daß die Calpixqui bei ihrem schwierigen und manchmal auch gefährlichen Eintreibungsgeschäft auch stets im Rahmen der geltenden Gesetze durchgriffen.

Natürlich saß in dem Pelz des ursprünglich gesund gewachsenen Gemeinwesen allerhand Ungeziefer, das nicht nur Juckreiz auslöste sondern auch als gefräßige Parasiten den Sozialkörper zunehmend zu schwächen drohten. Auf den quirligen Märkten und winkligen Gassen der Altepetl sah man immer häufiger Tlapizque und andere Tagediebe. An allen Ecken, vorzugsweise den schattigen, wurde reichlich Diebesgut verschachert, vom simplen Coca bis zum raren Coaxyacayotlimatli, und zwar zu Spottpreisen, versteht sich, wogegen die Kundschaft gar nichts hatte. Sie klagte aber laut über die allgemeine Unsicherheit, denn es wurde gestohlen, betrogen und geneppt, was das Zeug hielt. Diebesbanden plünderten am helllichten Tage sogar die Pochtéca, die deshalb nach einer starken Polizei riefen.

Auch in den Teocallis wucherten Korruption, Lug, Betrug und, was bislang unvorstellbar, ein florierender Straßenstrich. Maatítl stolzierten die Calpulli auf und ab und boten für bares Gold ihre Tipíli an und gaben ihren Freiern immer häufiger Nanáua mit auf den Weg. Cuilòntli begannen es öffentlich zu treiben. Im Dunkel der Gassen lauerten Taelertl Jungen und Mädchen auf und verführten sie zu Yauhtli und anderen verruchten Dingen. In den Calmecac waren unzählige Pilli bereits süchtig. Die Tepuchtlatque wußten weder ein noch aus. Patòlistuben schossen aus dem Boden wie Pilze im warmen Sommerregen. Der Konsum von Oktli stieg ins unermessliche und forderte vor allem bei den Tlalmaitl immer mehr Opfer. Der Untergang der Gesellschaft schien vorgezeichnet.

Vor allem Leser, die von Dr. Knoblauch eher eine kurzweilige Lektüre über den Verlauf der Entwicklung eines vergessenen Aztekenstammes erwarteten, beklagten sich über den maßlosen Gebrauch juratlischer Fachtermini. Frau Dr. Knoblauch berührte das wenig. In einem ihrer zahlreichen Vorträge belehrte sie ihre Kritiker kühl mit der Bemerkung, dass wohl auch Albert Einstein von seinen Lesern ein gewisses Niveau an mathematisch/physikalischer Bildung vorausgesetzt habe, und dass auch sie, Dr. Knoblauch, Wissenschaftlerin sei und die Zielgruppe ihrer Veröffentlichungen ausschließlich dem akademischen, will sagen, dem ethnokryptologischen Bereich zugehörten. „Doch wer bloße Unterhaltung oder seichtes Infotainment sucht", fügte sie bissig hinzu, „sitzt bei mir im völlig falschen Film."

Es liegt auch dem Herausgeber fern, den hier vorliegenden Originaltext auf ein vermeintlich besseres Verständnis hin zu edieren; er schließt sich der Meinung der Autorin entschieden an und rät dem genervten Leser, sein Lektüreglück bei weniger spezialisierten Texten zu suchen.

Wie nun sah es in jenen Tagen mit der Freiheit aus? Die existierte natürlich weiter, jedoch in abgewandelter Form, und zwar auf Schriftrollen, die von Schreibern fein säuberlich beschrieben wurden. Allmählich entwickelten die Schreiberlinge, die sich selber als Schreibgelehrte verstanden, eine Kunstsprache, deren Besonderheit darin bestand, wichtige Begriffe auf möglichst viele Worte zu verteilen. Der Vorteil dieses Verfahrens liegt auf der Hand, denn es verlieh dem bis dahin formal erstarrten Aztekendialekt eine frische Wendigkeit, Elastizität und hermeneutische Polyvalenz. Das Wort Freiheit oszillierte nun in kaum fassbarer Unermesslichkeit. Eigentlich schien nun jeder und alles frei.

Das gefiel dem gemeinen Macehualtin, wenngleich ihn das ungute Gefühl beschlich, daß an der Sache irgend etwas faul sein müsse, zumal im täglichen Leben die Freiräume zunehmend enger wurden. Wer zum Beispiel nach Mitternacht das Haus verlassen wollte, und sei's nur zu einem Spaziergang in der kühlen Nachtluft, mußte das zwei Tage vorher beim Edlacal beantragen, denn, so lautete die offizielle Begründung, zu viele Menschen würden allein durch ihre Gehgeräusche die Nachtruhe der anderen Bürger stören.

Das habe alles seine Richtigkeit, bestätigten die Schreiberlinge, denn Freiheiten seien nur durch klare Einschränkungen definierbar, die stets als Resultate komplexer kulturhistorischer Prozesse akzeptiert werden müssten. Überhaupt sei Freiheit ein relativer Begriff, der realiter nur in Kontexten funktioniere, die übrigens auch, mutatis mutandis, seine rechtliche Relevanz bestimmten.

Über solche Sätze, die wie Beschwörungsformeln klangen, staunten die Macehuáltin und bewunderten die Wortjongleure als Künstler. Diese sahen sich schließlich selber so und wurden auch nicht müde, die Notwendigkeit ihrer Kunst für den Erhalt des sozialen Friedens zu begründen.

Die Schreiberlinge hatten selbstredend nur Gutes im Sinn. Genau das verstanden sie den Macehuáltin begreiflich zu machen, die folglich ihren Wohltätern vertrauten und sie frei gewähren ließen.

Was am Ende herauskam, war ein ausgefeiltes, vielschichtiges, alle Bereiche des Daseins erfassendes und zugleich schützendes Regelwerk von ungeheurer Komplexität, das man jetzt 'Gesetz' nannte. 'Gesetz' deshalb, weil es vom frei gewählten Ueuetque, in dem überwiegend Schreiberlinge saßen, in freier Abstimmung festgesetzt und dann den freien Bürgern vorgesetzt wurde, die in der Regel überhaupt nicht verstanden, um was es eigentlich ging.

Man müßte nun meinen, die immer noch sehr freiheitsbewußten Macehuáltin hätten gegen die zunehmende Verrechtlichung ihres Daseins protestiert. Nein, das taten sie nicht, denn die freiheitliche Gesetzgebung diente ausschließlich zur Wahrung und zum Schutze ihrer Freiheit, das glaubten sie genau zu wissen. Sie wußten freilich nicht mehr genau, wovon und wofür sie frei waren und wo die Grenzen ihrer Freiheit verliefen. Unversehens übertrat man Grenzen, verstieß ungewollt gegen irgendwelche Gesetze, Vorschriften und Verordnungen, wurde gerügt, gemaßregelt, verwarnt und bestraft. Zwar fehlte anfangs noch ein gewisses Schuldgefühl, doch das nistete sich alsbald in jedermanns Gewissen ein und machte sich sozusagen selbständig. Bei allem, was die Menschen nun taten oder nicht taten, sie hatten ein schlechtes Gewissen und fühlten sich irgendwie schuldig, so wie sie auch die andern für schuldig hielten. Selbst ihren eigenen Gedanken mißtrauten sie und den der anderen sowieso, was in der Folge häufig zu Argwohn, Verdächtigungen und Streitereien führte und das Leben ziemlich freudlos machte.

Im Ueuetque erkannte man dieses Problem sehr wohl und versuchte, dem kollektiven Hader mit neuen, besseren, gerechteren und liberaleren Gesetzen entgegenzuwirken, was freilich ins Gegenteil führte und den Unfrieden verschlimmerte.

In dieser zerfahrenen Situation ergriff eine Gruppe besonders engagierter Schreiberlinge die Initiative. Die Gruppe selbst nannte sich 'Freunde der Gerechtigkeit', was auf nauatlisch 'Juridaquli' hieß. Die Juridaquli boten den Macehualtin in allen Fragen des Rechts und der Gerechtigkeit ihre Dienste an und versprachen jedem, der sie benötigte, ihm in Rechtsdingen zu helfen, koste was es wolle.

Die Juridaquli waren den gewöhnlichen Schreiberlingen in jeder Beziehung überlegen. Sie zeichneten sich aus durch hohe Intelligenz, nüchterne Klarheit des Denkens, ungezügelten Ehrgeiz, grenzenlose Schaffenskraft, rhetorisches Geschick und eine aalglatte Haut, die ihnen ermöglichte, überall hinein-, hindurch und hinauszugleiten. Außerdem besaßen sie ein ausgeprägtes Verstellungstalent, einen gesunden Machtinstinkt verbunden mit Goldgier sowie ein enormes Penetrationsvermögen.

Mit dem Vorwand, den Leuten zu ihrem guten Recht zu verhelfen, drangen sie in alle Daseinsbereiche ein, durchwucherten das Marktgeschehen, die Verwaltungen, den Kulturbetrieb, die sozialen Einrichtungen und die Politik insgesamt. Selbst vor den Tempeln machten sie nicht Halt und zogen die Priester auf ihre Seite, indem sie ihnen rechtliche Tricks verrieten, wie sie den Macehuáltin mehr und höherwertigere Opfergaben abpressen konnten. Im Ueuetque verdrängten die 'Freunde der Gerechtigkeit' ihre minderbemittelten Kollegen, also die gewöhnlichen Schreiberlinge, ziemlich schnell, denn die neue Zeit, wo das Recht auf allen Ebenen waltete, verlangte einschlägige Fachkompetenz. Diese Tatsache überzeugte auch die Macehuáltin, und sie hielten es für richtig, dass ihre Interessen im Ueuetque künftig ausschließlich von Juridaquli vertreten wurden, denn wer sonst hatte noch den rechten Durchblick. Überhaupt war es keine Frage, das schien sonnenklar, dass jede Person in höherer Position und Verantwortung eigentlich nur ein Juridaqul sein durfte, zumal nur sie, die 'Freunde der Gerechtigkeit', die Sprache des Rechts in Wirklichkeit recht verstanden, da es ja ihre eigene Sprache war.

Im Verlauf einer Generation webten die durch freie Wahlen legitimierten Juridaquli über den gesamten Teocalli ein dichtes Gespinst, in dem die Macehuáltin wie Fliegen saßen und darauf warteten, ausgesaugt zu werden, denn im Netzwerk saßen bräsig und hellwach unzählige Blutsauger, allen voran der Ciucoatl, oberster Tlawnastatslareneg aller Juridaquli und de facto der erste Mann im Staate.

Zunächst genossen die Juridaquli bei den Macehuáltin höchstes Ansehen, sie wurden verehrt und mit ihren Titeln angesprochen. Das stand ihnen auch zu, denn sie waren ja die Garanten der Rechte jedes einzelnen Macehuáltin und mithin auch dessen Verteidiger gegen die ebenso garantierten Rechte anderer Macehuáltin, die übrigens alle ein ausgeprägtes Rechtsbewußtsein besaßen und im strittigen Falle mit allen Mitteln um jeden Preis für ihr gutes Recht kämpften. Kurz gesagt, die Juridaquli wurden von jedermann und jederfrau gebraucht. Kaum ein Mensch dachte je daran, die Nützlichkeit ihrer Arbeit in Frage zu stellen oder gegen sie aufzubegehren. Wagte dies ein Querkopf dennoch, bekam er schnell ihre Macht zu spüren und wurde im Räderwerk des Rechts gnadenlos zermahlen.

Selbstverständlich machten die Juridaquli ihre schwierige Arbeit nicht umsonst, sie wollten ja auch leben, und zwar so wie es ihnen ihrer Stellung gemäß im Tlatocayotl zu stand, also möglichst bequem und sorgenfrei. Beides war auch nötig, damit sie ihre Köpfe frei hielten für die Belange und Rechtsansprüche ihrer Schützlinge. Das kostete wohl seinen Preis. Damit die schnell steigenden Honorare der Juridaquli rechtens blieben, verabschiedete das Ueueteque, also die Juridaquli für sich selber, eine Rechtsnutzungsgebührenanpassungsverordnung, kurz RNGAV, die mithilfe eines ausgeklügelten Koeffizienten dafür sorgte, dass ihre Honorare relativ zur allgemeinen Teurungsrate exponentiell stiegen und so ihrem immer aufwendigeren Lebensstil angeglichen wurden.

Eingesponnen in feinfadige Gesetze, Vorschriften, Verordnungen, Erlasse und Bestimmungen wären die Macehuáltin wie Blinde von einem Fettnäpfchen zum nächsten gestolpert, ja sie hätten sich unweigerlich in all den Netzen und Fallen verfangen, die kreuz und quer auf allen Wegen ausgelegt waren, hätten sie nicht den Juridaquli vertraut, die sie gleichsam wie Blindenhunde durch das rechtlich verfilzte Dikkicht des Alltags führten.

In der Regel genügte indes ein Blindenhund nicht, man mußte, um im Bild zu bleiben, für jeden Pfad oder Wegabschnitt ein speziell dafür abgerichtetes Tier halten. Die Juridaquli hatten sich hochgradig spezialisiert, allein um den unzähligen Problemzonen und Konfliktbereichen des praktischen Lebens optimal gerecht zu werden. Da gab es zum Beispiel Juridaqulibr, die ausschließlich für Streitigkeiten zuständig waren, die mit der Haltung von Hunden zusammenhingen. Oder die Juridaqultimat, die Zwistigkeiten zwischen Eheleuten bearbeiteten, und die Juridaquliatlaús, die Verbalinjurien verfolgten. Laut Dr. Knoblauch soll es in der vermeintlich primitiven Indiogesellschaft immerhin 397 verschiedene Rechtsdisziplinen gegeben haben.

Nach einer verhältnismäßig kurzen Übergangszeit, wo die Verhältnisse noch einigermaßen erträglich schienen, arbeiteten nun die Macehuátlin hauptsächlich dafür, ihre vielfältigen Rechtshändel zu betreiben und ihre Juridaquli zu bezahlen. Viele mußten sich verschulden, waren mitunter gezwungen, Haus und Hof zu verpfänden, und einige wären am Ende obdachlos auf der Straße gelandet und vielleicht verhungert, womit auch die Gläubiger, also die Juridaquli ihren Schaden gehabt hätten. Doch der Tlatocayotl, der sich der sozialen Wohlfahrt verpflichtet sah, verhinderte die massenhafte Verarmung, indem er die allgemeine Rechtsschutzversicherungspflicht (ARVPFL) einführte.

Wie zu erwarten stiegen die Versicherungsprämien in wenigen Jahren gewaltig an. Doch was konnten die Macehuátlin auch anderes machen, als mehr zu arbeiten, den privaten Konsum einzuschränken und überhaupt den Gürtel enger zu schnallen.

Der Tlatocayotl seinerseits begegnete dem wachsenden Problem mit einer Rechtsschutzversicherungspflichtreform, deren wesentliches Ergebnis die Zentralisierung aller Juridaquli-Kanzleien war, und zwar im Tal der göttlichen Gerechtigkeit, das von nun an Juratl hieß.

Zuvor hatten vielköpfige Arbeitstrupps männlicher Macehuátlin, die dabei ihr soziales Pflichtjahr absolvierten, in den weichen Tuff ein komfortables und zugleich ausgeklügeltes Höhlensystem gegraben, in dem die Juridaquli ideale Voraussetzungen zum Arbeiten und Wohnen fanden. Außerdem, aber das war Nebensache, boten ihnen die Höhlen auch guten Schutz gegen Neider und mögliche Feinde.

Die Zentralisierung der Rechtsaktivitäten kam allemal dem Macehuátlin zugute, der vor allem Weg und Zeit einsparte. Jetzte brauchte er nur wöchentlich an einem zuvor vereinbarten Tag, der ihm tariflich zustand, nach Juratl zu reisen, wo er in aller Ruhe die für seine verschiedenen Streitigkeiten zuständigen Juridaquli konsultieren konnte.

Bis dahin schien alles bestens geregelt. Doch dann kam es zu einer merkwürdigen Erscheinung, die niemand vorausgeahnt hatte. Durch die Zentralisierung in Juratl begannen die Juridaquli den Kontakt zum alltäglichen Leben der Macehuátlin zu verlieren. Ihr Denken kreiste zunehmend um ihre eigenen Belange. Durch ständiges An- und Beraten, Belehren, Besserwissen sowie devotes Zuhören der Ratsuchenden verblaßte in ihrer Vorstellung jede gesunde Relation zur Wirklichkeit. Schließlich waren sie überzeugt, die Elite ihres Volkes zu sein, sie begriffen sich selbst als Priester der Gerechtigkeit und als d i e Weisen schlechthin, denen selbstredend eine angemessene Hochschätzung und Preisung durch das gemeine Volk zustand.

Bei jeder Konsultation erwarteten sie neben dem gesetzlich vorgeschriebenen Honorar Geschenke, deren Wert in angemessenem Verhältnis zum Streitwert des jeweiligen Prozeßgegenstandes stehen sollte. Den Streitwert legten sie nach eigen erstellter Maßgabe gesetzlich fest, damit alles seine Ordnung hatte. Um ihren Klienten die Qual der Wahl bei der Auswahl der Geschenke zu ersparen, bekamen diese rechtzeitig vor jeder Konsultation wertkategorial gestaffelte Wunschlisten zugesteckt. In der ersten Kategorie standen Schmuck und Ziergegenstände aus massivem Gold sowie Diamanten und Rubine, in der zweiten Kategorie Gebrauchsgegenstände aller Art und in der dritten Lebensmittel von hoher Qualität, wie etwa den Lechromknits, einen geruchsstarken Edelpilz, dem überdies nachgesagt wurde, die männliche Potenz zu steigern sowie die weibliche Widerstandskraft zu schwächen.

Eben daran lag den Juridaquli einiges, denn sie waren immerhin auch Lebewesen, in deren Adern Blut pulsierte und die folglich auch gewisse fleischliche Bedürfnisse hatten. Ihre einseitige intellektuelle Beanspruchung führte unweigerlich zu psychischen Deformationen und nicht zuletzt zum Triebstau, von dem sie sich dann in unbändigen Sexorgien zu befreien suchten. Da sie aber aus Zeitmangel unverheiratet blieben, mußten ihnen für ihre Lustexzesse die Macehuátlin ihre Ehefrauen, Töchter und manchmal auch Söhne bringen, was in der Regel auf Antrag der Klienten bei den Honorarforderungen berücksichtigt wurde.

Natürlich brauchten die schwer arbeitenden Juridaquli auch Hilfskräfte, Assistenten, Sekretäre, Boten und eine zahlreiche Dienerschaft für ihre persönlichen Belange, sie mußten ja den Rücken frei haben für ihr verantwortungsvolles Rechtsgeschäft. Trotz vielfältiger Erleichterungen, Privilegien und Hilfsdienste gelang es den Juridaquli nicht, sich nebenbei ein Wenig um ihre Gesundheit zu kümmern, nein, ihre Arbeit fraß sie regelrecht auf. Tag und Nacht saßen sie über ihren Akten, suchten neue Lücken im Gesetz, dachten, verglichen, wogen ab, verwarfen, schrieben rechtstheoretische Traktate - und taten im übrigen keinen Schritt mehr, von Handarbeit ganz zu schweigen, wie überhaupt zu jener Zeit jedwede körperliche Betätigung dem Ansehen ihres Standes abträglich gewesen wäre.

Es kam, wie es kommen mußte, die Juridaquli verkümmerten physisch. Ihre Muskeln schwanden dahin, um ihre Knochen schwabbelte bald nur noch Bindegewebe, Fett und Haut, bis sie sie ohne Korsetts und andere Stützgeräte nicht einmal sitzen, geschweige gehen konnten.

Nun gehörte freilich am Abend dieser Kultur die totale körperliche Bewegungsunfähigkeit zum äußeren Bild eines Menschen von hohem Stande wie das Maquáhuitl zum Kaziken. Dagegen war es ganz und gar nicht schicklich, ja unmöglich, sich wie ein Pflegefall der Öffentlichkeit auf dem Krankenlager zu präsentieren. Die Juridaquli hätten so ihr Renommee schnell verwirkt und wären im Tlatocyotl ihre führende Stellung losgeworden. Deshalb erfanden sie eine Methode, die ihnen gestattete, ohne Ansehensverlust ihre Arbeit fortzusetzen, und zwar in einem repräsentativ günstigen Rahmen, der dem inzwischen obligatorischen Zeremoniell der Geschenkübergabe zugleich einen würdevollen Charakter verlieh.

Vor den Portalen ihrer Höhlenpaläste ließen sie jeweils einen Tuffkegel aufstellen, der streng nach ergonomischen sowie orthopädietechnischen Gesichtspunkten ausgehöhlt wurde, wobei der Säulenbewohner, durch weitere sinnreiche Stützmaßnahmen gesichert, seinen Klienten den Anschein verschaffte, aufrecht und in bester Verfassung deren Aufträge zu erledigen.

In den Kegeln befand sich vorne ein Fenster, das den Blick auf den Insassen vom Kopf bis zur Gürtellinie freiließ. Ein breiter Sims diente als Lesepult und ermöglichte die Ablage der Klagen, Bittschriften und Eingaben sowie die Übergabe der Geschenke. Alle nötigen Handgriffe, auch das Schreiben, erledigte die Dienerschaft. Durch das Fenster wurde der Meister auch gefüttert, gewaschen, rasiert, jeden Morgen kunstvoll geschminkt, im einsehbaren Bereich sorgfältig bekleidet und mit edlem Schmuck behängt.

Im hinteren Teil der Kegel gab es eine zweite, eher schmucklose durch Sichtschutz abgeschirmte Öffnung, die hauptsächlich der Entsorgung diente, durch die aber auch die täglichen Klistiere verabreicht wurden. Quasi eine lebensnotwendige Maßnahme, denn die Juridaquli waren hoffnungslos verstopft.

Während also die Juridaquli wie versteinert in ihren Kegeln standen, von schlecht entlohntem Personal versorgt und entsorgt wurden, ihre Klientel betreuten, über Recht und Gerechtigkeit reflektierten und in den quälend langen Nächten dem Gurgeln und Blubbern ihrer Eingeweide lauschten, rackerten und schufteten die Macehuáltin bis zur Erschöpfung, allein um Gold und Lebensmittel für die Juridaquli zu beschaffen. Dazu kam die zeitraubende Reise ins Tal der Gerechten und die endlose Warterei im Steingarten vor den Tuffkegeln. Die Unzahl an Verpflichtungen führte schließlich dazu, dass die Macehuáltin kaum noch Zeit für ihren Lebensunterhalt fanden.

Irgendwann in der Endphase dieser Kultur wagte ausgerechnet eine Macehuáltin-Frau, zumal Frauen in dieser Gesellschaft nichts zu melden hatten, also eine Frau faßte den Mut und fragte ihre Nachbarin, mit der sie bereits in der zweiten Generation im Streit lag, warum sie sich eigentlich stritten, wofür sie wie die Verrückten malochten und wozu der ganze Wahnsinn überhaupt gut sei. Die Nachbarin reagierte sprachlos, fragte jedoch am Abend ihren Mann, der zwar eine schnelle Erklärung zur Hand hatte, in Wahrheit aber auch nichts genaues wußte, aber plötzlich ungewöhnlich mißtrauisch wurde. Unter peinlicher Einhaltung des üblichen Grußzeremoniells sprach er am nächsten Morgen vorsichtig einen anderen Nachbarn an, der bereitwillig einräumte, schon von Anfang an den Verhältnissen mißtraut zu haben und seit längerem mit verschiedenen Nachbarn auf der anderen Seite geheime Treffen veranstalte, was wohl nicht ganz stimmte, weil jener Nachbar, den er gleichsam wichtigtuerisch in 'einen gewaltigen Skandal' einweihen wollte, ihm lächelnd erwiderte, er wisse schon lange über alles Bescheid, ihm hätte man da nie etwas vormachen können. Diese Meinung vertrat auch dessen Nachbar und wurde von dem seinerseits wortreich bestätigt.

Das Ende kam über Nacht. Als hätten sich die Macehuáltin abgesprochen, ging keiner mehr hinunter ins ‚Tal der Gerechten'. Die Dienerschaft der Juridaquli nutzte die Gunst der Lage und ließ ihre Herrschaft im Stich, freilich nicht bevor sie sich mit ein paar wertvollen Andenken bereichert hatte.

Es muß ein erschütterndes Bild gewesen sein, als die Juridaquli in ihren Prunkgewändern, schwer mit Gold behängt und wie Clowns geschminkt, die Welt nicht mehr verstanden, ungläubig aus ihren Tuffkegeln glotzten und mit zunehmend dünner Stimme nach ihren Dienern riefen, die nicht kamen.

Nach wenigen Tagen summten im Tal der Gerechtigkeit nur noch Schmeißfliegen.

Und die Macehuáltin, wie ging ihr Leben weiter?

Als ihnen die selbstverschuldete Bürde plötzlich von den Schultern gefallen war und sie im selben Augenblick ihre bodenlose Dummheit erkannt hatten, zweifelten sie an sich selbst und erkrankten an einem kollektiven Minderwertigkeitskomplex. Sie waren überzeugt, komplette Idioten, ja völlig wertlose Menschen zu sein. Infolge ihrer chronischen Hoffnungslosigkeit wurden sie schwermütig. Selbstmorde waren an der Tagesordnung. Ihr Dasein schien ihnen völlig sinnlos, sie taten nichts mehr, blieben auch tagsüber im Bett liegen oder hingen apathisch in der Gegend herum. Sie kauten nur noch Cocablätter und stellten im übrigen die Ernährung ein. Bald waren sie so schwach, dass sie sogar keine Lust mehr hatten, sich fortzupflanzen.

Etwa zwanzig Jahre später war die Insel ausgestorben.

♣

Heute ist's Sonntag

Vater, Mutter, Großmutter, Kind
im Opel-Corsa auf Sonntagstour sind.
Der Vater steuert, die Mutter strickt,
das Kind schaut grämlich; Großmutter bedrückt
sitzt hinten beim Enkel im Fond. -
Ei, wie pfeift der Fahrtwind so froh!

Das Kind spricht: Heute ist's Sonntag,
wir fahren spazieren, was ich nicht mag.
Viel lieber wollt ich zu Freunden gehn
und Flipper-Flapper im Fernsehen sehn;
oder eine Show mit Plödi Pirell. -
Vater, wir sind wie ein Audi so schnell!

Der Vater spricht: Heute ist's Sonntag,
will vergessen die Hetze und Plag;
bei flotter Fahrt fühl ich mich frei,
die Sorgen fliegen wie Blätter vorbei.
ein brummender Motor ist meine Freud,
auch wenn es regnet und stürmt wie heut.

Großmutter denkt: Heute ist's Sonntag,
ich habe kaum einen ruhigen Tag,
muß hüten das Heim und sorgen für's Kind.
solange die Eltern zur Arbeit sind.
Viel Müh kosten Auto und Haus. -
Doch dieses Wetter, ich wollt' nicht hinaus.

Die Mutter spricht: Heute ist's Sonntag,
Am liebsten ein neues Kleid ich trag.
Wie ist der Alltag so leer und grau,
und etwas Luxus braucht eine Frau.
Heut' fahr ich aus mit Mann und Kind. -
Seht, wie es schüttet, hört ihr den Wind!

Sie sehn's nur kurz, sie spüren's nicht,
wie Aquaplaning ihr Sinnen zerbricht.
Vater, Mutter, Großmutter, Kind
im Corsa am Baum zerschmettert sind.
Vier Leben enden auf einen Schlag -
und heute ist's Sonntag.

(frei nach Gustav Schwab, Das Gewitter)

Maria

Sie heißt Maria, genauer, so hat sie geheißen, denn Maria gibt es nicht mehr. Ihre Asche hat man in den Wind gestreut; ob sie das wollte, weiß ich nicht.

Maria führte das wenig aufregende Dasein einer durchschnittlich emanzipierten Frau, die peinlich genau ihre Empfindlichkeiten pflegte und sich ständig bemühte, die herrschende Moral ihrer weiblichen Intuition anzupassen. Maria arbeitete als Verkäuferin in einer Boutique und war schon deshalb in der halben Stadt bekannt. In ihrer Freizeit blieb sie meistens zu Hause, wo sie ihr Essen zubereitete, die Kronenzeitung las, ab und zu in ihre Fotoalben schaute und in Erinnerungen rosiger Zeiten schwelgte, stundenlang telefonierte, dann Fernsehen guckte, ihre Abendtoilette erledigte und sich Schlafen legte. Ab und zu hatte sie erotische Träume, doch die wurden allmählich seltener. Maria sprach von einem ‚großen' Bekanntenkreis, „alles freundliche Leute", doch ihr Kontakt beschränkte sich praktisch auf zwei Freundinnen, die nicht weniger verschroben waren als Maria selbst. Regelmäßig trafen sie sich im Café Zwickl und hechelten die Leute durch.

Zeitlich gesehen waren es nur wenige Wochen, die ich Maria kannte, manchmal bilde ich mir ein, es seien Jahre gewesen.

Maria lernte ich über eine Kontaktanzeige im Kreiskurier kennen. Zugegeben, ich bin ein Stubenhocker, der sich am liebsten mit sich selbst und seinen Büchern beschäftigt. In meinem Kopf tanzen bisweilen hundert reizvolle Frauen gleichzeitig herum, manchmal greife ich mir eine und treibe virtuellen Sex mit ihr. Danach falle ich gewöhnlich in eine Depression und nehme mir vor, mit dem ganzen Irrsinn Schluß zu machen. Die schwelende Hoffnung, vielleicht doch noch eine leibhaftige Partnerin zu finden, schickte dann wieder einen Lichtstrahl in meine mentale Dunkelkammer, ein Lichtstrahl, der mir deutlich zeigte, was mir eigentlich fehlte, nämlich Freunde, Bekannte, einfach

Menschen, die mich mögen und mit denen man ein paar Worte reden kann, vor allem aber eine Frau, die mich liebt.

Ich stellte mir dann vor, wie sich irgendwo aus einer Menschenansammlung urplötzlich meine Herzensdame löst, auf mich zutritt und fragt: »Warum hast Du mich so lange warten lassen?"

Um dieses Glück je zu erfahren, hätte ich wohl öfter auf Märkte gehen, Konzerte besuchen, bei Demonstrationen fürs Klima mit marschieren müssen. Schon bei dem Gedanken kriege ich eine Gänsehaut. Im Grunde fühle ich mich unter Menschen unwohl, um größere Ansammlungen machte ich stets einen großen Bogen. Ich hatte Angst, in den kollektiven Sog zu geraten, mein Selbst zu verlieren und mißbraucht zu werden.

Per Telefon vereinbarten wir ein Treffen im Parkcafé. Ich wartete am Eingang. Reichlich verspätet kam sie angetänzelt, leichtfüßig wie eine Ballerina. Das wirkte affektiert, denn sie war beileibe keine Elfe, sondern eher das, was man eine stattliche Erscheinung nennt, vollbusig, breithüftig, etwas größer als ich, mit einem bemerkenswerten Hinterteil, das durch ihre engen Jeans besonders mächtig wirkte. Auch ihre Jeansjacke schien mindestens zwei Nummern zu klein, was wohl beabsichtigt war, oder vielleicht gar nicht anders ging, denn ihr Busen unter dem gespannten T-Shirt brauchte enorm viel Platz. Was mir besonders ins Auge fiel, war ihre auftoupierte Haarpracht, hennarot, raumfüllend, der passende Rahmen für ihr rundes Gesicht mit den aufgeworfenen Lippen und der leicht gebogenen Nase. Gleichsam den Kontrapunkt dazu, der ihrer Erscheinung eine gewisse Spannung gab, spielten ihre Riemchenschuhe, aus denen geschwollenen Füße mit knallrot lackierten Zehennägel quollen. Eine Momentaufnahme, wohlgemerkt, sozusagen mein erster Eindruck.

Diese leicht schrill aufgeputzte Frau, vermutlich jenseits der Menopause, an deren rechtem Unterarm eine rote Handtasche baumelte, steuerte geradewegs auf mich zu, blieb vor mir stehen, schaute mir lächelnd in die Augen und sagte: »Sie sind also der Künstler.«

Zugegeben, ihre Erscheinung löste bei mir nicht gerade den *coup de foudre* aus, aber angesichts meiner libidinösen Notlage war ich zu

Kompromissen bereit. Woran indes mein Blick sofort haften blieb, war ein kleiner brauner Fleck an ihrem Hals, und zwar genau dort, wo ich ihren Kehlkopf vermutete. Just in dem Augenblick schluckte Maria, wobei sich der kleine braune Fleck auf und ab bewegte. Noch jetzt habe ich das Bild deutlich vor Augen.

»Ist was?« unterbrach sie meine Betrachtungen.

»Ach nein, nichts, äh, ich bin nur hingerissen«, log ich.

Nach Austausch der üblichen Förmlichkeiten betraten wir das Café Olé. Die Bedienung bot uns einen Fensterplatz an. Die Frage, wozu ich Maria einladen dürfe, nahm sie mir sozusagen aus dem Mund:

»Ein Gläschen Sekt, das wär doch was, oder?«

Dabei stieß sie mich kumpelhaft in die Seite. Ich orderte eine Flasche *Laurent Perrier Brut*. Völlig aus dem Maß gefallen schob ich nach: »Aber eine Magnum bitte.«

»Klassik oder Mandeln?«

»Was, wie, seit wann gibt es Schampus mit Mandeln.«

Die Serviertochter kicherte wie ein Perlhuhn (habe nie ein Perlhuhn kichern gehört) und sagte: »Tschuldigung, sagten Sie nicht Magnum? Eis am Stil, äh?«

Völlig überflüssig, der jungen Frau klar zu machen, was eine Magnum ist, zumal ich mich anders entschieden hatte. Wozu auch sollte ich mich in Unkosten stürzen, ein Gläschen Sekt Marke Rotkäppchen wird der Dame wohl auch genügen, oder? Und was mich betrifft, ich trinke sowieso lieber Kaffee, genauer, einen Espresso. Also revidierte ich die Bestellung und orderte: »Ein Gläschen Sekt für die Dame und für mich einen Espresso.« Damit war der Fall erledigt, jedenfalls für mich.

Aber nicht für Maria. Sie wollte wissen, wie ich bloß auf die Schnapsidee mit dem Champagner gekommen sei, und dazu noch eine Magnum.

»Das war keine Schnapsidee, meine Liebe, sondern eine Champagneridee, wenn ich dich berichtigen darf. Außerdem", mein Ton wurde schärfer, »lasse ich mir von niemand vorschreiben, was ich zu trinke habe. Auch das Maß ist meine Sache, verstehst du, und ich hatte eben Lust auf eine Magnum; ich wollte feiern, einen drauf machen, es krachen lassen! - Aber jetzt ist mir die Lust vergangen.«

Maria sah mich mit großen Augen an, zugleich sog sie ihre Unterlippe ein. Sie erinnerte mich an einen Clown.

Schweigen.

Dabei schaute sie an mir vorbei. Verstohlen linste ich auf ihren Hals. Der kleine braune Fleck hatte sich hinter einem Hautlappen versteckt.

»Bist du immer so aufbrausend?« fragte sie nach einer Weile.

»Wie kommst du darauf? Ich bin die Ruhe in Person.«

»Sekt für die Dame, Espresso für den Herrn.« Die Getränke waren da.

»Nichts für ungut, Maria, trinken wir auf uns und ein aufregendes Leben!«

»Willst du etwa mit dem Espresso mit mir anstoßen?« sagte sie leicht empört. Da ich aber schwieg und ihr bereits mein Täßchen hinhielt, lenkte sie ein und stieß mit mir an. Mehr als «dann mal Prösterchen!« fiel ihr freilich nicht ein.

»Schönes Wetter heute«, sagte ich, um ein Gespräch in Gang zu bringen. »Aber morgen soll es regnen«, nahm sie den Faden auf. Dann redeten wir tatsächlich eine geschlagene halbe Stunde über das Wetter und den baldigen Zusammenbruch des Weltklimas. Dabei kamen wir auch an dem körperlich und geistig zurückgebliebenen Mädchen Gretl Thunfisch und der schleichenden Verblödung unserer Kinder nicht vorbei. Wir redeten über Trump, Putin und den Brexit, über Kim Jong Un, Deng Xiaoping, den segensreichen Staatsfeminismus, die Impfpflicht, den Dieselskandal, die neue CO_2-Bepreisung, Erhöhung der Hundesteuer, das Artensterben, die Rolle der Bienen für unser Überleben und was wir Deutschen so alles müssen, eben über alles, was die Menschen in diesem unseren Lande so umtreibt. Nein, nicht wir redeten, sondern sie redete, pausenlos, ohne Luft zu holen. Sie redete über ihre drei gescheiterten Ehen, ihre zwei aus der Art geschlagenen Töchter, die Treulosigkeit der Männer im Allgemeinen und Marias Verflossenen im Besonderen. Sie meinte Uwe, ihr letztes Opfer, ein Schürzenjäger wie er im Buche stehe, der am Ende der Trunksucht gefrönt habe und schließlich im Delirium aus dem Fenster gesprungen sei. Auch ihr erster Mann, der Benno, Vater ihrer Töchter, habe ein Alkoholproblem gehabt, mit zweihundert Sachen sei er in seinem Maserati Bora volltrunken in einen Schwertransporter gerast. Sein Nachfolger, von Beruf Architekt und ebenfalls geistigen Getränken nicht abgeneigt, sei bei der Besichtigung eines vielstöckigen Rohbaus in den Aufzugsschacht gestürzt. Maria war felsenfest davon überzeugt, daß man ihn runter gestoßen hatte. Wer der Mörder war, wisse sie, hundertprozentig, sie kenne ihn sogar persönlich, aber es sei unmöglich, ihm etwas nachzuweisen. Das Schicksal habe sie zwar zur dreifachen Witwe gemacht, doch dank der Nachlässe der Verblichenen sei sie gut versorgt und könne ihr Leben nun genießen, wenn da nicht Sabine wäre. Sie leerte ihr Glas in einem Zug und und bat mich, ein neues zu bestellen.

Sabine, die Erstgeborene, diene als Soldatin bei der Bundeswehr: »Eine komplette Schande, dabei ist so begabt. Aber es geht noch schlimmer, sie ist schwanger, vom Kompaniechef. Ich faß es nicht!« Maria schüttelte den Kopf, wobei die zwei Hautlappen unter ihrem Kinn synchron wabbelten. Dann nahm sie einen tiefen Schluck.

»Karin ist da aus ganz anderem Holz geschnitzt«, fuhr sie fort. Sie habe ihr Kunststudium zwar geschmissen, aber dann sei ein dreißig Jahre älterer Gefäßchirurg aufgetaucht, der sich Hals über Kopf in Karin verliebt hätte und sie nun über alle Maßen verwöhnen würde.

»Alte Scheunen fangen leicht Feuer und brennen lichterloh«, murmelte ich vor mich hin.

»Was meinst Du?«

»Ach nichts, hab nur laut gedacht.«

Maria holte Luft und parlierte weiter, während ich mich der nuancierten Beobachtung des Bewegungsspiels des kleinen braunen Flecks an ihrem Krötenhals widmete. Bei jedem *K* (*K*üssen, *K*unst, *K*arneval), das sie tief aus ihrer Kehle quetschte, schnappte der kleine braune Fleck etwa einen Millimeter nach oben. Bei der Lautkombination *BR* (*Br*aten, *Br*ille, *Br*ust) vibrierte der kleine braune Fleck wie der Kopf eines Vibrators. Hoch interessant! Bei *RN* (Harn, Hirn, Horn) dagegen schlug der kleine braune Fleck einen kaum sichtbaren Kreisbogen. Bei *S* wie Samen, Sack, Sabbern ... »Is was?« unterbrach sie meine Studien und guckte leicht vorwurfsvoll, schnatterte indes gleich weiter.

Einmal lachte sie über ihren eigenen Witz, dessen Pointe mir wohl entgangen war. Maria lachte auf ungewöhnliche Weise, nämlich rückwärts, das hörte sich an, als würde sie gewürgt. Ihre welke Halshaut schlug dann bei jedem Lacher niedliche Wellen, wobei der kleine braune Fleck auf und nieder hüpfte.

»Sag mal, hörst du mir überhaupt zu?«

»Aber ja doch, dein Kr.., nein, ich konzentriere mich, deine Lippen, dein Mund, super geil, bin einfach fasziniert. Maria, ob du's mir glaubst oder nicht, ich lausche deiner Stimme, hänge an deinen Lippen, deinem Mund, dem kl..., deinem Hals, an allem«, säuselte ich, zwinkerte mit den Augen und lächelte schelmisch.

»Du bist mir aber einer", sagte sie, »wo war ich stehen geblieben?«

»Beim General, der deine Tochter schwängerte«, sagte ich.

»Also hör mal, das war ein Hauptmann und kein General. Gibt es noch ein Gläschen?«

Ich bestellte ein drittes Glas Sekt und für mich einen doppelten Espresso sowie ein Glas Wasser.

»Und was machst du so den ganzen Tag?« fragte sie unvermittelt.

Mir lag schon auf der Zunge: ›Die Zeit totschlagen‹, besann mich aber und sagte: »Was eben so anfällt, aufstehen, frühstücken, Zeitung lesen, anziehen, Hund Gassi führen.«

»Du hast einen Hund, wie süß. Wie heißt er denn?«

»Wieso? Ich habe keinen Hund.«

»Hast du eben gesagt, den Hund Gassi führen.«

»Das sagt man halt so, he, he.« Das dümmlichste Lachen meines Lebens.

»Was gibt es da zu lachen? Entweder hast du einen Hund oder keinen. Also?«

»Und wenn ich einen hätte?«

»Dann hast du also keinen.«

»Habe ich ja gesagt«, gab ich leicht gereizt zurück.

Hier scheint es nötig, etwas vorzugreifen, zeigt doch der Verlauf dieses Dialogs mustergültig, wie Maria es verstand, aus einer Belanglosigkeit, einem Versprecher, einer Nichtigkeit, einem verbalen Windhauch ein ausgeprägtes Sturmtief zu machen. Jetzt am Anfang unserer Beziehung zügelte sie sich ja noch, aber bereits nach ein paar Tagen ließ sie die Zügel schleifen, bis sie mich schließlich erniedrigte und beleidigte, ich sei ein Versager, ein Psychopath, dazu in hohem Grade dement und rettungslos senil. Wenig später toppte sie die Unverschämtheit und fragte, ob sie für mich ein Bett im Sterbehospiz reservieren soll. Aber wie gesagt, das war kurz vor dem Ende. Ihrem Ende.

Unser Gespräch drohte zu versiegen. Ich bat um die Rechnung und bezahlte. Draußen wußte ich zunächst nicht, wie ich mich verabschieden sollte. Den Rat meiner inneren Stimme, die Frau für alle Zeit zu vergessen, konnte ich ja nicht brühwarm weitergeben.

»Maria, das war wirklich ein gutes Gespräch, habe mich köstlich amüsiert (worüber eigentlich?); wir müssen unbedingt in Kontakt bleiben.« Küßchen links, Küßchen rechts, ein verstohlener Blick auf den kleinen braunen Fleck an ihrem Krötenhals; auf dem Absatz kehrt und nichts wie weg. Ich wollte das Weibsstück nie wieder sehen.

In der Nacht träumte mir tatsächlich von ihr, genauer von dem kleinen braunen Fleck an ihrem Hals. Maria lag schwer atmend auf mir, ich nuckelte friedlich an ihrer Brust. Dann sah ich den kleinen braunen Fleck, der rasend schnell wuchs und sich schließlich wie ein nasser Lappen auf mein Gesicht legte. Ich geriet in Panik und biß zu, in ihre Brustwarze. Aber es war mein Daumen, ich erwachte. Ja, ich hatte richtig zugebissen, kurz über dem Nagelbett, es schmerzte fürchterlich. Trotzdem hatte ich eine starke Erektion.

Am nächsten Morgen rief ich Maria an. Sie hatte mit dem Anruf wohl nicht gerechnet, tat zunächst überrascht, zeigte sich dann aber sehr angetan. Von meinem Alptraum, dem Daumenbiß und der beiläufigen Erektion erzählte ich ihr natürlich nichts, machte aber ein paar schlüpfrige Andeutungen, die sie mit einem rauchigen »Ohhhh!« quittierte, woraus ich so meine Schlüsse zog. Wir verabredeten uns zu einem Spaziergang im Park.

Pünktlich kam sie angesegelt, adrett zurechtgemacht, mit einer roten Kamelie (vielleicht war es eine Hortensie, ich kenne mich da nicht aus) im Hennahaar. ›Wie eine Fregatte‹, schoß mir durch den Kopf. Das irritierte mich. Was hatte Maria mit einer Fregatte zu tun? Ich wußte ja selber nicht, wie eine Fregatte aussieht. Solche unpassenden ‚Geistesblitze' häuften sich in diesen Tagen; ich machte mir ernsthaft Sorgen.

Noch etwas beunruhigte mich: Marie schien mir seit gestern eine Spur größer geworden, obwohl ihre Schuhe diesmal keine hohen Absätze hatten, im Gegenteil, sie trug flache Slipper. Aber vielleicht bildete ich mir das nur ein

»Huhuu, ich bin's, die Maria! - Sag mal, geht's Dir gut?«

»Mir? Blendend!« Sie stand direkt vor mir und strömte einen süßlichen Duft aus, der mich, ich wage es kaum zu sagen, an Aas erinnerte.

»Mhm, tolles Parfüm«, sagte ich und küßte sie auf die Wange, wobei der kleine braune Fleck an ihrem Hals unweigerlich in den Brennpunkt meines Blickes geriet. Ich erschrak. Auch der Fleck war gewachsen. Jetzt zweifelte ich an meinem Verstand. Wie kann es sein, daß mir, während ich eine durchaus passable Frau auf die Wange küsse, nichts besseres einfällt, als auf einen kleinen braunen Fleck an ihrem Hals zu starren und mir dazu noch einbilde, der Fleck sei größer geworden. Ein Fleckchen, das man gewöhnlich übersieht oder im besten Falle als kleine Beigabe der Natur versteht, die damit der Frau einen Blickfang verleiht, der begehrliche Männerblicke auf sie lenken soll. Ja, so war es, Marias Hals zierte ein äußerst reizvoller Schönheitsfleck, der meine erotische Phantasie augenblicklich in Wallung brachte. In dem Moment hatte ich tatsächlich das Gefühl, Maria zu begehren. Dennoch fragte ich mich, ob tatsächlich nur dieser kleine nichtige braune Fleck an ihrer schlaffen Halshaut so viel unbändige Energie verströmte, daß sich daran meine Begierde entzündete. Ja, was wäre gewesen, hätte Maria diesen kleinen braunen Fleck nicht gehabt? Wäre ich dann kalt wie ein Fisch geblieben? Ich fand keine Antwort. Dafür beschloß ich, den kleinen braunen Fleck künftig zu ignorieren. Er ist es nicht wert, ihn überhaupt zu erwähnen. Ich nahm mir vor, Maria künftig sozusagen als Gesamtkunstwerk zu betrachten und mich nicht in Details zu verlieren. Denn wie gesagt, sie stellte etwas dar, war groß und mächtig, sozusagen eine gewichtige Erscheinung. Sie erinnerte mich an meine Großmutter.

›You're looking remarkable beautiful, my dear‹, wollte ich sagen, heraus kam aber: »Toll siehst du aus«. Wobei ich das Wörtchen ‚toll' etwas zu stark betonte und dabei leicht mit dem Kopf zurück wich, etwa so, wenn ein Türke „yok" sagt. Maria verstand es aber als Kompliment und freute sich wie eine Schneekönigin. (Was für ein kindischer Vergleich, Schneekönigin! Von der Fregatte zur Schneekönigin. Geht's denn noch!? Außerdem schien die Sonne und Maria trug ein geblümtes Kleid, das ihr sehr gut stand. Schneekönigin!!!)

»Du wirkst manchmal so abwesend, bedrückt dich etwas?« fragte sie.

»Ja«, log ich und trat einen Schritt zurück, »mache mir ernsthaft Sorgen um das Weltklima, und ich frage mich, ob ich künftig tatsächlich keine Leberkässemmel mehr essen darf.«

»Wieso, ißt du jeden Tag eine Leberkässemmel?«

»Nein, jeden zweiten Tag, den Tag dazwischen esse ich Weißwürste.«

»Weißwürste! Igitt, kann ich auf den Tod nicht ausstehen. Weißt du überhaupt, was da drin ist?« Angeekelt kräuselte sie die Nase.

»Aber klar doch, Stierhoden, Augen, Sägemehl, Bindegewebe und Petersilie.«

Sie schüttelte sich vor Abscheu.

»Und was hat das mit dem Weltklima zu tun?«

Ich hatte den Faden verloren und lenkte mit der Frage ab, wohin wir jetzt gehen wollten.

»Ein paar Schritte durch den Park und dabei etwas plaudern. Darf ich?« Sie hakte sich bei mir ein; wir gingen los.

*

Für mich als kleinwüchsiger Mann war es schon ein besonderes Gefühl, eng an der Seite einer stattlichen Frau zu gehen, die mich etwa zwei Handbreit überragte. Zuerst dachte ich, es sei ihr hochgestecktes Haar, das sie größer erscheinen ließ, doch der Abgleich mit der Augenhöhe ergab deutlich besagte Differenz, denn ich schaute, wenn ich vor ihr stand, direkt auf ihren Mund. Jetzt, an ihrer Seite gehend, kam mir ihr linkes Ohrläppchen (lobulus auriculae) vor die Augen, ein Anblick, der nicht unbedingt eine ästhetische Sensation bedeutete, denn ehrlich gesagt, einen derart grobschlächtigen Ohrlappen hatte ich bei einer Frau noch nie gesehen. Maria hätte besser getan, ihr Haar offen zu tragen, dann wäre mir der Anblick erspart geblieben. Das lappige leicht rötliche Hautgewächs erinnerte mich an den Schnabellappen eines Truthahns. Jetzt wollte ich natürlich wissen, ob der rechte Lobulus genauso aussah. Mit dem Vorwand, mir schmerze das Schultergelenk, bat ich Maria die Seite zu wechseln. Schon der Testblick bestätigte meine Vermutung: kein Unterschied. Doch dann fiel mein Augenmerk auf ein winziges Wärzchen (parva verrucula eminet), aus dem drei feine Härchen sprossen.

»Hat es dir die Sprache verschlagen?« fragte Maria.

»Ich schweige und genieße«, gab ich schlagfertig zurück. Das war wenigstens die halbe Wahrheit, denn ich genoß es tatsächlich, wie sich beim Gehen unsere Hüften aneinander rieben und meine Männlichkeit zu neuem Leben erwachte. Das geile Gefühl wurde fast unerträglich, als ich nur ganz kurz, eine Millisekunde, mit den Augen über ihr großzügig ausgeschnittenes Dekolleté strich und ums Haar im tiefen Tal zwischen ihren Brüsten versunken wäre.

Der kleine braune Fleck an ihrem Hals, die Puterläppchen samt Wärzchen, die aufreizende Hüftberührung und dazu ihr wallender Mutterbusen. Das war zu viel für meine zarte Seele. Mein Herz stolperte, setzte einen Schlag aus; mir wurde schummerig; ich muße tief durchatmen.

»Wollen wir uns kurz setzen?« hauchte ich und zog Maria zur nächsten Bank.

Was an diesem Nachmittag noch passierte, ist nicht der Rede wert. Ich machte zwar ein paar weitere Entdeckungen, die indes den Lauf der Dinge kaum beeinträchtigten, außer daß meine Gedanken ständig um die Frage kreisten, wie ich bei Maria zur Sache kommen könnte, ohne mit der Tür ins Haus zu fallen.

Zwei Wochen später lud ich Maria zum Abendessen ein. Zuerst zögerte sie: »Das geht mir ein wenig zu schnell«, säuselte sie. Ich beschrieb ihr dann ausführlich, welch kulinarische Köstlichkeiten ich extra für Sie zubereiten würde. Darauf knickte sie ein:

»Dann bis Samstag um 19:00 Uhr. Du, ich kann es kaum erwarten«, schmalzte ich.

»Soll ich etwas mitbringen, Kartoffelsalat oder so?«

»Nein, meine Liebe, nur dich, dich allen, das genügt. Ich freue mich riesig auf dir«, sagte ich mit unterlegter Stimme und legte auf. ›Oha‹, dachte ich, ›eine Freud'sche Fehlleistung!‹

Bereits zwei Tage vorher begann ich mit den Vorbereitungen. Zuerst mußte die Wohnung aufgeräumt und durchgeputzt werden. Allein das kostete mich den ganzen Tag. Am Abend war ich fix und fertig. Es reichte gerade noch zu ein paar Oliven und einem Glas Rotwein; dann ging ich schlafen.

Gegen Morgen erwachte ich schweißgebadet aus einem schrecklichen Traum. Ich keuchte wie ein Asthmatiker. Erst allmählich ließ der

Druck auf meiner Brust nach. Ja, es war tatsächlich nur ein Traum, und ich fragte mich, welche Schaltkreise in meinem Gehirn wohl defekt sein müssen, um so einen Unfug zustande zu bringen. Ich sehe mich irgendwo am Strand in einem Liegestuhl, mein Blick schweift über die Wellen zum Horizont. Plötzlich taucht aus den Wellen ein grauer Gegenstand auf, eine Schildkröte, die zusehends größer wird und mit ihren unförmigen Beinen direkt auf mich zu rudert. Je näher sie kommt, desto deutlicher wird ihr Kopf, der an einem langen faltigen Hals aus ihrem Panzer ragt. Nein, das ist nicht der Kopf einer Schildkröte, der Kopf hat Haare, krause Hennahaare und das Gesicht eines Menschen. Maria! ohne Zweifel. Sie lächelt mir zu und zwinkert mit dem linken Auge. Das Monster bläht sich auf zu einem Berg, aus dem ein böser Blick funkelt. Der Berg hat nun Ketten und rollt auf mich zu; Maria hoch über mir, ich höre ihr glucksendes Lachen, ihr Mund ein Krötenmaul, der Berg kommt näher. Zwei Zentner Blei auf meiner Brust. Ich drohe zu ersticken - und wachte auf. Was mich indes wunderte, war die Tatsache, daß ich am Hals der Schildkröte keinen kleinen braunen Fleck wahrgenommen hatte, obwohl ich trotz höchster Gefahr und panischer Angst, genau diese Stelle in den Fokus genommen hatte.

Danach lag ich noch lange wach und grübelte über eine Deutung des Traumes.

Mit dem völlig abwegigen Gedanken an eine Panzerschlacht, die ich vor Jahren in einem Film gesehen hatte, schlief ich wieder ein, träumte wirres Zeug über Feldmarschall Rommel, bis schließlich ein Sonnenstrahl ins Zimmer fiel und mich weckte. Es war kurz vor neun Uhr, höchste Zeit aufzustehen. Ich fühlte mich ausgeschlafen, war guter Dinge und schaute dem Tag mit Zuversicht entgegen. Ehrlich, ich freute mich auf Maria, wenn auch mit gemischten Gefühlen. In der Dusche schmetterte ich aus voller Kehle den Song „Maria", bis die kranke Frau Müller in der Wohnung unter mir mit dem Besenstiel gegen die Decke klopfte.

Über das Menü und die Getränkefolge war ich mir noch nicht einig, aber das hatte ja noch Zeit. Zuerst dachte ich an etwas Aufwendiges,

Französisches oder gar eine indonesische Reisplatte. Zugegeben, ich wollte bei der Dame erotische Sympathien ernten, sagt doch der Volksmund, Liebe gehe durch den Magen. Gut, das mag auf längere Sicht vielleicht stimmen, aber nicht gleich nach dem Essen, denn da ist der Magen voll und läßt die Liebe erst gar nicht durch. Außerdem, das kann man im Handbuch für Zuchtbullenhalter nachlesen, läßt man den Bullen mindestens zwei Tage hungern, bevor er die Kühe im Dutzend besteigt. Ergo brauche ich leichte Kost, ein Schüsselchen Blattsalat oder so, schließlich hatte ich Absichten. Ob Maria den Trick durchschaut? Wie auch immer, die Lust zum Kochen ist mir plötzlich vergangen.

Um überhaupt etwas auf den Tisch zu bringen, könnte ich ja eine bunte Mischung Sushi beim Chinesen ordern, oder eine Familienpizza beim Italiener. Zwei Döner vom Türken an der Ecke wären auch nicht schlecht, das heißt ... Warum in die Ferne schweifen, wenn das Gute liegt so nah? Gerade fällt mir ein: Im Freezer liegt seit ewigen Zeiten eine Fertigpizza. Dazu eine rassige Flasche Valpolicella (ein Gastgeschenk), für Maria wohlgemerkt. Mir genügen drei, vier, fünf Espressi, je nachdem, wie sich der Abend entwickelt. Alkohol rühre ich grundsätzlich nicht mehr an. Einen Tropfen zu viel und ich werde unberechenbar; ich halte mich besser zurück.

Fünf vor Sieben, alles ist vorbereitet. Der Tisch gedeckt, die Pizza im Ofen, der Wein entkorkt (er atmet!), das Bettchen aufgeschüttelt. Ich selber bin ganz casual: Jeans mit Kaschmiranteil, Henley Shirt, lässiges Leinensakko, an den Füßen lachsrote Sneakers, geöltes, straff zurückgekämmtes Haar. Und jetzt das schärfste: schwarze Unterwäsche aus reiner Seide! Ein letzter Blick in den Spiegel, zahnbetontes Lächeln - wie George Clooney - ich fand mich unwiderstehlich. Sieben Uhr, warten, gehe auf und ab, warten, hin und her, warten, zehn nach Sieben, schaue zum Fenster hinaus, setze mich, nehme ein Buch, zwanzig nach Sieben, versuche zu lesen, verstehe kein Wort, halb Acht, irgendwie riecht es angebrannt. Mein Gott, die Pizza! In dem Augenblick schrillt die Türklingel. Was tun? Ganz ruhig, sagte ich mir, dreimal tief durchgeatmet - ich öffnete die Tür. Vor mir die schöne Polin von gegenüber. Sofort sprudelte sie los: „Katastrophe, mein Herr, kommen sie, helfen, viel Wasser kaputt, bitte kommen Sie, Wasser kaputt!" Sie nahm mich an der Hand und zog mich geradewegs hinüber in ihr Badezimmer. Dabei ist's mir nicht entgangen, der lila Bademantel verhüllte sie nur mäßig, darunter war sie nackt. Schon auf dem Flur hörte ich es Rauschen, dann sah ich die Bescherung: Aus dem Hahn schoß dampfendes Wasser, gerade lief es über den Rand der Badewanne. Veni, vidi, vici, ich kam, sah und handelte, drehte am Wasserhahn - nichts bewegte sich. „Zange!" rief ich durch den Dunst, „Rohrzange!"

„Was ist Zange?" kam es zurück. Himikruzi ... hastete in mein Arbeitszimmer, angelte unters Bett nach der Werkzeugkiste, kramte die Rohrzange heraus, brenzliger Rauch stach mir in die Nase, die aufgescheuchte Polin, wäre fast über sie gefallen. Dampf, Hamam nichts dagegen, es plätscherte, rauschte, spritzte. Der Boden naß - meine Sneakers! Heldenhaft stieß ich zum Wasserhahn vor, setzte die Zange an - es ging hart, den Rest erledigte ich von Hand. Dann kam der Schmerz; meine Hände brannten wie ... „Brennt in Küche!" eindeutig die Polin, „Feuerwehr rufen!"

Den Schmerz vergessen, rannte ich rüber in meine Küche. Beißender Rauch reizte mir die Bronchien. „Köch, köch, kö..." drückte den Kippschalter auf Null. „Köch, köch" - in der Ofenröhre glimmte ein Häufchen Glut. Von Hustenkrämpfen geschüttelt, tastete ich mich ins Schlafzimmer, warf mich aufs Bett und weinte bitterlich.

Dann mein definitiver Entschluß: ich stürze mich aus dem Fenster! Aber eine zarte Hand hielt mich zurück, streichelte liebevoll über mein Haupt, begleitet vom samtweichen Summen meiner Mutter; ich wollte zurück in ihren Schoß.

„Was ist denn hier los?!" - Maria!

Die Szene, die sich Maria bot, ließ wenige Deutungen offen. Ich mit der Polin im Bett, beide ziemlich derangiert. Lenas (so hieß die Polin) rechte Birnenbrust guckte keck aus ihrem Bademantel.

Mit beiden Händen abgestützt, gewahrte ich sie: groß und mächtig stand sie im Türrahmen, spöttisch lächelnd. In dem Moment gab es keinen Zweifel, ich haßte Maria.

„Hallo Maria, bist du schon da?" fragte ich bittersüß; mir viel tatsächlich nichts Treffenderes ein. Es dauerte gefühlte Minuten, bis sie antwortete: „Du scheinst dich ja köstlich zu amüsieren."

„Siehst du denn nicht ...", ohnmächtiger Zorn raubte mir die Stimme; ich ließ mich einfach aufs Bett fallen und schloß die Augen.

Was danach folgte, ist unwichtig. Jedenfalls war zwischen mir und Maria dreizehn Tage Sendepause. Ich wollte die Zeit nutzten und machte derweil Lena den Hof. Leider tauchte nach zwei Tagen ein gewisser Marek auf, „gute Freund aus Krakau", wie Lena sagte. Der „gute Freund" zeigte dann auch gleich Besitzansprüche und nistete sich ziemlich schnell bei Lena ein.

In meiner Not ‚klopfte' ich bei Maria an.

*

Erneut trafen wir uns im Olé. Auch diesmal kam Maria siebzehn Minuten zu spät. Einen Espresso hatte ich bereits hinter mir, war eben im Begriff einen zweiten zu bestellen. Als sie zur Tür herein kam, erkannte ich sie zwar gleich wieder, war indes überrascht; sie sah ziemlich blaß aus, hatte dunkle Ringe unter den Augen und konturenlos geschminkte Lippen; ihr Hennahaar, das nun von vielen grauen Strähnen durchzogen war, hatte sie hinten mit einem Schnippgummi nachlässig zu einem Buschel zusammengebunden. Ansonsten schien sie wie eine übergroße Preßwurst in ihren Jeansanzug eingegossen und hatte dazu hochhackige Schuhe an. In ihrer linken Hand trug sie die unvermeidliche knallrote Henkeltasche: Eine Domina, die soeben von der Nachtschicht kommt. Ehe sie überhaupt Notiz von mir nahm, bestellte sie einen Prosecco. Als Gentleman war ich schon mal aufgestanden, um sie zu begrüßen.

»Ach weißt du, mein Peterle, das ist alles so schrecklich, entschuldige tausend Mal, wirklich super von dir, daß du gewartet hast ...«, schwallte sie auf mich ein und gab mir einen flüchtigen Kuß auf die Wange, dabei flatterte mir ein übel riechendes Luftfähnchen in die Nase. Maria hatte sich wohl die Zähne nicht geputzt. Erst allmählich begriff ich, was sie sagen wollte. Ihren Kater (Peterle) habe ein Ratte gebissen, dann Tierarzt undsoweiter ... jedenfalls die perfekte Geschichte vom toten Pferd. Während sie mit Schaum in den Mundwinkeln weiter plapperte und zwischendurch den Prosecco in einem Zug wegkippte, wanderte mein Blick vom kleinen braunen Fleck an ihrem Hals hin zum rosaroten Puterläppchen mit der Haarwarze und wieder zurück, wieder hin, zurück, hin, zurück. Maria war so in ihre Geschichte vertieft, sie merkte gar nicht, was mich wirklich umtrieb.

Wir verbrachten etwa ein Stunde im Olé. Maria konsumierte drei Gläschen Prosecco, ich vier Espresso und zwei Glas Leitungswasser. Worüber wir uns unterhielten? Daran kann ich mich beim besten Willen nicht erinnern. Dennoch durfte ich dieses Treffen als vollen Erfolg verbuchen: Maria hatte mich für Freitag Abend zum Abendessen eingeladen, zu sich nach Hause.

Also übermorgen. Ich war mir ganz sicher, daß Maria mit der Einladung gewisse Absichten verfolgte, die meinen Vorstellungen durchaus entgegenkamen. Ja, ich will nicht darum herum reden, pikante Sache, wir werden sehr viel Spaß miteinander haben. Allein der Gedanke törnte mich an und ließ mich nicht mehr los. In der Nacht von Donnerstag auf Freitag fand ich kaum Schlaf. In den Phasen zwischen Schlaf und Wachsein, wo die Fantasie die tollsten Blüten treibt, tauchte stets dasselbe Traumbild auf. Ich sah ich mich auf einem schweißnassen Fleischberg reiten, es war wohl ein Pferd, auf dem ich, man glaubt es nicht, verkehrt herum saß, denn ich hatte seinen Schweif in der Hand, an dem ich laufend zog, als wollte ich das Pferd anhalten. Aber nein, was ich so eifrig behandelte, war ein Schlangenkopf mit rot geschminkten Lippen, die an Maria erinnerten. Doch aus dem Schlangenmaul züngelte eine gespaltene Zunge, die sich bedrohlich meinen Augen näherte. Das bildete ich mir jedenfalls ein, doch in Wahrheit war der Schlangenkopf mein hart erigierter Penis, der sich in dem Augenblick entlud, als ich erwachte. Zum Glück hatte ich ein solches Malheure geahnt und mir bereits beim Zubettgehen ein Badetuch unter den Hintern gelegt. Das Mißgeschick passierte mir immerhin drei Mal in dieser Nacht. jedenfalls fühlte ich mich am Morgen ausgepumpt und abgeschlafft; an den kommenden Abend durfte ich gar nicht denken. Allein der Gedanke *Maria* säuerte mir den Gaumen.

Eine Kanne extra starker Darjeeling und mehrere doppelte Espressos brachten mich wieder auf den Damm. Nachdem ich bis zum späten Nachmittag weitere vier Espressos intus hatte, riß mir der Geduldsfaden. Ich beschloß, Maria unverzüglich aufzusuchen. Schon fast bei ihrer Wohnung, fiel es mir ein: das Gastgeschenk! Ich hatte die Likörpralinen zu Hause liegen gelassen. Wieder daheim, machte ich mir, um all den Ärger zu ertragen, einen besonders kräftigen Espresso, und zwar doppelt. Die Uhr zeigte Viertel vor Sieben. In fünfzehn Minuten sollte ich bei Maria sein, also Zeit, mich zu sputen. Ich tastete nach Portemonnaie und Tempotaschentücher, warf mein Seidensakko über und stürmte aus dem Haus, die Tür fiel hinter mir zu - die Likörpralinen lagen auf der Anrichte und daneben mein Schlüsselbund. Aber es gab jetzt kein Zurück, ich hasse Unpünktlichkeit. Daß ich in meiner Zerstreutheit noch in Hundescheiße trat, will ich gar nicht weiter ausführen, jedenfalls kostete mich die Reinigung des Schuhs etwa fünf Minuten. Außerdem mußte ich noch einen Ersatz für die Likörpralinen besorgen, denn als Kavalier der alten Schule konnte ich bei Maria unter keinen Umständen mit leeren Händen erscheinen, ein absolutes No-Go! Also machte ich einen Schlenker bei REWE vorbei und kaufte eine Flasche original Tokajer. ›Jetzt kommt es auch nicht mehr darauf an‹, sagte ich mir und orderte beim Bäckerstand einen doppelten Espresso und ein Glas Wasser. Gegen halb Acht läutete ich schließlich an Marias Haustüre.

Sie ließ auf sich warten. Aber dann stand sie unversehns in der Tür, groß und mächtig; so stellte ich mir schon immer Wagners Brunhilde vor. Ich trat einen Schritt zurück. Sie lächelte spöttisch und sagte mit einem leicht vorwurfsvollen Unterton: »Pünktlichkeit ist wohl auch nicht deine Stärke«. Ich hätte sie erwürgen können, riß mich aber zusammen und hielt ihr den original Tokajer vor die Brust und sagte: »Einen Gruß aus der Puszta.« Im selben Atemzug holte ich zu einer Erklärung aus, warum ich mich verspätet hatte. »Sag mal«, kam sie mir zuvor, »bist du in Hundedreck getreten? Das stinkt ja fürchterlich. Zieh bloß Deine Schuhe aus!«

Ja, das war wohl nötig. Also drückte ich ihr den original Tokajer in die Hand und sagte, während ich die Schuhe auszog: »Heute wird Csárdás getanzt, auf dem Tisch, aber hallo!«

»So? Kenne ich nicht«, kam trocken zurück. Dann musterte sie kritisch das Etikett der Flasche, schüttelte den Kopf und sagte: »Warte, ich hole dir Pantoffeln.«

Während der halben Minute, die ich in der Diele wartete, trat mir das Katastrophenszenario der letzten Stunde urplötzlich hoch verdichtet vor die Augen; einfach verrückt, was da abgelaufen war - und zum Schreien komisch. Ich hätte mich kugeln können vor Lachen; es blieb indes bei einem lauten Juchzer, dann kicherte ich wie ein Irrer; hörte aber schlagartig auf, als mir der kleine braune Fleck an Marias Hals direkt in die Augen stach. Sie stand vor mir, die Pantoffeln in der Hand; besorgt schaute sie mich an und sagte: »Hier die Hausschuhe; komm erst mal rein.«

Als ich ihr später mein Mißgeschick erzählte - wir waren bei der zweiten Flasche Prosecco, den Tokajer hatten wir bereits getrunken - fand sie die Sache gar nicht lustig. »Du bist irgendwie mit den Nerven runter«, meinte sie, »vielleicht bekommen dir die vielen Espressi nicht, oder du onanierst zu viel.«

Mit klarem Kopf hätte ich diese Bemerkung überhört, aber entgegen meinen Prinzipien ließ ich mich an diesem Abend zum Alkohol verführen, man will ja kein Spielverderber sein. Ich tat sehr verliebt und schaute Maria schmachtend in die Augen und sagte: »Oh ja, meine Liebe, seit ich dich kenne, laufe ich mit einer Dauererektion durch die Gegend, und ab und zu muß ich ja wohl Dampf ablassen. Oder?«

Maria und der kleine braune Fleck schauten mich vielsagend an, auch ein Puterlappen linste um die Ecke. Maria machte ein niedliches Schnütchen, das wohl Mitgefühl ausdrücken sollte, dann schob sie ihre Fleischmasse auf Tuchfühlung an mich ran und sagte: »Du erlaubst?« Mit kecker Hand wollte sie den Erregungszustand meines Geschlechts ertasten. Prompt gab ich ihr einen Klaps auf die Finger, schaute sie empört an und rückte von ihr weg. Dabei zischte ich: »Laß das!«

In dem Moment hatte ich wohl die Kontrolle über mich verloren. Das lag vor allem am Alkohol, denn wie gesagt, ich kann nur wenig vertragen und werde sehr schnell dünnhäutig. Der Hauptgrund meiner heftigen Reaktion dürfte freilich die Tatsache gewesen sein, daß es bei mir ausgerechnet in dem Augenblick rein gar nichts zu ertasten gab. Absolut tote Hose! Ich war selber bestürzt, denn Sekunden zuvor war ich noch messerscharf, ich hätte Maria am liebsten auf der Stelle flach gelegt. Aber dann passierte etwas Schreckliches; der kleine braune Fleck an Marias Hals mutierte blitzartig zu einem Loch, aus dem dickes rotes Blut quoll. Was mich indes am meisten entsetzte, war eine unbändige Gier, die mich drängte, an diesem Loch zu saugen. Dabei hatte ich plötzlich wieder einen Hammer in der Hose, der jeder Beschreibung spottete. Aber der Spuk verschwand schneller, als er gekommen war - und mit ihm mein Ständer.

Ich wußte gar nicht, wie mir geschah, ich war geschockt, und was da über meine Lippen ging, darüber hatte ich keinerlei Kontrolle; außerdem verbot männlicher Stolz, mein erektiles Totalversagen einzugestehen.

Maria war zunächst sprachlos. Dann stand sie langsam auf, kehrte mir den Rücken zu und sagte beim Weggehen kaum hörbar: »Mein Gott, ist der verklemmt.«

Mir wurde dann auch klar, welchen Fehler ich begangen hatte und versuchte nun mit allen Tricks, wieder Stimmung in die Bude zu kriegen: »Mary, darling, forget it! I'm gonna to be a good fellow now!« flötete ich, leerte mein Glas, schenkte nach, leerte auch dieses, zog Hose nebst Unterhose aus, warf beides in die Ecke, ließ mich hinab auf den Boden und kroch Maria auf allen Vieren hinterher, hysterisch kläffend wie ein deutscher Spitz. In der Küche wedelte ich mit dem Schwänzchen (nicht wirklich) und machte vor ihr Männchen, schaute devot zu ihr hoch und hechelte. Stolz wie eine Herrin schaute Maria auf mich herab und schwieg. ›Maria liebt ja Katzen!‹ fiel mir ein, machte sogleich einen Katzbuckel und rieb mich an ihrem Bein, heftig schnurrend. Das gefiel Maria. Sie bückte sich, streichelte mir über den Kopf, kraulte mich am Bauch und berührte rein zufällig mein steifes Glied. Ich miaute auf wie ein brünstiger Kater und warf mich auf den Rücken, in Erwartung weiterer guter Taten. Maria aber stand auf und sagte: »Warte, gleich gibts Guti-Guti.«

Ich hatte mich wieder umgedreht und wartete ungeduldig, der Krampf zwischen meinen Beinen begann zu schmerzen. Dann erschien sie, eine Riesin, den rosa Bademantel leicht gegurtet, geballte Weiblichkeit, was noch vom Bademantel verdeckt, ahnte ich. Venus von Milo nichts dagegen, Rubens wäre weggelaufen; ihr Schamhaar ein finsterer Wald. Vor ihr kniend, griff ich nach ihren mächtigen Schenkeln und war im Begriff, meine Nase in ihre Vulva zu stoßen. Eine Hand hielt mich zurück und ich hörte: »Der Lumpi ist ein lieber Lumpi ... «, und schon begann ich wieder zu kläffen, klammerte mich an ihr linkes Bein und rieb meinen Penis an ihrer Wade und schaute nach Lob heischend zui ihr hoch. Sie hatte einen Hühnerschlegel in der Hand. »Schnapp Lumpi, schnapp!« forderte sie mich auf. Was ich dann auch tat. Blitzschnell schnappte ich nach dem Hühnerbein, riß ihn ihr aus der Hand, kroch unter den Tisch und fraß ihn auf der Stelle auf, der Knochen flog gekonnt zur Seite. Maria war dann immerhin so freundlich und schob mir eine mit Prosecco gefüllte Blechschale hin, die ich lustvoll leer schlabberte. Maria saß derweil auf einem Stuhl und lachte sich halb tot.

Ein erniedrigendes Spiel, gewiß, aber ich spielte mit und fand zunehmend Gefallen daran, ja, ich steigerte mich regelrecht hinein, wollte quasi in der Rolle aufgehen und fühlte mich jetzt leibhaftig als ein kleiner, dreckiger Straßenköter. Als die Blechschale leer war, knurrte ich fordernd nach mehr. Als kein Nachschub kam, kroch ich hin zu

Maria und pinkelte ihr ans Bein. Damit hatte sie nicht gerechnet - ihr Fuß landete in meinen Gonaden. Vor Schmerz schrie ich auf, klemmte mir die Hände zwischen die Knie und fiel auf die Seite. »Wer will denn schlapp machen? Hey! Komm rauf mein Schweinchen! Alay hopp!« Ich reagierte prompt, vergaß den Schmerz, quiekte und grunzte wie ein Schwein, dann schob ich meinen Rüssel unter dem Tisch hervor. Maria stand in ihrer ausladenden Weiblichkeit splitternackt vor mir; sie hatte eine Rute in der Hand und grinste diabolisch. »So mein Schweinchen«, sagte sie, » jetzt verzaubert dich die Hexe Simsalabim in einen Esel.«

Wie auf Kommando wieherte ich (was völlig daneben war, aber Marie merkte es nicht), versuchte auch mit den Ohren zu wackeln, was indes mißlang. Rein vom Gefühl her hatte ich einen eselsgroßen Riemen unter dem Bauch hängen, den ich nun stolz Maria präsentieren wollte. Aber sie hatte anderes im Sinn, setzte sich auf mich, mitten aufs Kreuz, machte Reitbewegungen, fitzte mit der Rute meine Pobakken, drückte mir die Schenkel in die Rippen und rief: »Hü und hot du alter Esel, lauf, lauf, lauf!«

Mir blieb die Luft weg. Doch die Todesnot entfesselte ungeahnte Kräfte, ich bäumte mich auf wie ein wilder Hengst, und es gelang mir, Maria abzuwerfen. Sie plumpste zur Seite wie ein nasser Sack, wohlgemerkt ein quicklebendiger Sack mit mächtigen Schenkeln, die sich öffneten und den Blick in ihr rötlichfeuchtes Paradiesgärtchen freigaben. »Komm, komm, steck ihn rein!« raunte sie, was sie mir nicht zweimal sagen mußte. Ich drückte ihr die Schenkel weit auseinander, um von den Speckwülsten ungehindert in ihr Allerheiligstes einzudringen, doch so weit kam es nicht, der Schuß ging schon vorher los: *Ejaculatio praecox*! und dann: *rien ne va plus!*

Ich weiß nicht, was mich geritten hatte, jedenfalls versuchte ich mein Versagen zu überspielen; ich leckte sie betont leidenschaftlich, knutschte, befingerte, streichelte sie, züngelnd arbeitete ich mich hoch zu ihrem Mund, der halb offen stand und brünstige Laute ausstieß und zugleich ein faules Gas emittierte, das die Luft verpestete und mich vor Ekel rasend machte. Und dann der kleine braune Fleck! Der zitterte vor Schadenfreude, verhöhnte mich! Ich rastete aus, biß ihr in die Kehle wie ein Raubtier. Sie strampelte und stieß entsetzliche, gurgelnde Laute aus, was meine Wut weiter anheizte und mich zur Bestie machte, das sein Opfer erst losläßt, wenn es keinen Mucks mehr macht. Maria hörte auf zu röcheln, ihr Körper zitterte noch etwas, dann entspannte er sich - für immer.

Mir dagegen wurde schlecht vor Abscheu; ich übergab mich und spie einen widerlich stinkenden Brei aus Blut, Hautfetzen und Knorpelstücken aus. Dann schwanden mir die Sinne.

*

Wie lange ich bewußtlos auf der toten Maria gelegen hatte, weiß ich nicht, jedenfalls fühlte sich Maria kalt an, als ich wieder zu mir kam. Das grauenhafte Bild, das sich mir bot, kann ich beim besten Willen nicht beschreiben. Dennoch wunderte ich mich, wie nüchtern und klar ich die Situation erfaßte, und wie mir quasi simultan ein Plan vor Augen stand, wie nun Maria aus der Welt zu schaffen sei. Der Plan schien genial. Ich ging ins Badezimmer und schaute in den Spiegel. »Chapeau!« rief ich mir zu und reckte den Daumen nach oben. Ich fühlte mich großartig.

Die praktische Umsetzung des Planes war indes nicht einfach. Maria wog schätzungsweise zwei Zentner, also etwa dreiundzwanzig Kilo mehr als ich, wie also sollte ich den Fleischberg von der dritten Etage nach unten und dann aus dem Hause schaffen. Zum Glück gab es einen Aufzug.

Was ich jetzt in wenigen Minuten erzähle, umfaßt den Zeitraum von immerhin acht Stunden. Ich befand mich ja in einer fremden Wohnung und mußte das Putzzeug zuerst mal suchen. Desgleichen mit der Kleidung, ich konnte Maria ja nicht nackt in den Rollstuhl setzen. Nach zwei vergeblichen Versuchen mit ihrem monströsen Büstenhalter und einem riesigen, dennoch äußerst knappen Slip, hüllte ich sie einfach in einen Hausmantel.

Apropos Rollstuhl, um den zu besorgen benötigte ich allein zweieinhalb Stunden. Zuerst holte ich meinen Wagen aus der Garage und fuhr zum Lager eines Bekannten. Er hieß Manfred und handelte mit gebrauchten Rollstühlen. Die Tür zum Lager war nicht einmal abgeschlossen; ich konnte mich frei bedienen. Wieder zurück im Wohnhaus nahm ich den Aufzug zum dritten Stock. Natürlich hatte ich mich vorher nach allen Seiten abgesichert. Die Bewohner des Hauses schienen zu schlafen. Kaum hatte sich der Aufzug in Bewegung gesetzt, stoppte er jäh; vor Schreck wäre ich beinah gestorben. Mein Herz setzte mehrere Schläge aus, mir wurde schwummrig. Doch dann fing es wieder an zu pochen, und zwar so laut, daß ich fürchtete, das Pochen könnte die Hausbewohner aufwecken. Ganz langsam fing es sich und schlug wieder im gewohnten Takt. Als ich die Wohnungstür hinter mir zumachte, war ich die Ruhe selbst.

Wie ich es schaffte, Maria in den Rollstuhl zu bugsieren, frage ich mich noch heute.

Im Begriff, ihr einen dicken Wollschal um den Hals zu wickeln, fiel mein Blick auf ihre Kehle. Mit einem gewissen Wohlgefühl stellte ich fest, der kleine braune Fleck war verschwunden - weggebissen!

Dann streifte ich Maria eine Pudelmütze über den Kopf, setzte ihr eine Sonnenbrille auf, bauschte den Schal bis zur Nase hoch; den Bademantelgürtel schlang ich um sie und fixierte ihn hinter dem Rollstuhls. Das sah alles sehr professionell aus, dennoch wäre ich wohl in Erklärungsnot geraten, wäre mir auf dem Weg zum Auto jemand in die Quere gekommen..

Als der Wagen schließlich in meiner Garage stand, atmete ich mehrmals tief durch. Ich kann mich nicht erinnern, jemals so konzentriert gearbeitet zu haben. Eigentlich hätte ich jetzt völlig erschöpft sein müssen, doch das Gegenteil war der Fall. Aufgekratzt wie ich war, spürte ich Bärenkräfte in mir wachsen, schrie auf wie ein Karateka und schlug mit der bloßen Faust gegen die Wand. Den Schmerz spürte ich kaum, obwohl meine Knöchel bluteten.

Meine Armbanduhr zeigte zehn vor Fünf, es dämmerte bereits. Ich war gut in der Zeit. Wir hatten Samstag.

*

Allmählich beruhigte ich mich, legte mich ins Bett, fand aber trotzdem keinen Schlaf. Wie gesagt, mein Plan schien perfekt, dennoch gab es ein paar Schwachstellen, die mir Sorge bereiteten.

Dank Bruno, eines guten Freundes, der im städtischen Krematorium sozusagen die Drecksarbeit machte, hatte ich mehrere Male die Möglichkeit, bei Einäscherungen zugegen zu sein. Ich wußte auch, welches Prozedere vorausgeht, ehe der Sargdeckel zugeschraubt und die Leiche in die Brennkammer geschoben wird. Ohne die amtsärztliche zweite Leichenschau geht da gar nichts. Dabei überzeugt sich der Mediziner, ob die ursprünglich diagnostizierte Todesursache korrekt ist. Hat er nichts auszusetzen, unterschreibt er ein vorbereitetes Dokument, sozusagen der Freibrief für die Hölle, das mit einem Klebestreifen am Sarg befestigt wird. Erst dann tritt mein Freund in Aktion und schiebt die einzelnen Särge mit einem zeitlichen Abstand von etwa zwei Stunden in die Brennkammer. Der ganze Verbrennungsvorgang läuft größtenteils automatisch ab. Oben kommt die Leiche rein, und unten fallen die Knochen raus. Die werden in einer Mühle zu Staub zermahlen, der dann in eine Büchse kommt, die chiffriert und versiegelt wird. Die Büchse kommt am Ende in eine Urne, die laut Friedhofsordnung bestattungspflichtig ist. Es gibt aber auch die Möglichkeit, mit der Asche in einem vorgegebenen Areal den Rasen zu düngen, was, wie ich mich überzeugen konnte, dem Rasen gar nicht bekommt. Das Gras sieht sehr ungesund aus.

Zunächst gab es zwei Probleme zu lösen. Einmal mußte ich mir Zugang zum Vorraum der Brennkammer verschaffen, also zu dem Ort, wo die Leichen in ihren schmucklosen Särgen auf ihren definitiven Heimgang warten. Außerdem müßte dort ein passender Sarg bereit stehen, bestückt mit einer amtlich zur Kremation freigegebenen Leiche, und zwar ein Sarg. der für die nicht gerade schlanke Maria groß genug ist. Die Lösung beider Probleme gedachte ich mit einem einzigen Streich zu erledigen.

Gegen acht Uhr rief ich Bruno (den ich gerne ‚Verbrennungsrat' titulierte) an und fragte ihn, ob ich am Nachmittag zu einem kleinen Plausch vorbeischauen könnte. Bruno schien geradezu beglückt über meinen Anruf. Er hatte bereits einen leichten Zungenschlag und freute sich nun auf einen gemeinsamen Umtrunk. Ich kannte Bruno und hatte genau das erwartet. Bei REWE besorgte ich noch zwei Flaschen Rum und zwei Sixpack Cola, ein Mitbringsel für Bruno, der für Kuba-Libre über Leichen ging.

In weniger als einer Stunde war dann auch die eine Rumflasche leer und Bruno voll. Ich hatte mir nur Cola eingeschenkt. Während nun Bruno seinen Rausch ausschlief, angelte ich mir den mit Krematorium bezeichneten Schlüssel vom Schlüsselbrett. Dann radelte ich wieder nach Hause zu Maria, die noch immer auf dem Beifahrersitz nach vorne gebeugt im Wagen saß und vorschriftsmäßig angeschnallt einen üblen Geruch absonderte.

Um das alles zu ertragen, brühte ich einen echten türkischen Mokka auf, in dem fast der Löffel stecken blieb. Wohl gedopt, pfiff ich ein Ave Maria und tänzelte dabei die Treppe hinunter zum Souterrain. Dort füllte ich zwei Jutesäcke mit Brennholz. Beide Säcke legte ich hinter Maria auf den Rücksitz des Wagens (im Kofferraum lag ja der zusammen geklappte Rollstuhl). Während ich die Säcke in den Wagen wuchtete, kippte Maria etwas zur Fahrerseite, dabei stöhnte sie, meinte ich jedenfalls. Mir standen die Haare zu Berge. Flugs ließ ich alles fallen und hastete die Treppe hoch, als sei der Teufel hinter mir her. Ich schaute auf meine Armbanduhr, es war genau 9 Uhr; noch vier Stunden! Eine Ewigkeit. Von Schlaf konnte keine Rede sein. Also drehte ich mir einen Joint. In Begleitung eines doppelten Mokkas sog ich die Schwaden gierig in mich rein. Die Wirkung ließ freilich zu wünschen übrig. Vor lauter Anspannung zitterte ich, wollte schreien, ja brüllen - aber ich biß mir auf die Lippen. Dann wurde mir warm im Schritt - ich hatte eingenäßt.

*

Der Schlüssel paßte. Ich fand auch gleich den Lichtschalter. Zuerst ein Summen, dann ein paar Blitze, die Neonröhren leuchteten auf und setzten den ‚Vorhof zur Hölle' in ein gespenstisch weißes Licht. Särge, ich sah nur Särge, geordnet in mehreren Reihen, rechts waren sogar welche aufeinandergestapelt. Ein beißender Geruch erfüllte den Raum, ich wagte kaum zu atmen.

Vor der Brennkammer standen sieben Särge, an denen jeweils das finale Kremierungszertifikat mit einem Klebestreifen befestigt war. Auf dem Dokument des vierten Sarges, der auffällig höher und breiter war als die übrigen Särge, fand ich dann auch den Namen der Verstorbenen, den mir Manfred genannt hatte: Walpurga Hösle, geb. 17.10.1968, gest. 23.03.2019.

Erwähnt sei hier noch, daß ich Walpurga aus meiner Schulzeit kannte. Sie war schon damals ein ausgesprochen starkes Mädchen, das immer irgendwas in sich rein futterte. Wahrscheinlich ist sie an einer Fettembolie gestorben. Den Gedanken, wie ich jetzt die dicke Walpurga aus dem Sarg kriege und in selbigen die nicht weniger dicke Maria hinein packe, verdrängte ich zunächst, ich machte mich einfach an die Arbeit.

Mit dem Akkuschrauber, den ich vorsorglich mitgenommen hatte, löste ich den Sargdeckel, den ich dann auf den Nachbarsarg schob.

Da lag nun die dicke Walpurga. Das feiste Gesicht leicht gelblich mit ein paar blauen Flecken, dünnes graues Haargekräusel umwölkte ihre Stirn. Ein scheußlicher, dennoch friedlicher Anblick. Höchste Zeit, den Kadaver aus der Welt schaffen.

Man glaubt es nicht, welche Energien in einem Menschen stecken, wenn er um sein Leben kämpft oder eine Tat begeht, die er als Geniestreich versteht. Ja, ich war dabei, das perfekte Verbrechen zu begehen. Natürlich ging es auch um meine Existenz, denn das eine stand fest, ins Zuchthaus gehe ich wegen dieser Schlampe nicht, vorher gebe ich mir die Kugel. Denn ehrlich gesagt, ich liebe das Leben und setzte bei allem, was ich tue, voll auf die Karte eines glücklichen Daseins. Diese Zuversicht, das Ja! zum guten Leben, befeuerte mich ungemein und setzte übermenschliche Kräfte in mir frei. Eine andere Erklärung gibt es nicht. Wie sonst konnte ich es schaffen, das Monster Walpurga komplett auszusargen und danach den Fleischberg Maria in die selbe Kiste einzusargen. Erschwerend kam hinzu, daß Walpurga genau betrachtet nackt in ihrem Sarg lag. Beim Totenhemd hatte man offensichtlich gespart, es war aus Papier und hinten offen. Bei der schwierigen Translokation war diese Papierschürze ziemlich hinderlich. Kurz entschlossen riß ich es ihr vom Leib. Bei der Umschichtung schwappte mir dann eine ihrer Hängebrüste ins Gesicht; mich würgte es vor Ekel - die Haut eiskalt, sie knisterte. Wie konnte ich das nur ertragen!? Dennoch, oder gerade deshalb - ich schäme mich, wenn ich daran denke - schwoll mir der Penis.

Davon abgesehen, klopfte ich mir innerlich auf die Schultern, denn ich hatte allen Grund auf meine Leistung stolz zu sein. Maria ruhte nun in ihrem liebevoll mit Papierschnitzel ausgepolsterten Bettchen und wartete auf den Feuerteufel. Die Spuren meiner Aktion waren alle beseitigt, perfekte Sache; Walpurga saß indes im Wagen und schaute ihrer Himmelfahrt entgegen. Es war exakt drei Uhr zwanzig, ich lag gut in der Zeit und konnte jetzt in Ruhe den letzten Akt des Grusicals über die Bühne bringen.

*

Die Fahrt zum alten Steinbruch dauerte fünfundzwanzig Minuten. Walpurga erwies sich als gute Beifahrerin; sie hockte neben mir wie ein Mehlsack, leicht bedeckt von Marias Hausmantel, und strömte schlechte Gerüche aus. Natürlich war sie vorschriftsmäßig angeschnallt.

Das bemerkte übrigens auch der Polizist einer Verkehrsstreife, die uns unvermittelt angehalten hatte. Ich geriet fast in Panik. Drauf und dran, das Gaspedal tiefer zu drücken, siegte schließlich die Vernunft. Ich hielt an und ließ das Seitenfenster herunter. Ehe der Beamte etwas sagen konnte, lamentierte ich aufgeregt: »Muß sofort in die Notaufnahme, meine Mutter! Sie stirbt! Bitte!« Ob sie mit Blaulicht und Sirene vorausfahren sollen, fragte der hilfsbereite Beamte. Es fiel mir nicht leicht, ihn davon abzubringen. Schließlich durfte wir weiterfahren. Ich sehe jetzt noch seinen mißtrauischen Blick.

Beim alten Steinbruch angekommen, stürzte ich aus dem Auto, keine Sekunde länger konnte ich Walpurgas Gegenwart ertragen. Mein Kleidung war von Angstschweiß völlig durchnäßt.

Hier im alten Steinbruch wurden schon lange keine Steine mehr gebrochen. Aber es gab noch einen unbefestigten Fahrweg, der zwar ziemlich verwachsen, dennoch bis kurz vor der Stelle, wo man früher den Gips gebrochen hatte, leidlich passierbar war. Etwa zwanzig Meter davor, durfte man nicht zu weit nach rechts halten, denn da begann ein kleiner Tümpel mit ziemlich schlammigem Wasser.

Fünf nach Vier, eine sternklare Nacht, ein voller Mond gab reichlich Licht, so daß ich ohne Scheinwerfer sicher arbeiten konnte. Zuerst schubste ich Walpurga aus dem Wagen. Dann schaffte ich die zwei Säcke Brennholz vom Rücksitz und baute mit den Holzscheiten eine Art Scheiterhaufen. Mit einem letzten Kraftakt legte ich darauf die gute Walpurga. Dann trat ich ein paar Schritte zurück und ergötzte mich an dem Kunstwerk ganz eigener Art. Im Hintergrund das schwarz durchlöcherte Gipsgestein, umrankt von Gras und Sträuchern. Davor graues Geröll mit einem niedrigen Holzstoß auf dem bräsig eine Frauenleiche lag, die Beine ausladend gespreizt und die Arme jeweils zur Seite gelegt, darüber das lange Band der Milchstraße, blinkende Sterne und ein mißmutig dreinschauender Mond, den die ganze Chose zu langweilen schien. Dann brachte ich den Wagen in Sicherheit, holte den Benzinkanister aus dem Kofferraum, ging zurück zum Scheiterhaufen, durchtränkte alles mit Benzin, legte eine etwa zehn Meter lange Zündspur, zündete ein Streichholz, warf es hinein - und wuff!

Mit sicherem Abstand wartete ich, bis nur noch ein Häuchen Glut schwelte. Im Osten graute bereits der neue Tag, die ersten Vögel zwitscherten.

Ich schnappte den Klappspaten, den ich sozusagen als Nahkampfwaffe mit mir führte, und ging zurück zur Brandstätte. Es qualmte und stank noch etwas, von Walpurga bliebt lediglich eine kindsgroße schwarze Mumie übrig, die ich auf den Klappspaten nahm und in den Tümpel warf.

Ohne weitere Zwischenfälle erreichte ich mein Zuhause, stellte den Wagen in die Garage. Dann duschte ich ausgiebig, machte mich bettfertig und schlief den Schlaf des Gerechten.

*

Volles Glockengeläut weckte mich, es war Sonntag zwölf Uhr. Draußen schien die Sonne, ein Tag zum Jubilieren.

Ich duschte mich ausgiebig, zweimal seifte ich mich ein, verbrauchte eine halbe Flasche Shampoo - und fühlte mich immer noch schmutzig. Währenddessen drehten sich meine Gedanken gnadenlos um das Gebet *Ave Maria*, von dem ich eigentlich nur der Anfang einfiel: ›Gegrüßest seist du, Maria, voll der Gnade, der Herr ist mit dir...‹ Dann war da noch etwas mit ›gebenedeiten Weibern‹, vor allem diese Passage schwurbelte mir ständig im Kopf herum. Ob ‚meine' Maria nun auch dazu gehörte? Um diese Endlosspirale zu durchbrechen, rief ich Bruno an, der, wie er mit belegter Stimme sagte, eben erst aufgestanden und in den Tag mit ausgiebigem Gekotze eingestiegen sei. Aber jetzt gehe es ihm wieder besser. Wir verabredeten, daß ich gegen Vier bei ihm vorbeischaue, er könne ja schon mal die Espressomaschine vorheizen.

Pünktlich um vier Uhr überreichte ich Bruno das gewohnte Gastgeschenk: Eine Flasche Rum und sechs Dosen Cola. Bruno spendierte ein Schale gesalzene Erdnüsse und die Sauferei ging wieder los, wenigstens bei Bruno, ich blieb bei Cola. Als Bruno zum ersten Mal pinkeln ging, hängte ich den Schlüssel vom Krematorium an seinen alten Platz. Anschließend fragte ich ihn noch ein wenig darüber aus, wieviel Leichen er am Montag in den Ofen stecken müsse und ob Maria Westling auch dabei sei.

»Maria Westling? Wieso, ist die gestorben? Bei mir ist sie jedenfalls noch nicht angekommen.«

Erst jetzt wurde mir mein Versprecher bewußt.

»Sorry, wie komme ich bloß auf Maria Westling, ich meinte natürlich Walpurga Hösle.«

»Ach die Hösle, die fette Sau, die kommt morgen als Erste dran. Da muß ich wohl ein paar Briketts mehr auflegen ... « Was er an weiteren Unflätigkeiten sagte, ist hier nicht von Belang.

Ich verabschiedete mich und überließ Bruno seiner Lieblingsbeschäftigung, nämlich Saufen, in der Hoffnung, daß er morgen wieder so weit klar ist und seine Arbeit ordentlich macht.

Gegen Abend zog ein Gewitter auf, danach regnete es die ganze Nacht.

Wie schon angedeutet, hatte Walpurga vor ihrem Tod verfügt, daß ihre Asche auf dem vorgesehenen Wiesenstück des städtischen Friedhofs ausgestreut wird. Diese Information stammte von Bruno. Da auch diese Form der Bestattung gewöhnlich in einem feierlichen Rahmen stattfindet, holte ich Erkundigungen ein, wann das *Pompfunefre* nun sein würde.

Ein Woche später nahm ich an der Aussegnung teil, denn diese Ehre wollte ich Maria noch geben, zumal ich unter den Trauergästen wirklich der einzige war, der wußte, wessen Asche da in den Wind gestreut wurde.

*

Zwei Tage später erschienen zwei Beamte der Kriminalpolizei. Sie fragten mich über Maria aus. Sie wüßten, daß ich mit Maria ein Verhältnis hätte und auch in ihrer Wohnung gewesen sei. Das sei alles korrekt, sagte ich und fragte die Beamten, weshalb sie das wissen wollten.

»Maria Westling ist seit zwölf Tagen als vermißt gemeldet und es gibt hinweise, daß Sie die Frau zuletzt gesehen haben. Also wann und wo haben Sie Frau Westling zuletzt gesehen?«

»Am Freitag, den .... , aber das habe ich Ihnen bereits gesagt.«

Die Beamten ließen nicht locker, ich mußte ihnen detailliert alles erzählen. Wann ich die Wohnung verlassen hätte, wohin ich dann gegangen sei, ob zu Fuß oder mit einem Fahrzeug, ob ich jemand begegnet sei und so weiter. Etwas mulmig wurde mir, als sie sagten, sie hätten Blutspuren auf dem Wohnzimmerteppich gefunden und müßten dehalb zum Vergleich eine DNA von mir nehmen. Ich ließ alles mit mir machen, war ich mir doch sicher, daß das Blut von Maria stammte und nicht von mir.

Dann wollten sie noch einen Blick in meinen Wagen werfen, was ich ihnen natürlich nicht ausschlug, sollen sie nur suchen, bis sie schwarz werden. Selbstverständlich hatte ich den Wagen in der Zwischenzeit gründlich gereinigt. Ja nicht nur das, es gab da noch allerhand Hausmüll zu entsorgen, kurz, als sie den Wagen inspizierten, war er ziemlich schmutzig. Jedenfalls zogen die Beamten wieder von dannen, sagten mir aber mit einem drohenden Unterton, wir würden uns bald wiedersehen.

Zwei Tage später durchsuchten sie meine Wohnung, auch den Wagen nahmen sie sich noch einmal vor. Aber sie fanden nichts..

Danach war es um Maria still geworden. Ob eventuell Kinder oder irgendwelche Verwandten sie vermißten, weiß ich nicht. Von ihrer Familie hat mir Maria nie etwas erzählt. Ich hatte auch nie danach gefragt. Was kümmerte mich ihre Mischpoke.

Im weiteren Verlauf des Jahres ging ich wie gewöhnlich meiner Arbeit nach, klopfte ein paar Steine zurecht und versuchte so recht und schlecht den Alltag zu meistern. An Maria dachte ich nur noch selten. Und wenn ich an sie dachte, hatte ich jedes Mal das schlechte Gefühl, ihr ein weiteres Unrecht anzutun. Keine Frage, Maria ist das Opfer eines Verbrechens. Sie ist nicht einfach von der Bildfläche verschwunden, sondern sie wurde auf grausame Weise umgebracht, und es dürfte einfach nur fair sein, das gebietet Respekt und Anstand, die Welt über Marias Ende etwas aufgehübscht in Kenntnis zu setzen.

Nicht zuletzt dachte ich dabei auch an mich. Jeder Mensch strebt nach Anerkennung bei seinen Mitmenschen, was am besten durch außergewöhnliche Leistungen gelingt. Nur schaffen das die wenigsten. Die meisten bleiben allemal farblose Tupfer in der grauen Masse. Sind sie erst tot, braucht es wenige Monate, bis kein Hahn mehr nach ihnen kräht, sie sind dann vergessen für immer, ganz so, als hätte sie es nie gegeben. Genau mit der Tatsache wollte ich mich nicht abfinden, es ging um meine Eitelkeit.

Auf den Jahrestag genau, es war ein Freitag, faßte ich einen weitreichenden Entschluß. Am nächsten Morgen ging ich zum Polizeirevier und gestand dem diensthabenden Beamen mein Verbrechen, und daß allein ich es wisse, wo Maria abgeblieben sei.

»Oha«, sagte der Beamte teils überrascht, teils belustigt, »Sie sind also ein Mörder, dann erzählen sie mal der Reihe nach.« Irgendwie hatte ich den Eindruck, er nimmt mich nicht ernst. »Oder warten Sie«, fügte er hinzu, »das übernimmt mein Kollege.«

Der ‚Kollege' war eine Kollegin, die mich aufforderte, ihr zur Folgen. Als wir uns in ihrem Dienstzimmer gegenüber saßen und sie meine Daten aufnehmen wollte, war ich zunächst irritiert. Wie gebannt starrte ich auf den kleinen braunen Fleck an ihrem Hals. Ansonsten zeigte die Kommissarin keinerlei Gemeinsamkeiten mit Maria. Im Gegenteil, sie war ausgesprochen hübsch, schlank, hatte einen blonden Pferdeschwanz und war wesentlich jünger als Maria. Aber dieser kleine braune Fleck an ihrem Hals ... punktgenau an der Stelle, wo er bei Maria saß!

»Was ist mit Ihnen, sind Sie okay?!« hörte ich sie aus weiter Ferne. Als hätte man mich blitzschnell in die Realität gezoomt, sah ich die Kommissarin wieder klar vor Augen und begriff, um was es eigentlich ging: Ich hatte vor, den Mord an Maria zu gestehen.

Zuerst nahm die Kommissarin meine persönlichen Daten auf, dann stellte sie ein Aufnahmegerät auf den Tisch und fragte der Form halber, ob ich damit einverstanden sei, daß meine Aussage aufzeichnet wird.

»Dann erzählen Sie mal der Reihe nach.«

Ich erzählte ihr die Geschichte mit Maria, wie wir uns kennenlernten, den Tathergang, den Austausch der Leichen im Krematorium, wie ich die tote Frau (ich meine Walpurga) im Steinbruch verbrannt hatte und den verkohlten Rest in den Tümpel warf. Ich blieb weitgehend bei der Wahrheit, verschob aber den Tag des Geschehens um zwei Wochen, den Namen der ausgetauschten Leiche hätte ich nie zur Kenntnis genommen. Wo ich den Schlüssel zum Krematorium her hatte, gab ich offen zu, denn Bruno war inzwischen ebenfalls Asche, das Opfer einer Leberzirrhose.

Beim Sprechen stockte ich fortwährend, verhaspelte mich laufend, verlor den Faden oder saß einfach da mit halboffenem Mund und glotzte die Kommissarin an. Der kleine braune Fleck an ihrem Hals absorbierte meine ganze Aufmerksamkeit. Das irritierte die Kommissarin, zwei Mal herrschte sie mich an: »Jetzt reißen Sie sich zusammen!«

»Erzählen Sie weiter!« sagte ich einmal völlig unpassend zur Kommissarin, die darauf ihre Augenbrauen bis zum Haaransatz hochzog und mich mit erhobener Stimme fragte: »Wissen Sie überhaupt, wo Sie sind?!«

Während ich wieder auf den kleinen braunen Fleck an ihrem Hals starrte, krampfte plötzlich mein Gesichtsnerv. Die Fratze, die ich dabei machte, muß gräßlich ausgesehen haben. Der Krampf löste sich gleich wieder, zurück blieb indes eine lästiges Zucken meines rechten Mundwinkels, ein Zucken, das sich übers Jochbein bis zum Auge ausdehnte.

Die Kommissarin schien irritiert und wurde zusehends nervöser. Sie fragte mich wörtlich: »Wie haben sie nun die Leiche der Frau Westling umgebracht?« Darauf wieherte ich wie ein Irrer, ja ich schüttete mich buchstäblich aus und kriegte mich fast nicht mehr. Bis die Kommissarin mit der Faust auf den Tisch schlug und mich anfauchte: »Mann, jetzt reicht es aber!!«

In dieser aufgeladenen Atmosphäre stellte sie erneut die Frage, diesmal richtig. Ich überlegte lange. Mir zuckte bereits die gesamte rechte Gesichtshälfte. Dann abermals die Kommissarin: »Wie haben Sie ihre Geliebte Maria Westling umgebracht?«

»Sorry«, sagte ich und nahm die Kommissarin sozusagen voll aufs Korn, dabei entwich mir ein glucksendes Lachen, in das ich die Worte einstreute: »Ich habe, he he, ihr beim Liebesakt, he he, die Kehle durchgebissen.«

Das war der Kommissarin offenbar zu viel, sie sprang auf und eilte hinaus. Kam gleich wieder herein mit zwei Kollegen, die sich nahe der Tür postierten.

Sie forderte mich auf, nun genau zu schildern, wie ich Maria Westling getötet habe.

»Also...«, holte ich aus und schilderte ihr die Situation detailliert in kräftigen Bildern. Schließlich faßte ich zusammen: »Sie glauben es nicht, aber ich hatte Maria zum Fressen gern, und genau das habe ich versucht.«

Die Kommissarin stellte das Aufnahmegerät ab, überlegte einen Moment und fragte:

»Warum kommen Sie erst jetzt zu uns?«

»Mein Gewissen, verstehen Sie, ich hielt es nicht mehr aus!« rief ich erregt.

Mit steinernem Gesicht musterte sie mich, dann sagte sie:

»Waren Sie schon einmal in psychiatrischer Behandlung?

»Wie bitte, was wollen Sie damit sagen!« brüllte ich, »halten Sie mich für verrückt!?« Blitzartig schoß ich hoch - der Stuhl fiel klappernd nach hinten - schnappte die Kommissarin an den Schultern, zog sie über den Tisch und biß ihr in die Kehle ... ein Knall - es wurde nacht.

*

Ob sich die Geschichte genau so zugetragen hat, kann ich nicht mit Gewißheit sagen. Die Vergangenheit scheint in einem Nebel zu stekken, der von Tag zu Tag dichter wird. Vielleicht ist es auch der Cocktail hochwirksamer Medikamente, der mir den Geist zunehmend trübt. Was die Ärzte damit im Schilde führen, bedarf keiner Erklärung, sie wollen mich körperlich, geistig und seelisch zugrunde richten. Auf Anweisung von oben, versteht sich. Denn die da oben lassen sich ungern von einem Genie hinters Licht führen. Den Mord an Maria konnten sie mir indes nicht nachweisen, obwohl sie über (fast) jede Kleinigkeit Bescheid wußten. Neun Urnen haben sie vorsorglich ausgegraben und die Erde der ‚Streuwiese' abgegraben und analysiert, einfach nichts zu machen. Selbst die aufgeschwemmten Überreste der verkohlten Walpurga halfen nicht weiter.

Aus Mangel an Beweisen hätten sie mich laufenlassen müssen. Das taten sie aber nicht, weil sie genau wußten, daß der Mord an Maria und ihr Verschwinden genau so abgelaufen war, wie ich es zu Protokoll gegeben hatte. Also nahmen sie meinen Ausrutscher bei der Kommissarin zum Anlaß, mich in die geschlossene Anstalt der städtischen Psychiatrie zu stecken.

Ich leide wie ein Tier, aber es besteht angeblich die Aussicht, in ein paar Monaten entlassen zu werden. Hier sind tatsächlich alle verrückt, das Personal oft mehr als die Patienten. Es ist kaum auszuhalten. Hoffentlich bleibe ich wenigstens bis zu meiner Entlassung stark und haue nicht irgend einem Idioten den Schädel ein. Die Freiheit dazu habe ich hier.

♣

Der neue Mann

Vorbei die Zeit der Heldentaten,
Feinde in die Flucht zu schlagen,
nebenher den Drachen töten,
danach ein Duell noch wagen.

Der neue Mann ist besser dran,
bequemer ist sein Leben,
zeitig steht er morgens auf,
um sich zur Arbeit zu begeben.

Dort sitzt er am Computer,
macht halt so seine Sachen,
schaut ab und zu bei facebook rein,
da gibt es was zum Lachen.

Abends kommt er spät nach Haus,
ins Heim zu seiner Mutter,
die liebevoll den Sohn verwöhnt,
mit Käse, Wurst und Butter.

Dazu trinkt er Bier und Wein,
geht surfen gleich im Internet,
vielleicht mit Freunden chatten,
onanieren tut er dann im Bett.

Martin heißt das Exemplar,
das typisch für den neuen Mann,
dem Handarbeit so gar nicht liegt,
vielleicht an sich, so dann und wann.

Martin ist bestimmt nicht dumm,
er hat ja BWL studiert
und besticht durch kluges Reden,
darin ist er sehr versiert.

Sein Handschlag schlaff, die Hüfte fett,
und eine Wampe zum genieren,
das treibt ihn flugs ins Fitnessland,
dort will er Muskeln generieren.

Das tut er auch mit sehr viel Fleiß
und schindet sich fast täglich,
er stemmt Gewichte zentnerweis,
doch der Erfolg ist kläglich.

Dann kauft er sich ein Fahrrad,
das nennt man heute Bike,
dazu das coole Outfit
und einen Helm von Nike.

Er bikt fast vierzehn Tage,
dann bricht er sich ein Bein,
fünf Wochen braucht' die Heilung,
drauf läßt er das Biken sein.

Eine Schwester in der Klinik
findet Martin cool,
doch bleibt der Beischlaf aus,
denn Martin ist stockschwul.

In unsrer Zeit kein Makel,
wo Schwule, Transen, Lesben
sind ganz normale Menschen
und bei den Parteien die Besten.

Martin erkennt nun seine Chance,
tritt ein in die grüne Partei,
beim Kampf gegen CO^2,
ist er entschieden dabei.

Er denkt jetzt ökologisch,
ißt Biosteaks und Brei.
Das Verbot von Marihuana
ist eine Schweinerei.

Heiß liebt er die Migranten,
Afghanen und Philister,
er kämpft für Multikulti
und bewirbt sich als Minister.

Weil die Quote steht im Weg,
läßt er sich operieren.
Man nennt ihn jetzt Martina,
bald wird sie uns regieren.

♣

Die Frau in der Menge

Um Großstädte mache ich möglichst einen großen Bogen. Sie sind mir zu hektisch, zu laut, zu aufdringlich. Ungern füge ich mich den 'Umständen', widerwillig lasse ich mir den Ablauf meiner Tage vorschreiben. Stadtluft macht keineswegs frei, sie ist eher beengend, beklemmend, jedenfalls für mich. Doch manchmal führt an großen Städten kein Weg vorbei. Wie kürzlich auf meiner Reise nach Grieselbach, ein vergessenes Dorf in der bayerischen Pampa. Mein Flieger landete auf dem Flughafen der Hauptstadt kurz nach Mitternacht. Eine günstige Zugverbindung gab es erst am Montagmorgen. Also suchte ich mir ein Hotel. Den Sonntag wollte ich dazu nutzen, die Stadt ein wenig kennenzulernen.

Zum ersten Mal sah ich *sie* auf dem Bahnhofsvorplatz. Eine Frau so um die Vierzig, braunes schulterlanges Haar, nicht groß, nicht klein, weder schlank noch dick, eigentlich völlig unauffällig. An ihre Kleidung kann ich mich nicht erinnern; ihr Gesicht wurde seitlich von ihrem Haar verdeckt. Trotzdem stach *sie* mir in die Augen, als *sie* die Rolltreppe hochkam und dann in den Strom der Menschen eintauchte, der sich langsam die breite Fußgängerzone hinunter Richtung Rathausplatz bewegte. Wie gesagt, es war nur ein kurzer aber starker Augenblick, wo *sie* auf mich wirkte wie ein Blitz, der in meine Seele schlug.

Fassungslos verlor sich mein Blick in der Richtung, wo *sie* in die Menge eingetaucht war. Erst später wurde mir bewußt, daß ich *sie* suchte, die Frau mit dem schulterlangen braunen Haar.

Derweil baggerten die Rolltreppen pausenlos Menschen ans Licht. Einzeln und in Haufen kamen sie herauf. Gruppen, die sich oben um ihre Fahnen- und Wimpelträger sammelten. Andere bezeugten ihre Fraktion mit Armbinden, Mützen, Hüten, Uniformen. Auch gebrechliche Senioren sowie körperlich und geistig behinderte Menschen mit Schutzhelmen, Rollstühlen, Rollatoren, Krücken und anderen Gehhilfen scheuten sich nicht, in das Gedränge der Masse einzutauchen. Alle drängten nur in eine Richtung. Es gab Irritationen, Verzögerungen und Rückstaus. Aber nach und nach wurden alle vom Sog der Strömung erfaßt. Unweigerlich begann auch ich zu driften. Was mir freilich recht war, denn so blieb ich ihr auf der Spur.

Immer wieder versuchte ich, *sie* zu sichten. Stellte mich auf die Zehenspitzen, streckte den Hals. Vergeblich. Vor mir ein Schrank von einem Mann, einen Kopf größer als ich; von hinten schob der weiche Busen einer schweren Frau. Seitwärts driftete ein Bündel kleiner Japaner mit lustigen Hüten, sie feixten, lachten, waren locker drauf. Lächelnd, nickend, dankend schob ich mich durch sie hindurch und schaffte mir so eine bessere Position, die mir einen Blick dorthin erlaubte, wo ich *sie* vermutete. Das Bild der unendlich vielen Köpfe mit all ihren Haarfarben und Frisuren, Kappen, Hüten, Fahnen, Wimpeln wirkte bunt und lebensfroh. Das Wohlgefühl im Kollektiv. Auch ich fühlte mich beschwingt, fidel, voller Lebensenergie, und es machte Freude, einen Schatz neu ... ›Ja, da ist *sie!*‹ jubelte es in mir. Ihr schulterlanges braunes Haar tauchte kurz aber unverkennbar aus der Menge auf. *Sie* war es, ohne Zweifel. Wenigstens konnte ich *sie* jetzt orten: vier Strich Steuerbord, Entfernung etwa dreißig Meter. *Sie* trieb ziemlich dicht am rechten Ufer, dort bei den Läden und Kneipen.

Es verlangte Mut, sich zwischen den Leibern durchzukämpfen. Entschlossen setzte ich die Ellbogen ein. Doch der Fettwanst, den es traf, schrie mich zornig an:

»Saubua! Dös kann i a!« und gab mir einen Knuff in die Rippen, daß mir vor Schmerz die Luft wegblieb. Ich atmete tief durch, schüttelte mich und kämpfte unverzagt weiter. Eine Menge Stupse, Püffe, Rippenstöße, ja Tritte mußte ich einstecken, von bösen Worten ganz zu schweigen. Ich ertrug den Tort mit Fassung, wußte ja wozu. Total verschwitzt und außer Atem ertrotzte ich in dem gärenden Teig den Zugang zu einer Blase, also gleichsam zu einem Plätzchen, wo ich mich recken und weiter nach ihr Ausschau halten konnte. Längs der ersten Peilung - nichts. Nur ein Meer von Köpfen. Dann drehte ich mich um - und blickte in die blutunterlaufenen Augen eines Monsters.

Es räusperte sich und schlug mir seinen stinkenden Atem ins Gesicht. Angewidert wich ich seitwärts aus und geriet auf einmal in eine starke Strömung, die schnell nach vorne setzte, was mir jede Orientierung nahm.

Komisch, erst jetzt wollte ich wissen, was überhaupt der Anlaß des Rummels war. ›Was machen die vielen Menschen hier? Ist heute nicht Sonntag? Sind die Geschäfte nicht geschlossen? Kommt hoher Staatsbesuch, Lady Gaga, der Papst, oder gibt es gar eine Hinrichtung?‹

Offen gestanden, ich verabscheue große Menschenmassen. Aber ehe man sich versieht, schlägt das Verhängnis zu, und die Dinge laufen quer. Dem Pechvogel fällt ein Blumentopf auf den Kopf, der andere erstickt an einer Fischgräte, den dritten erschlägt ein Stück Weltraumschrott. Den Glücklichen aber trifft herab aus trübem Himmel: die Erleuchtung. Der beginnt ein neues Leben voller Glück und Sonnenschein. Mich aber traf ein coup de foudre, der donnerfreie Blitz, so heiß wie die Sonne. Er versengte mir den Verstand.

Völlig klar, ich hätte mich informieren sollen, was in der Stadt so lief. Zum Glück hatte ich es nicht getan, denn ich fühlte mich stark genug, auch das Ungewisse zu ertragen. Was aber trieb die Menschen hier zusammen? Ich fragte die Nachbarin zur Linken. Sie zuckte mit den Schultern und lächelte mich dümmlich an. Zugegeben, der Lärm war groß, vielleicht hatte sie meine Frage nicht verstanden. Zu meiner Rechten trieb ein kleinwüchsiger Mann, dazu verdammt, auf Rücken und Ärsche zu gucken. Meine Frage gab er eifrig weiter an seine Gefährtin, gleichfalls possierlich klein, die ihrerseits einen zwei Köpfe größeren Mann ansprach, der seinerseits mit dem rechten Zeigefinger bedeutungsvoll nach oben wies, worauf die Zwergin ihrem Gatten etwas ins Ohr schrie, der sofort mit ernster Miene die gute Nachricht zu mir hoch rief: »Gott!« Das bedurfte einer Klärung. Doch von hinten schoben und drückten Drängler, die uns auseinanderrissen.

Auf der linken Seite, träge dahin fließend, gewahrte ich Nonnen mit weißen hochgetürmten Hauben. Einer Entenfamilie gleich, Mutter Oberin voran, paddelten die Schwestern den Strom abwärts. Jenseits der Klosterfrauen fielen weitere Phänomene auf, die ich erst richtig erfassen und deuten konnte, nachdem ich mich mehrmals auf die Zehenspitzen gestellt und einen langen Hals gemacht hatte.

Überhaupt, das sei hier eingeräumt, ist das hier Dargelegte gleichsam ein Film von Einzelbildern, die aneinander gereiht auch Lücken zeigen, die ich, um den Erzählfluß zu halten, interpolieren muß.

Pausenlos drängte sich rüpelhaftes Pack vor mich, was praktisch eine genaue Betrachtung der Details und ihrer Zusammenhänge unmöglich machte.

Jenseits der Nonnen gab es Interferenzen im Stromverlauf. Dort bildeten sich kleine wie auch große Wirbel, wahrscheinlich infolge einer Gegenströmung. In diesem menschlichen Kabbelwasser zeichnete sich ein Gebilde ab, das tatsächlich einem Mahlstrom glich. Hier wurden Menschen unmerklich vom Sog erfaßt und dann zunehmend schneller in enger werdenden Spiralen in die Tiefe gezogen, wo sie in einem schwarzen Loch verschwanden. ›Laß jede Hoffnung fahren‹, schoß es mir durch den Kopf. Mir fehlte indes die Ruhe, darüber nachzudenken; meine Sorge galt allein der Frau mit dem schulterlangen braunen Haar.

Bei all meinen Versuchen, ein freies Blickfeld zu erobern, hatte ich eigentlich nur *sie* im Sinn. ›Quo vadis, wo ist der braune Schopf?‹ fragte ich mich und schaute nach allen Seiten aus. Braune Schöpfe gab es indes reichlich und zwar in jeder Fasson. ›Finde ich in diesem trüben Wasser meinen Braunfisch jemals wieder?‹ Mich packten Zweifel. Ich spürte auch, wie meine Geduld schwand, das Ungemach in diesem Menschenhaufen weiter zu ertragen. Als mir dann von hinten säuerlicher Atem wie ein alter Scheuerlappen um die Nase schlug und sich ein übler Geschmack auf meine Zunge legte, kratzte die Kotze schon am Gaumenzäpfchen. Ich mußte ausbrechen. Mit beiden Ellbogen stocherte ich auf eine Steinbank zu, die unweit wie ein Felsen in der Brandung stand. Entkräftet erreichte ich den Hort, auf dem, das sah ich schon von weitem und wunderte mich sehr, bislang noch niemand Rast gesucht hatte. Natürlich sollte mir die Bank nicht nur als Rastplatz dienen, sondern mehr als erhabenes Podest, von dem ich die Stromlandschaft überblicken und nach *ihr* Ausschau halten konnte.

Ich war eben Im Begriff, das Podest zu besteigen, da faßte mich eine Frau am Ärmel und fragte mit einem sonderbaren Glanz in den Augen: »Bist du mein Retter?« Ich erschrak, denn die Frau hatte braunes schulterlanges Haar. Aber es war *sie* nicht! Dennoch half ich ihr willig auf die Bank, wo sie ungesäumt einen wilden Tanz aufführte und dabei gellend schrie: »Halleluja! Halleluja! Halleluja! Halleljuu...!« Aufs äußerste gereizt, erklomm ich die Bank und stieß das Weib in die Menge, wo ihr Geschrei schnell verebbte. Sie landete weich in den Armen junger Burschen, die sie auf ihre Weise willkommen hießen und das Spiel begeistert fortsetzten. Sie johlten »Halleluja!« und warfen die kreischende Frau hoch und fingen sie wieder auf. Das wiederholten sie drei bis vier Mal, verloren plötzlich die Lust und ließen die Irre einfach auf den Boden fallen.

Mein Augenmerk galt jetzt ausschließlich dem, was mich bewegte: Die Frau mit dem schulterlangen braunen Haar. Deutlich zeichnete sich ihr Köpfchen ab: ›*Sie* muß es sein. Nein, *sie* ist es!‹. Doch wie entsetzlich! So nahe dem Mahlstrom!

›Du mußt ihr helfen! *Sie* retten! Vor dem Untergang bewahren!‹ befahl mir eine innere Stimme. Leider schwieg sie auf die Frage, wie ich das anstellen sollte. Eine Rettungsaktion schien mir zu spät. Niemals hätte ich *sie* beizeiten erreicht. An den Fingernägel kauend, sinnlos von einem Fuß auf den andern tretend, schaute ich angstvoll fröstelnd ihrem Verderben entgegen. Aber es kam anders. Die Glückliche hatte einen Schutzengel! Ja, er führte sie am tödlichen Wirbel knapp vorbei, hin zu ruhigerem Gewässer.. Außer mir vor Glück, begann ich wie ein Kind zu hüpfen und jubelte: »Hosianna! Hosianna! Hosianna!«

»Sei gstaad, sons gibts oan auf'd Fotzn«, tönte es barsch von unten her. Ein feister Glatzkopf, tätowiert bis über beide Ohren, griff nach meinem Bein. - Der Haferlschuh traf ihn mitten ins Gesicht. Zwei weit aufgerissenen Augen glotzten mich an, während er im Gewühl versank. ›Gott sei deiner Seele gnädig‹, dachte ich, guckte aber bereits wieder hinüber zu *ihr*, die noch ein Stück gewachsen schien und nun auf eines der merkwürdigen Objekte zuhielt, die aussahen wie Toilettenhäuschen. Genau jetzt vernahm ich einen leisen aber eindringlichen

Sprechgesang, dessen Rhythmus in die Menschenmenge drang und sie gefällig in Schwingung versetzte.

Besorgt, meinen Stern aus den Augen zu verlieren, mußte ich meinen Hochstand verlassen. In eine Lücke fügte ich mich höflich ein und steuerte beharrlich auf *sie* zu. Bevor ich jedoch meinen Kurs stabilisieren konnte, trat ich auf eine weiche, zuckende Masse, die sich an meinen Schuh wie Kot heftete. Angeekelt schüttelte ich ihn ab. Dann bemühte ich mich, die angepeilte Richtung einzuhalten.

Dank einer quer setzenden Strömung gelang es mir, *ihr* Stück für Stück näher zu rücken, indes nicht nahe genug, um wenigstens einen Teil ihres Gesichts zu erhaschen. Selbst auf gleicher Höhe, also von der Seite, hatte ich keine Chance; ihre Haargardine deckte ihr Profil gänzlich ab. Ich mußte *sie* also überholen, kräftig weiter rudern, bis der Winkel günstig, ihr Antlitz zu erhaschen. Ein kluger Plan, gewiß, doch angesichts der vertrackten Situation schien die Ausführung aussichtslos. Aber ein eiserner Wille schlägt Brücken, und ist der Abgrund noch so tief.

Die Strömung wurde sichtbar schwächer. Dann spaltete sie sich in zwei Arme auf, wobei der eine Arm nach unten floß und in den Hauptstrom mündete. Zu meiner Verwunderung machte der andere Arm einen großen Bogen und setzte frontal gegen die andrängende Menge, was enorme Wirbel erzeugte. Diese wurden noch verstärkt durch eine Meute angetrunkener Rüpel, die alles daran setzten, gegen den Mainstream zu schwimmen. Dabei stießen sie auf erheblichen Widerstand. Es kam zu Rangeleien, begleitet von wüstem Geschrei, das den nun schon ziemlich lauten Sprechgesang bei weitem übertönte. Zum Glück schwamm ich weit genug abseits, so daß ich mich ungesäumt in die Riemen legen konnte. Das Geschrei wurde leiser, die Musik gewann allmählich wieder Oberwasser.

Eines jener Dixi-Klos verdeckte nun die Sicht. Ein weiteres mobiles Klosett drohte, mir in die Quere zu kommen. Aber dieser Abort schien übermäßig groß, mit je einer Tür auf zwei entgegengesetzten Seiten. Ein Doppelklo? Rücken an Rücken? Unmöglich. Und dann das Kreuz! Beidseits am Giebel des Daches blinkte bläulich je ein illuminiertes

Kreuz. »Des is a Beichtschdual, an ambulanter«, sagte eine gut informierte Frau zu meiner Rechten, »do kennens neigea on ihre Sinde baichde.« ›Großartig‹, dachte ich, ›die Mutter Kirche sorgt für alles. Nur nicht für mich.‹ Sind doch mir als einem wenig religiöse Mensch so etwas wie Sünden halbwegs fremd. Außerdem beleidigte die geschmacklose Gestaltung des mobilen Beichtstuhls mein ästhetisches Empfinden, denn trotz des stümperhaften Versuchs die Fassade himmlisch zu schmücken, blieb das Gehäuse allemal eine Dixi-Latrine.

Drüben hatte *sie* den Beichtstuhl immer noch nicht passiert. ›*Sie* ist vielleicht eingetreten und beichtet ihre Sünden‹, dachte ich. Konnte mir aber nicht vorstellen, welche Sünden dieses reine Wesen beichten sollte. ›Aber man weiß ja nie!?‹

Beharrlich stemmte ich mich gegen die anwogende Menge. Dann, endlich, gab der Beichtstuhl *sie* frei. Unglaublich, *sie* schien jetzt zu schweben, als sei *sie* von großer Seelenlast befreit. Wie ein solitäres Segel, emanzipiert von Mast und Boot, kreuzte sie ihrem Ziel entgegen. Ich aber blieb in ihrem Fahrwasser.

Wir waren ein gutes Stück voran gekommen, ich hier, *sie* drüben. Träge floß der Strom im Unterlauf. Behindert durch zahlreiche Beichtstühle und echte Klosetts, die wie Riffs den Fluß zerschnitten, wirbelte nun alles kreuz und quer. Das hing auch damit zusammen, daß aus verschiedenen Querstraßen mehr und mehr Menschen hereinströmten und sozusagen den Weiher zum Überlaufen brachten. Ja, es kostet viel Mühsal, sein Liebchen zu beschatten!

Unmerklich vereinigten sich Seitenarme, Siele, Ebb- und Flutläufe zu einem breiten träge dahinfließenden Strom, der alsbald zum Stillstand kam. Und zwar vor dem Rathausplatz, an dessen Stirnseite ein faschistischer Betonklotz mit Gitterfenstern steht, in dem der Oberbürgermeister und seine Hausmacht waltet.

Flink erklomm ich das Dach des nächsten Sündenaborts. Welch ein Rund- und Überblick! Aus allen Straßen, die sternförmig zum Rathausplatz führen, flossen Myriaden Menschenleiber, die, dort angekommen, zunächst planlos durcheinander irrten, ehe sie Gruppierungen, Einheiten, Kolonnen, Geschwader, Trupps bildeten, die ihrerseits zu Unter- oder Übereinheiten mit völlig neuen Formierungen zusammen fanden, die, meist von kurzer Dauer, auseinander fielen, um sich, wohl aus Furcht alleine da zu stehen, sofort wieder vereinigten. Auch meine braune Ammer (sind Ammern braun?) spurte hin und her, auf und ab, bis sie schließlich, wie Tausende mit ihr, zur Ruhe kam, allein weil es einfach nicht mehr weiterging. Dennoch versuchte jede Frau, jeder Mann, Lesben, Schwulen, Transen und Diversen weiter nach vorne zu drängeln, einen besseren Platz zu ergattern, wofür auch immer.

Man hatte wohl sein Ziel erreicht. Außer ich, denn mein Brownie schien meilenweit entfernt. Ich wollte ihr aber nahe sein, sie ansprechen, ihr meine Liebe gestehen. Doch tausend Menschen standen zwischen uns, gleich einem tiefen Sumpf.

›Es waren zwei Königskinder‹, fiel mir ein, ›die hatten einander so lieb, sie konnten beisammen nicht kommen, das Wasser war viel zu tief.‹

Papas Hip-Hop Rapping Brothers, ein Freudenquell. Wache Jungs mit Käppi und im Halbornat. Verlorene Schwiegersöhne stolzer Mütter schöner Töchter. Der Name stand in blauen Leuchtbuchstaben unter einem etwa vier Meter hohen, phosphoreszierenden Kreuz geschrieben, aus dem zum Takt des Sakroraps virtuell rosa Flammen züngelten. Die Show fand vor dem Rathaus statt, und zwar auf einer Tribüne, die ungefähr die Größe eines halben Fußballfeldes einnahm und sich etwa drei Meter über die Köpfe des Publikums erhob. Wer also im Abstand bis zirka zehn Meter zur Tribüne stand, sah so gut wie nichts von dem, was da oben auf den Brettern spielte. Dem mußte dann schon die Aussicht hinüber zur kahlen Rathausfront durchs Tribünenstützgestänge reichen. Doch das erhebende Gefühl, einer großen Sache wirklich nah zu sein, machte diesen Nachteil mehr als wett.

Beidseits der Tribüne standen gewaltige Lautsprechertürme, die hirnerweichende Dezibelgranaten ins Publikum schleuderten, das wohl den Höllenspektakel mochte, auch wenn es kein Wort von dem verstand, was der rappende Rapper sich bemühte mitzuteilen. Die Menschen wippten eifrig im Takt, manche klatschten in die Hände.

Die Stimmung wuchs bis zur Euphorie, und der Menschenhaufen begann ein Gas auszudünsten, das allen den Verstand trübte.

Volltrunken aus Liebe, wie ich war, konnte mir das Rauschgas nur wenig schaden. Unbeirrt behielt ich *sie* im Auge, meine Dulcinea Werweißvonwo. *Sie* wippte selbstvergessen im Rhythmus mit den Andern. Die Tribüne nur dreißig Meter fern. Gefällig schwang *sie* ihren Schweif, doch ihre Visage gab *sie* mir nicht frei!

Während *sie* nun, eingeklemmt im beschallten Wust, an Ort und Stelle gewiß noch eine Weile zappeln muß, will ich die Zeit nutzen und ein paar wichtige Anmerkungen machen.

Ausgerechnet an dem Tag, wo ich mich in *sie* verknallte, erwartete die Stadt den Besuch des Heiligen Vaters. Eine glückliche Koinzidenz? Wohl kaum. Wäre ich besser informiert gewesen, hätte ich meinen Reiseplan geändert und die Stadt gemieden wie Mehmed Ibn Abdul al Gosserah den Beichtstuhl. Wenngleich, hätte nicht mein Karma mich dennoch zu ihr hingeführt?

Während der gesamten Veranstaltung waren die Menschen so aus dem Häuschen, daß sie anscheinend gar nicht mehr wußten, was sie eigentlich hergetrieben hatte. Deswegen konnte mir an Ort und Stelle auch niemand genau sagen, was hier vor sich ging und was man erwartete. Sowohl die Kunde vom Besuch des Heiligen Vaters wie auch Näheres über die Novizen der *Papas Hip-Hop Rapping Brothers* erfuhr ich sehr viel später, gleichsam beim Lecken meiner Wunden. *The Brothers*, wie man sie der Kürze wegen nannte, waren Adepten eines Priesterseminars. Sie fühlten sich berufen, die Botschaft den Menschen näher zu bringen. Hier beim Papstbesuch dienten sie sozusagen als Einheizer. Zu der Gelegenheit hatten sie sich ein originelles Ziel gesteckt. Sie wollten sämtliche Psalmen in Hip-Hop-Manier rezitieren, laut dem Motto (Psalm 150, 3-4):

Lobet Ihn mit Posaunen,

Lobet Ihn mit Psalter und Harfen,

Lobet Ihn mit Pauken und Trompeten,

Lobet Ihn mit Saiten und Pfeifen.

Was sie dann auch taten. Und zwar mit genanntem Instrumentarium, das, elektronisch aufgedonnert und vielfach verstärkt, jenen infernalischen Krach machte, der das Sprechgewurstel des Speakers gleichsam akustisch untermauerte. Leider verstand man kein Wort; die Lärmkanone war hoffnungslos übersteuert. Das hatten die Monsignori in spe wohl befürchtet und vorsorglich abertausend, dreißigseitige, eng bedruckte Flyer verteilt, die meist ungelesen (wer liest schon Romane mitten im Gewühl) auf dem Boden landeten, zertrampelt, zerfetzt wurden und nach dem Sturzbach am Abend sämtliche Gullys verstopften.

Unbeleckt von Bibelsprüchen wollte ich nun genau wissen, was uns die Psalmen so mitzuteilen haben. Schon beim Überfliegen des Textes beschlichen mich leise Zweifel. In welcher Welt befand ich mich hier? Etwa in Georgia bei einer Ku-Klux-Klan-Revival-Fete? Da fehlten freilich die Kapuzen. Oder war dies ein Charity-Konzert zugunsten progressiver Paranoiker? Gibt es tatsächlich so viele in diesem unserem Lande? Hatte ich mich etwa in den Weltparteitag der ultrarechten Mitte verirrt? Griff deshalb der Verfassungsschutz, der BND, die Bundespolizei, die Armee nicht ein? Oder waren hier die Exterrestrischen voll in Aktion? Warum hat man die klerikalen Volksverhetzer nicht schon längst aus dem Verkehr gezogen? Mir schwoll der Hals, mir wollte der Kragen platzen angesichts der Untätigkeit unserer stets auf PC und Sicherheit bedachten Staatsorgane. Kein Blatt, nicht einmal Bild, dürfte solche Hetzparolen ungestraft hinaus posaunen. Warum dürfen die das, die Capelanusstifte?

»*Nachjagen-und-ergreifen-will-ich-meine-Feinde-und-nicht-umkehren-ojah-bis-ich-sie-umgebracht-habe-okay-ich-will-sie-zerschmettern-sie-sollen-mir-nicht-widerstehn-never-und-müssen-fallen-unter-*

meine-Füße-down-to-the-ground-yes-my-lord-down-to-the-ground-ich-will-sie-zerschmettern-zerstoßen-wie-Staub-vor-dem-Wind-will-sie-wegräumen-wie-den-Kot-auf-der-Gasse-oh-yes-my-Lord...«

Hörte sich wuchtig, geil, echt cool und so groovy an. Ja die Jungs paddelten voll im Mainstream, ließen ihren Gefühlen verstandesfreien Lauf. Der nächste Psalter:

»Tochter-Babylon-Zerstörerin-wohl-dem-der-dir-heimzahlt-wehe-was-hast-du-uns-angetan-damd-grooc-wohl-dem-der-deine-Kinder-your-bloody-kids-packt-und-zerschmettert-am-Fels-jah-die-Toren-sagen-im-Herzen-es-gibt-keinen-Gott-sie-handeln-verwerflich-und-schnöde-da-ist-keiner-der-Gutes-tut."

Oh schauerlich schallt's beim Papstbesuch.
Aus taktisch klugen Gründen gab es natürlich auch so etwas wie staatsbürgerliche Belehrung, also versöhnliche Töne:

»Sei-untertan-der-Obrigkeit-die-Gewalt-über-dich-hat-denn-die-Obrigkeit-ist-von-Gott-wo-aber-Obrigkeit-ist-die-ist-von-Gott-verordnet-Friiiede-sei-mit-euch-yes-my-Lord-dschingel-bums-taram.«

Nun saß ich bereits zweieinhalb Stunden auf meinem Beichtstuhl. Nein, ich saß nicht, sondern lag auf der Dachwölbung, gestützt mit beiden Füßen an einer leicht ausgehöhlten Lisene, die bei Regen wohl als Traufe diente. Die Kante war sehr schmal und gab nur wenig Halt. Immer wieder rutschte ich mit den Schuhen ab und drohte hinabzugleiten ins alles verschlingende Anthropotop. Meine Lage war denkbar unbequem und obendrein gefährlich. Auch die Krawallmaschine ließ nicht locker und schleuderte ihre Lautmasse frontal aufs Trommelfell. Dazu der schwüle Sommertag. Die Sonne hatte einen Hof und stach, obgleich von Staub und Dunst gefiltert, dennoch schonungslos herab. ›Von der Stirne heiß, rinnen muß der Schweiß‹.

Das wäre ja auszuhalten gewesen, aber jetzt bekam ich Durst. Indes wie ihn stillen in dieser Menschenwüstenei? Weit und breit kein Tropfen Wasser, ja nicht mal Cola, Spride noch Bier! Ein miserabler Service hier! Doch ein anderer, weitaus mächtigerer Drang erzwang jetzt Priorität, verlangte, begehrte, forderte, erpreßte Erleichterung, und zwar auf der Stelle. Was tun? ›Klar doch, man macht's im Dixi-Klo!‹ Allein der Gedanke ekelte mich. Doch ein findiger Geist läßt niemals locker.

Ein zum Fächer geformter Psalmenflyer diente als Schild und Schutz. Das Schläuchlein erst halb aus der Hose, schon platzte das Ventil, ließ heißes Wasser laufen, am Beinkleid hinab zur Traufe. Dann entschwand das Rinnsal meinen Augen. Der eingeweichte Flyer flog in hohem Schwung in die Menge. Irgendwo klatschte er dagegen. Stimmen wurden laut. Von hinten her schrie einer „Sau!" Zeitgleich vernahm ich unter mir eine gewisse Unruhe. Dann schob sich seitlich ein feistes, schweißglänzendes Gesicht über die Beichtstuhlkante, Kuhaugen fixierten mich durch dicke Brillengläser. ›Der Beichtvater!‹

»Bruder, du versündigst dich«, rügte er sanft. Dann verfinsterte sich seine Miene, und er brüllte: „Jetzt aber pack dich, Dreckschwein!" Dabei schlug er mit seinem Rosenkranz nach mir. Schon beim ersten Schlag kugelten und flogen die Perlen in alle Richtungen. Mit blitzenden Augen verschwand das Haupt des Gesegneten. Unten knallte eine Tür, Schläge an Wand und Decke. Dann ein Schrei: »Verdammte Scheiße! Ich mag nicht mehr!«

Allen Ablenkungen zum Trotz, ließ ich die Meine keine Sekunde aus dem Blick. Ihre braune Mähne wedelte jetzt kopfhoch über den Schmalzlocken der Andern. Nein, *sie* wiegte sich gar lieblich im Gleichmaß der Musik. Ja, *sie* sandte feine Wellen aus, die mein Receiver voll empfing. Das brachte mich um den Verstand. Schon zuckte ich, wackelte wie ein Kasper mit dem Kopf, rollte gegenläufig den Unterkiefer, wippte zackig mit den Unterarmen, als wollte ich mit den Fäusten Nägel in den Beichtstuhl hämmern. Auch Knie und Füße, ja mein ganzer Unterbau geriet in animalische Konvulsionen, in eine garstige Zitterfrequenz, die langsam auf den Beichtstuhl überging, der schließlich zu einem regelrechten Rüttelrost wurde, dessen Schwingung der meinen entgegenlief, was schließlich zur Folge hatte, daß ich buchstäblich in die brodelnde Humanmasse hinein katapultiert wurde.

Dem Allmächtigen, seinem Filius, dem Spiritus Sanctus, der geplagten Gottesmutter, den überlasteten Schutzengeln, überhaupt dem gesamten himmlischen Hilfspersonal sei es gedankt. Ich landete weich auf einer starken Frau, welcher die Heftigkeit meiner Annäherung eher zu schmeicheln schien, jedenfalls lächelte sie schelmisch und sagte: »Geht's auch zarter?« Mit ein paar energischen Stößen ihres ausladenden Gesäß schuf sie mir ein wenig Platz. Eng an ihren kreisenden Podex gepreßt, meine Nase ihrer Achsel wenig fern, wuchs mir eine Erektion. Sie spürte wohl den Druck, drehte den Kopf zurück und schnalzte mit der Zunge: »ts-ts-ts-ts«. Oh wie peinlich! Verschämt versuchte ich, der Klemme zu entkommen, was mir auch gelang. Zuerst mußte freilich eine Schlampe von etwa dreißig Jahren weichen - ein kräftiger Stoß warf sie zur Seite - ehe ich erneut das Dach des Beichtstuhls besetzte. Dummerweise griff meine Hand in den offenen Spalt der Tür, die seine Hochwürden (wer denn sonst) sofort energisch zuzog. Der Schmerz war höllisch, gab mir aber einen feurigen Impuls, der mich wie von selbst auf meinen Logensitz plazierte. Sofort schaute ich hinüber zu *ihr*. Dasselbe Bild. *Sie* schwang weiter ihren Haarschweif gleich einem Zagel hin und her. Vertieft in dieses Bild, das mir plötzlich irgendwie mißfiel, kratzte mich störend der Gedanke: ›Die hat doch einen Schuß.‹

Die Brothers brachen plötzlich ab. Silentium. Gespannte Stille. »A happy message from the Holy Father«, dröhnte über den lauschenden Menschenchor, »he'll arive about an hour later...«. Der Rest der Nachricht ging unter in Pfiffen und Protestgeheul. Dann setzten Psalter, Harfen, Posaunen, Pfeifen, Trommeln, Pauken, Trompeten mächtig ein. Der nächste Psalm, besonders hart gedroschen.

Doch mein Pferdchen wackelte sorglos fröhlich mit dem Wedel. Aber etwas irritierte mich. Ja genau, die Strömung hatte wieder eingesetzt. Zuerst mit einem leichten Kräuseln an der Oberfläche, dann mit massivem Schieben und Drücken im trüben Grund. Auch mein Beichtstuhl wart vom Fluß erfaßt. Er trieb jetzt zurück, zwar langsam, doch stetig weg von meinem Ziel, das, so kam es mir vor, ebenfalls triftete, weg von mir, immer weg von mir, schneller, schneller weg von mir.

Ohne zu überlegen stürzte ich in die Masse und bahnte einen Pfad, hin zu ihr, zielbewußt, erbarmungslos, heldenhaft. Die Zwerge um mich, vor mir duckten sich, schauten entsetzt zu mir auf, wichen furchtsam zur Seite. Keiner wagte, mich zu bremsen. Sie spürten meine wilde, kraftvolle, männliche Entschlossenheit. Ein schneller Blick zurück: mein Kielwasser, es wirbelte, sprudelte, spritzte. Genauer, da purzelten Menschen wild auf- und durcheinander. Trittbrettfahrer taten es mir gleich: Extremisten, Terroristen, Islamisten, Aktivisten, Pazifisten, Masochisten, Sadisten, Leninisten, Papisten, autonome Päderasten, Psychopathen, Feministen, Kommunisten, Anarchisten und natürlich militante Adventisten, die nun alles klein hauten, erniedrigten, quälten, was sie in die Klauen kriegten. Hinzu stürzten schwarze und weiße Sheriffs, Ordnungshüter mit und ohne Glatze, dazu Polizisten, Politessen, Populisten, der Verfassungsschutz, dumme Fressen. Kurz, hinter mir entbrannte eine Jahrhundertmassenschlägerei. Martinshörner, Polizeisirenen heulten; Rotes Kreuz, Türkischer Halbmond, Anthroposophen, Samariter, Polizei- und Mannschaftswagen, das Technische Hilfswerk, Wasserwerfer rasten in die Menge, dem Brennpunkt entgegen, dort wo Hilfe dringend nötig schien. Tausendkehliges Johlen, Heulen, Kriegsgeschrei! Während unter dieser Glocke Psalmus 90 nur noch kläglich wimmerte.

Wie ein Tsunami raste die Panikwelle auf mich zu. ›Nichts wie weg‹, dachte ich, wie jeder dachte, und beschleunigte mein Tempo, was auch die Andern taten. ›Klaren Verstand bewahren!‹ befahl ich mir, ›sowie mit Heldenmut den Durchbruch wagen!‹

Ein Schlag gegen das rechte Schienbein dämpfte meinen Schwung. Mir wurde schlecht vor Schmerz. Trotzdem gelang es mir, mich an der Armstütze des Rollstuhls, an dem ich mich so herb gestoßen hatte, festzuhalten. Der Rollstuhlfahrer, ein Lebertyp mit Rosazea auf der Nase, reagierte äußerst ungnädig. »Saudepp gscherter! Faßme net o!« brüllte er und schlug mir mit einer Keule auf die Finger.

Teufel Jähzorn packte mich.

In Sekundenschnelle lag der Keulenschläger auf dem Boden und sein Rollstuhl auf ihm. Ein Rad eierte sinnlos in der Luft.

Zugleich wurde mir klar, in welch prekäre Lage ich hineingeraten war. Ringsum orthopädisches Hilfsgerät samt UserInnen und BetreuerInnen: Rollstühle, Rollatoren, manuell sowie elektrisch, ebenso fahrbare Pflegebetten, offene Särge, Humpelstöcke, Achselkrücken mit pappafrohen Typen. Die mich volles Energiefaß wohl nicht mochten, ja fürchteten. Dazu die allseits hochgespannte Erwartung, der anrollende Tsunami, der adoleszenile Psalmenrap, die Todes- und Entzükkungsschreie, der klerikale Himmelslärm, der aggressive Dunst aus abertrillionen Poren, kurz, ein Brodem, der den Mensch zum Scheusal macht.

Ein Stich von hinten in die Rippen, wahrscheinlich mit einem Stock, gab mir den Rest. Ich rastete aus und wurde auf der Stelle zum Raubtier. Den Rollstuhl, unter dem die Rosazeanase zappelte, riß ich hoch, drehte mich um und haute das Gelumpe einem alten Knacker (vermutlich der Stockstecher) über den Schädel. Dann flog der Stuhl, von dem sich ein Rad gelöst hatte, mitten in den orthopädisch mobilen Pulg, legte zwei Rolladoromas sowie einen Doppelstockopa flach, riß einem Gipsbeinträger die Achselkrücke weg und knallte in einen elektrischen Rollstuhl, der sofort seine Maximalgeschwindigkeit erreichte und samt Insasse mit einem echten Dixi-Klo kollidierte. Alles passierte im Bruchteil einer Sekunde. Während der Stuhl noch durch die Luft sauste, packte ich den am Boden liegenden Stock und schleuderte ihn wie einen Speer in Richtung Tribüne. In einem seitwärts postierten Lautsprecher blieb der Stock tatsächlich stecken. Sofort gab das Akkustikmonster schrille Laute von sich, die leiser, wieder lauter, leiser, unerträglich laut wurden, dann aber plötzlich abstürzten. Was freilich die Lärmfrequenz nicht spürbar minderte.

Genau in dem Moment gewahrte ich mein Rößlein wieder. *Sie* schien mir näher zu sein denn je. Das Schopfgeschlenker hatte *sie* nun eingestellt. Dafür ruderte *sie* heftig mit den Armen. ›Will *sie* aus der Gruppe scheren? Wenn ja, wohin?‹ Solche Fragen konnte ich mir erst gar nicht stellen, denn der Lärmgenerator setzte in dem Moment schlagartig aus. Die Leere in den Köpfen schmerzte. Der Horror Vacui! Aber der hatte keine Chance, sofort füllte ihn kakophones Kampfgeschrei, das aus tausend Kehlen dröhnte. Die Pappas Hip-Hop Rapping Brothers hatten alle Mühe, ihre Jünger wenigstens soweit zu beruhigen, daß ihre Nachricht sie erreichte. Der Bandleader versuchte es zuerst auf Englisch, was die Fans als neuen Song wohl falsch verstanden. Folglich sah er sich genötigt, eine härtere Gangart einzuschlagen. Er wechselte zu gutem Deutsch:

»Liebe Brüder und Schwestern im Herrn. Zwei Botschaften darf ich verkünden. Eine gute, aber auch eine weniger gute. Zuerst die gute: Der Herr ist mit euch, er segnet euch und hält seine Hand schützend über euch.«

Schwer zu sagen, ob die gute Botschaft überall mit Begeisterung aufgenommen wurde, zumal Kampfhandlungen und Geschrei hier und dort noch andauerten. Aus einer fernen Ecke ertönte zwar laudamus domine - sofern ich recht verstanden hatte - aus einer anderen ein vielstimmiges kyrie eleison. Dann von der Seite ein gemischter Chor mit starken Stimmen: gratias agimus tibi propter magnam gloriam tu..., der von einem laut hinausgeplärrten luja sog i! unsanft gestört wurde. Erst als von hinten eine vielkehlige Burschenschaft Gaudeamus igitur iuvenes dum sumus post iucundam iuventutem, post molestam senectutem, nos habebit humus! brüllte, stellte man die Glaubensbekundung ein. An weitere positive Äußerungen kann ich mich nicht erinnern. Ein etwa vierzig Jahre alter Herr in meiner Nähe, nach Nickelbrille und Jeansanzug ein Intellektueller, vielleicht Oberstudienrat, sagte unverhohlen, was wohl viele dachten:

»Laßt den Schmus und kommt zur Sache.«

»Nun, meine lieben Brüder und Schwestern, braucht Ihr Kraft und einen festen Glauben an die Verkündung des Heils sowie an den unergründlichen Ratschluß unseres Herrn des Allmächtigen«, fuhr salbungsvoll der Novizenhäuptling fort. Machte eine Kunstpause, und ließ die Katze aus dem Sack:

»Der heilige Vater ist untröstlich, er gibt euch, meine lieben Brüder und Schwestern, seinen Segen und läßt euch mitteilen, daß er seinen Besuch wegen einer Bombendrohung absagen muß. Ihr sollt aber wi-wr-chr...« Hier versagte die Stimme des Sprechers, denn von der nun schockartig ausgebrochenen Stille ging etwas unheimlich Bedrohliches und zugleich Eisiges aus, das dem jungen Mann den Speichel auf der Zunge zu Eis gefrieren ließ.

Die Massenstarre löste sich als Donnerschlag. Urplötzlich setzte ein Spektakel ein, der alles davor Gewesene in den Schatten stellte. Nackte Wut beherrschte nun die Szene. Jeder fühlte sich angeschmiert, um wenigstens einen Tag seines Lebens betrogen.

»Hol ihn doch der Teufel, den Wortwichser«, hörte ich den Intellektuellen sagen, ehe er von einer wahnsinnig gewordenen Frau mit einer schweren, wohl mit Sand gefüllten Handtasche niedergeschlagen wurde. Dann fokusierte sie mich und erhob erneut die Tasche. Ein dicker Mann schob sich zwischen uns und blockierte den Schlag.

In den Lautsprecherwänden brummelte tief ein Baß, der langsam lauter und höher wurde, bis er schließlich über das viergestrichene C hinauspfiff. Dem folgte dumpfes Donnergrollen. Etwas später quakelte eine durch Störgeräusche entstellte Stimme, die im Lärm und Gekreische unterging. Wie aus dem Boden gewachsen stand auf der Tribüne ein General (vier goldene Sterne!), flankiert von einer Anzahl Flügeladjudanten. Wollte der alte Haudegen jetzt ein Marschlied anstimmen?

»Achtung, Achtung, hier spricht die Polizei!«

Wie man sich bloß irren kann. Der Polizeichef wiederholte seine Losung so lange, bis halbwegs Ruhe einkehrt war. Dann fuhr er fort:

»Aus Sicherheitsgründen muß die Versammlung aufgelöst werden, und zwar sofort. Räumen Sie den Rathausplatz unverzüglich. Benutzen Sie die hinteren Seitenstraßen. Also die hinteren Querstraßen: Nonnenhofgang Glöckelstraße, Himmelsweg, Ablaßgasse, Schiedgraben. Ich wiederhole: Bleiben Sie ruhig! Räumen sie möglichst schnell den Rathausplatz, durch die eben genannten Ausgänge. Die vorderen

Fluchtwege, also Henkerstraße, Kerkerweg, Höllentor, müssen frei bleiben für die Polizei, das Sanitätspersonal und den Einsatzleiter. Befolgen Sie unbedingt die Anordnungen der Sicherheitskräfte, und achten Sie auf weitere Durchsagen.«

Diese Anweisung formulierte der Polizeichef in drei weiteren, nicht weniger klaren Versionen. Als er sich anschickte wegzutreten, flüsterte ihm ein Adjudant etwas ins Ohr. Darauf verschluckte der Chef ums Haar das Mikrofon:

»Hemmha. Bitte um Ihre Aufmerksamkeit. Nehmen Sie Rücksicht auf Menschen, also Frauen, Kinder und behinderte Mitbürger, auch Männer...« Wieder unterbrach ihn der Adjudant. »Klar doch. Also auch Männer, Betagte und Hochbetagtin..., ich meine ältere Mitbürger und Mitbürgerinnen, aber auch schwere Kinder und Sehbehinderte. Helfen Sie ihnen, wenn sie Hilfe brauchen - und wie gesagt, in geordneten Reihen. Danke. Weggetreten."

›Wo mein braunes Rößlein weilt?‹ Ja genau, etwa zehn Meter links voraus. *Ihr* brauner Schweif ragte deutlich aus der Menge,

Die Menschenmasse schien nun abermals erstarrt.

Erst zögerlich, dann weniger gehemmt, frei bis unverfroren wurden Stimmen laut:

»Kein Wort verstanden. War das der Papst?«

»Wo ist denn hier hinten und vorne, verdammt nochmal?«

»Nonnenstraße? Nie gehört!«

»Weiß der Kuckuck, kenn mich hier nicht aus!«

»Immer den Andern nach, einer wirds schon wissen!«

»Kompletter Idiot!«

»Der Glockenweg ist vorne, nicht hinten! Hundertprozentig!«

»So ein Quatsch! Du meinst das Höllentor!«

»Himmelherrgottsack, jetzt bewegt euch doch!«

»Ja wohin denn, um Gottes Willen!«

»Warum müssen Deppen und Kinder hierbleiben?«

»Die gehn mir am Arsch vorbei. Was glaubst du.«

»Rück mir nicht auf den Leib, verdammter Krüppel!«

»Halt die Fresse, Kinderschänder!«

Der Ton wurde zunehmend aggressiver, und bald war die Menge wieder hoch erregt und aufgewühlt. Die Ursache war nun weniger die Enttäuschung über den abgesagte Papstbesuch, sondern vielmehr gärende Angst und Fluchtinstinkt sowie völlige Orientierungslosigkeit. Jetzt brach echte Panik aus. Der Rathausplatz glich einem gigantischen Hühnerhof (Bodenhaltung), wo hundert Füchse gleichzeitig einfielen. Ein Geflatter, Gekreische, Gerenne, Gepicke, Federn fliegen wolkenweise, Blut spritzt. Doch hier ein Schreien, Fluchen, Stechen, Schlagen, Hauen, daß die Fetzen flogen.

Dank der Kenntnis einer fernöstlichen Nahkampftechnik, Kickboxen oder so, hatte ich gute Karten. Wie ein Wirbelwind fegte ich los, teilte Tritte und Schläge nach allen Seiten aus, überholte schließlich mein braunes Reh und kickboxte mich direkt vor *sie* hin. Selbstlos ebnete ich ihr den Pfad zur Flucht, schlug ihr eine Bresche durch die feindlichen Reihen. Ja, *sie* sollte mir nun in der Bresche folgen, die ich allein für *sie* geschlagen hatte. ›Nimmt *sie* ihre Chance wahr? Erkennt *sie* mich als Retter?‹ Mich zu vergewissern, war nicht möglich, ich konnte das nur hoffen. ›Weil der Kämpfer muß stets nach vorne schauen, dem Feind ins Antlitz sehn, darf weder Aug noch Nas nach hinten drehn!‹

Im Eifer meines Minnedienstes schrumpften Vernunft, Geist und Umsicht auf einen Nadelkopf zusammen. Mit einem gut koordinierten Kick und Faustschlag traf ich voll auf das Fußteil eines Pflegebettes aus Stahl. Genauer gesagt, der Kick zerbeulte die Fußplatte, meine Faust haute den Kniegips des Bettinsassen in Stücke. Sein mörderischer Schrei übertönte alles, fand aber kein Gehör. Eine hirnlose Attacke, gewiß, aber der Schmerz in Fuß und Hand brachte mich soweit zur Besinnung und mithin zur Erkenntnis: ich hatte wie der Wanderer im Schneegestöber einen Kreis geschlagen. Wieder fand ich mich im kantigen Revier der Krüppel, Invaliden und Geschädigten. Ein Terrain, in dem gerade alles drunter und drüber ging. Wo Greise mit Kurbeln, abgerissenem Bettgestänge, demontierten Rollatorteilen und

Krücken wild um sich schlugen. Wo sich hysterisch gewordene alte Weiblein wie Furien in die Haare kriegten und fürchterlich kreischten. Wo schwer behinderte Menschen unter Rollstühlen zappelten, aus ihren Betten kugelten und mit Geheul sich hilflos auf dem Boden krümmten. Die PflegerInnen turnten kopflos über Betten und Rollstühle und riskierten Hals- und Beinbruch. Ein paar der Helfer wollten nach außen durchbrechen, andere suchten Schutz unter den Bettgestellen, wenige resignierten und legten sich einfach in die Betten hinein, während ihre Schützlinge am Boden von Krämpfen geschüttelt wurden.

Die Lage war außerordentlich prekär. Hier herrschte Hardware im wahrsten Sinne des Wortes. Wetware hatte keine Chance. Wer da bloß mit seinen Extremitäten herum fuchtelte, der brach oder zerbeulte sich die Knochen und lief obendrein Gefahr, zertrampelt zu werden.

›Wo bin ich? Wo ist *sie*? Was soll ich tun?‹ Zeit, mich neu zu orientieren. Natürlich wollte ich als erstes wissen, ob *sie* dem Pfad, der so hart erkämpft, auch gefolgt war.

Wie ein Schlag ins Gesicht traf mich ein harter Wasserstrahl. Sofort duckte ich mich weg, hinter einen Rollstuhl. Die Polizei hatte Wasserwerfer eingesetzt. Wozu? Das weiß der Kuckuck. Jetzt galt es, möglichst unter den Spritzwinkel der Wasserkanonen zu kommen. Mit ungestümer Wut und naß bis auf die Knochen, focht ich mich so dicht an den Kampfwagen heran, daß mich der Wasserstrahl nicht mehr erreichen konnte. Zahllose andere Widerstandskämpfer (Terroristen!) hatten dieselbe Idee. Was natürlich beim Kampfwagen zu einer extremen Verdichtung führte. Der äußere Ring wurde dann auch vom Wasserstrahl erfaßt und die Menschlein wie Unrat weggespült.

Die staatlich lizenzierten Spritzer hatten in ihren Panzerwagen offensichtlich reichlich Spaß an makabren Spielchen. So hielten sie den Strahl gerne frontal auf die Rücklehnen besetzter Rollstühle, die durch den Druck schnell in Fahrt kamen, Leute zur Seite stießen oder überrollten, schließlich unter die Tribüne getrieben wurden und am Stützgestänge zerschellten. Mit einer hinfälligen alten Dame (weiß Gott, was die in diesem Massenauftrieb suchte), die von ihrem elektrischen

Rollador kreuz und quer gezogen wurde, Rollador voran, sie trippelnd hinterher, trieben die Polizeispritzer ein ähnlich mieses Spiel. Zielsicher traf der Strahl den Rollador und beschleunigte sein Tempo. Leider machte das völlig verstörte Mütterchen sehr schnell schlapp. Sie ließ ihren Zugesel los und landete bäuchlings in einer Pfütze, während das Wägelchen fröhlich ein paar Achter drehte und dann den Geist aufgab. Schmutzwassertriefend kam die alte Dame wieder hoch, tippelte mit erhobenen Armen zu ihrem Laufwagen. Der Wasserstrahl traf sie von hinten wie ein Stoß und warf sie erneut zu Boden.

Die Erniedrigung, Qual und Schande dieser ehrenwerten alten Dame konnte ich nicht mit ansehen. Ihr mußte geholfen werden! Aber es gelang mir partout nicht, mich aus den Klauen meiner Mitkämpfer zu lösen, die am Wasserwerfer klebten als hätten sie Pech am Hintern. Andere sahen natürlich auch, was mit der Frau passierte; man war aufs Äußerste empört. Jeder wollte helfen, natürlich, aber keiner sah sich dazu imstande. Doch wie ein Fischschwarm urplötzlich seine Richtung ändert, verfolgten jählings alle vereint das eine Ziel: den Banausen da oben ihr schändliches Handwerk zu legen. Das Fahrzeug wurde im Handstreich erobert. Man zog die verschreckten Staatsdiener aus ihren Luken, verpaßte ihnen ein paar Maulschellen und stieß sie in die Menge, die augenblicklich über die Ordnungshüter herfiel. Man hätte sie zerfleischt, vielleicht sogar aufgefressen, wäre nicht in dem Moment ein großes Ereignis passiert, das alle einhalten und aufhorchen ließ.

Wie ein Wassersturz, nur um ein Vielfaches lauter, setzten donnernde Musik und tausend Stimmen ein. »Freude schöner Götterfunken, Tochter aus Elysium, wir betreten feuertrunken, Himmlische, dein Heiligtum!« prasselte in die entflammte Masse und dämpfte ihr Feuer zu schwelender Glut. Derart kalmiert, ließ man von den Spritzexperten ab, die nun alles daran setzten, sich unsichtbar zu machen.

Neben vielen weiteren Befehlshabern übernahm auch ich das Kommando über den Wasserwerfer. Mein Commandersitz befand sich außerhalb der Drehkuppel, weil diese innen bereits mit Kommandeuren vollgestopft war. Zudem konnte ich von hier aus die Lage besser überblicken.

Eine Phalanx Ordnungshüter marschierte direkt auf uns zu. Die Kommandanten des Wasserwerfers begannen heftig darüber zu streiten, was zu tun geboten sei. Mit scharfem Ton und klaren Befehlen setzte ich dem Gezänk ein Ende: »Bringt die Maschine in Gang! Aktiviert die Düsen! Volle Kraft voraus! Ruder hart Backbord!« Ein paar findige Typen schafften es, den Motor zu starten sowie die Pumpen einzuschalten und die Wasserdüsen zu steuern. Der Doppelstrahl erfaßte die eigenen Leute (friendly fire). Mit Gebrüll und Fäuste schwingend, drohten sie uns zu verprügeln. Doch dann schwenkte der scharfe Strahl frontal gegen die Schilderwand der anrückenden Polizei. Wie Dominosteine kippten die Hopliten um. Die Tapferen rappelten sich hoch und stürmten erneut nach vorne. Die Feiglinge krochen auf allen Vieren zurück, erhoben sich und stürzten davon. Die Tollkühnen ließen nicht locker, stürzten sich immer wieder in den Kampf, bis ihnen der Strahl die Augen aus den Höhlen spülte. Die Zauderer standen da, analysierten die Lage und überlegten den nächsten Schritt. Doch das Wasserschwert sauste nieder, erbarmungslos. Wie gesagt, alles ereignete sich innerhalb weniger Minuten, aber ich kämpfte viele gefühlte Stunden.

Just als der Wasserstrahl auf die Schilder prallte, ertönte vielstimmig:

»*Froh wie seine Sonnen fliegen,*
durch des Himmels prächt'gen Plan,
laufet Brüder, eure Bahn,
freudig, wie ein Held zum Siegen.»

Ich hätte vor Rührung fast geweint. Aber dafür gab es keine Zeit. Die ersten feindlichen Krieger griffen bereits unseren Kampfwagen an. Wir traten ihnen auf die Finger und kickten ihnen die Helme ins Genick. Unseren dämlichsten Kommandanten packten sie am Knöchel, brachten ihn zu Fall und schlugen mit Knüppeln auf ihn ein. Recht geschehen, kein Verlust. Die Feinde drangen weiter vor, ihre Zahl schien unermeßlich. Unsere Lage wurde kritisch.

»Überraschung!« rief eine Stimme hinter mir. Und tatsächlich, hielt da nicht ein Kämpfer, er sah aus wie Che Guevara, ein Bündel kurzläufige Gewehre im Arm! Eine Kiste Munition stand auch bereit. Genau, was wir zum Siege brauchten: Tränengas-, Nebelpatronen, Gummigeschosse, Platzgranaten. Die Rettung! Wir schossen aus allen Rohren. Die Reihen der Feinde versanken im Nebel, man hörte sie Husten und Würgen, dazwischen Weh- und Schmerzgeschrei.

Schnell wendete sich das Blatt. Ein widriges Lüftchen, vermutlich aus dem Höllentor, trieb das graugelbe Gasnebelgemisch direkt auf unseren Wasserwerfer zu. Den ersten Kampfgenossen lief bereits die Nase, sie hüstelten und rieben sich die Augen rot.

Es gab nur einen Ausweg: nichts wie weg! Zuerst mußte ich freilich einen Teil des Schlachtfeldes durchqueren, das sich inzwischen deutlich gelichtet hatte. Hier und dort gab es noch Zusammenrottungen sowie einzelne Scharmützel, teils von heftiger Natur. Ausdauernd ballerte die Neunte ihren Freudenkantus über das Schlachtfeld. Der Jubelgesang wirkte indes ziemlich dissonant in Bezug zu den ruinierten orthopädischen Hilfsmitteln und den meist demolierten oder umgekippten Beichtstühlen und vor allem den Dixi-Klos, aus denen eine ziemlich ekle Brühe floß. Natürlich spendete die feierliche Musik auch Trost, vorweg jenen, die kriechend, humpelnd, stöhnend, einander stützend, alle nur das Eine wollten: Ruhe und Frieden, vielleicht einen Arzt oder den bloßen Wunsch hatten, den Besuch des Heiligen Vaters im Fernsehen zu genießen, gemütlich bei einer Flasche Bier, im Kreise ihrer Lieben!

Tief erschüttert, ja entsetzt, zugleich fasziniert von all dem Elend, wäre ich ums Haar über einen Bettelmönch gestolpert. Er saß im Langsitz auf der Erde, mit den Armen nach hinten abgestützt. Braune Stoffetzen, die Reste seiner Kutte, bekleideten ihn notdürftig. Sein Blick ging ins Leere. Um ihn herum die Trümmer eines verwüsteten Beichtgestühls. Ausgerissene Türen, Löcher in der Wand, zerbrochene

Kruzifixe - ein Heiland kreuz- und kopflos am Boden - dazwischen die Scherben mehrerer Weinflaschen, auf der Erde geweihte Hostien. Ein Bild des Frevels, der Gottlosigkeit und Schande. Von Rührung übermannt, setzte ich mich ihm zur Seite, nahm den Diener Gottes in den Arm und tröstete ihn. Feierlich frohlockte der Himmelschor:

Seid umschlungen, Millionen!
Diesen Kuß der ganzen Welt!
Brüder, überm Sternenzelt
Muß ein lieber Vater wohnen.
Ihr stürzt nieder, Millionen?
Ahnest du den Schöpfer, Welt?
Such' ihn überm Sternenzelt!
Über Sternen muß er wohnen.

Mein Freund dankte mir mit kaum spürbarem Händedruck. Dann weinten wir zusammen gar bitterlich.

Jäh brach die Musik ab. Erschrocken riß ich mich los von diesem Sorgenklos: ›Wo steckt die Mutter meiner Kinder?‹‹ stach es mir schmerzlich ins Gehirn. Eine freudsche Fehlleistung, oder so. Jedenfalls schaute ich hitzig nach ihr aus, sah *sie* aber nicht. Weit und breit nur zerrupfte, deprimierte Jammergestalten, die auf dem Feld der Ehre herumirrten oder sich geschlagen trollten.

Dann aber sah ich *sie*, stolz gewachsen, um Köpfe größer als die Andern. Eine Königin! ›Das kann nicht sein‹, dachte ich, ›ein Trugbild verklemmter Wünsche. Nein, große Frauen machten mir schon immer Angst; das paßt doch alles nicht zusammen! Kleine Frauen, handliche Weibchen sind mein Ding. Suchen Schutz in meinen starken Männerarmen!‹ Ich erinnerte mich genau, hatte ihr Bild klar vor Augen. *Sie* schien weder groß, noch klein, noch dick, noch dünn, eben jene Frau, die mir den Liebespfeil ins Herze schoß.‹

Ein Windstoß unterbrach mein Sinnen, wirbelte Staub und Psalmenblätter durch die Lüfte. Dunkle Wolken zogen auf; fernes Donnergrollen. ›Soll ich der Riesin folgen?‹ Zweifel wuchsen. Trotzdem setzte ich ihr nach.

Gerade verschwand sie in einer Seitenstraße. Ich wollte sofort hinterher, sah mich aber nicht imstande, das nötige Tempo einzuhalten. Die Prellung meiner linken Hüfte sowie ein stechender Schmerz im rechten Fuß machten mir das Gehen unerträglich. Wie einst Quasimodo hoppelte ich los, verlor meinen linken Schuh - und trat in eine Glasscherbe. Scherbe hin, Scherbe her, die Zeit drängte!.Eine Achselkrücke, die zufällig auf dem Weg lag, half mir weiter. Links mit den Zehenspitzen, rechts mit der Ferse, versuchte ich Bodenkontakt zu halten. Der Hinkende Bote nichts dagegen. Der brauchte auch keine Socke als Beißrolle, um die Schmerzen zu ertragen.

Dank dieser Ausrüstung sowie dem abstoßenden Gejammer und Gestöhn meiner Leidensgenossen, kam ich gut voran und erreichte die Ablassgasse (laut Straßenschild, in hässlicher neuer Rechtschreibung) in weniger als einer Minute.

Sie ging etwa fünfzig Meter vor mir, riesengroß und gertenschlank, ja dünn. Ihr Gang schien sonderbar ungelenk, eckig, hölzern, als ginge sie auf Stelzen.

›Genau, sie geht auf Stelzen!!‹ Urplötzlich verstand ich ihr rätselhaftes Wachstum ›Eine Artistin!‹ jubelte es in mir, ›so geschickt, so phantasievoll, so einfallsreich! Ist es nicht das, was ich an Frauen liebe?!! Dann aber auch Bedenken: ›Wozu braucht *sie* Stelzen? Woher hat *sie* die? Diese langen, sperrigen Stecken? Beim Bahnhof hatte *sie* jedenfalls noch keine. Da stimmt doch etwas nicht!‹ Fragen über Fragen. Ja, es schien alles schrecklich rätselhaft an dieser Frau.

Mit der Krücke weit ausholend, in gewisser Weise rücksichtslos, versuchte ich, *sie* einzuholen. Plötzlich war *sie* weg. ›Das kann nicht sein, dort ist *sie* abgebogen!‹ Ich beschleunigte mein Tempo - und lag plötzlich platt auf der Straße.

Einer dieser Erzhalunken, die jetzt in Rudeln durch die Straßen zogen, hatte den Schwung meiner Krücke, die gerade vom Boden abhob, seitlich abgelenkt. Unter dem schrillen Gelächter seiner Kumpane kroch ich mit wunden Knien und aufgeschürften Ellbogen hin zu meiner Stütze und wollte sie ergreifen, doch die Schweine zogen sie mir immer wieder weg, bis ich schließlich liegen blieb und mich tot stellte. Dann schlugen sie unter Freudengeheul die Krücke in Stücke, warfen die Trümmer auf mich und machten sich johlend davon. Vorsichtig hob ich den Kopf und schielte nach oben. In dem Augenblick rollte das Rad eines Rollstuhls über meine rechte Hand. Vor Schmerz und Wut heulte ich auf, schoß hoch, stürzte mich auf den Rollstuhl. Der querschnittsgelähmte Fahrer, ein junger Mann von etwa dreißig Jahren, tat mir aufrichtig leid, aber was kümmert mich sein schlechtes Karma. Außerdem befanden wir uns im Krieg. Da gibt es kein Pardon! Ich kippte den Krüppel in die Gosse und konfiszierte sein Gerät.

Nach kurzer Eingewöhnung beherrschte ich das Vehikel und fuhr es wie einen Streitwagen. Zu meiner Freude hatte mein Vorgänger hinten an der Lehne einen langen Stab befestigt, an dem ein Wimpel oder Feldzeichen wehte. Es gab auch eine automatischen Tröte, die schauerlich quäkte. Wie ein Desperado - nasse, zerrissene Kleidung, blutende Füße, wunde Knie und Ellbogen, zerschundene Hände, auf der Stirn eine Platzwunde, aus der Blut sickerte, das in kleinen Rinnsalen über mein Gesicht lief und auf den Boden tropfte - umhüllt vom scharfen Geruch gnadenloser Verbissenheit, verbreiten ich Angst und Schrecken. Alle wichen entsetzt zur Seite; die Ablassgasse gehörte mir!

Serienblitze, gefolgt von schwerem Donnergrollen, kündigten das Weltende an. Der Himmel öffnete seine Schleusen zur finalen Sintflut. Zu allem entschlossen rollte ich im Zickzack zu jener Quergasse hin, wo ich *sie* vermutete. Ich stoppte mein Gefährt und spähte hinein. Noch geblendet von den Blitzen, sahen meine Augen nichts. Allmählich enthüllte sich das abschüssige Sträßchen, wo beidseits Haus an Haus gleich einer Mauer stand. Ein paar Gestalten, Regenschutz suchend, strebten dicht an den Mauern ihrer Behausung zu. Wieder ein

Blitz, die Gasse erhellte blaß. Ja, das ist *sie*. ›So lang und schmal?‹ *Sie* stakt noch auf Stelzen. Ein Gewitterschauer plattert nieder und verjagt alle Träume. Der Wimpel hängt triefend schlapp herab. Meine Wunden schmerzen und brennen wie Feuer. Rundherum ein Schauern und Geprassel, untermalt von grellfahlem Leuchten und Donnergrollen.

Inferno total. Das jüngste Gericht - und ich der Satan!

Hui, da sause ich hinab die Ablaßgasse, bald auf dem einen, bald auf dem andern Rad. Schramme entlang an beiden Wänden, erst links, dann rechts, was soll's, und weiter geht's hinab, schneller, schneller als der Wasserlauf, hinein in den dunkelgrauen Dampf.

Dann der Crash. Rad und Armlehne erfassen eine Stelze. Sie wird *ihr* entrissen, weggestoßen, vom Fuß gezogen. Nun wankt *sie* auf einem Stecken, mit dem *sie* gerade auszuschreiten sucht. Kurz steht *sie* still, hängt in der Luft, schwankt wie ein Rohr im Wind - und kommt sehr schnell näher.

Sie fällt mir sozusagen in den Schoß. Das hält der Krankenstuhl nicht aus, er bricht zusammen. Dabei rutscht ihr die braune Perücke vom Kopf und purzelt in den Wildbach, der den Haarwuschel erfaßt und wegspült wie geölte Putzwolle. Mein Wille ist zwar stark, den Kopfschmuck zu ergreifen, aber meine Hand, eingequetscht im Rollstuhl, kann dem nicht folgen. Festgeklemmt im Rollstuhlwrack, wohl verkeilt mit Stelzenstücken, umspült von kaltem Rinnsteinwasser kapituliere ich.

Nun liegt *sie* auf mir. *Ihr* nahezu haarloses Haupt auf meine Brust gebettet. Dünne graue Härchen wurzeln einsam in blasser Haut. Ein Zittern geht durch *ihren* dürren Leib. Mühsam hebt *sie ihr* Haupt. Tränennasse Augen schauen mich tief und traurig an. Dann fällt *ihre* Stirn zurück auf meine Brust. Eine tiefer Atemzug, ein Seufzer --- *sie* wird unerträglich schwer.

Ihr Gewicht erdrückte mich.

♣

Arabischer Frühling

Ich bin Abdullah ibn Nasr
von Geburt an Christenhasr.
Nach Alemanija will ich ziehn,
wo Hitler macht' die Juden hin.

Ja, Alemanija ist mir so nah,
die neue Heimat, alhamdulillah!
Dort liegt Fuluz in allen Gassen,
man muß nur hin, um es zu fassen!

Die Deutschen kalb an-nasrani
sie essen Schwein und oft Salami,
doch ihre Frauen sind sehr nett,
die kriegst du ziemlich schnell ins Bett.

Am besten lebt man in Berlin,
dahin, ja dahin will ich fliehn,
die Leute dort sind tolerant,
Frau Merkel gibt mir selbst die Hand.

Dann kriegt man eine Wohnung
und ein Smartphone als Belohnung.
Vielleicht sogar ein schickes Haus,
da ruh ich mich zuerst mal aus.

Man hat auch keine Essenssorgen,
das Catering bringt schon am Morgen
frische Fladen, Tee und Eier,
dem deutschen Wirt ist nichts zu teuer.

Nach dem Frühstück ist dann Salah,
ich werf mich hin und danke Allah:
Allah akbar, alhamdulillah
Deutsches Land ist wunderbah.

Danach geh ich um den Block,
weil ich scharf bin wie ein Bock,
sofort reiß ich drei Leilas auf,
ich weiß, die Mädels stehn darauf.

Gleich zeige ich den Schlampen dann,
was ein beschnitt'ner Moslem kann
Was dabei geschieht ist wunderbah,
 so schön ist Alemanijah. Alhamdullilah!

Wann mir's gefällt, geh ich studieren,
ich kann's zumindest mal probieren.
Mir fehlt zwar Bildung und Maturah,
doch möglich macht's Almanijah.

Wenn ich dann dicke Kohle mach,
Hol ich die ganze Familie nach.
Und sie werden alle kummen,
 die Onkels, Tanten, auch die Dummen.

Denn in Afrikiki geht's uns schlecht,
wir müssen da weg, weil Menschenrecht.
uns geht's viel besser in Alemanijah
Das Sozialamt ist für alle dah.

Hussein, Omar, Fatma, Ibn Fraus
werden einziehn in mein Haus.
Vorher jammern wir die Deutschen raus,
 so kommen wir viel besser aus.

Auch meine Schwester Lamya
spricht nur noch von Alemanija,
und der Schwager Ismail
träumt von einem Mercmobil.

Es kommt auch Maisa unterm Niqab
und Lutifa mit dem Hidschab,
dazu der Luqman in der Yellaba,
am Ende sind sie alle da.

Allah akbar, oh Herre in den Höhn,
dir zum Lob baun wir Moscheen,
auch zeugen wir viele Kinderlein,
damit die Almanis nicht so allein.

Die Alamani sind so dekadent,
ihre Weiber gehen ständig fremd.
Durch Islam wird Moral bereinigt
und die Frauen ohne Treu gesteinigt.

In die Mode kommt jetzt Wüstenluft,
vorbei die deutsche Alltagskluft.
Man kleidet sich nicht mehr so häßlich,
Arab-Vogue ist angesagt und päßlich.

Frauen tragen züchtig weite Kleider,
knöchellang, dann gehts nicht weiter.
Die Sache mit dem Arschgeweih
ist, Allah sei Dank, nun auch vorbei.

Während Frauen Kinder kriegen,
und die Omas Bälger wiegen.
Sitzen wir Mannen im Teehaus
und trinken gläserweise Tee aus.

So nimmt das Leben seinen Lauf,
wir neuen Deutschen sind gut drauf.
Um Arbeit muß sich keiner sorgen,
der deutsche Staat tut uns versorgen.

Die Deutschen werden alt und älter
und ihre Herzen kalt und kälter.
Es ist für sie nun Zeit zu sterben.
Wir sind jung und werden sie beerben.

Ahlan wa sahlan alhamdullilah
das Leben ist so wunderbah
bi-smi 'llâhi 'r-rahmâni 'r-rahîmi
'l-hamdu li-llâhi rabbi 'r-rahmâni.

Der Muezzin ruft Al-llah akbar,
Wir beten und sind IHM so dankbar.
Der Ruf schwingt über Wald und Feld:
Deutschland, Deutschland, über alles in der Welt!

♣

Der zweite Mann

Im Segelboot alleine um die Welt! Ein Traum.

Dabei sollte es nicht bleiben, jedenfalls für Kristof.

Die Risiken sind kalkulierbar, dachte er, und die Anfechtungen, denen der Einhandsegler trotzen muß, werden mich nicht klein kriegen. Er fühlte sich stark und jeder Herausforderung gewachsen.

Bis zu den Kanaren begleitete ihn ein Freund, mit dem er die Wachen teilte. Danach setzte er den Kurs Südwest, so wie Christoph Columbus vor fünfhundert Jahren.

Über die Reisen der großen Entdecker hatte Kristof viel gelesen. Er bewunderte den Wagemut dieser Männer, die in unbekannte Fernen vorgestoßen waren, wo, wie man damals glaubte, gräßliche Ungeheuer lauerten und sie der Teufel persönlich empfange.

Kristof fürchtete eine andere, wirkliche Gefahr: die Berufsschifffahrt, vor allem während der Nacht. Am Horizont erscheint ein flakkerndes Lichtlein, gleich einem Stern, das sehr schnell größer wird - und schon ist alles zu spät.

Dafür hatte Kristof einen elektronischen Wecker, der ihn halbstündlich aufdringlich piepsend aus dem Schlaf riß.

Gähnend kroch er dann aus der Kabine, spähte müde zum nächtlichen Horizont und stieg, sofern ihn nichts beunruhigte, wieder hinab zu einer weiteren Mütze Schlaf.

Manchmal döste er im Cockpit vor sich hin, bis zum nächsten Rundblick. So ging es die ganze Nacht. Am Tage versuchte er, wenigstens ein Auge wachzuhalten.

Schon in der vierten Nacht hatte er den Rhythmus im Blut. Nach jeder halben Stunde quälte er sich aus wirren Träumen, hielt angestrengt Ausschau und versank wieder in Phantasien, die allmählich leibhaftig wurden. Sogar am hellichten Tage lugten Fratzen aus den Segeln und drohten Monster in den Wellen. Langsam ließ die Spannung nach, die

Schreckgestalten wichen angenehmen Szenerien, die im Einklang mit der überwältigenden Natur Kristofs Verstand völlig benebelten.

Der achte Tag zog herauf. Ein fahlroter Himmel wuchs aus dem Meer. Im Rigg säuselte ein leichter Wind.

Kristof saß auf dem Vorschiff und starrte in das Wellenspiel, gefesselt von phosphoreszierenden Wesen, die gedankenschnell ihre Gestalt wechselten.

Ein blechernes Geräusch schreckte ihn auf. In der Kabine?

Blödsinn, denkt Kristof, reibt sich die Ohren und schüttelt den Kopf. Und wieder - ganz deutlich. „Haben wir gleich"! sagte er übertrieben laut, balancierte nach achtern und stieg durch die Luke hinab. Das gewohnte Durcheinander. Sein Blick blieb an einer Schüssel hängen, mit einem Rest Müsli.

Müsli, wann habe ich Müsli gegessen? Keine Erinnerung.

Langsam tasteten seine Augen die herumliegenden Sachen ab. Das Logbuch lag geöffnet auf dem Tisch. Er mußte zweimal hinschauen, um die krakelige Schrift, die seiner ähnelte, zu entziffern: „Pinta außer Sicht", stand da. „Pinta außer Sicht! Was für ein Scheiß!" schrie er und preßte beide Hände gegen die Schläfen. Er drückte, bis das Pochen in seinem Kopf unerträglich laut wurde.

Von oben hörte er seinen Namen rufen, zweimal, dreimal, klar und deutlich. Ihm schien, als würde er die Stimme kennen.

Schließlich atmete er tief durch - und stieg hinauf.

Am Ruder stand ein altertümlich gekleideter Mann mit einem runden Gesicht, unter seiner geschwungenen Mütze hingen graue Haarsträhnen hervor.

Der seltsame Kerl nickte Kristof zu, als wollte er sagen, da bist du ja. Kristof setzte sich auf die Backbordbank und versuchte, die neue Lage zu begreifen. Der kommt ja wie gerufen, ging es ihm durch den Kopf.

Aber er mißtraute ihm und wollte den Mann genauer anschauen. Doch sein Bild verschwamm. Kristof riß sich zusammen, faßte den Kerl fest ins Auge und sprach ihn an:

„Der Neue, oder was?"

„Keine Sorge, ich mach das schon", erwiderte der Mann, jetzt wieder deutlich erkennbar.

„Wer bist du überhaupt, he!" gab Kristof mit belegter Stimme zurück..

„Christoph Columbus."

Kristof fiel es wie Schuppen von den Augen: „Klar doch, wie auf dem Bild!". Dabei wußte er jedoch nicht, welches Bild er meinte. „Aber du bist doch schon lange tot", schob er zweifelnd nach, konnte aber nicht sagen, ob er bereits Monate, Jahre oder Jahrzehnte unterwegs war.

„Die Zeit ist wie das Meer, unendlich", hörte er Columbus an seinem Ohr flüstern.

Im selben Moment sah Kristof ihn weit ausholend auf dem Wasser neben dem Boot gehen, er schien einen fernliegenden Punkt zu fixieren und schritt, kleiner werdend, über die bleierne See davon. Kristof spürte das Verlangen, ihm zu folgen.

Wasser spritzte ihm ins Gesicht. Das Bild verschwand. Er blickte zum Ruderstand - der Platz war leer.

In der langen Dünung stieg und sank das Boot, ein frischer Morgenwind füllte die Segel und legte es leicht nach Backbord.

Eine Tasse Kaffe wird mich aufmöbeln und das Gespenst verscheuchen, dachte Kristof - und verlor den Faden des Gedankens. Als er ihn wieder hatte, hielt er tatsächlich eine Tasse in der Hand. Columbus?

Die Tasse war nur halb voll und der Kaffee kalt.

Kristof wollte seinem Ärger Luft machen, wurde aber abgelenkt, denn Columbus klapperte ständig auf dem Vordeck herum.

Weil ihm das Großsegel die Sicht verdeckte, stand Kristof auf, um vorne nach dem Rechten zu sehen. Doch jetzt streckte Columbus seinen Kopf aus der Kabine und sagte:

„Schwimm eine Runde! Ich übernehme das Ruder."

Die Worte klangen dunkel, als kämen sie aus seinem Bauch, seine Lippen blieben reglos.

Trau ihm nicht, warnte eine innere Stimme.

„Verschwinde, Columbus, du bist ein Spuk!" befahl Kristof.

Ungerührt stieg Columbus aus der Luke und machte sich an der Steuerautomatik zu schaffen.

„He, laß die Finger weg!" rief Kristof, als wüßte er genau, was Columbus im Schilde führte. Dieser wich zurück, und Kristof stellte die Ruderanlage auf Handbetrieb um. Er überlegte kurz, dann drehte er den Schalter wieder zurück auf Automatik.

„Ich bin Admiral!" protestierte Columbus.

Das leuchtete Kristof ein und sagte: „All right, Admiral."

Dann stieg er in die Kabine und erschien ein paar Minuten später mit einem zusammen gelegten Tau.

„Viel zu kurz", sagte Columbus.

Natürlich, der Admiral hat Recht, aber das wußte Kristof sowieso. Die Leine mußte mindestens dreißig Meter lang sein.

In der Backskiste fand er eine passende Leine.

Der obere Sonnenrand schob sich gerade über die Kimm, die letzten Sterne verloschen, hier und dort blitzte ein Wellenkrönchen auf.

Die Naturkulisse wirkte auf Kristof wie Opium. Spontan wurde ihm klar, daß er sein ganzes Leben nur auf diesen Augenblick gewartet hatte.

Er hörte eine eindringliche Stimme: „Jetzt oder nie!" Kristof fröstelte.

„Okay, Admiral, hör gut zu. Du bleibst am Ruder, für alle Fälle!"

Kristof zog sich nackt aus, schlang ein Tauende um die Brust und machte vorne einen Palstek. Das andere Ende befestigte er an einer Klampe. Dann stieg er über die Reling, hielt sich an ihr fest und ritzte mit einem Fuß die See. Er schaute auf und stutzte - Columbus ist verschwunden!

Der kommt wieder, dachte Kristof. Er hielt das Tau an der Belegseite fest und ließ sich ins Wasser, das ihn sofort mitriß. Die Schlinge schnitt mit einem Ruck schmerzhaft in seine Schultern.

Reiner Wahnsinn! schießt es ihm durch den Kopf. Weil ihn die Schlinge schmerzt, streift er sie ab und hält sie mit beiden Händen fest. Dann zieht er die Arme an und reckt den Kopf aus dem Wasser:

Im gleißend hellen Licht der aufgehenden Sonne strahlen die weißen Segel über dem naßglänzenden Rumpf seines Schiffes, das gemächlich in der glitzernden See auf- und niedertaucht.

Kristof durchflutet ein nie gehabtes Glücksgefühl. Und als er Christoph Columbus entdeckt, jauchzt er vor Freude.

Columbus winkt, seinen Admiralshut schwenkt er auf und ab und hin und her.

Vor Rührung kommen Kristof die Tränen.

Mit beiden Armen winkt er zurück.

Von der Last befreit, dreht das Boot nach Backbord und legt sich quer vor den Sonnenball. Zuverlässig reagiert die Steuerautomatik und bringt das Schiff auf den alten Kurs. Eine frische Morgenbrise füllt das Großsegel und beschleunigt die Fahrt.

Das Vorsegel flattert, das Schothorn schlägt hin und her und auf und ab.

♣

Ein Leben

Im Jahre Sechsundsechzig
im Wonnemonat Mai
wurde ich geboren,
mein Papa war dabei.

Er wechselte mir die Windeln
und fütterte mich mit Brei,
Mama mußt' studieren,
da ging kein Weg vorbei.

Nach einem viertel Jahr
ging Papa plötzlich fort
er hatte die Nase voll,
Mama steckte mich ins Hort.

Im Hort war es nicht lustig,
da herrschte Disziplin,
es wurd' im Takt gefüttert
und stundenlang geschrien.

Abends kam die Mama
und nahm mich mit nach Haus,
da durfte ich dann fernsehn,
morgens ging es wieder raus.

In der Kita gab's viel Zoff,
wir stritten viel um Puppen,
es gab veganes Essen,
Gemüsepampf und Suppen.

In der Kita gab's nur Mädchen,
das hab ich so gedacht,
dann entdeckt ich meinen Zipfel
und hab' dran rumgemacht.

Die Nanny war sehr böse,
sie hat mir das verboten:
„Wenn du das wieder machst,
gibt's eine auf die Pfoten!"

Ach wär ich doch ein Mädchen,
ohne diesen Pieselmann.
Ich fragte meine Mama,
ob sie den nicht abschneiden kann.

Ach, Andreas, liebes Kind,
mach dir deshalb keinen Kopf,
egal ob Mädchen oder Junge,
ihr bieselt in den selben Topf.

Mit Sechs ging's in die Schule,
ei war das ein Narrenhaus,
wir lernten Hindi und Arabisch,
am Ende kam fast nichts heraus.

Dennoch meint' die Mama,
ich sei genial und obendrein
kreativ und hoch begabt -
ich ließ das Lernen sein.

Überhaupt, so fragte ich sehr früh,
hat denn Pauken einen Sinn?
Es gibt doch Wikipedia,
da steht doch alles drin.

Lernen, büffeln, ochsen,
ist doch ziemlich primitiv,
schau nach bei Wikipedia
und bleibe kreativ!

Mein Kopf war prall gefüllt
mit tausenderlei Ideen,
ich postete im Minutentakt,
das hat die Welt noch nie gesehn.

In funny faces war ich Meister
meine Selfies kennt die Welt,
ich kriegte tausend likes,
nachdem ich sie ins Netz gestellt.

In der Schule litt ich wie ein Tier,
ich hatte wirklich keine Lust,
dazu kam A-De-Ha-eS
und der ganz normale Frust.

Zweimal blieb ich sitzen,
den Grund begreif ich nie,
es lag wohl an den Paukern,
die verkannten mein Genie.

Wir verzogen dann nach Bremen,
dort schenkt' man mir das Abitur,
Mama jauchzte hoffnungsfroh:
„Als nächstes folgt die Professur!"

Dann ging ich an die Uni -
und war ziemlich konsterniert,
als der Prof mir sagte,
ich sei wenig qualifiziert.

Ich engagierte mich beim ASTA
und landete dort den Coup,
um den Student*innen zu gefallen,
forderte ich das Transenklo.

Das wurde auch gebaut,
ich war mächtig stolz,
mit einem Frauenurinal
aus echtem Rosenholz.

Zwei Jahre zogen übers Land
ich hab gekifft und viel parliert,
das Urinal, nun halb verfault,
ansonsten ist nicht viel passiert.

Mama war enttäuscht und meint',
Du mußt jetzt was riskieren,
Andreas, denk an dein Genie,
geh endlich was studieren.

Meine Mama hatte recht,
noch war's nicht zu spät,
also immatrikuliert' ich mich
bei der Humbug-Unität.

Dort habe ich BWL studiert,
dann avanciert zum Banker,
ich weiß so ziemlich alles,
bin bestens informiert.

Ich habe tausend Friends,
bei Facebook ein Account,
ich tweete viel bei Twitter
mit steigender Tendenz.

Arbeit mocht ich nie so richtig,
ein Ding allein für Loser,
kreativ sein mit dem Kopf,
ist heutzutage wichtig.

Mit Hedgefonds macht ich Pinke,
die hab ich dann verzockt,
die Bank hat mir gekündigt,
ich saß schrecklich in der Tinte.

Die Freundin nahm reiß aus,
auf dem Porsche klebt' der Kuckuck.
mein Appartement ist verpfändet,
man warf mich einfach raus.

Jetzt wohne ich bei Muttern
und werde sehr verwöhnt,
ich bezahle keine Miete
und hab genug zu futtern.

Die Alte wird bald sterben
das tut mir schrecklich leid,
es hat indes sein Gutes,
ihr Häuschen werd ich erben.

Bis dahin muß ich warten,
da hilft nun alles nichts.
Vielleicht bring' ich sie um,
und verscharr sie dann im Garten.

Doch bei Gott, ich hatte Glück,
bereits am nächsten Morgen
fiel sie die Treppe runter
und brach sich das Genick.

Nun ging es flott ans Erben.
Das Häuschen wurd versilbert
ihr Bankkonto geplündert,
gut, dass Menschen sterben.

Jetzt ging's erst richtig los.
das Leben ist so geil,
ich war nun mal ein Winner,
alle fanden mich famos.

Endlich hatt' ich wieder Geld
und tat es fett vermehren
mit Bons der Rüstungsindustrie,
denn Waffen braucht die Welt.

Okay, ich rieche schon den Fisch,
als Facebookfan und global Player
makle ich fiktive Südseeinseln
und zieh reiche Säcke übern Tisch.

Beim ersten ist mir's fast gelungen,
es winkt' ein riesengroßer Coup.
dann sprach der Kerl von Fake
und ist am Ende abgesprungen.

Der nächste war ein Einfallspinsel,
ein Warlord aus Bananien,
er wollt' sein Schwarzgeld investieren,
dem verkaufte ich die Bäreninsel.

Der Reibach hat mich grundsaniert,
dazu die Rüstungsdividende,
ich hatte Kohle ohne Ende -
dann ist ein Malheur passiert.

Der Warlord, der ein Hottentott,
hat den Fake entdeckt,
der schickte zwei Gorillas,
die schlugen mich halb tot.

Beide Daumen amputiert,
auf einem Auge blind,
mir geht es echt beschissen,
bin nun völlig ruiniert.

Himmisakramentkruzitürken,
hol sie doch alle dr Deifi!

♣

Der Alte Mann nimmt Abschied von seinem Schiff

Ihm wurde alles zu viel, deshalb verkaufte der Alte Mann sein Schiff.

Der Erlös war eher lächerlich und stand in keinem Verhältnis zu dem, was er hineingesteckt hatte, meinte der Alte Mann. Ganz zu schweigen von dreißig Jahren Arbeit. Im Grunde wurmte ihn der Verkauf. Der Käufer, der über die Marktlage Bescheid wußte, nützte die Gelegenheit und handelte den Preis beträchtlich nach unten. Schon deshalb konnte ihn der Alte Mann nicht leiden.

Also akzeptierte er das Angebot, sagte aber dem Käufer ganz offen, daß er für diesen geringen Preis jegliche Gewährleistung ausschließe, außer, ja außer dem Motor, dafür gäbe er jede Garantie.

Der Käufer, um Jahre jünger als der Alte Mann, wollte das Schiff zu den Grünen Inseln segeln. Bei Unterzeichnung des Kaufvertrages sprach er von seinem Plan und sagte so nebenbei, er, der Alte Mann, könne ja mitkommen, wenn er Zeit und Lust habe.

Der Alte Mann war völlig überrascht. Zeitlebens hatte er von den Grünen Inseln geträumt. Schon immer wollte er mit seinem Schiff dorthin segeln. Leider war es ihm nie vergönnt, Beruf und Familie erlaubten das nicht. Und jetzt fühlte er sich zu alt dafür. Er fürchtete, daß seine Kräfte für einen Törn über den Atlantik nicht mehr ausreichen. Außerdem hörte er schlecht und ein dumpfer Pfeifton im Kopf quälte ihn Tag und Nacht. Seine Sehkraft hatte in den letzten Jahren erheblich nachgelassen, auch sein Gedächtnis ließ ihn häufig im Stich. Er klagte über Bluthochdruck, ewige Rückenschmerzen, hinzu kam eine gewisse Inkontinenz als Folge einer Operation an der Prostata. Abgesehen von diesen eher kleinen Gebrechen, wie er meinte, fühlte er sich gesund und fit. So manchen Fünfzigjährigen würde er mit links in die Tasche stecken, trug er auf, wenn es um sein Alter ging.

Begeistert nahm der Alte Mann das Angebot an. Freilich kamen ihm auch Zweifel. Denn der Käufer war ihm zutiefst unsympathisch. Nicht nur, weil er den Preis gedrückt hatte, auch die abwertenden Art wie er über das Schiff sprach, konnte er nicht ausstehen. Er hatte zwar noch nicht bezahlt, bemängelte aber dies und jenes, nörgelte am allgemeinen Zustand des Schiffes herum, kritisierte das Bißchen Rost am Motor und meckerte über fehlende Ausrüstungsteile, ganz so als ob das Schiff bereits ihm gehörte. Der Alte Mann, er hieß übrigens Wilhelm, wußte genau, sein Schiff, in dem sein Herzblut steckte, hätte er früher *dem* niemals verkauft. Nach Hause hätte er ihn geschickt und zwar mit dem guten Rat, er solle zuerst mal ein solches Schiff mit eigenen Händen bauen, ehe er es wage, an allem rum zu meckern. Mit der Aussicht auf seine Traumreise schien es Wilhelm indes zweckmäßig, eine Faust in der Tasche zu machen, denn diese einmalige Gelegenheit, von seinem Schiff würdevoll Abschied zu nehmen, wollte er keinesfalls durch die Lappen gehen lassen. Und den aufgeblasenen Alleswisser würde er einfach erdulden und ihn, wenn er es unbedingt haben will, gehörig in den Senkel stellen. Damit stand seine Entscheidung fest:

»Aber sicher, jederzeit. Wann geht die Reise los?«

Der Käufer, er hieß Hans, war natürlich froh, daß ihn der Erbauer des Schiffes bei der ersten Reise begleitet. So konnte der ihn praktisch in die Eigenheiten des Schiffes einweisen und ihm alle Tricks und Kniffs zeigen. Eine perfekte Übergabe. Wenn nur die Chemie zwischen beiden gestimmt hätte. Hans empfand den alten Mann als unzugänglich und verbiestert. Dessen Enttäuschung über den geringen Verkaufserlös war ja wohl nicht seine Schuld. Die Behauptung, er hätte den Alten Mann gleichsam über den Tisch gezogen, ist eine böse Unterstellung.

»Auf jeden Fall«, betonte der Alte Mann, «mache ich am Schiff keinen Handschlag mehr.«

Hans überhörte die Bemerkung.

Nach Unterzeichnung des Vertrags kamen sie zurück auf die Reise zu den Grünen Inseln. Wilhelm drückte eine Weile herum, dann fragte er vorsichtig, was er denn dafür bezahlen müsse. Wie üblich, entgegnete Hans, Hand gegen Koje, Verpflegung, Diesel und Hafengebühren teilen wir uns. Ein dritter Mann komme noch hinzu, die Kosten gingen dann durch Drei.

Wilhelms Rücken straffte sich. Mit großen Augen blickte er auf Hans, zugleich holte er hörbar Luft, als wollte er zu einer längeren Rede ausholen. Das hatte er auch vor. Die Aussicht, für seine Rolle als Einweiser und Berater nicht angemessen entlohnt, sondern vielmehr zur Kasse gebeten zu werden, fand er empörend. Streng genommen stünde ihm als Handwerksmeister ein Meisterlohn zu; da käme *der* mit fünfzig Euro in der Stunde noch billig weg. Aber so wie die Sache aussieht, es ging ja um sein Schiff, wollte Wilhelm nicht kleinlich sein und wäre sofort einverstanden gewesen, wenn *der* ihm wenigstens die Unkosten ersetzt hätte. »Aber Geld verlangen und so – nee, nee, nee, nicht mit Wilhelm«, dachte er.

Dann senkten sich seine buschigen Augenbrauen, zugleich winkte er ab, als wollte er sagen, das sei doch alles Quatsch. Dann versank er wieder in dem unbequemen Sitzmöbel.

Hans verstand sehr wohl, was Wilhelm umtrieb, sagte aber nichts dazu. Er hatte nur das vorgeschlagen, was üblicherweise verlangt wird. Wenn das dem alten Geizhals nicht paßt, dachte Hans, dann soll er zu Hause bleiben, vielleicht besser so. Trotzdem wollte er ihm etwas entgegenkommen und sagte: »Wenn dir mein Vorschlag nicht gefällt, bin ich bereit, darüber zu reden.«

»Geht in Ordnung, sowieso, kein Problem«, entgegnete Wilhelm eine Spur zu laut. Womit die Sache abgemacht schien. Anschließend vereinbarten sie den Tag der Abreise. Im übrigen bleibe man in Kontakt.

Am Tag vor der Abreise stieß Klaus dazu, den sowohl Hans als auch Wilhelm nur dem Namen nach kannten. Er war befreundet mit einem Ehepaar, das Hans zufällig kannte, und das ihm ihren Freund Klaus als zuverlässigen Mitsegler empfohlen hatte. Klaus, frisch pensionierter Lehrer, hege seit seiner Jugend den Wunsch, über den Atlantik zu segeln. Berufliche wie private Gründe hätten ihm das Abenteuer leider versagt. Außerdem sei er farbenblind und kurzsichtig, habe noch nie einen Hochseetörn gemacht und gebe offen zu, er verstehe von der Segelei soviel wie ein Hase vom Eierlegen. Jedenfalls könnte er nützlich sein, man müsse ihm nur sagen, wo er anfassen soll. Dann fragte er nach seiner Koje und ging erst mal eine Runde schlafen: »Drei Tage Abschied feiern, das hält kein Schwein aus.«

Wilhelm begrüßte den neuen Gast betont reserviert. Dessen Eingeständnis, mit der Segelei nur wenig am Hut zu haben und dazu sein Anspruch, trotzdem als vollwertiges Crewmitglied zu gelten, empfand der Alte Mann als pure Frechheit. Er nahm Hans zur Seite und fragte ihn aufgeregt, wie das denn funktionieren soll, wenn *der* keine Ahnung habe, mit den Wachen und so. Jedenfalls, das betonte Wilhelm ausdrücklich, lehne er, was den Neuen betrifft, jede Verantwortung ab, das könne er Hans auch schriftlich geben.

»Laß das mal meine Sorge sein«, entgegnete Hans, »mit etwas Geduld werden wir das schon auf die Reihe bringen.«

Die Antwort befriedigte Wilhelm überhaupt nicht, ja er fand sie wieder typisch Hans. *Dem* kommt offensichtlich jeder gelegen, wo er zeigen kann, wer an Bord das Sagen hat. Natürlich kaschiert *der* so seine Unsicherheit, keine Frage, sinnierte Wilhelm weiter, *der* weiß genau, wer sich hier wirklich auskennt und die Dinge im Griff hat. Und was diesen Klaus betrifft, die Pfeife hätte ich als Skipper niemals an Bord gelassen. Ein Fehler, der verheerende Folgen haben kann. Kapiert *der* das nicht! Warum hat *der* vorher keine Auskünfte eingeholt und nicht wenigstens nach einem Segelschein gefragt? Das ist doch reiner Unverstand! Und wenn der Leichtmatrose einen Unfall baut, was dann? Wer trägt die Verantwortung? Okay, natürlich *der*, ist ja der Kapitän. Aber wenn *die* dann herausfinden, wer hier das ältere Crewmitglied mit der zweifellos größeren Erfahrung ist, bin am Ende ich der Dumme. Junge, Junge, da gibt's was zu regeln! »Den nehme ich mir zur Brust, und zwar auf der Stelle.«

Hans saß am Kartentisch, als Wilhelm den Niedergang herabstieg und sich breitbeinig vor ihm aufbaute.

»Hör mal«, sagte Wilhelm in gereiztem Ton, »bin ich hier auch gegen Unfall versichert?«

„Du bist", antwortete Hans, ohne von seiner Karte aufzuschauen. Wilhelm stand noch einen Moment unschlüssig da, richtete umständlich den Sitz seiner Brille und stieg brummelnd den Niedergang wieder hoch. Gleichzeitig schwoll ihm mächtig der Kamm. Oben brüllte er »Scheiße!«, und der Kamm schwoll wieder ab. Wahrscheinlich sah er ein, daß es vorerst besser sei, seine Meinung zurückzuhalten, schon wegen des Bordfriedens. Auch die Sache mit Klaus fand er plötzlich halb so schlimm. Wenigstens quatscht der nicht überall rein, dachte Wilhelm, das hat ja auch sein Gutes. Vielleicht will er sogar etwas dazu lernen, sich was zeigen lassen! Die Vorstellung, gleichsam einen Lehrling an Bord zu haben, gab dem Handwerksmeister Wilhelm ein gutes Gefühl, das ihm wieder Mut machte. Sogleich bemerkte er, trotz seiner Kurzsichtigkeit, was *der* bei seinem Sicherheitscheck übersehen hatte. Beim Bolzen einer Wantenspannschraube fehlte der Sicherungsring, und der Bolzen hing bereits halb aus der Gabel. *Der hat Tomaten auf den Augen*, dachte er, jedenfalls wäre mir sowas nicht passiert.

Also war der Alte Mann mit sich selber recht zufrieden.

Am Abend kam Wilhelm mit Klaus ins Gespräch. Dabei fanden beide ein paar Gemeinsamkeiten. Auch Wilhelm hatte irgendwann in seinem Leben für kurze Zeit als Berufsschullehrer gearbeitet. Rechtzeitig habe er den Job wieder hingeworfen, er sei mit den Schülern, diesen Rotzlöffeln, einfach nicht klar gekommen. Wilhelms Großvater stammte aus demselben holsteinischen Dorf wie die Mutter von Klaus. Vielleicht, so spekulierten beide, sind wir sogar verwandt.

Eine weitere Gemeinsamkeit war ihre Abneigung gegen den Skipper. Das sagte zwar keiner gerade heraus, man verständigte sich da eher mit Zeichen. Wilhelm vermied zum Beispiel tunlichst, den Namen des Skippers auszusprechen. Klaus dagegen nannte ihn nur *Skipper*, zog dabei die Brauen hoch und machte große Augen.

Ihr stilles Einverständnis dauerte freilich nicht lange. Schon am ersten Seetag kotzte Klaus auf das ungewaschene Geschirr im Spülbekken. Wilhelm war zufällig Zeuge und fand die Sache so widerlich, daß ihn Ekel und Übelkeit sofort an Deck trieben, wobei er eine Spur Erbrochenes hinter sich herzog und dann ausgiebig die Fische fütterte.

Hans stand gerade am Ruder und sagte:

»Ein echter Seewolf leckt das alles schön sauber auf. Also Wilhelm, äkschn!«

In Wilhelms blassem Gesicht erschienen rote Flecken. Sein gestreckter Zeigefinger wippte so lange energisch nach unten, bis er der Worte wieder mächtig war:

„Paß auf, Junge, was Du sagst. Da unten...Potsau."

Von dem Alten Mann „Junge" genannt zu werden, konnte Hans nun gar nicht leiden. Er kniff die Augen zusammen, machte eine halbe Drehung zur Seite, nun fingerbreit vor Wilhelms fleckigem Gesicht, und sagte mit leiser Stimme:

„Sag nie wieder Junge zu mir."

In diesem Augenblick haßte der Alte Mann die Welt. Er haßte Hans, er haßte Klaus, er haßte sein Schiff, sich selbst und die ganze beschissene Situation. Am liebsten hätte er sein Schiff in die Luft gesprengt oder wenigstens die Ventile geöffnet, damit es mit dem ganzen Geschmodder absäuft. Wie konnte ich nur so blöd sein und mein Schiff verkaufen, dachte er, das Geld brauchte ich wirklich nicht. Wieso, warum nur? Warum habe ich die PUTZI VON OLM nicht einfach auf meinen Hof gestellt? Ich hätte daran herumgebastelt, ab und zu darauf geschlafen, von einer Reise auf die Grünen Inseln geträumt. Niemand hätte mir den Traum madig gemacht. Aber so! Der Teufel soll sie alle holen!

Stumm vor Wut und Verzweiflung verschwand er im Niedergang. Unten stieß er mit Klaus zusammen, der gerade mit prall gefüllten Backen zum Spülbecken stürzte. Was dem alten Mann augenblicklich den Rest gab. Am ganzen Körper zitternd öffnete er die Tür zur Eignerkajüte, wie er die einzige separate Kabine nannte, die ihm Hans für die Dauer der Reise überlassen hatte. Als sei er von Dämonen verfolgt, schlug er die Tür von innen zu und schob den Riegel vor. Ein Windstoß drückte das Schiff stark nach Backbord, einhergehend mit einer Quersee, die dem Boot einen Schlag verpaßte, der Wilhelm rücklings in die Koje warf. Obgleich voll bekleidet, blieb er liegen. Mit angewinkelten Ellbogen und Knien versuchte er, seinen massigen Körper irgendwie in eine stabile Lage zu bringen. Als er sich halbwegs zurechtgerückt hatte, fiel sein Blick auf das Bullauge, das seewärts von grünem Wasser umspült, einen Hauch von der Urgewalt durchscheinen ließ, die den Menschen klein und nichtig macht. Wilhelm kam sich vor wie der letzte Dreck, er wäre am liebsten in Tränen ausgebrochen. Aber ein Mann tut sowas nicht.

Allmählich wurde er ruhiger und konnte seine Gedanken wieder fassen.

Die Schuld, warum alles so kommen mußte, schob Wilhelm vor allem auf seine Frau. Zum Verkauf des Schiffes habe sie ihn praktisch gezwungen. Warst du schon beim Makler, Wilhelm? Hast Du eine Anzeige aufgegeben, oder soll ich das für dich machen? Andere verkaufen ihr Schiff doch auch! Dazu ihr ewiges Genörgel an allem, was mit dem Schiff zusammenhing, vor allem die ständigen Ausgaben, das viele Geld, wofür man weiß Gott was hätte kaufen können usw. Wilhelm wußte nur einen Lösung, um einigermaßen Frieden ins Haus zu schaffen. Er mußte das Schiff abstoßen, so schnell wie möglich. Er beauftragte eine Maklerin, die ihm freilich wenig Hoffnung machte, das Schiff in Kürze los zu werden. Der Markt sei voll mit Gebrauchtbooten. Diesen eher klassischen Typ wolle heute eh niemand haben, vor allem nicht für den Preis, den sie viel zu hoch finde. Wilhelm mußte also Abstriche machen. Dazu war er nach außen hin zwar bereit, hegte jedoch insgeheim die Hoffnung, es möge sich nie ein Käufer finden. Denn im Grunde wollte er sein Schiff gar nicht verkaufen, geschweige unter dessen Wert verschleudern. »Aber probieren kann man es ja mal, kostet ja nichts.« Im übrigen würde den tatsächlichen Wert sowieso niemand erkennen. »Höchstens ein Verrückter wie ich, der die Sache durchgezogen hat, der weiß, was da eigentlich drinnen steckt, wieviel Ideen, wieviel Arbeit, unzählige Stunden Arbeit, die allein als Gesellenlohn berechnet in die Hunderttausende gehen würde. Eine solche Sache muß man erst mal auf die Beine stellen, ehe man mitreden kann, davon hat *der* doch keine Ahnung. *Der* feilscht wie ein Jude den Preis herunter, legt den Scheck auf den Tisch und sagt: jetzt gehört der

Dampfer mir. Ich bin der Käptn und du der Schiffsjunge. Fertig. So einfach ist das.«

Die Gedanken des Alten Mannes schweiften noch eine Weile im Kreis, bis er müde wurde und in einen unruhigen Schlaf sackte, in dem die Vermischung jüngster Eindrücke, alter Einbildungen, geschönter Erinnerungen, Lektürefetzen, Filmbrocken, verborgener Ängste und Sehnsüchte zusammen mit der Geräuschkulisse und den heftigen Bewegungen des Schiffes Traumszenarien ins Leben rief, die dem Alten Mann Geschichten vorgaukelten, die so nie passiert waren.

Gischtfontänen, Sturmgebrüll, Wellenschlag und Brechersturz, Segel zerfetzen, Masten brechen. Alle Mann in die Rettungsboote! Wilhelm auf dem Brückendeck. Gelassen gibt er Anweisungen und erteilt Befehle. Hat die Situation voll im Griff. Später im Rettungsboot. Jetzt gilt's: in die Riemen, Jungs, leben oder sterben! Aber es gibt keine Riemen. Angstvoll schaut Wilhelm auf die See, die jetzt bedrohlich gestaltlos und grau wie Blei, sonst nichts, kein Himmel, keine Wolken. Aber der Lärm bleibt, wächst und mündet in bedrohliches Rauschen. Der Alte Mann schreckt hoch, schweißgebadet.

Wie soll's nun weitergehn? fuhr ihm durch den Kopf.

Langsam begriff er die Wirklichkeit und beruhigte sich wieder, stabilisierte seine Lage, schloß die Augen und schlief erneut ein. Zischend und klappernd fährt ein Personenzug in den Bahnhof ein. Der Bahnsteig voller Leute, Stimmengewirr. Wilhelm fragt den zunächst Stehenden, worauf die denn alle warten. Schulterzucken. Eine Stimme aus der Menge: Wilhelm! Dann Gemurmel: die Jungs von der Pamir und ihr Bootsmann. Wilhelm! Ein Mann klopft mit einem Stock heftig gegen ein Wagenfenster und ruft: Wilhelm, reise, reise, zehn vor Zwölf! Wilhelm liegt auf einer Bank im Zugabteil, der Zug fährt, es rumpelt, rollt und wackelt, Wilhelm wird heftig durchgeschüttelt. Plötzlich droht der Waggon umzukippen. Wilhelm sucht verzweifelt Halt - und greift ins Leere. Wilhelm, reise, reise! hörte er jetzt klar und deutlich.

Der Alte Mann fuhr hoch und stieß mit der Stirn gegen die Kabinendecke. Nun mal langsam, hörte er Hans sagen, der wie ein Gespenst in der Tür stand und Wilhelm zum Wachwechsel weckte.

Der Wind hatte am Abend aufgefrischt und blies jetzt mit Stärke sieben aus Südwest. Die See zeigte ein finsteres Gesicht, barsch und abweisend. Aus der Dunkelheit blitzten weiße Wellenkämme. Bedrohlich rauschten aufgetürmte Wogen. Achteraus flimmerten schwach die Positionslampen eines aufkommenden Schiffes.

Um den Kurs einigermaßen zu halten, mußte hart am Wind gesegelt werden. Das Schiff bohrte sich in anrollende Wogen, wurde jäh empor gehoben und gleich darauf in den Wellentrog geworfen, wo es hart aufschlug und Gischtwolken emporwarf, die über Deck und Cockpit fegten. Zum Glück gab es einen stabilen Autopiloten, der trotz der rauhen See zuverlässig seine Arbeit verrichtete.

Bei der Wachübergabe warnte Hans vor dem achteraus aufkommenden Schiff, das man womöglich, falls es zu nahe komme, mit Lichtsignalen warnen oder per Funk anrufen müsse. Nötigenfalls solle Wilhelm ihn wecken.

Für die nächsten vier Stunden trug jetzt der Alten Mann die Verantwortung.

Wilhelm brauchte einige Zeit, um seine Augen an die Dunkelheit zu gewöhnen. Dennoch sah er die Dinge ziemlich verschwommen, der ständige Gischtnebel benetzte seine Brillengläser. Außerdem litt er an Grauem Star. Wilhelms Welt wurde allmählich trübe und grau. Das störte Wilhelm zwar, doch er redete sich ein, solange ich am Tage den Horizont und in der Nacht die Sterne sehe, bin ich noch lange nicht blind. Aufkommende Zeifel wischte er mit einer energischen Handbewegung weg.

Altersdepressiv und einsam geworden fand Wilhelm die Welt sowieso nur noch öd und farblos. Was störte ihn also der Graue Star, war doch Grau genau die Farbe seiner Gemütsverfassung. »Früher war das alles anders, sehen konnte ich wie ein Luchs«, obgleich, ein Streich des Schicksals, er schon als Schuljunge eine Brille tragen mußte.

Er erinnerte sich genau, wie ihn damals mit 18 Jahren das Gesundheitsamt für die Ausbildung zum Seemann als untauglich erklärt hatte. Nee, nee, nee, der Gedanke daran schmerzte ihn, denn wäre er tauglich gewesen, hätte er als Schiffsjunge auf der Pamir angeheuert und wäre womöglich mit ihr abgesoffen. So gesehen rettete ihm sein Augenproblem sogar das Leben. Die Geschichte erzählte er jedem, der so unvorsichtig war, mehr über ihn wissen zu wollen. »Natürlich war ich totunglücklich, weil mein Traumberuf eben ein Traum bleiben mußte.« Ob er seinen Traumberuf dann tatsächlich erlernt hätte, ist ebenso fraglich, denn sein Vater wäre damit nicht einverstanden gewesen. Er hätte den Ausbildungsvertrag einfach nicht unterschrieben, weil sein einziger Sohn natürlich Landschmied werden mußte, damit er später die väterliche Werkstatt übernimmt.

So kam es auch, Wilhelm wurde Schmied, avancierte zum Meister der Landmaschinentechnik, übernahm die alte Dorfschmiede und modernisierte sie zu einer Reparaturwerkstatt für landwirtschaftliche Maschinen wie Traktoren, Mähdrescher, Eggen, Pflüge, wenn es sein mußte auch Mopeds, Fahrräder oder sogar Rollstühle. Bei allem vergaß er freilich nie seinen Hang zur Seefahrt. So hing in seiner Werkstatt eine alte Schiffsglocke aus Messing mit der Gravur „Albatros", und es gehörte zu den Aufgaben des Lehrlings, täglich die Glocke zu polieren. In einer Ecke der Werkstatt stand ein Dieselmotor der Marke Perkins, den Wilhelm aus einem Mähdrescher ausgebaut hatte. Seit Jahren war er dabei, den Motor seetauglich umzurüsten. Zeitlich gesehen gab es den Motor bereits vor dem Schiff, das er später gewissermaßen um diesen Motor herumbaute.

Wilhelms Markenzeichen war seine Schiffermütze, die er vermutlich auch im Bett trug, ein speckiger Elbsegler. Vorne aufgesteckt prunkte die Kokarde der Pamir, die ihn zum Teufel nochmal mit in die Tiefe gerissen hätte. »Wäre kein Schaden gewesen«, brummelte er vor sich hin. Die Geschichte vom Untergang der Pamir und seiner virtuellen Rettung hatte er unzähligen Leuten in ebensovielen Varianten erzählt, bis er schließlich selber nicht mehr wußte, was nun wirklich abgelaufen war. Jedenfalls, daran zweifelte Wilhelm keine Sekunde, er war sich da absolut sicher, hundertprozentig: »Der Herrgott hat mich in die Welt gesetzt, damit ich Seemann werde.« Aber der Teufel spielte nicht mit. Der hatte offenbar anderes mit ihm vorgehabt. Das empfand Wilhelm jedoch als persönliche Kränkung, unter der er ewig litt, und die ihn ständig dazu trieb, sich selber und der Welt klarzumachen, wozu er eigentlich berufen sei.

Jetzt im Cockpit seines Schiffes, bei schneidigem Wind und derber See, bekam er die Natur seiner Berufung handfest zu spüren. Das törnte ihn gewaltig an. Er stieg auf die Verschanzung der Plicht, hielt sich an der Großschot fest und brüllte in die tosende Nacht hinein: »Ihr könnt mich alle mal!«

Prompt warf ihn ein Gischtschwall zurück ins Cockpit, dabei stieß er mit dem rechten Ellenbogen gegen eine Kante am Ruderstand, worauf ihm der Schmerz wie ein Blitz in den Arm sauste. Was bewirkte, daß Wilhelm sich reflexartig nach vorne krümmte, mit der Stirn gegen das Schaltelement des Autopiloten stieß - und ihn außer Funktion setzte.

Sofort lief das Schiff aus dem Ruder, legte sich quer zu Wind und Wellen und krängte stark nach Steuerbord. Im Bootsinnern ein Gepolter und Geschepper. »Scheiße!« tönte es von unten rauf. Alles geschah fast gleichzeitig, untertönt von dunklem Dröhnen. Genau in dem Moment gewahrte Wilhelm in der schaurigen Dunkelheit ein Ungetüm mit bedrohlich flackernden Augen. Das war zuviel, der Alte Mann geriet in Panik.

»Ich kenne doch mein Schiff!« schrie er und warf in einem Rundumschlag alle Leinen los, was das Chaos perfekt machte. Das Schiff machte Sprünge wie ein angesengter Ziegenbock. Der Großbaum schlug gefährlich hin und her, die Segel killten und knallten. Dazwischen zerrte Wilhelm an irgendwelchen Tauen und schrie immer wieder: »Ich kenne doch mein Schiff! Ich kenne doch mein Schiff!«

Fast gleichzeitig bohrten sich Hans und Klaus aus dem Niedergang. Klaus, totenblaß wie Drakula, kroch auf allen Vieren zur Rettungsinsel und machte sich an den Befestigungsgurten zu schaffen. Hans analysierte zunächst die Lage. An Steuerbord voraus flackerte die achtere

Positionslampe eines größeren Schiffes. Ehe ihm so richtig klar wurde, welchem Fiasko sie soeben knapp entronnen waren, packte er Klaus und riß ihn von der Rettungsinsel weg. Beide landeten unsanft im Cockpit. »Faß mich nicht an!« zischte Klaus. »Idiot!« fauchte Hans. Dann warf er den Motor an und brachte das Boot auf den alten Kurs. Die Segel wurden gerichtet, der Motor abgestellt, das Ruder übernahm der Autopilot.

Klaus und Wilhelm saßen niedergeschlagen auf der Leebank und sahen ihren Skipper fiebrig an. »Was mach ich mit euch Pfeifen bloß?« sagte Hans abschätzig und schickte sie mit der Bemerkung hinunter: »Faßt erstmal frischen Mut, falls ihr da unten welchen findet.«

Das war zuviel der Häme. Doch sie mischte ihre Lebensgeister auf, und Beide protestierten entschieden. »Jetzt hör mal ...!« der eine, »nun aber halblang, Junge!" der andere. Hans' rechtes Augenlid zuckte. Dann nahm er wortlos das Fernglas aus der Halterung und schaute konzentriert nach vorne auf das flackernde Licht. »Verpißt euch!« wollte er wohl sagen, doch die Beiden verstanden ihn auch so.

Unten plubberte der Alte Mann was von „Nachspiel", wobei ihn Klaus mit wässerigen Augen anstarrte, plötzlich nach rechts abdrehte und ins Spülbecken das entrichtete, was er oben vergessen. Wilhelm rastete aus. Er packte Klaus an der Schulter, riß ihn aus der Kotze, legte beide Hände um seinen Hals und zischte: »Ich bring dich um!« In dem Moment schlug das Schiff hart auf, Wilhelm wurde von Klaus weggerissen und landete gegenüber auf der Bank beim Kartentisch. Klaus klamerte sich an die Spüle, den Ellbogen im Becken, und würgte, dazwischen bellte er wie ein Hund.

Wilhelms Herz klopfte wie ein Dampfhammer, nur schneller und mit sonderbaren Nebengeräuschen. Der äußere Lärm wich einem Sausen, das tief aus seinem Innern drang und pulsierende Sterne vor seinen Augen tanzen ließ. Er lag in seiner Koje und hatte panische Angst. Angst vor einem Herzinfark oder Hirnschlag, Angst davor, hier einfach zu verrecken, ohne die Schmach jemals vergelten zu können. Angst, wieder nach oben zu müssen und seinem Feind in die Augen zu schauen. Er hatte Angst, wieder schmählich zu versagen. Er fühlte sich am Ende seiner Kräfte, spürte keinen Willen mehr, diesen Wahnsinn weiter mitzumachen. Als sein Herz kurz holperte, streifte ihn sogar der Gedanke, daß ein schneller Tot die beste Lösung sei. Er dachte an ein Seemannsgrab und so, keine Schereien mit Bestattungsunternehmen, eine Menge Geld sparen. Dann verwarf er den Gedanken und fragte sich ernsthaft, wie er bloß auf eine so blödsinnige Idee kommen konnte.

Das Pochen in seiner Brust wurde erträglich, das Ohrensausen gedämpfter, seine depressive Seele atmete auf. Wilhelm sah am Horizont einen Silberstreif und faßte den Entschluß: »In Yarmouth steige ich aus, soll *der* doch zusehn, wie er klarkommt.«

Kurz darauf schlief der Alte Mann ein.

Am Morgen sah die See freundlicher aus. Die Sonne blitzte durch die aufgebrochenen Wolken, der Wind hatte gedreht und ist auf Stärke 4 abgeflaut. Mit sechs Knoten Fahrt ging die Reise flott voran. Morgen gegen Mittag sind wir in Yarmouth, ließ Hans die 'Mannschaft' wissen.

Klaus, der gerade an einem Kanten Brot kaute, nahm die Nachricht regungslos entgegen. Wilhelm dagegen jauchzte vor Freude und hätte sich an seinem Müsli fast verschluckt. »Endlich ausschlafen, warm duschen, was ordentliches zwischen die Kiemen!« Seinen unwiderruflichen Entschluß hatte er revidiert. Es schien ihm jetzt buchstäblich eine Sünde, *sein* Schiff wie ein wurmstichiges Möbel einfach wegzuwerfen, ihm den Rücken zu kehren und zu sagen, das war's. Ein halbes Leben hatte er an ihm gearbeitet, viel Kraft und Geld investiert, es ist ihm lieb geworden, er hing an ihm und konnte es nicht ungerührt seinem Schicksal überlassen. »Außerdem habe ich *dem* mein Wort gegeben, dazu stehe ich. Die Reise wird durchgezogen, so oder so, keine Frage. Würde ich jetzt aussteigen, wäre *der* ganz schön aufgeschmissen, was denkst du. Vielleicht wäre ihm das eine Lehre, wie man seine Crew behandelt, denn so respektlos geht man nicht mit seinen Leuten um. Beschimpft mich als „Pfeife" dieser Warmduscher! Das nimmt *der* zurück, das walte Hugo. Wer bin ich denn!? Soll *der* doch erstmal hinriechen, wo ich schon hingeschissen habe, dieser Rotzbengel!«

Solche und andere Wortmedusen waberten Wilhelm durchs Gehirn. Entschlossen schaufelte er die zweite Schüssel Müsli in sich rein.

Während jeder seinen vergifteten Gedanken nachhing, fing plötzlich das Vorsegel an zu schlagen. Hans legte den Sicherheitsgurt an und hangelte zum Vorschiff. Der Drahtvorläufer vom Fogfall war gerissen. Bei näherem Hinsehen sah er jedoch, daß der Draht nicht gerissen sondern am oberen Auge aus dem Quetschterminal gerutscht war. Die dilettantische Fertigung dieser Drahtverbindung war kaum zu übersehen, sie mußte sich irgendwann lösen. Hans zeigte die Stümperei Wilhelm und meinte dazu: »Eindeutig Pfuschmann und Söhne, ein Meisterstück.« Wilhelm zuckte mit den Schultern. Was sollte er dazu sagen, ohne sich selbst als Pfuscher zu bekennen. »Klar, ich hab da geschlampt, zweifellos, aber muß ich das *dem* noch auf die Nase binden? Das wäre doch Wasser auf seine Mühle. Nee, den Gefallen tue ich ihm nicht.« Trotzdem fühlte sich Wilhelm ertappt und spürte ein ziemlich schlechtes Gewissen, was in eigentümlicher Verquerung beim eher maulfaulen Wilhelm einen ungewöhnlichen Wortschwall auslöste:

»Selbstverständlich komme ich für den Schaden auf, überhaupt keine Frage, läuft alles unter Gewährleistung. Ich kaufe am besten gleich zwei brandneue Drähte, einen als Reserve, geht völlig in Ordnung. Und was Pfusch angeht, schau dich um, überall Pfusch, nichts als Pfusch, in den Autofabriken, auf dem Bau, beim Yachtbau, Pfusch, wohin das Auge reicht. Alles muß ja husch husch gehen, am besten den Auftrag vor der Bestellung raus. Was zählt ist Kohle, immer nur Kohle, da bleibt Qualität auf der Strecke, was denkst du denn. In meiner Zeit war das anders, kannst du mir glauben....«

»Wieso anders«, unterbrach ihn Hans, »irgendwie hast du doch deine zwei Mietskasernen auch bezahlen müssen.«

»Ja, aber, wenn du darauf anspielst, darfst du eines nicht vergessen ...«

Hans hatte genug von dem Gefasel und verschwand im Niedergang.

Der Alte Mann sprach den Satz zu Ende, hatte schon den nächsten auf der Zunge, dem ein weiterer folgen sollte undsofort. Kein Wunder, daß ihm der Mund noch eine Weile offen stand und sich die Zunge im Leerlauf bewegte. Die Vorstellung, den ganzen Bettel hinzuschmeißen, und zwar *dem* direkt vor die Füße, fand der Alte Mann wieder sehr verlockend und malte sie in bunten Bildern aus.

*

Kaum waren die Leinen fest gemacht, schnappte Klaus seine Reisetasche, warf sie auf den Landesteg und verabschiedete sich:

»Sorry, mir reichts, sonst krieg ich noch'n Magengeschwür. Ich denk, ihr kommt auch ohne mich klar. Tschüs.«

»Eine gute Entscheidung«, sagte Hans und ging die Bootspapiere zum Einklarieren holen.

Wilhelm begriff zuerst nicht, was Klaus vorhatte. Als er es schließlich begriffen hatte, schnappte er Hans, der gerade an Land wollte, und fragte ihn völlig aufgelöst: »Und jetzt, was machen wir jetzt?«

»Du machst seine Kotze weg, dann sehn wir weiter«, antwortete Hans säuerlich und ließ den Alten Mann stehen.

Obgleich Wilhelm von Klaus nie besonders viel gehalten hatte, war er nun bitter enttäuscht. Wohl weniger weil Klaus so früh aufgegeben hatte, das konnte er verstehen, sondern vielmehr weil er ihn, Wilhelm, sitzen gelassen und ihn damit in eine schwierige Lage gebracht hatte. Nun mußte er mit *dem* die Reise alleine fortzusetzen. Das war nicht leicht für den Alten Mann. Mittlerweile mißtraute er dem Skipper zutiefst, anders gesagt, er hatte heillose Angst, bei weiteren Fehlleistungen ertappt zu werden. Im übrigen schien es ihm unerträglich, in seinem Alter, bei seiner Erfahrung und obendrein als Erbauer des Schiffes, für den Rest der Reise den Schiffsjungen zu spielen.

»Hunderprozentig, steht absolut fest, das habe ich mir geschworen, *der* wird mich niemals unterkriegen, und den Johann spiele ich *dem* in dreiteufelsnamen auch nicht.« Die Genuaschot, die er gerade aufklaren wollte, ließ er fallen: »Soll *der* doch seinen Dreck alleine machen!«.

Der war freilich nicht so begeistert, einen 'Saustall' vorzufinden und hielt es nun für nötig, mit dem Alten Mann ein Wörtchen zu reden. Hans fand ihn im Maschinenschacht, wo er am Motor herumschraubte, dabei ein Liedchen pfiff und offenbar recht guter Dinge schien. »Die Maschine ist mit mir alt geworden«, begann er, ehe Hans ein Wort sagen konnte, »und sie läuft noch einwandfrei. Wie ich, he-he-he. Nur hier«, dabei zeigte er auf einen Schlauchanschluß, »leckt ein wenig Diesel raus. Aber kein Problem, krieg ich schon hin, braucht eben alles seine Zeit.« Dann wandte er die Augen schräg zu Hans hoch und fragte muckerhaft: »Willst Du mir etwas sagen, Hans?«

»Komm bitte rauf, Wilhelm, wir müssen reden.«

»Geht jetzt nicht, wie du siehst, noch etwa fünfzehn Minuten. Ok?«

»Also gut, ich warte«, sagte Hans gereizt.

Wilhelm triumphierte, diesmal hatte er gewonnen. »Geduld, Geduld, mon capitain«, spöttelte er innerlich, »wer wird denn gleich in die Luft gehen. Wie wär's wenn wir aus der viertel Stunde eine halbe machen? Nur so zur Probe, wie!«

Nach etwa einer Stunde wurde ihm vom Dieselgestank leicht mulmig, er mußte nach oben. Auf die fällige Attacke fühlte er sich bestens vorbereitet - doch die Attacke blieb aus. Auf dem Kartentisch fand er einen Zettel mit der Notiz: *Bin in der Marinabar.* Erbost zerriß er den Zettel und warf die Schnipsel auf den Boden. Dann kramte er Waschzeug und Badetuch zusammen und ging auf die Suche nach den sanitären Anlagen.

Zwei Stunden später tauchte der Alte Mann in der Marinabar auf und orderte ein frisch gezapftes Guinness.

Am Tresen lärmte eine muntere Runde, deutlich angetrunken. Hans war auch dabei. »Hi, Willem, odd fellow, wellcome to the club!« posaunte Hans. Die andern lachten.

Wilhelm verstand zwar ein paar Worte Englisch, doch mit dem Sprechen hatte er ein Problem. Was er an den Mann zu bringen versuchte, klang meistens so daneben, daß ihn sowieso keiner verstand. Nach einigen Fehlschlägen zog er es vor, mit den Leuten Deutsch zu reden.

Also bestellte er beim Barmann »ein Glas Bier, Guinness, please.« Justament ertönte aus der angetörnten Runde Gelächter, was Wilhelm auf sich bezog. Er schnaufte tief und hörbar. Gute Laune passé - obgleich sein Guinness binnen einer Minute auf der Theke stand.

Bedrückt, als laste alles Leid der Welt auf seinen Schultern, saß er am Tresen und starrte in sein Glas. Dies Bild des Jammers konnten die Andern nicht mit ansehen, sie nahmen den Alten Mann in ihre Mitte und versuchten, ihn mit Jokes und weiteren Guinness aufzuheitern. Anfangs spielte Hans noch den Übersetzer, was freilich nach dem fünften Glas nicht mehr nötig war. Wilhelm sprach jetzt fließend Englisch und mischte in dem lauten Palaver kräftig mit. Ob ihn einer verstand, war ohne Bedeutung. Bei der gereiften Bierseligkeit, genährt mit vielen Schnäpsen, hörte ohnehin keiner mehr dem andern zu. Wenig später durchdrang das Gelärme eine krächzende Greisenstimme. Wilhelm intonierte das Shanty *my Jonny is over the ocean*. Sofort fielen alle ein und grölten nach Herzenslust. Weitere Lieder folgten - bis der Barkeeper genug hatte und die Blase vor die Tür setzte.

Nach längerem Nachhall mit einigen akkustischen Spitzen löste sich das lärmende Knäuel allmählich in Grüppchen und Solokrakeelern auf.

Einem miserabel tanzenden Liebespaar gleich, jeweils einen Arm auf der Schulter des andern, drei Schritte vor, einen zurück, torkelten Hans und der Alte Mann Richtung Liegeplatz. Sie grölten um die Wette, Bruchstücke irgendwelcher Seemannslieder. Wilhelm versteifte sich auf: *theo, theo, gin und rum, bringen keinen seemann um,* das er in allen Variationen brüllte, bis seine Stimme versagte. Was Hans zum Anlaß nahm, Wilhelm den gestrecktem Zeigefinger in die Brust zu bohren und zu lallen: »Bis'n oller Sack, abe saufen kanns' wie'n Schwu...Schustergsell un singen wie Adamo, ha!«

Wilhelm quittierte diesen Seitenhieb mit einer schnappend gehauchten Spielart seines Lieblingsliedes und fügte nach einem tiefen Schnaufer ziemlich klar hinzu: »Und du gehst mir am Arrsch vorbei, und zwar bis in die Steinzeit und zurück.« Darauf kicherte er wie ein

Teenager. Hans raunte undeutlich so etwas wie Alzheimer, Altersdemenz, oder hol dich der Geier.

Schließlich erreichten sie ihr Schiff. Nach ein paar Anläufen schafften sie es, an Bord und in ihre Kojen zu kommen. Hans stürzte nach wenigen Minuten wieder an Deck und kotzte das teuere Guinness ins Hafenwasser. Wenig später hörte man sie nur noch pfeifen und röcheln.

Der nächste Tag, wo ja einiges gerichtet werden sollte, war schon am Morgen gelaufen, besser gesagt gegen Mittag, da kroch Wilhelm angeschlagen aus seiner Koje. In Anbetracht der nächtlichen Supersause fühlte er sich aber ausgesprochen munter. Die leichten Kopfschmerzen spülte er mit einer Schmerztablette weg. Zwar kriegte er den Ablauf der Ereignisse nicht mehr auf die Reihe, aber er hatte das sichere Gefühl, bei allem keine schlechte Figur gemacht zu haben.

Eine Stunde später blinzelte Hans völlig verquollen aus der Luke und bettelte weinerlich um ein Glas Wasser und zwei Aspirin. „Klar", sagte Wilhelm, „einer muß ja funktionieren". Der klägliche Anblick, den Hans bot, tat ihm so richtig gut. Deutlich spürte der Alte Mann, wie sein Selbstbewußtsein erstarkte. Mit *dem* kann ich allemal mithalten, dachte er und klopfte sich innerlich auf die Schultern.

Von solchen und ähnlichen Gedanken beschwingt, beschloß er, die Gegend ein wenig zu erkunden. Dafür machte er sich landfein, das hieß rasieren, Speisereste aus dem Gebiß pulen, die struppigen Haare bändigen. Ja, das mußte man Wilhelm lassen, er hatte volles Haar, zwar fast weiß, dafür beneidenswert dicht. Aus purem Geiz, oder vielleicht auch Streben nach Individualität, hatte er schon Wochen vor Beginn der Reise keinen Friseur aufgesucht. Die langen Haare gestatteten ihm nun, ein Schwänzchen zu binden, das keck aus der hinteren Öffnung seiner High-Tech-Kappe herausbaumelte. Zwar sah er von weitem einer modisch gestylten Marktoma ähnlich, doch für solche Nuancen hatte Wilhelm kein Gespür.

Froh gestimmt stieg der Alte Mann über die Reling, hüpfte eine Spur zu locker auf den Landesteg, schwankte los mit weichen Knien, ein Liedchen auf den Lippen, den prüfenden Blick zum englischen

Himmel - und stolperte über eine Festmacherleine, die quer über den Steg gespannt war. Wilhelm strauchelte, fing sich wieder, mit den Armen heftig rudernd, wobei ihm seine Brille von der Nase rutschte und auf den Laufsteg fiel. Erst stand er verdattert da, dann ging er auf die Knie und tastete mit beiden Händen nach der Brille. Schließlich hatte er sie. Erleichtert stand er auf. Kaum hatte er sie auf der Nase, sah er ein Wesen auf sich zu kommen, das Wilhelm an einen siamesischen Zwilling erinnerte. Irritiert nahm er die Brille wieder ab, worauf die Gestalt zu einer Riesenqualle auseinanderfloß. Irgenwas stimmte nicht. Wilhelm unterzog die Brille einer gründlichen Prüfung, wobei er feinfühlig über die Gläser strich und sie so dicht vor sein linkes Auge hielt, daß er nicht zu blinzeln wagte. Die Sache war nun klar, das rechte Glas hatte einen Sprung. Inzwischen kam die Qualle, jetzt ein ganz normaler Mensch, wenn auch noch verschwommen, mit einem freundlichen »Hello!« näher. Irritiert fingerte Wilhelm an seiner Brille herum, setzte sie mehrere Male auf und ab, hielt sie mit zusammengekniffenen Augen und weit ausgestreckten Armen von sich, musterte sie aus nächster Nähe, schloß zuletzt die Augen und hoffte auf ein schnelles Wunder - das sich in Form einer schweren Hand auf seine Schulter legte und fragte: «Are you all right?«

Vor Schreck ließ Wilhelm die Brille fallen. Ein kaum hörbares „Batsch" signalisierte schlimmes. Der Fremde war sofort zur Stelle und hob die Brille auf. Ein Glas fehlte, das andere zeigte einen netzartigen Sprung. »Bad luck", sagte der freundliche Helfer und hielt Wilhelm den Rest der Brille vor die Nase. In einem Anfall von Zorn über das Böse in der Welt riß Wilhelm dem freundlichen Helfer das Brillengestell aus der Hand und warf es ins Wasser. Der Fremde reagierte unfreundlich, sagte »Idiot!« und marschierte davon. So endete in wenigen Sekunden ein verheißungsvoller Tag im totalen Desaster.

Zum Glück gab es im Ort einen hilfsbereiten Optiker, der nach Wilhelms rührender Klage, die Hans übersetzte, seine Altbestände sichtete, Rückläufer der letzten hundert Jahre, und tatsächlich eine Brille fand, mit der Wilhelm so recht und schlecht auch das Gute in der Welt erkennen konnte. Zwar fehlte dem wuchtigen Gestell der linke Bügel, aber der findige Optiker hatte sofort die Lösung, er ersetzte ihn durch ein kräftiges Gummiband. Am Ende verlangte er gerade mal *ten pounds*. Als Wilhelm sich im Spiegel sah, hätte er am liebsten losgeheult. Dieses Monstrum macht mich mindestens zehn Jahre älter, schimpfte er innerlich. Leider gab es keine andere Lösung, außer sie hätten zwei bis drei Wochen auf eine neue Brille gewartet. Warten wollten aber beide nicht.

»Wenn das mal gut geht«, kommentierte Hans die Lage und schaute ziemlich bekümmert drein.

Der Alte Mann beteuerte aufgedreht und wortreich, es gebe überhaupt kein Problem, die Gläser seien genial, praktisch so gut wie vorher. Von seinem unmöglichen Aussehen müsse man absehen, dafür könne er ja nichts. Im übrigen spiele das überhaupt keine Rolle. Er sei schließlich erfahren genug und außerdem erwachsen und geimpft, he, he. »Zur Not fahre ich den Dampfer allein über den Teich, was denkst du, ich kenne mein Schiff, meinetwegen können wir sofort ablegen.«

Etwas tiefer in seinem Innern empfand er die Dinge freilich anders, was er vor sich selber schwerlich und gegenüber Hans um keinen Preis zugeben konnte. Zum einen waren die Brillengläser in Wahrheit miserabel, der Boden einer Bierflasche wäre nicht schlechter gewesen, zum andern schien damit seine Tauglichkeit als Seemann ernstlich in Frage gestellt. »Ein blinder Seeman ist ein schlechter Witz, eine Gefahr für die gesamte Schiffahrt. Vorbei der Traum, Wilhelm, gib's endlich auf und laß dich einsalzen!«

Dem Alten Mann lastete plötzlich die Bürde seiner fünfundsiebzig Lebensjahre bleischwer auf dem Gemüt, er fühlte sich verbraucht, überfordert, nutzlos, überflüssig. »Draußen auf See springe ich außenbords.« Sein fester Entschluß.

Hans ahnte, was den Alten Mann beschäftigte, sagte aber nichts, wollte keinen Streit provozieren und die Stimmung an Bord weiter verschlechtern. Die Aussicht, nicht nur für die Sicherheit von Schiff und Besatzung verantwortlich zu sein und nahezu alle Arbeiten alleine zu verrichten, sondern obendrein einem halbblinden und eigensinnigen Greis den Pfleger zu spielen, schien ihm trübe genug, sie nahm ihm jede Lust weiterzusegeln. Er spielte mit dem Gedanken, die Reise abzubrechen.

Am nächsten Tag überraschte ein schier sommerliches Wetter. Die Sonne lachte ungetrübt vom Himmel und erwärmte die Luft zur Badetemperatur. Ein lauer Wind spielte im Rigg und umschmeichelte die Köpfe der beiden Fahrensleute. Wohlgemut gingen sie ans Werk, zunächst sollte das Vorsegel gerichtet werden. Dafür mußte Hans auf den Mast steigen, und Wilhelm sollte ihm dabei helfen. Dessen Aufgabe bestand darin, das Großfall über die Winsch zu legen und Hans im Bootsmannstuhl nach oben zu kurbeln. Natürlich legte Hans einen Sicherheitsgurt an.

„*Den* zum Masttop hieven" strengte Wilhelm ziemlich an. Er mußte öfter eine Verschnaufpause einlegen. Neben anderen wirren Gedanken trat ihm eine verlockende Szene vors innere Auge: d i e Gelegenheit! Gerade als er sich vorstellte, wie Hans mit einem Horrorschrei in die Tiefe stürzt, auf dem Deck aufschlägt und in einer Blutlache röchelnd verendet, lockerte sich unwillkürlich sein Griff um das über die Winsch geschlagene Fall, worauf Hans ein paar Zentimeter absackte, was ihm einen ordentlichen Schreck einjagte, den er mit dem Aufschrei quittierte: „Paß doch auf du alter Depp!" Auch Wilhelm erschrak. Ihm stockte der Atem. Seine Finger verkrampften sich um das Seil, er wußte momentan nicht, was er tun sollte. Der „alte Depp" hallte dumpf in ihm nach.

„Ich schaff das nicht!" schrie er zu Hans hinauf, „komm runter!" Ohne dessen Antwort abzuwarten, fierte er die Leine langsam auf, was dann auch Hans zum Abstieg zwang.

„Alte Deppen sind nun mal keine Kraftsportler, tut mir leid, mußt dir einen jungen Deppen suchen", trumpfte Wilhelm auf und war stolz auf seine Schlagfertigkeit. Endlich hatte er *dem* gezeigt, daß er auch anders konnte. Den nassen Fleck im Hosenschritt bemerkte er noch nicht.

Hans war sauer. Gereizt und laut, damit es Wilhelm hörte, fragte er beim Nachbarboot, ob ihm jemand helfen könnte, sein Partner habe senile Ausfälle, rede wirres Zeug und stünde kurz vor dem Exitus. Gelächter. Einer fragte, ob man sich schon mal auf eine Seebestattung vorbereiten solle. Freudenjauchzer. Sogleich boten sich mehrere Helfer an. Nach zwanzig Minuten stand das Vorsegel und war betriebsereit.

Während Hans auf dem Mast Klimmzüge machte, saß Wilhelm auf seiner Koje, wiegte den Oberkörper vor und zurück wie ein Jude vor der Klagemauer und murmelte im Wiegetakt: »Das geht mich alles nichts mehr an, das geht mich alles nichts mehr an, das geht mich alles nichts mehr an ...« Schließlich irritierte ihn die Wärme im Schritt. Seine prüfende Hand bestätigte das Malheure: Er hatte eingenäßt.

Am nächsten Morgen hieß es um fünf Uhr aufstehen, eine Stunde vor Hochwasser. Die beste Zeit auszulaufen. Es galt, den Tidenstrom zu nutzen, um möglichst schnell aus dem engen Revierwasser ins offene Meer hinauszukommen. Draußen blies eine frische Morgenbrise, sie schwellte die Segel. Windwellen spielten auf einer lang schwingenden Dünung, die das Schiff gemächlich hoch und nieder trug.

Der Alte Mann stand verschlafen am Ruder, den Blick nach innen gekehrt. Er sah nicht den melodramatisch inszenierten Aufzug des neuen Tages, ein brennender Morgenhimmel mit glühenden Wolkenbändern und rötlichen Nebelstreifen. Traumbilder aus ferner Zeit gaukelten durch sein müdes Gehirn. Manchmal standen Dinge und Personen leibhaftig vor ihm. Er hörte sogar Stimmen. Vor allem *ihre* Stimme: »Wilhelm, sie sind da. Draußen steht ein Schwertransporter mit deinem teueren Spielzeug. Ist doch viel zu groß, was meinst du, hätte es nicht ein kleineres getan?« Sein Spielzeug. Daß es teuer war und viel zu groß, das mußte er sich dreißig Jahre lang in allen Variationen anhören. Aber bei ihren 'Freundinnen' wurde sie nicht müde, Größe und Wert des Schiffes maßlos zu übertreiben, um damit anzugeben. Den ständigen Vorwurf, er kümmere sich nicht um sie, er würde sie vernachlässigen, jede freie Minute säße er in seinem verdammten Kahn, drehte sie in ihrem Klatschzirkel zur Laudatio um, lobte in allen Farben seinen unglaublichen Einfallsreichtum und nie endende Schaffenskraft. Sie trumpfte sogar mit der Behauptung auf, für ihren Wilhelm gäbe es nur drei wichtige Dinge im Leben, nämlich sie, dann wieder sie und drittens sein Schiff, womit sie gleichsam der Heuchelei die Krone aufsetzte. Anfangs war das Wilhelm äußerst peinlich, aber irgendwann schaltete er auf Durchzug und ließ die Alte einfach quatschen. Wie auch immer, das Schiff blieb der Stein des Anstoßes und mußte für alles herhalten: seine 'Maulfaulheit', seine Zurückgezogenheit, den Mangel an Freunden, sein entschieden zu langes Haar, ja sogar für seine schlechte Körperhaltung, seine Lustlosigkeit in Ehedingen samt zeitweiliger Impotenz und Prostatavergrößerung. Man wisse ja nicht, wie schädlich die Schweißdämpfe wirkten. Auch Bluthochdruck und Ohrgeräusche kämen nicht von ungefähr. Vor allem der Tinitus, den kann er nur auf dem Kahn eingefangen haben. Man denke doch nur an die Hammerschläge, das hält doch kein Mensch aus. Dann noch die laufenden Ausgaben, ständig fehlten irgendwelche Teile wie Schrauben, Schäkel, Dichtungen, Drähte, Seile, Segel, sauteuere Instrumente undsoweiter, wie soll man da nur auf einen grünen Zweig kommen. Kurz gesagt, das Boot ist an allem schuld, nicht zuletzt an ihrer Migräne.

Vom beißenden Klageton dieser Stimme genervt, die auch in der Erinnerung stark und durchdringend, ließ Wilhelm das Steuerrad los und hielt sich mit beiden Händen die Ohren zu. »Ich bringe sie noch um«, ging ihm zum hundertsten Mal durch den Kopf.

Heftiges Segelflattern gemahnte ihn an seine Aufgabe. Bald ging es wieder auf und ab, im alten Rhythmus, nur dann und wann störte eine aus dem Tritt geratene Welle. Ach ja, die Migräne, sinnierte Wilhelm weiter, setzt die nicht immer dann ein, wenn ihr etwas nicht paßt, wenn sie sich vor etwas drücken oder ihn erpressen will?! Sein Steckenpferd, sein *Schiff,* hat sie ständig im Fadenkreuz, da gibt es kein Pardon. Fast täglich muß er Seitenhiebe einstecken, meist wegen nichtiger Kleinigkeiten, seis einem Schraubenschlüssel in der Besteckschublade, ein Putzlappen auf der Sessellehne oder schwarze Ölreste unter seinen Fingernägeln. »Ohne das verdammte Boot wäre hier Friede, Freude, Eierkuchen.« Diesen Satz mußte Wilhelm so oft anhören, bis er selber daran glaubte, was ihn freilich nicht daran hinderte, die Sache durchzufechten.

Der Alte Mann kann sich ein schallendes, wenn auch wenig fröhliches Lachen, das sogleich der Wind verwehte, nicht verkneifen, so absurd komisch schienen ihm die Bilder, die vor seinem inneren Auge auftauchten. Seine Frau und ihr verdammter Hund auf seinem Schiff. Genau dieses Weib, das alles madig macht, ist geradezu wild darauf, an sommerlich schönen Wochenenden in der Lübecker Bucht einen Schlag zu segeln. Oder besser, gesegelt zu werden, denn sie hat von vorne herein klargestellt, sie komme nur ihm zuliebe mit, schon der Partnerschaft wegen. »Auf so engem Raum könnten wir wieder zusammenfinden«, flötete sie. Im übrigen möchte sie, bitte schön, als Gast behandelt werden.

Sie lehnte jeden Handschlag ab, der nicht dazu diente, sie und den Hund an Bord zu schaffen und heile wieder wegzubringen. Wilhelm, von Natur aus gutwillig und friedliebend, machte leidlich gute Miene zum verhaßten Spiel. Schon hundertmal hatte er die Szene durchgespielt, wie er die Alte samt Köter erwürgen und in der Ostsee versenken würde. Dabei gefiel ihm vor allem die Vorstellung, wie er ihr beim Würgen in die Augen schaut, um so genüßlich auszukosten, wie ihr Lebenslicht ganz langsam erlischt.

Was ihre Bequemlichkeit und Nachtruhe betraf, hatte die Dame natürlich konkrete Vorstellungen, die Wilhelm, Praktiker und Mädchen für alles, unverzüglich zu realisierten suchte, allein um ihrem bohrenden Genöle zu entgehen. Zum Beispiel ihr Schlafplatz im Salon. Dort war nie eine Koje vorgesehen, es gab ja die Eignerkabine an Backbord neben dem Maschinenraum, dazu die nicht weniger geräumige Achterkabine mit zwei bequemen Kojen. Aber nein, das alles genügt ihren Ansprüchen nicht, sie will im Salon nächtigen. In den viel zu engen Kabinen bekäme sie Platzangst. Also ersann Wilhelm eine Vorrichtung, mit der man mit wenigen Handgriffen die Polsterbank an Backbord in eine Koje verwandeln konnte. Das reichte aber nicht, denn der Hund brauchte auch seinen Platz. Rambo war es gewohnt, bei Frauchen auf dem Bettvorleger zu schlafen. Nun gab es aber ein paar Probleme mit dem Tier, das von Frauchen zwar 'Mäuschen' gerufen wurde, aber in Wahrheit ein ausgewachsener Labradorrüde war. Der Hund wollte sich partout nicht an das Schiff gewöhnen, was jedesmal einen Kampf kostete, ihn an Bord zu zerren. Früher mußte Wilhelm ihn vom Steg aufs Deck hochheben, wobei sich das Vieh jedesmal wehrte und ihn sogar einmal ins Kinn gebissen hatte. Wilhelm befühlte die Narbe. Inzwischen sieht er sie als eine vom Leben geschlagene Mensur.

Die Sonne, gelbrötlich, durchzogen von grauen Schlieren, stand jetzt kurz über dem Horizont und sah aus wie ein verdorbenes Eidotter. Der Wind drehte etwas zurück und frischte merklich auf, der Druck aufs Ruder wurde stärker.

»Bin einfach zu gut für diese Welt«, dachte Wilhelm und empfand in seinem tiefsten Innern so etwas wie Mahatma Gandhis Seelengröße. »Richtig«, nahm er den Faden wieder auf, »ich habe immer alles genau so gemacht, wie sie es wollte, dann war Ruhe im Haus." Für ihn als Handwerker kostete es wenig, eine passende Gangway zu bauen, auf der sie das störrische Tier an Bord und von Bord bugsierten. Er stand dann oben und zog an der Leine, während sie von unten schob und dabei den Hund anflehte: »Aber Mäuschen, mach doch keine Sachen. Kriegst auch ein Gutiguti. Nun geh schon, Liebes.« Ein Zirkus ohne Ende. Doch wie gesagt, der häusliche Friede ging ihm über alles. Hier unter freiem Himmel von würziger Seeluft umweht, schien ihm das ganze Theater geradezu grotesk, und die Rolle des dummen August, die er dabei spielte, fand er ziemlich unwürdig. „Ein Seemann ist kein Hampelmann", sagte der Alte Mann mit starker Stimme in den jungen Tag hinein und schwor bei Neptun, daß er künftig im heimischen Gewässer einen härteren Kurs steuern würde. Apropos Kurs, sagte *der* jetzt 236 Grad oder 263? Wilhelm entschied sich für 263 Grad, weil der Wind so günstiger stand und das Schiff bequem im Ruder lag. Einmal auf den rechten Kurs gebracht, lief der Kahn stramme sieben Knoten. »Ich kenne doch mein Schiff!« triumphierte Wilhelm und war mit sich und der Situation sehr zufrieden.

Der dramatische Morgenhimmel hatte sich verändert zu einem Einheitsgrau. Das Dotter war verschwunden. Die See zeigte ein aschfahles Gesicht. Aus Südost wehte ein schneidiger Wind. Boen legten das Schiff stark nach Backbord.

Wilhelm gab gleichsam militärisch zackig Gegenruder. So hatte er es schon immer gemacht und fand den so bedingten Schlingerkurs als völlig normal. Aber klar, es gab ja den Autopiloten, doch den einzuschalten hatte *der* untersagt, aus Energiegründen, wie er meinte. »Mein Windgenerator sei ein Energiefresser, lästert der Klugscheißer, und würde weniger die Batterien laden als den Strom aus ihnen saugen. Überhaupt sei die gesamte Elektrik ein Katastrophe. Also sprach Zarathustra! Jedenfalls habe ich *den* nicht gezwungen, mit meinem Schiff über den Atlantik zu segeln. Blind muß ich gewesen sein, ausgerechnet *dem* mein Schiff zu verkaufen. Mein größter Fehler, gewiß, wenn ich daran denke, könnte ich mich in den Hindern beißen, dazu noch für ...«

In diesem Moment machte es - rums - gefolgt von einem Dröhnen als hätte die Bumering Eins geschlagen. Das Schiff erzitterte bis in die Mastspitze. Hans schoß aus dem Niedergang. »Bist du ok, Wilhelm?« war seine erste Reaktion, doch als er achteraus eine Riesentonne treiben sah, wußte er: Sie hatten die Ansteuerungstonne gerammt. »Bist du noch zu retten!« schrie Hans. Der Alte Mann stand wie versteinert am Ruder. »Beidrehen, sofort beidrehen!« Wilhelm reagierte nicht. Resolut schubste Hans ihn zur Seite und griff ins Steuerrad. Das Schiff ging widerspenstig durch den Wind, wurde vom back liegenden Vorsegel gedreht und wieder durch das hart nach Steuerbord gelegte Ruder gebremst, wonach es trotz rauher See und heftigen Windstößen zu einer erstaunlich stabilen Lage fand.

Hans kramte hastig seinen Sicherheitsgurt hervor, legte ihn an und versuchte dann herauszufinden, ob am Schiff Schäden entstanden sind. Die Delle unweit vom Bug an Backbord fiel ihm sofort auf. Wie schwer der Schaden wirklich war, vor allem unterhalb der Wasserlinie, konnte er freilich nicht erkennen. Jedenfalls, so viel meinte er gesehen zu haben, ein Leck gab es nicht, der Stahl hatte den Schlag ausgehalten. Sicherheitshalber überprüfte er die Bilge. Sie lag trocken.

Während Hans besorgt nach Schadstellen suchte, saß Wilhelm zerknirscht auf der Steuerbordbank und verstand die Welt nicht mehr. Warum muß sowas ausgerechnet mir passieren? Das ist doch wieder

Wasser auf *dem* seine Mühle. Hat sich denn die ganze Welt gegen mich verschworen! »Oder - ja genau, warum suche ich die Schuld immer bei mir, könnte es nicht geradeso *der* gewesen sein, der Mist gebaut hat?« Kaum gefragt, lag ihm die Antwort schon auf der Zunge: »Genau, *der* hatte sich im Kurs verrechnet! So ist das, nicht anders.« Der Alte Mann zitterte vor Schadenfreude, ihn durchströmte ein unsägliches Triumphgefühl: endlich hatte er *den* am Wickel.

Gleich legt er los, dachte Wilhelm, hast du keine Augen im Kopf, so ein Ding sieh man doch meilenweit, oder war deine Brille beschlagen, du hast doch gepennt, gib es zu, ein Wachvergehen schlimmster Sorte, früher wurden solche Leute ausgepeitscht oder kielgeholt undsoweiter. Ich laß ihn einfach austoben, und wenn er fertig ist, zupfe ich ihn am Ärmel, blicke ihm in die Augen und sage kalt lächelnd: »Hans, du hast Mist gebaut, dein Kurs war Scheiße.«

Hans legte weder los, noch tobte er, sondern sagte nur ganz leise: »Geh schlafen, alter Mann, sei einfach still und pack dich in deine Koje und träum von besseren Zeiten, oder so.«

»Jetzt hör mal, Junge«, begehrte Wilhelm auf, wobei ihm freilich die Stimme schon beim 'Jungen' zu versagen drohte. Hans reagierte erwartungsgemäß und war augenblicklich auf der Palme, zumal seine Nerven sowieso blank lagen. Er packte den alten Mann mit beiden Händen am Kragen, blickte ihm scharf in die Augen und zischte: »Hol Dich der Teufel, du Versager!« darauf gab er ihm einen Stoß, daß er hart auf der Cockpitbank landete und seine Stirn heftig an den Stahlbügel der Sprayhood stieß.

War's Schmerz, Haß oder Schreck, der den Energieschub auslöste, jedenfalls erstarkte Wilhelm urplötzlich, schoß in die Höhe und brüllte mit Donnerstimme: »Mörder! Du verfluchter Mörder!«

Von so viel ungestümer Leidenschaft überwältigt, ruderte Hans sofort zurück und versuchte nahezu unterwürfig die Wogen zu glätten: »Entschuldige, Wilhelm, hab's nicht so gemeint, mir ist einfach die Sicherung durchgebrannt. Bist du okey, Wilhelm, laß mal sehn?« Sanft strich er über die Beule, die auf Wilhelms Stirn erblühte, fast hätte er sie geküßt. Dann bot er an, sie mit einem Wundpflaster zu verkleben.

Wilhelm, erstaunlich schnell zahm geworden, wehrte gleichwohl ab: »Laß mal, halb so schlimm, bin schließlich keine Memme, wird schon wieder.«

Sendepause. Bohrende Stille zwischen den Beiden, während draußen die Elemente tobten. Der Wind wehte jetzt mit Stärke 8, Böen erreichten 40 Knoten. Weiße Wellenkämme wohin das Auge reichte, darüber ödes Einheitsgrau. Das beigedrehte Schiff trotzte den anstürmenden Wogen und trieb mit etwa einem Knoten nach Backbord voraus.

»Nun wäre das auch gesagt«, nahm Hans das Gespräch wieder auf, »aber die Reise geht weiter, und zwar mit dem Bug voraus. Zuerst wird das Großsegel gerefft, sonst liegen wir auf der Backe und kommen nicht voran. Also, worauf warten wir. Let's do it!«

Bei häufig wiederkehrenden Verrichtungen und Manövern hatten die Beiden mittlerweile eine Art Routine entwickelt, wobei Hans in der Regel fast alles alleine machte und sich der Alte Mann auf notwendige Handreichungen beschränkte. Hans gefiel diese Form der Arbeitsteilung überhaupt nicht, doch was sollte er machen. Er hatte den Alten Mann von vorne herein falsch eingeschätzt, das war ihm inzwischen klar geworden. Aber nun gab es kein Zurück, die Sache mußte durchgestanden werden, obgleich ihn die Doppelrolle als 'Mann für alle Fälle' und zugleich Altenbetreuer gehörig überforderte. Man darf Hans nicht falsch verstehen, er hatte durchaus das Herz auf dem rechten Fleck. So manches Mal tat ihm der Alte Mann wirklich leid, wenn dieser etwa nach ein paar Kurbeldrehungen völlig aus der Puste kam, mit schmerverzerrtem Gesicht beide Hände an die Brust drückte und ihn durch seine dicken Brillengläser mit große Kuhaugen anblickte. Doch in das aufkeimende Mitleid mischte sich stets das ungute Gefühl, daß ihm der Alte etwas vorspielte und ihn gehörig zum Narren hielt.

Bei einem beigedrehten Segler ist im Großsegel wenig Winddruck, weil der Großbaum nach Lee über die Bordkante ragt. In dieser Lage läßt sich das Segel verhältnismäßig leicht reffen, wobei es allerdings ein wenig Geschick erfordert, die äußeren Zeisinge festzubinden. Dafür mußte sich Hans weit hinaus lehnen, mit einer Hand irgendwo Halt suchen und mit der anderen das Bändsel binden. Bei ruhiger See überhaupt kein Problem, doch als die anbrausenden Wogen das Schiff zu einem auf- und absausenden Fahrstuhl machten, legte Hans den Sicherheitsgurt an.

Wilhelm hingegen hielt das Ding eher für hinderlich, ein echter Seemann handelt sowieso nach dem Motto 'eine Hand für's Schiff, die andere für mich'. Das haben die Seeleute früher alle so gemacht, da ist auch nicht mehr passiert, warum soll das heute anders sein. »Alles Spielkram«, winkte Wilhelm ab, außerdem habe er es nicht mehr nötig, vor dem Mast zu dienen. Im übrigen sei ihm bis heute nichts passiert, er kenne eben sein Schiff und wisse genau, wann man das Cockpit verlassen dürfe und wo man sich zur Not festhalten könne.

»Soll ich da draußen ersaufen!« greinte der Alte Mann, als Hans ihn aufforderte, seinen Hindern gefälligst aus der Plicht zu heben und das flatternde Segel am Baum zu fixieren. »Ohne Gurt könnte dir das blühn, und zwar ziemlich schnell«, knurrte Hans und setzte scharf hinzu, »Wo hast du den überhaupt? Bei dem Wetter herrscht Gurtpflicht!« Verärgert über so viel Unverstand und Leichtsinn, machte er die Sache schließlich alleine. Im Stillen verfluchte er den alten Ignoranten, wiewohl ihn dieser wiederum, ebenso tonlos, als Korintenkacker und Warmduscher beschimpfte und *dem* samt Gurt und doppelter Sorgleine ein kühles Bad wünschte.

Später errechnete Hans den neuen Kurs. »Zweihundertfünfzehn Grad«, wies er Wilhelm an. »Zweihundertfünfzig«, wiederholte Wilhelm.

»Zweihundertfünfzehn habe ich gesagt«, berichtigte Hans ungehalten.

Darauf Wilhelm nicht weniger ärgerlich: »Lauter! Du mußt lauter sprechen, bei dem Wind versteht man kein Wort!«

Hans riß der Geduldsfaden und schrie: »Zweihundertfünfzehn! Zwo, eins, fünf!«

»Sag ich doch, zweihundertfünfzehn! Warum schreist Du mich an!?«

Wenig später blies der Wind von Steuerbord in die Segel, was Hans irgendwie spanisch vorkam. Er schaute an Wilhelms steinernem Gesicht vorbei auf den Kompaß, wo der Steuerstrich um 255 Grad pendelte. Schlagartig wurde ihm klar, warum sie die Tonne gerammt hatten. Wilhelm hatte zwar den Kurs richtig wiederholt aber einen anderen gesteuert. Hans hätte aus der Haut fahren können, beherrschte sich aber und schlug den verstellt milden Ton eines Altenpflegers an.

»Aber Wilhelm«, begann er nahe an dessen Ohr, wobei er die Worte klar artikulierte und übermäßig in die Länge zog, »wir steuern ja schon wieder den falschen Kurs. Haben wir nicht Zweihundertfünfzehn ausgemacht? - Paß auf, Wilhelm, laß mich mal ans Steuer.«

»Paß gut auf, Wilhelm, jetzt gehe ich langsam auf Zweihundertfünfzehn, und du bedienst die Fockschot, gell!« Natürlich hatte Hans ganz anders gedacht, etwa so: mein Gott, Wilhelm, du baust doch nur Mist.

Während Hans auf Wilhelm einsäuselte, dachte der natürlich seinen Teil: »Kein Respekt, der Junge, hält mich für einen Idioten. Hundertprozent, *der* sagte zweihundertfünfundfünfzig. Absolut sicher, einwandfrei. Verkalkt bin ich noch lange nicht. Das Schwein will mich einfach fertig machen. Bleib also friedlich Wilhelm, nicht aus der Ruhe bringen lassen. Immer zuerst auf Drei zählen und tief durchatmen. *Den* rauche ich allemal in der Pfeife!«

Einmal auf Kurs, sollte der Steuerautomat den Dienst übernehmen. Der brummte unwillig, als wollte er protestieren - und gab den Geist auf. Alle Versuche ihn zu reanimieren schlugen fehl. Eine fatale Situation. Nun mußte das Schiff von Hand gesteuert werden, wie vor tausend Jahren.

Hans erstellte den Wachplan, wonach alle zwei Stunden gewechselt werden sollte. So richtig ausschlafen konnte dabei keiner. Deshalb legten sie jeden dritten Tag eine Ruhepause ein, indem sie das Schiff beidrehten, es ein paar Stunden treiben ließen und selber eine Mütze Schlaf nahmen.

Es passierte am späten Nachmittag. Die Sonne verschwand gerade hinter einer grauen Wolkenwand, die am Horizont langsam breiter wurde. Frisch briste der Wind und füllte prall das back gesetzte Vorsegel. Mächtige Dünungswogen hoben das Schiff hoch - und ließen es wieder fallen. Eine ermüdende Berg- und Talbahn, eine Wackelei ohne Ende. Die beiden Fahrensleute hatten sich bestmöglich in ihren Kojen verkeilt und versuchten zu schlafen. Plötzlich ein Knall, lautes Segelschlagen, ungezügelte Bewegungen, dann eine gefährliche Schräglage, die Hans aus der Koje warf und Wilhelm bleischwer in die Ecke seiner Koje drückte.

Die Vorschot war gebrochen und das Schothorn, an dem noch ein zerfaserter Taurest hing, schlug wild durch die Luft. Sofort fierte Hans die Großschot auf, worauf sich das Schiff quer zu den anrollenden Wogen legte.

»Was machen wir jetzt?« krähte Wilhelm, der mit struppigem Haar und entsetztem Blick aus dem Niedergang blickte. Hans hatte keine Lust für Erklärungen. Mit Hilfe der Winsch rollte er das schlagende Vorsegel ein, während Wilhelm im Niedergang stand und dem konzentriert arbeitenden Hans mit leeren Augen zuschaute. Auch das Großsegel mußte geborgen werden, es hatte zu schlagen begonnen und hätte sich am Ende selbst zerstört. Mit einiger Mühe und riskanten Verrenkungen gelang Hans schließlich auch das.

Von seiner Glotzstarre gelöst, versicherte Wilhelm nachdrücklich, er habe helfen wollen, überhaupt keine Frage, dummerweise sei ihm seine Brille zwischen die Matrazze gerutscht: » ... ohne Brille sehe ich so gut wie ein Hamster, ha,ha.« Das Lachen verblies der Wind, bei Hans kam es wie Gemecker an. Er war stinksauer auf den Alten Mann.

Nach all den unerfreulichen Vorfällen hatte Wilhelm endgültig beschlossen, von nun an den Dingen ihren Lauf zu lassen. Er werde sich nicht mehr einmischen, komme was da wolle. »Soll *der* doch zusehen, wie er klar kommt.«

Als nächstes mußte das Vorsegel wieder einsatzbereit gemacht werden. Hans schnitt das ausgefranste Ende der Schot sauber ab, umwikkelte es mit Reparaturband und befestigte das Tau mit einem Palstek am Schothorn. Dabei entdeckte er zufällig die Ursache, warum die

Schot überhaupt gerissen war. Sie hatte sich an einer Spannschraube dünngescheuert, bis sie riß.

»Kein Problem«, schaltete sich Wilhelm ein, »unten beim Werkzeug liegt ein Stück Schlauch, den schneidest du der Länge nach spiralförmig auf und drehst das Teil über die Spannschraube. Dasselbe auf der anderen Seite, und die Sache ist geritzt. Alles ganz einfach. Nicht verzagen, Wilhelm fragen, he, he.«

»Super, Wilhelm«, spöttelte Hans, »du bist ja echt gut drauf. Also, auf was wartest du, mach schon!«

„Waas soll ich machen?" fragte Wilhelm gedehnt.

„Na ja, den Schlauch um die Spannschraube."

Wilhelm sah Hans herausfordernd an, begann langsam den Kopf zu schütteln, hob die rechte Hand, streckte den Zeigefinger, den er gegenläufig mit dem Kopf zunehmend schneller hin- und herbewegte, bis aus ihm herausplatzte: »Ich mach hier keinen Handschlag mehr!«

Hans hob die Augenbrauen, grinste spöttisch und sagte: »Aha, Wilhelm meutert! Nach altem Recht müßte ich dich jetzt am Mast aufknüpfen oder außenbords werfen. Was ist dir lieber?«

»Dann fliegst du aber mit«, tönte Wilhelm vollkehlig und fügte hinzu, »schon bei der Maklerin habe ich dir klipp und klar gesagt, für so wenig Geld mache ich keinen Handschlag mehr.«

Hans war völlig überrascht und wußte zunächst nicht, was er von soviel Ignoranz halten sollte, zumal in der aktuellen Situation jede Hand gebraucht wurde, nicht zuletzt für's eigene Überleben. Jetzt ist der Alte völlig übergeschnappt, dachte er, tippte mit dem Finger an die Stirn, ließ Wilhelm mitsamt seinem neuen Selbstbewußtsein auf der Bank sitzen, holte das Schlauchstück, schnitt es der Länge nach auf und wickelte es um die Spannschraube.

Bis zum Abend ließ Hans den Alten Mann links liegen. Inzwischen verrichtete er verschiedene Arbeiten, ordnete seine Karten, versuchte einem Kriechstrom auf die Spur zu kommen und schrieb schließlich ins Logbuch: Wilhelm verweigert seine Mitarbeit und zwar mit den

Worten: »Ich mache keinen Handschlag mehr.« Danach forderte er Wilhelm auf, den Eintrag zu unterschreiben.

»Wenn Du mich schon zitierst, dann bitte richtig und vollständig«, dozierte Wilhelm, »da fehlt 'Spottpreis'. Ich habe gesagt, 'für den Spottpreis, mache ich keinen Finger mehr krumm' und nichts anderes. Niemals habe ich gesagt, ich würde meine Mitarbeit ...«

»Hör bloß mit dem Gefasel auf«, unterbrach ihn Hans, »und überleg dir vorher genau, was du sagst. Wenn's drauf ankommt, kriege ich den Kahn auch ohne dich zum Ziel. Ich brauche dich nicht, mein Lieber, du gehst mir schon lange auf die Nerven. Eigentlich bist du völlig überflüssig.«

»Jetzt reicht's aber. he!« heulte Wilhelm auf, »ich bin nicht 'dein Lieber', merk dir das! Und wer hier überflüssig ist, werde ich dir noch beweisen, du Schnösel! Ich kenne schließlich mein Schiff! Mit diesen Händen habe ich die PUZZI gebaut, und da behauptest du, du, du ... überflüssig, ich?! Du Rotzbengel, du ... du ...« Der Alte Mann hielt inne, griff sich an die Brust, wurde leichenblaß und drohte nach vorne zu kippen, fiel aber durch die Gegenbewegung des Schiffes rückwärts auf die Backbordbank.

Hans ahnte das Schlimmste und wußte im ersten Moment nicht, was er tun sollte. Dann faßte er den Alten Mann beherzt an den Schultern und schüttelte ihn: »Wilhelm, was ist los mit dir? Sag schon! Hörst Du mich? Mach jetzt bloß keine Dummheiten! Hörst du!«

Wilhelm hechelte wie ein Hühnerhund nach der Jagd und schaute mit glasigen Augen durch Hans hindurch.

»Ganz ruhig, Wilhelm, das geht vorüber, ist nur ein Schwächeanfall. Du darfst dich eben nicht aufregen. In deinem Alter. Bist eben nicht mehr der Jüngste. Hörst du, Wilhelm, du wirst doch nicht den Löffel weglegen, fünf Tage vor dem Ziel. Willst du einen Schluck Wasser?« Hans redete auf den Alten Mann ein, der dalag wie ein Toter. Nach einer langen Weile, so empfand Hans, kam wieder etwas Farbe in Wilhelms Gesicht. Er wollte sich gleich hinsetzen. Den Arm von Hans drückte er zur Seite. Aber er gab gleich wieder auf und legte sein

Haupt erneut auf die harte Pritsche. Dabei zitterte er, als läge er auf einem Rüttelsieb. „Kalt, affig kalt. Mich friert", hauchte Wilhelm und zitterte. Hans holte sofort eine Fließdecke und ein Sitzkissen, das er doppelte und Wilhelm unter den Kopf schob. Zwei Rückenpolster aus dem Salon verkeilte er dann zwischen Bank und Ruderstand, damit der Alte Mann nicht runter rollte.

Inzwischen ist es Nacht geworden. Der Wind hatte zwar etwas abgeflaut, doch die See war noch ziemlich rauh. Über den Himmel flogen dunkle Schatten, zwischen denen Sterne funkelten.

»Herzinfarkt! Herzinarkt! Herzinfarkt!« schrie es in Wilhelm. Er geriet in Panik, wollte fliehen, aber wohin? Er schlug nach Hans, der dem hilflosen Gefuchtel auswich. Er trat die Polster weg und fiel auch gleich in die Lücke, wo er zappelte wie ein Fisch im Netz. Doch bald lähmte ihn erneut ein Schmerz, der tief aus seinem Innern kommend sich über Bauch, Brust, Arme, ja über seinen ganzen Körper ausbreitete und am Ende auch die Seele beherrschte.

Hans stand der Situation ziemlich hilflos gegenüber. Er dachte auch an die Möglichkeit eines Herzinfarkts, aber was konnte, was mußte er tun, um dem Alten Mann wirklich zu helfen? Beine hochlegen, für frische Luft sorgen! An Letzterem mangelts wohl nicht. Aber die Beine? Unter Aufbietung all seiner Kräfte schaffte er es schließlich, den schweren Körper Wilhelms wieder auf die Bank zu wuchten. Ein Arzt muß her! Aber wie? Sie waren noch etwa 600 Seemeilen von der nächsten Insel des Archipels entfernt. Ärztliche Beratung über Funk? Dafür bräuchte man ein Satellitentelefeon. Nichts zu machen. Was ist, wenn Wilhelm stirbt? Hans weigerte sich, den Gedanken anzunehmen.

Der Alte Mann liegt nun, ruhig geworden, mit weit geöffneten Augen auf der Bank und starrt in die Unendlichkeit des Weltalls. Am Himmel segeln Schattenschiffe, große und kleine, alle in dieselbe Richtung, bis sie die Dunkelheit verschluckt. Wilhelm steht am Ruder seines Schiffes mit Kurs auf einen fernen, langsam kreisenden Sternennebel, der langsam größer wird, bis er als gigantischer Mahlstrom alles, ja den Raum selber in seinen spektralfarbenen Wirbel saugt, der mit zunehmender Tiefe schneller dreht und dunkler wird. Aus endloser Distanz gewahrt der Alte Mann wie ein Schifflein in die Drift gerät, sich trotzt verzweifelter Anstrengung Wilhelms schnell dem Rand des Strudels nähert, und vom Wirbel erfaßt in weiten Schwüngen den Mahlstrom hinabdreht, kleiner wird und im Nichts verschwindet. Aus der Tiefe des Abgrunds wallen bunte Schleier, die schnell verblassend den Alten Mann umwinden, umstricken und ihm bleiig grau den Atem rauben. Bis ihn die Finsternis verschlingt.

Der Nordstern pendelte zwischen seinen Füßen hin und her, zeichnete eine Acht, bald einen Kreis, bis ihn eine Wolke verdunkelte.

♣

Cockpitgespräche

Yachties aus der halben Welt
haben sich in Las Palmas eingestellt,
Holländer, Briten, Albaner,
Franzosen, Deutsche, Veganer.

In Las Palmas ist das Klima
im Großen und Ganzen prima.
Bezahlbar sind auch Wein und Bier,
Drum bleiben viele Yachties hier.

Sie haben vom Segeln die Nase voll
und finden Las Palmas einfach toll.
Die Marina liegt nah bei der Stadt,
die, was man so braucht, auch hat.

Die Liegekosten sind erträglich
und die Palmeros meist verträglich.
Kurz gesagt, hier kann man bleiben
und sich die Zeit vertreiben.

Nun stellt sich mir die Frage,
was macht man hier so all die Tage.
denn etwas muß der Mensch ja tun,
er kann nicht Tag und Nacht nur ruhn.

Nein, das tut der Yachtie nicht,
dem, im Gegenteil, die Zeit gebricht,
um wieder mal in See zu stechen,
nein, er hat vieles zu besprechen.

Was ihn treibt mit Vehemenz,
ist seine soziale Kompetenz,
ständig sucht er seinesgleichen,
sein Segelwissen zu vergleichen.

Im Boot funktioniert so manches nicht,
ein großes Thema, das man bespricht,
im Cockpit bei Gintonic, Wein und Bier,
oft bis morgens Früh um Vier.

Auch hat man vieles schon erlebt,
was auf keine Kuhhaut geht,
wilde Stürme abgewettert,
Delfine aus dem Netz gerettet.

„In den Marinas dieser Welt,
spricht man von mir als Held,
der selbst Piraten widersteht
und jeder Hur den Kopf verdreht."

„Und damals als ein Hammerhai,
schlug mein Ruderblatt entzwei,
griff ich flugs zum Beile
und haut' das Vieh in Teile."

„Der Jan, der hatte ein' im Tee,
er fiel ins Meer und schrie: Juche!
Schon war der alte Schluckspecht weg,
Ihr glaubt es nicht, das war ein Schreck."

„Was ich gemacht, das ist verrückt
und ist nur wenigen geglückt,
mir ist das Ruderblatt gebrochen,
ich flickte es mit Haifischknochen."

„Mitten auf dem großen Teiche
trieb eine schöne Wasserleiche,
die hat die Augen aufgemacht,
mein Gott, was haben wir gelacht."

„Auf Antigua in der Karibik
wurd' ein schwarzer Zöllner kiebig,
ich beschwerte mich bei seinem Boss,
der ihn rief und dann erschoss."

„Wir segelten nach Haiti,
ich, der Klaus, die Gitti.
Der Klaus ging in den Puff,
Gitti ergab sich dem Suff."

„Die Wellen so hoch wie Berge,
wir waren dagegen nur Zwerge.
Das konnte Hans nicht hemmen,
er ging eine Runde schwimmen."

In den Cockpits wird bis in die Nacht
geflunkert, dass die Schwarte kracht,
doch keiner hört dem andern zu,
denn jeder weiß, der spinnt wie du.

Doch was jeden zutiefst bewegt,
ist das Boot am andern Steg:
„Schau dir bloß den Kübel an,
gehört Marek, der gar nichts kann."

„Er ist hoffnungslos versoffen,
sein Eheweib ist fortgeloffen.
Mit ihm ist Karin jetzt zugange,
wetten, das hält auch nicht lange.

Hans kam mit Karin angesegelt,
dann hat sie der José gevögelt,
Jenni fand den Hans sehr nett,
jetzt geht sie mit Piere ins Bett.

„Ja, die Karin diese Nutte
in ihrer ewig schwarzen Kutte,
sie ist ein superscharfer Feger
und spitz wie tausend Kongoneger."

„Hey du alter Affenarsch!"
Unterbricht ihn Helge barsch:
„Gewiß, die Karin ist ein Feger,
aber durch und durch integer."

„Mach dich an Sabine ran,
Sabine macht's mit jedem Mann,
egal ob Matrose oder Skipper,
jeder kriegt von ihr den Tripper.

„Ein jeder kennt Renee den Schuft,
kommt stets daher in weißer Kluft,
ein jeder weiß, er ist ein Schieber,
ein Ränkeschmied und Erzbetrüger."

„Hört endlich auf mit dem Renee,
allein sein Name tut mir weh,
seit ich ihn neulich sah am Pool,
weiß ich genau, der Kerl ist schwul."

„Schaut mal dort, bin ich denn jeck,
da kommt doch Karin mit Marek!?
Ihr glaub es nicht, wen ich noch seh,
das sind Sabine und Renee!"

„Hallo ihr Lieben ist das schön,
was eine Freude, euch zu sehn!
Kommt rauf zu uns auf ein Glas Bier,
Helge und Dirk sind auch schon hier."

Obwohl s`im Cockpit nicht gemütlich
tratscht und trinkt man unermüdlich
bis man lechts und rings verbechselt
und die Ulla mit dem Knut verwechselt.

♣

Tod der Kanzlerin

Der Tod der Kanzlerin hat sich tatsächlich zugetragen, das kannst du mir glauben, schließlich stand ich direkt hinter ihr, als sie mit der Stirn auf den Krautwickel klatschte und die Soße nach allen Seiten spritzte. Wer ihr die Giftkapsel da reingeschmuggelt hat, ist nie herausgekommen, und wenn, dann hätte man es unter den Teppich gekehrt. Am besten du vergißt alles, was dir über den Tod der Kanzlerin zu Ohren gekommen ist und hörst mir jetzt genau zu. Wie gesagt, ich war dabei. Genauer, ich war nicht nur dabei, sondern spielte sozusagen die Hauptrolle in der Tragödie, die sich am Ende als Groteske entpuppte.

Was ich dir jetzt erzähle, ist nicht nur meine Sichtweise, sondern die reine Wahrheit. Damit du die Zusammenhänge richtig verstehst, mußt du indes die Vorgeschichte kennen, doch die ist vielschichtig und nicht mit wenigen Worten erzählt. Ja, ich muß sogar so weit ausholen und meine Lebensgeschichte aufrollen. Das kostet Zeit und vor allem Geduld, mein Lieber, und falls du dich konzentrationsmäßig überfordert fühlst, sage mir bitte Bescheid, dann lege ich eine Pause ein und mache ein anderes Mal weiter. Es hat ja wirklich keinen Wert, wenn ich da rede und rede, während Du mit deinen Gedanken ganz wo anders bist und am Ende vielleicht einschläfst.

Fangen wir also an.

Wie du weißt, haben mich meine Mitschüler im Internat *Himbeergeist* genannt. Sie glaubten, ich könnte mich unsichtbar machen wie ein Geist. Die Himbeere hing mit meiner Akne zusammen. Zeitweise hatte ich eine Menge roter Pickel im Gesicht, die tatsächlich an Himbeeren erinnerten. Aber ganz so war es nicht. Ich bin genauso ein Mensch aus Fleisch und Blut wie du, wie könnte ich mich da unsichtbar machen. Wenn man mir schon Eigenschaften zuschreibt, wäre wohl unscheinbar treffender gewesen.

Eine geschwätzige Betreuerin hat mir unter dem Siegel der Verschwiegenheit erzählt, meine Mutter hätte damals von ihrer Schwangerschaft gar nichts gemerkt. Ihr Bauch sei zwar dicker geworden, das habe sie jedoch ihrem ewig guten Appetit und einer chronischen Verstopfung zugeschrieben. Jedenfalls habe sie mich nach einem vermeintlich besonders schweren Stuhlgang zufällig in der Kloschüssel entdeckt. Die zuckende Bewegung in dem blutigen Schleim, der kaum von geplatzten Hämorrhoiden herrühren konnte, sei ihr ziemlich merkwürdig vorgekommen. Zu meinem Glück, denn hätte sie gleich die Spüle gezogen - nicht auszudenken. In dem Falle wäre folgende Geschichte nie passiert und wir säßen hier auch nicht zusammen.

Du kannst von meiner Mutter halten, was du willst, aber sorglos war sie nicht. Im Gegenteil. Auf den ersten Schreck reagierte sie sehr besonnen. Sie fischte mich samt Nachgeburt aus der Kloschüssel, spülte uns im Waschbecken sorgfältig ab, wickelte das wabblige Zeug in ein wollenes Tuch und brachte das Bündel in die Notaufnahme des Kreiskrankenhauses. Die diensthabende Ärztin nahm meine Mutter zunächst nicht ernst und versuchte sie abzuwimmeln. Eine Schwester meinte sogar, für solche Fälle sei eher der Tierarzt zuständig. Aber sie kannten meine Mutter nicht. Die fing an zu heulen wie ein Klageweib und hörte nicht eher auf, bis die Ärztin das Geschrei nicht mehr aushielt, sich ihrer erbarmte und den Inhalt des Bündels näher betrachtete. Sie erkannte was Sache war und traf die richtige Entscheidung. Man säuberte und desinfizierte mich, die Plazenta landete im Mülleimer und ich im Brutkasten, wo ich wohl die beste Zeit meines Lebens verbrachte.

Als die diensthabende Schwester meine Mutter zur erfreulichen Fügung der Umstände beglückwünschen wollte, war sie verschwunden. Für immer.

Von den ersten drei Jahren meines Lebens sind nur Erinnerungsfetzen übrig, wobei ich nie ganz sicher bin, ob sie geträumt oder Wirklichkeit waren. Was sich freilich wie ein roter Faden durch den Nebel meiner Erinnerung zieht, ist die unsägliche Angst, irgendwo abgelegt und vergessen zu werden. Das passierte dann auch tatsächlich, und zwar nicht nur einmal.

Noch heute rast mein Herz, wenn ich mich in der Autobahnraststätte herumirren sehe auf der Suche nach meiner siebzehn Jahre älteren Adoptivschwester, die gesagt hatte, sie müsse mal aufs Örtchen und dann einfach nicht wiedergekommen ist. Mit kaum drei Jahren wußte ich natürlich weder Namen noch Anschrift meiner Pflegeeltern. Es wurde auch kein Kind als vermißt gemeldet, also brachte mich das Jugendamt im Waisenhaus der *Barmherzigen Schwestern* unter, wo das nächste Unglück passierte.

In dem düsteren Schlafsaal standen unzählige Betten, die Luft war zum Schneiden und es herrschte ein höllisches Geschrei. Ich hielt das nicht mehr aus, klemmte mein Kissen unter den Arm, drückte mich an zwei Schwestern und an der Pförtnerin vorbei und stahl mich hinaus in den Hof. Niemand hatte mich gesehen. Am nächsten Morgen, nach einer eiskalten Nacht, fand mich eine Küchenhilfe halb erfroren im Abfalldepot zwischen den Mülleimern. Sie wollte etwas in die Tonne werfen und wäre dabei fast über mich gestolpert. Du mußt dir vorstellen, kein Mensch hatte mich vermißt.

Ein paar Jahre später, jetzt in der Klosterschule, sperrte mich Schwester Gabriele ins 'schwarze Loch', eine düstere Kammer, in die man ungezogene Schüler steckte. Der Grund war folgender, ich sollte meinen Namen buchstabieren, weigerte mich aber, weil ich ihn nicht wußte. Im 'schwarzen Loch' saß ich dann bis nach Mitternacht. Dann hörte die Nachtwache mein Winseln und befreite mich. Schwester Gabriele hatte mich einfach vergessen. „Unerhört" ist fast geschmeichelt. Aber es geht weiter. Zum Abschluß der siebten Klasse gab es Zeugnisse. Die Lehrerin hieß die Schüler einzeln nach vorne kommen, sagte ein paar lobende oder aufmunternde Worte und drückte dem Schüler das Zeugnis in die Hand. Zum Schluss sangen wir noch ein Lied, dann wünschte sie uns schöne Ferien, und alle stürmten hinaus. Ich wartete bis der letzte draußen war, dann fragte ich die Lehrerin, warum ich kein Zeugnis bekäme.

- Wie, was, kein Zeugnis, unmöglich, alle haben ihr Zeugnis bekommen. Wie heißt du noch mal? Allein daß Schwester Magdalena, die immerhin ein Jahr lang meine Klassenlehrerin war, meinen Namen nicht wußte, fand ich ungeheuerlich. - Friedrich Schiller, antwortete ich. Schwester Magdalena fühlte sich auf den Arm genommen und warf mich hinaus. Ohne Zeugnis.

Eine ganze Reihe ähnlicher Vorfälle machte mir mein Schülerdasein zur Hölle. Aber der Mensch ist biegsam; ich gewöhnte mich daran.

Noch so ein Ding. Pass auf. Am Ende des zehnten Schuljahres machten wir eine Klassenfahrt nach Paris. Paris ist, wie man ja weiß, ein heißes Pflaster und für sechzehnjährige Jungs nicht ungefährlich, vor allem nachts. Die Begleiter beschworen uns, bis spätestens zweiundzwanzig Uhr wieder im Hotel zu sein. Zur Kontrolle führte der Pförtner eine Liste, in der er bei jedem die Uhrzeit seiner Rückkehr vermerkte. Auch ich meldete mich weisungsgemäß zurück - nur, das sah ich mit einem Blick, mein Name stand nicht auf der Liste.

- Wie heißt Du? fragte der Pförtner auf Französisch. Blitzschnell hatte ich gecheckt, hinter welchen Namen noch kein Häkchen stand.

- Moi je m'appelle Martin Huber, sagte ich ganz locker und deutete auf den Namen in der Liste. Der Pförtner brummelte etwas vor sich hin, setzte die Uhrzeit hinter Martin Huber und machte ein Häkchen.

Diese kleine Schummelei war nicht nur nicht aufgefallen, sondern schien sogar völlig überflüssig gewesen zu sein, denn am folgenden Abend meldete ich mich nicht zurück - und keinen hat's gestört.

Am Tag darauf, ich meine am übernächsten Tag, hatte ich mich total verlaufen und irrte durch halb Paris. Das Hotel erreichte ich erst gegen elf Uhr vormittags. Doch die Klasse war bereits abgereist. Nicht einmal eine Notiz hatten sie mir hinterlassen.

Weshalb? Diese Frage habe ich mir zu der Zeit bereits nicht mehr gestellt. Ich trug die Sache mit Fassung, wußte aber nicht, wie ich jetzt nach Hause kommen sollte. Ich hatte gerade mal 35 Euro in der Tasche. Das hätte nicht weit gereicht, und etwas essen mußte ich ja auch.

Im Bahnhof Gare de l'Est stand gerade ein TGV abfahrtsbereit nach S. Mit gemischten Gefühlen setzte ich mich in die 1. Klasse ans Fenster. Wenn jetzt der Schaffner kommt, was dann? Klar, ich würde ihm meine Notlage erklären, vielleicht zeigt er Verständnis und läßt mich wenigstens bis zur nächsten Station mitfahren. Vielleicht übersieht er mich auch, sagte ich mir. Nach meinen jüngsten Erfahrungen war das nicht ausgeschlossen. Trotzdem fühlte ich mich sehr unwohl in meiner Haut.

Dann erschien sie, eine ziemlich junge Kontrolleurin, sehr hübsch, aber sie schenkte mir nicht einmal ein Lächeln. Test bestanden! jubelte es in mir, einerseits, andererseits fühlte ich mich verletzt, weil die schöne Frau keinerlei Notiz von mir genommen hatte. Und so schlecht sah ich mit meinen 17 Jahren wirklich nicht aus. Dabei heißt es doch, gerade Frauen so Mitte Dreißig würden gerne mal einem gut gewachsenen jungen Mann nicht nur einen kessen Blick zuwerfen.

Ich versuchte den Gedanken zu verdrängen, schließlich zählte in meiner augenblicklichen Lage nur der Erfolg, und der war eindeutig. Sie hatte mich wirklich übersehen.

Die Erfolgssträhne hielt dann auch an. Bis S. musste ich fünfmal umsteigen. In jedem Zug tauchte früher oder später ein Kontrolleur auf; keiner fragte nach meinem Fahrausweis.

Wie gesagt, fünf Mal mußte ich umsteigen. Die Fahrt nach S. war umständlich und überaus ermüdend. Kurz nach Mitternacht landete ich in einem schmutzigen Warteraum. Wo das war, ist mir entfallen. Mein Anschlusszug fuhr laut Fahrplan kurz nach fünf Uhr morgens ab. Kaum saß ich, pöbelte mich ein nach Fusel stinkender alter Mann an; er wollte, dass ich ihn auf meinen Sitzplatz lasse. Jeden Abend ab Mitternacht würde er genau da sein Nachtlager aufschlagen, das wisse selbst die Bahndirektion. Und wenn ich nicht auf der Stelle... Um des lieben Friedens Willen verzog ich mich auf einen freien Sitzplatz in der hintersten Ecke. Ich war hundemüde und wollte wenigstens für eine halbe Stunde die Augen schließen. Aber man ließ mir keine Ruhe. Bereits während ich meinen neuen Sitzplatz ansteuerte, fiel mir die total überschminkte Frau gegenüber auf. Sie beobachtete mich. Gerade machte ich es mir bequem, da stand sie auf, schwankte zu mir her und blieb unmittelbar vor mir stehen. Ehe ich mich versah, stützte sie beide Hände auf meine Knie und stierte mich mit Blut unterlaufenen Augen an. Was für ein Anblick, du glaubst es nicht. Eine völlig verlebte Visage. Ihr säuerlicher Atem schlug mir ins Gesicht:

- Süßer, ich muß mal. Haste etwas Klogeld für mich? Kannste auch mitkommen, wenn de willst. Dabei grinste sie derart gemein, mir wurde fast schlecht. Durch die unmittelbare Nähe dieses widerlichen Weibsstücks fühlte ich mich aufs äußerste bedroht, Panik stieg in mir auf, war dennoch wie gelähmt und zu keiner normalen Reaktion fähig. Schließlich schubste ich sie weg von mir. Wortlos, die Augen entsetzt aufgerissen, kippte sie zur Seite und fiel auf den Boden, wo sie einen Moment regungslos liegen blieb. - Sie ist tot! schoß es mir durch den Kopf.

Der Gedanke hatte sich indes noch nicht gefestigt, da erfüllte den Wartesaal ein wüster Schrei: »Drecksau!«, was selbst den alten Mann aus seinem Schnapskoma riß und senkrecht auf die Beine stellte.

In dem Moment betrat den Warteraum eine Streife der Bahnpolizei. Die beiden Beamten sahen die auf dem Boden liegende Frau und kamen sofort zu uns her. - Was ist denn hier los, fragte einer.

- Das Schwein hat mich niedergeschlagen, zischte die Frau und zeigte auf mich.

Ich wollte auf der Stelle im Fußboden versinken.

Beide Beamten schauten zu mir her, irgendwie durch mich durch, dann fragte der eine, wen sie denn nun meine. Sie rappelte sich geräuschvoll hoch und stand nun da mit offenem Mund und wirrem Haar, die Augen fielen ihr fast aus dem Kopf.

- Weg, die Sau, einfach abgehauen! schrie sie.

Mir ist sofort klar geworden, was hier vor sich ging: mein neuronales System - ich nenn das jetzt einfach so - hatte in den Transparentmodus geschaltet. Ich schnappte meine Tasche und verließ den Warteraum. Niemand folgte mir.

Nochmal jut jejangen, sagt der Kölner. Aber weshalb war ich ausgerechnet in diesem verdreckten Wartesaal einmal transparent, dann wieder nicht? Ich stand vor einem Rätsel.

Im Wohnheim hatten sie mich tatsächlich nicht vermißt. Nur Martin, der das Zimmer mit mir teilte, fragte beiläufig, wo ich die ganze Zeit gesteckt habe.

- Wieso, warum fragst du, habe ich dir gefehlt? - Wie komme ich dazu, gab er zurück, war nur eine Frage. Damit war die Sache erledigt.

*

Drei Jahre gingen ins Land; zu meiner Genugtuung darf ich sagen, ich habe die Zeit genutzt. Zwar weniger mit Lernen, als ... sagen wir mit Fingerübungen für eine Tätigkeit, die mein Talent, absolut nicht aufzufallen, besonders begünstigte. Treffender gesagt, ich habe gestohlen wie eine Elster. In Kaufhäusern, Supermärkten, Baumärkten, ja überhaupt in allen Läden, die leicht bewegliche Sachen zum Kauf anboten, ging ich ein und aus, bediente mich nach Herzenslust und schleppte nach Hause, was mir gefiel - und Gewinn versprach.

Gewinn deshalb, weil ich mein Diebesgut verkaufte und mit dem Erlös die Annehmlichkeiten meines Daseins finanzierte.

Zugegeben, mir ging es ohnehin nicht schlecht, ich wohnte in einer WG im Wohnheim des Klosters, hatte ein Dach über dem Kopf und täglich eine warme Mahlzeit. Die Kleidung wurde uns Klosterschülern von der Schwester Oberin persönlich zugeteilt. Klamotten aus der Kleiderspende, in der Regel viel zu groß und modisch gesehen eine Katastrophe. Hosen mit Schlag und meistens zu lang; zwei, drei Nummern zu große Pullover, die an einem hingen wie Lumpensäcke. Von den Schuhen ganz zu schweigen. Ausgelatschte Schlappen, von absolut resistenten Fußpilzkolonien durchseucht. Genau genommen durfte man mit solchen Klamotten nicht auf die Straße, ohne sich lächerlich zu machen. Dank meiner Begabung hatte ich damit weniger Probleme. Zugegeben, ich war ausgesprochen eitel, pflegte meine

Hände, feilte mir mit Hingabe die Fingernägel, ging regelmäßig zum Friseur und legte Wert auf gute Kleidung.

Genau, darauf lege ich immer noch wert. Aber damals waren einfach Grenzen gesetzt, was glaubst du, zumal eine gepflegte Erscheinung in dem grauen Alltagshaufen regelrecht herausstach. Aber auffallen durfte ich eben nicht. Das wäre nicht nur meiner Natur zuwidergelaufen, sondern hätte obendrein meinen Geschäften geschadet. Ich musste mich wirklich voll zurücknehmen. Die unauffälligsten Farbtöne schienen mir beige und erdfarben. Also entschied ich, nur noch Kleidung in jener Farbmelange zu tragen. Also Hemd, Jacke, Hose, Schuhe, Mütze, alles beige/erdfarben. Damit lag ich übrigens voll im Trend. Man sah ja schon damals immer mehr Senioren und Seniorinnen, die in dieser unauffällig beige-erdigen Kombination ganze Städte einfärbten. Warum gerade beige-erdfarben? Hast du eine Erklärung? Na ja, vielleicht aus Todessehnsucht oder wegen des stillen Wunsches, schon zu Lebzeiten im großen Haufen zu verschwinden oder sich mit den Mitsenioren quasi zu verschmelzen, um ja nicht als Einzelwesen, sprich alter Depp, mit all den Knitterfalten und Altersflecken den Leuten ins Auge zu fallen.

Die paar Klassenkameraden, die sich gelegentlich an mich wandten, hielten mich für uncool, spießig und langweilig, obgleich gerade sie von meiner Langweiligkeit profitierten. Wie sonst wären sie so günstig zu all dem Schnickschnack gekommen, den ich ihnen quasi auf Bestellung organisierte? Handys, flippige Sonnenbrillen, Schweizer Taschenmesser, Coffe-to-go-Becher, die neuste CD der *Fotzen* oder ein T-Shirt mit der Aufschrift *mein Arsch gehört mir*.

Muß schon sagen, die Geschäfte liefen glänzend. Den Bedarf meiner Schulkameraden (Kameradinnen gab es in diesem katholisch verklemmten Gemäuer noch nicht) an Klamotten und dem üblichen Tinnef konnte ich kaum decken.

H&M gab zwar reichlich her, doch die Diebstahlsicherungen wurden immer raffinierter, kleiner, teilweise im Scannerstreifen versteckt, und das Personal ließ sich auch nicht mehr so leicht hinters Licht führen. Einmal hätten sie mich ums Haar erwischt; mein lieber Mann, das war knapp.

An diesem Tag ging es mir gar nicht gut. Ich hatte Zahnschmerzen. Meine rechte Wange war geschwollen. Tief im Backenzahn ein heftiges Pochen, als wollte der Zahn sagen: nun laß mich endlich ziehen! Am Tag darauf hatte ich einen Termin beim Zahnarzt. Außerdem war ich hundemüde und unfähig, selbst den einfachsten Gedanken zu fassen. Das sage ich deshalb, weil ich mittlerweile sicher weiß, daß Müdigkeit und die damit verbundene Konzentrationsschwäche meine Sichtbarkeit fördert. Kommt Schmerz hinzu, falle ich regelrecht auf und werde plötzlich von Leuten angesprochen, die ich gar nicht kenne. Allein ein schmerzhafter Rippenstoß, oder wenn mir jemand auf die Füße tritt, setzt mich schlagartig ins Licht. Jetzt weißt du auch, warum ich Menschenansammlungen meide.

Einmal hatte ich vier T-Shirt übereinander angezogen und über meine Hose zwei Jeans. Das mußt du dir mal vorstellen. Die reinste Rollwurst. In den Taschen der Jeans steckten zusätzlich zwei Paar billige Ohrringe und das Imitat einer Perlenkette. Auf dem Kopf ein Panamahut, den ich mir lässig ins Gesicht drückte, am Arm trug ich zwei Damenhandtaschen. Der hohle Backenzahn schlug gewissermaßen den Takt zu meinen Schritten, die ich auf den kürzesten Weg zum Ausgang der H&M-Filiale lenkte. Wie üblich fing das Langfingersignal an zu kreischen. Gewöhnlich achtete ich nicht darauf und tauchte einfach in der Menge unter. Für den Kaufhausdetektiv, der sich jedes Mal aufspielte, als sei ein Massenmörder am Werk, hatte ich mich sozusagen in Luft aufgelöst. Verärgert sprach er noch diesen und jenen Passanten an, bis er aufgab, seinen Platz im Eingangsbereich bezog, wieder so tat als habe er alles im Blick - und insgeheim um seinen Job fürchtete.

Dagegen hätte er mich diesmal beinah ertappt. Wie von der Tarantel gestochen schoß er aus dem Kaufhaus, schaute auf der Straße um sich, sah mich und jagte sofort hinter mir her. Er hatte keine Chance. Ich war Klassenbester im Hundertmeterlauf, also bestens trainiert. Aber drei Hosen und vier T-Shirt! Das macht den schnellsten Läufer zur Schnecke. Die Handtasche ließ ich einfach fallen, den Panamahut wehte der Wind davon. Mein Verfolger kam immer dichter auf, das spürte ich und rannte einfach bei Rot über die Straße. Gehupe, Reifen quietschten, aber ich hatte Glück. Hinter mir ein schepperndes Geräusch, ein Schlag oder so, ich rannte weiter, entdeckte den Zugang zur Tiefgarage und tauchte ab. Das war knapp, mein lieber Herr Gesangsverein.

Ich wurstelte mich aus den Klamotten, hängte die Talmikette über eine Autoantenne und steckte die Ohrringe in den Schlitz eines Wagenfensters. Auf ein paar Umwegen erreichte ich schließlich das Internat.

Am folgenden Tag berichtete das Lokalblatt über einen Verkehrsunfall, wo ein Fußgänger, der bei Rot die Straße überqueren wollte, von einem Pkw erfasst wurde und mit einem Trümmerbruch und Gehirntrauma in die Notaufnahme des Margeritenhospitals eingeliefert werden mußte.

Der Mann tat mir aufrichtig leid, keine Frage, aber niemand hat ihn wirklich gezwungen, hinter mir herzulaufen.

Aus diesem Vorfall zog ich eine Lehre und achtete von da an penibel auf meine gesamtkörperliche Verfassung, ehe ich einen neuen Fischzug startete.

Die Gottesgabe, wenn ich das mal so sagen darf, mich mit einem Menschenhaufen aber auch mit dem Interieur, den Wänden oder dem Hintergrund eines Raumes gleichsam zu verschmelzen, war wirklich eine Gnade. Dazu gehörte auch meine äußere Erscheinung, die so unauffällig war, daß sich die meisten Menschen, mit denen ich zu tun hatte, bei der nächsten Begegnung nicht mehr an mich erinnerten. Selbst Lehrer, bei denen ich jahrelang auf der Schulbank saß, nahmen auf der Straße keinerlei Notiz von mir. Einmal in der Fußgängerzone, da begegnete mir Frau Stucki, meine Biologielehrerin. Sie schaute regelrecht durch mich hindurch. Stell dir das mal vor! Frontal trat ich vor sie hin und sagte: - Guten Tag, Frau Stucki. Dabei schaute ich ihr freundlich in die Augen. Sie zögerte einen Moment, schien kurz in ihrer Erinnerung zu kramen und fragte: - Kennen wir uns? - Aber ja,

Oberprima, ganz hinten links! Sie musterte mich skeptisch und sagte: - Tut mir leid, da haben Sie sich wohl geirrt, und ging weiter.

Solche Momente muß man zuerst mal verkraften, das kann ich dir sagen. Und es brauchte tatsächlich Jahre, bis ich so viel Selbstbewußtsein entwickelt hatte, daß ich die Ignoranz meiner Mitmenschen nicht mehr als demütigend empfand, sondern eher als Vorteil begriff.

Ich war tatsächlich so frech und tauchte zwei Tage nach dem Autounfall des Detektivs wieder im H&M auf, streunte ziellos durchs Haus und wußte im Grunde nicht, was ich hier eigentlich wollte. Zum Klauen spürte ich nicht die geringste Lust, ja der ganze Laden mit seinen billigen Klamotten widerte mich an. Im übrigen fand ich Ladendiebstahl auf einmal primitiv. Verschleudert man so seine Talente? Innerhalb weniger Wochen wechselte ich die Branche und stieg ins Drogengeschäft ein.

Genau, da war ja noch die Schule. Aber die war jetzt Gott sei Dank vorbei. Zu meiner Überraschung hatten sie mir am Ende zum Abitur gratuliert. Ich dachte schon, die Schulleitung hätte mich vergessen. Wie ich zu dieser Ehre kam, ist mir unbegreiflich, zumal ich während der letzten zwei Schuljahre weder an einer Klassenarbeit noch an einem Test teilgenommen hatte. Etwas muß da schief gelaufen sein. Zu meinen Gunsten, wohlgemerkt. Bei der Abschlußfeier zeigte die Schulleitung jedenfalls keine Blöße und erwies sich bei der Übergabe meiner Urkunde als sehr flexibel. Als ich an die Reihe kam, gab es eine Irritation. Der Direktor posaunte mit großem Pathos den Namen des mir im Alphabet nachfolgenden Klassenkameraden ins Auditorium und gratulierte mir dann händeschüttelnd und schulterklopfend zum drittbesten Abitur des Jahrgangs. Das mußt du dir mal vorstellen! Seine Sekretärin, die dem Direktor die Urkunden zureichte, flüsterte ihm sofort etwas ins Ohr. Kurz stutzte er, schaute ratlos ins Publikum, kriegte sich wieder und bat um Entschuldigung, die Papiere seien durcheinander geraten. Die Sekretärin durchwühlte hektisch die Urkunden, der Direktor bat um etwas Geduld, die Sekretärin eilte hinaus, im Saal entstand Unruhe, die wartenden Maturanden warfen mir giftige Blicke zu, der Direktor bat noch einmal um ein paar Sekunden Geduld, selber schon sehr ungeduldig, die Sekretärin rauschte wieder herein mit einem Blatt Papier, das sie dem Direktor in die Hand drückte und dabei sehr ernst mit ihm tuschelte. Momentan schien er verlegen, doch dann ging ein Leuchten über sein Gesicht, als habe ihm sein Schutzengel den rettenden Gedanken eingeflüstert. Mit ausholender Geste bat er das Publikum nochmal um Verzeihung. Im Sekretariat sei etwas durcheinandergeraten, könne schon mal vorkommen, bei der unendlich vielseitigen Arbeit, die das Sekretariat nun mal zu bewältigen habe, besonders danke er Frau Schwanger, der Mutter der Kompanie, he he, ohne die unsere Schule in alle den Verwaltungsaufgaben schon längst stecken geblieben wäre, auch jetzt habe sich wieder gezeigt, wie ein fleißiger Geist mit ordnender Hand ... Hier begann der Direktor zu faseln, was er immer tat, wenn er nicht wußte, was er eigentlich sagen wollte.

Er schaute noch mal auf seinen Zettel, dann auf mich und sagte gleisnerisch: - Besonders Sie, lieber Hans Hitler, äh Hittel, will sagen, Sie lieber Albert Hüttl haben gezeigt, wie ein junger Mensch im Stillen wirkt und trotzdem der Welt zeigt, was in ihm steckt. Michael, äh Hans, ich bin stolz auf Dich und gratuliere Dir von ganzem Herzen zu Deiner mustergültigen Leistung, die Dir so schnell keiner nachmacht. Mit dieser Eloge drückte er mir ein Zeugnis in die Hand, in dem lauter Vierer standen.

Was sollte ich dazu sagen? Ich war überglücklich. Das Abitur hatte ich in der Tasche, alle Türen standen mir offen, mehr brauchte es wirklich nicht. Dem Direktor schüttelte ich kräftig die Hand und machte sogar einen Diener, der etwas daneben ging. Jens, ein besonders dämlicher Mitschüler, konnte einen Lacher nicht verkneifen.

So, mein Lieber, jetzt habe ich mir fast den Mund fusslig geredet und brauche dringend eine Pause. Eine Runde um den Block wird mir guttun.

*

Wo waren wir stehen geblieben? Ach so, das Ende meiner Schulzeit. Nun galt ich ja als volljährig; das Kloster hatte seine Schuldigkeit getan und entließ mich in den harten Lebenskampf. Die Äbtissin legte mir nahe, den nun mal vorgegebenen Weg auf eigenen Füßen weiterzugehen. (blieb mir was anderes übrig?) Was meine geistigen Fähigkeiten beträfe, würde sie mir dringend raten, ein solides Handwerk zu erlernen. Anstreicher, Tischler, Friseur oder Bademeister, da gäbe es tausend Möglichkeiten. Auf keinen Fall Metzger, dazu sei ich zu zart besaitet. Bei einem hiesigen Friseurmeister hätten sie mich bereits avisiert. Ich nahm die Lehrstelle an - gleichsam zur Tarnung. Denn niemand wußte, dass ich mich inzwischen zum erfolgreichsten Kokaindealer der Stadt hochgearbeitet hatte. Wenn schon Drogen, hatte ich entschieden, kam nur Kokain in Frage. Die Droge der Schönen und Reichen. Geld spielt in diesen Kreisen keine Rolle, man hat es einfach, und die Ware wird in der Regel bar auf die Hand bezahlt. Kam ein Kunde dennoch in Verzug, machte ich ihn gleich auf eine 'Kleinigkeit' aufmerksam, die mir zugetragen worden sei, und es wäre bestimmt nicht in seinem Interesse, wenn man die Sache an die große Glocke hängen würde. Schließlich hatte jeder irgendwie und irgendwo Dreck am Stecken, ich mußte nur die Augen offen halten. Genau hier lag das Geheimnis meines Erfolges. Dank meines Talents, mich nahezu überall einzuschmelzen, ohne wirklich aufzufallen, war es mir ein Leichtes, meine Kunden zu observieren und Unregelmäßigkeiten Ihrer Lebensführung zu registrieren. So führte ich über jeden Kunden eine Art Sündenregister. Und du glaubt es nicht, was da alles zusammenkam. Ehebruch, Ladendiebstahl, Betrügereien, mutwillige Sachbeschädigung und andere Gemeinheiten, Nötigung, Verleumdung, Fahrerflucht, Autofahren im Vollrausch oder bekifft bis zur Bewußtlosigkeit. Aber auch Körperverletzung, Vergewaltigung, Kindesmißbrauch und so weiter, einfach alles, zu dem Menschen fähig sind. Irgendein amouröses Techtelmechtel hatte jeder am Laufen, seis zur Frau des besten Freundes oder zum Mann der besten Freundin. Da machten auch die Schwulen und Lesben keine Ausnahme.

Was ich dir jetzt sage, war schon immer eine wirksame Masche, einen Mann zu erpressen oder seinen Ruf nachhaltig zu schädigen. Ganz einfach, du suchst eine Frau, die für ein gewisses Honorar bereit ist, den ehrenwerten Herrn X bei der Polizei anzuzeigen, weil der ein geiler Hund und sie mit eindeutiger Absicht in den Hintern gekniffen habe. Das nennt man sexuelle Belästigung, da urteilen die Gerichte streng. Die Behauptung einer Vergewaltigung sprengt natürlich alles. Das Gegenteil könntest du sowieso nicht beweisen. Allein wenn man dir so etwas Verwerfliches andichtet, hättest du schlechte Karten. Du würdest deines Lebens nicht mehr froh und könntest eigentlich gleich den Strick nehmen.

Mit genau dieser Masche konfrontierte ich den Landrat Dr. Wiesle. Der Landrat war zwar ein guter Abnehmer, aber ein schlechter Zahler. Mit ganzen 1037,50 EURO stand er bei mir in der Kreide. Mehrere Male versuchte ich ihn anzurufen, dienstlich wie privat, aber er ließ sich jedes Mal verleugnen. Eines Morgens paßte ich ihn vor dem Landratsamt ab, wobei sich folgender Dialog entwickelte:

- Guten Morgen, Herr Landrat.

- Hallo, kennen wir uns?

- Aber sicher, Herr Landrat, ich bin der Schneehändler, dem Sie noch ein paar Scheinchen schulden. Ich denke, sie erinnern sich.

- Was behaupten Sie da? Freundchen, wir sind uns nie begegnet!

- Macht ja nichts Herr Landrat, aber Sie erinnern sich bestimmt an Sabine, der sie in der Sauna an die Wäsche wollten. Oder?

- Auf der Stelle, verschwinden Sie, oder ich rufe die Polizei.

Schon griff er nach seinem Smartphone und begann eine Nummer zu wählen.

- Langsam Herr Landrat, Sabine ist meine Schwester. Seit Tagen heult und jammert sie ohne Ende. Diese Schande, damit kann ich nicht leben, ich bring mich um! Aber Sie ist wild entschlossen, Sie, Herr Landrat, vorher noch vor den Kadi zu bringen, und zwar wegen versuchter Vergewaltigung. Aber hallo!

- Was, wie, wollen Sie mich erpressen?

- Keinesfalls, Herr Landrat, Sabine möchte nur, dass Sie ihr ein kleines Schmerzensgeld bezahlen, sie denkt so an 1037,50 EURO bar auf die Hand. Heute Abend gegen 19:00 Uhr am Rosensteg. Könnten wir das einrichten?

Dr. Wiesle stand da wie vom Schlag getroffen, kreidebleich, den Mund halb offen. Aber er nickte verhalten, was ich als Zustimmung verstand. Und tatsächlich, zur verabredeten Zeit war er an Ort und Stelle und bezahlte auf den Cent genau.

- Hol dich der Teufel! sagte er zum Abschied. Dennoch blieb er ein guter Kunde.

Jetzt kommt der Friseursalon ins Spiel. Er wurde praktisch zum Dreh- und Angelpunkt meiner Drogengeschäfte. Friseurmeister Welle bekam nichts davon mit. Mit meiner Arbeit war er nicht unbedingt zufrieden, denn ehrlich gesagt, ich stellte mich wirklich sehr ungeschickt an. Einmal stellte ich den Temperaturregler einer Trockenhaube auf 85 Grad ein, und du glaubst es nicht, welch schrilles Geschrei kurz darauf den Laden erfüllte. Zum Glück ist nichts passiert, doch um das verschreckte Muttchen weiterhin als Kundin zu behalten, entschuldigte sich Herr Welle tausend Mal und berechnete ihr für die Dauerwelle nur den halben Preis. Natürlich verpasste er mir einen Rüffel. Aber er zügelte sich und vermied sehr bewußt, mich zu kränken und gegen sich einzunehmen. Ihm dürfte bestimmt nicht entgangen sein, wie sein Friseurladen seit meiner Einstellung so richtig in Schwung kam, sich der Umsatz verdoppelte, und schließlich das Geschäft im wahrsten Sinne des Wortes brummte. Die gesamte Hautevolee der Stadt ließ sich bei Meister Welle frisieren. Ja man ging zu Welle, wohin denn sonst. Daß der eigentliche Grund dieser Hausse in der Abwicklung meiner Geschäfte lag, hat der gute Welle nie gespannt.

Nein, ich war nicht der einzige Angestellte, da gab es noch die Gehilfin Karin. Ein ausgekochtes Miststück, sicher, aber für meinen Handel unverzichtbar. Karin war genau der Typ Frau, den man einen heißen Feger nennt. Aufgepeppt bis zum geht nicht mehr, mit Nasenring und Zungenpiercing, immer ein lockeres Wort auf den Lippen und scharf wie eine Streitaxt. Schon am Abend nach dem dritten Tag meiner Friseurkarriere lud sie mich zu sich nach Hause ein - sie wollte einfach mal mit mir reden, unter vier Augen. Sie empfing mich mit geöffnetem Bademantel, aus dem ihre Birnenbrüste keck herausbaumelten. Wenig später verlor ich meine Unschuld. Kam dann aber ordentlich in Fahrt und vögelte sie, bis sie um eine Zigarettenpause bettelte. Zum Abschied hat sie mir dann noch einen geblasen. Ich kann dir nur sagen, so ein Zungenpiercing bringt schon was.

In dieser heißen Nacht kam mir dann auch die Idee, Karin in meiner kleinen Firma anzustellen, gleichsam als Mittlerin. Ihre Aufgabe war lediglich, die Bestellungen anzunehmen sowie Ort und Zeitpunkt der Übergaben festzulegen. Der Ablauf erfolgte sehr diskret und zügig mittels kleiner Zettelchen, die man sich zum Beispiel während eines Haarschnitts unter der Hand zusteckte. Eigentlich hätte ich das auch selber machen können, denn wie gesagt, kein Mensch hätte mich am Ort der Transaktion als den Lehrling des Meisters Welle wieder erkannt. Aber ich wollte auf Nummer sicher gehen. Außerdem stellte sich Karin überaus geschickt an, ich hätte es kaum besser gekonnt. Natürlich kriegte sie Geld von mir, und zwar nicht wenig. Bereits nach zwei Monaten kam sie mit einem flotten Mini-Cabrio vorgefahren. Da hättest du Meister Welles Gesicht sehen sollen. Bauklötze staunte er.

Jetzt pass auf. Eines Morgens, Meister Welle hatte eben die Ladentür aufgeschlossen, stürmte ein Sondereinsatzkommando den Friseurladen und nahmen ihn gründlich auseinander. Der völlig verstörte Meister Welle, Karin und ich wurden unsanft an die Wand gedrückt und abgetastet. Karin mußte dann noch mit einer Beamtin ins Kunden-WC.

Ein reiner Flop; die Aktion hätte man sich ersparen können. Obwohl die Polizei Meister Welle und seinem Team keine Unregelmäßigkeiten nachweisen konnte, entwickelte die Lokalpresse völlig hirnrissige Szenarien. Sie verstieg sich sogar zur Vermutung, Meister Welles biederer Friseursalon sei eine Drehscheibe des internationalen Drogenhandels gewesen. Damit war natürlich Welles Ruf ruiniert und sein Friseurgeschäft erledigt. Um sich einigermaßen über Wasser zu halten, ondulierte, frisierte, schnitt und betonierte er Dauerwellen nur noch bei ausgewählten Damen vom Seniorenstift. Meister Welle hat übrigens nie erfahren, wer an seinem Unglück wirklich schuld war. Im Grunde tut er mir noch heute leid.

Karin sattelte auf Masseurin um, spezialisierte sich auf Prostatamassage und machte sich selbstständig. Ihr Geschäft floriere überraschend gut, sagte sie mir kürzlich am Telefon, sie habe sogar zwei Mitarbeiterinnen eingestellt.

Du hast es ja mitbekommen, wie ich die Stadt quasi fluchtartig verließ und in M. eine 150 Quadratmeter Maisonettewohnung bezog. Ohne mich groß zu loben, darf ich sagen, mit meinen 23 Jährchen hatte ich schon viel erreicht, hatte in relativ kurzer Zeit so viel Kohle gescheffelt, dass ich mir für die nächsten fünf Jahre über Geld und so keine Sorgen machen mußte.

Einen Wermutstropfen gab es freilich. Mein Koksgrossist zeigte für meinen Ausstieg absolut kein Verständnis. Es seien noch mehrere Rechnungen offen, ließ er mich wissen, und zwar zu seinen Gunsten. Doch wie ich den Gauner kannte, läßt der nicht locker und greift nötigenfalls zu Gewaltmitteln, um seine Außenstände einzutreiben. Ob ich mir deshalb Sorgen machte? Aber klar doch, immerhin schuldete ich dem Ganoven etwa eine Million Schweizer Franken! Was mich freilich beruhigte, war die Tatsache, dass sich kaum jemand an mein Aussehen erinnerte. Dennoch baute ich meine Wohnung zum Hochsicherheitstrakt aus.

*

Totaler Neubeginn in M., das hatte ich mir fest vorgenommen.

Schluß mit dem Schlendrian, vorbei die halbseidenen Geschäfte. Jetzt wird das Dasein in die Hand genommen und ordentlich was daraus gemacht. Mein fester Entschluß. Indes leichter gesagt als getan, zumal ich gar nicht wußte, was ich überhaupt machen wollte. Ein Studium, vielleicht BWL oder Jura? Das gäbe mir jedenfalls die Möglichkeit, mich aus rechtlichen Schwierigkeiten selber herauszuhauen. Bauingenieur wäre auch nicht schlecht, mit der Zusatzqualifikation Pyrotechnik. Da könnte ich reihenweise Bausünden wegsprengen. Lehrer? Ausgeschlossen. Was kümmert mich die Brut anderer Leute, und Kindergeschrei kann ich nicht ausstehen. Eine Stellung in der Staatsverwaltung, als Beamter mit Pension und so, etwa beim Finanzamt? Ganz und gar nicht mein Ding, da würde ich umkommen vor Langeweile. Oder ein anständiges Handwerk? Den Friseur habe ich ja schon abgehakt. In Gedanken spielte ich alle Handwerksberufe durch, die ich kannte. Aushilfskellner, Berufssegler, Dachdecker, Gärtner, General, Hüttenwirt, Herzschrittmacher, Masseur, Leichenwäscher, Tankwart, Steward, Facility-Manager, Security, Straßenfeger, Zahnklempner. Alles roch irgendwie nach Arbeit. Nichts für mich, das konnte ich meinen zarten Händen keinesfalls zumuten. Post, Polizei, Bundeswehr, Geheimdienst? Ja, Geheimdienst. Meine Begabung, mich in die Umgebung einzuschmelzen, wäre dafür ideal. Aber wie kommt man zum Geheimdienst? --> Google nachschauen, schrieb ich in mein Notizbuch.

Zum Glück stand ich nicht unter Existenzdruck, ich hatte genügend Zeit, alles in Ruhe zu überlegen. Mir war indes klar, daß der Zug der Zeit niemals stehen bleibt. Er fährt einfach weiter, und ehe du dich versiehst, bist du ein alter Mann und wackelst mit dem Kopf. Ein schrecklicher Gedanke. Schon deshalb wollte ich nicht länger warten. Ich mußte meinem Leben eine Richtung geben. Und was lag näher, als an meiner Unscheinbarkeit zu arbeiten, an diesem Göttergeschenk, das nur auserwählte Menschen in die Wiege gelegt bekommen. Schon aus Dankbarkeit fühlte ich mich verpflichtet, diese Gottesgabe in besonderer Weise zu pflegen, auszubauen, zu entwickeln, das Beste daraus zu machen. Aber wie macht man aus einer Sache das Beste? Überleg doch mal. Ganz einfach, indem du sie zur Kunst erhebst! So kam mir die Idee, nicht nur meine Gabe, sondern mein gesamtes Leben als Kunstwerk zu gestalten. Jetzt galt es nur noch die Frage zu klären, wie man so etwas macht. Bei Google gab ich *Kunstwerk Leben* ein. Es erschienen über fünfzehntausend Einträge. Wenige davon las ich, keiner half mir wirklich weiter. Auch Wikipedia gab nichts her. Ich recherchierte weiter und stieß zufällig auf zwei Tätigkeiten, die wohl eher Künste sind. Ich meine Künste, in denen das Zeug steckt, meine natürliche Begabung auszubauen. Rate mal, von welchen Künsten ich spreche! Okay, darauf muß man erst mal kommen, ich meine nämlich Meisterdieb und Zauberkünstler. Jetzt schrei bloß nicht auf; ich will dir alles erklären.

Weißt du, mit den Kenntnissen eines Zauberers, kombiniert mit der Fertigkeit eines Meisterdiebes, wollte ich meiner eigenen Kunst gleichsam die Krone aufsetzen. Die Idee beflügelte mich regelrecht. Ich sah mich bereits als Varietékünstler, der Karnickel aus dem Hut zaubert und nebenbei einer Dame das Höschen über den Hintern streift und dem staunenden Publikum als Trophäe präsentiert. Das Gequieke kannst du dir vorstellen, vor allem wenn das Höschen Gebrauchsspuren zeigt, he, he. Inzwischen löse ich mich so weit auf, dass nur meine Umrisse sichtbar sind, erscheine kurz darauf am anderen Ende des Saales wieder, durchschwebe ihn mit leicht federnden Schritten, tänzel zurück auf die Bühne und frage das Publikum, ob vielleicht eine Dame im Saal nämliches Kleidungsstück vermisse. Verschämt versuchen alle, ihr Höschen zu erspüren - und werden fündig. Alle ohne Ausnahme! Denn das Höschen bedeckt bereits wieder den ihm wohl vertrauten Hintern. Wäre das nicht eine heiße Nummer?

Also Begeisterungsstürme sehen anders aus. Wie auch immer, mein Plan stand fest, nur wußte ich nicht, wo anfangen. Den Zauberkurs, den die Volkshochschule in ihrem Frühjahrsprogramm für Senioren anbot, verstand ich eher als Demenzprophylaxe. Ich brauchte einfach ein bedeutendes Vorbild, wie den großen Houdini, Rodolfo, Pollok oder Miraculix, also einen echten Zauberkünstler, der mich als Zauberlehrling unter seine Fittiche nimmt. Mit dem Dieb ist das auch so eine Sache, auch in der Branche fällt kein Meister vom Himmel. Professionelles Klauen will gelernt sein, verstehst du, wie im Grunde jedes ordentliche Handwerk.

Wie bitte? Du fragst mich, was das alles mit dem Tod der Kanzlerin zu tun hat? Erinnere dich, was ich dir gleich am Anfang gesagt habe. Die ganze Tragödie ist dermaßen verwickelt und vertrackt, die kann man nicht mit wenigen Worten aufdröseln. Ich schaffe das beim besten Willen nicht. Sei also nicht so ungeduldig, der Tod der Kanzlerin kommt dann zur Sprache, wenn wir so weit sind. Verstehst du, was ich meine? Am besten du läßt mich die Geschichte weiter entwickeln, doch ohne das 'schmückende Beiwerk', wie du es nennst, wäre der Tod der Kanzlerin eine ziemlich banale Angelegenheit.

Kommen wir zu M. Eine Weltstadt, ohne Frage, in der nicht nur alle möglichen Nationalitäten so recht und schlecht ihren Daseinskampf bestreiten, sondern ebenso alle möglichen Existenzen ihr Unwesen treiben. Will man dem aktuellen Kriminalreport glauben, gilt die Stadt als Eldorado für Gauner, Betrüger und Taschendiebe. Da dürfte es doch möglich sein, dachte ich, einen ausgefuchsten Trickdieb als Lehrmeister zu finden. Bei Zauberern sah die Lage weniger gut aus. Wirkliche Meister sind eher rar, aber mit etwas Glück ... Okay, ich hatte Zeit und Geld sowie, das ist wichtig, die nötige Zuversicht. Ich war mir absolut sicher, in dieser Stadt eine Karriere zu starten. Denn was ich mir in den Kopf gesetzt habe, das ziehe ich auch durch. Hundertprozentig.

Wie in allen Städten, gibt es auch in M. eine Menge junger Schnösel und Schicksen, die, wie man so sagt, mit einem goldenen Löffel zur Welt gekommen sind. Söhne und Töchter wohlhabender Eltern, denen nichts zu teuer ist, ihrem hochbegabten Nachwuchs von vorne herein jegliche Hindernisse aus dem Weg zu räumen, in der Meinung, nur so könnten die hoffnungsvollen Sprößlinge frei ihre Talente entfalten, die ihnen von ihren Erzeugern quasi genetisch mitgeliefert worden sind. Schon als Studenten wohnen sie in komfortablen Appartements, in Uninähe natürlich, wo sie sich nach Meinung der Eltern ungestört ihren Studien widmen könnten. Könnten, wohlgemerkt, aber das tun die Grünschnäbel nicht, oder nur in ganz seltenen Fällen. In der Regel lassen sie es krachen, eine Party jagt die andere, Bettschwestern werden gewechselt wie Unterwäsche. Kommt den Alten was zu Ohren, lächeln sie milde: ach die jungen Leute, sie haben's nicht leicht; laßt sie erst mal die Hörner abstoßen, sie werden's schon richten. Die Fiesta geht weiter, Drogen kommen ins Spiel, Dealer geben sich die Klinke in die Hand, das Geld wird knapp, einige landen in der Beschaffungskriminalität, andere in der Psychiatrie oder Suchttherapie. Sitzt schließlich der abgestürzte Hoffnungsstern am elterlichen Küchentisch und schlappert zitternd eine Kraftbrühe in sich rein, tobt im Wohnzimmer der Streit, wer nun als Vater oder Mutter völlig versagt, seine Erziehungspflicht sträflich vernachlässigt habe und überhaupt an dem ganzen Desaster die Schuld trage.

Nur wirklich starke Naturen kriegen die Kurve, nützen ihre Chance, studieren gewissenhaft und schmücken am Ende ihren Namen mit einem akademischen Titel, wo dann die Erzeuger stolz verkünden: Wir haben es immer gewußt, aus dem Jungen wird noch was! - Aber klar doch, muß ja, der Apfel fällt nicht weit vom Stamm.

Bei mir waren die Verhältnisse völlig anders gestrickt. Die finanzielle Basis meines weithin sorgenfreien Lebens hatte ich mir sozusagen selbst erarbeitet, ich war niemand zur Rechenschaft verpflichtet und konnte mein Leben gestalten, wie es mir paßte. Von Natur aus war ich ein Einzelgänger mit einer gewissen Neigung zum Autismus. Ich hatte so gut wie keine Freunde, und ehrlich gesagt, sie fehlten mir nicht. Gut, ich brauchte hin und wieder eine Frau. Das Werk Karins. Wurde der Appetit übermäßig, besuchte ich Natascha, eine russische Studentin, die für gute Bezahlung jeden Liebeswunsch erfüllte.

Kontakte zu meinen Mitmenschen ließen sich kaum vermeiden, zumal ich fast regelmäßig im Café Olé verkehrte, ein damals beliebter Treffpunkt von Langzeitstudenten, Sozialfuzzies und Halbintellektuellen. Ein richtiges Gespräch kam eigentlich nie zustande, alle waren in ihre Smartphones vertieft, checkten Mails, Likes, Followers und was nicht alles, posteten irgend einen Schwachsinn, machten Selfies, telefonierten und schwatzten einen Stuß zusammen. Ein Irrenhaus. Teilten wir zufällig den Tisch, kam es schon mal vor, dass sie, er oder es vom Smartphone aufschaute, mich irritiert ansah (ich hatte kein Smartphone) und fragte, was ich denn so mache. Meistens erübrigte sich eine Antwort, weil der Frager bereits wieder auf seinen Blödmacher starrte. Bestand er auf einer Antwort, sagte ich wahrheitsgemäß, ich sei noch auf der Suche. - Na dann viel Glück, kam in der Regel zurück. Andere nickten wissend, womit das Gespräch beendet war.

Warum ich ausgerechnet das Café Olé als mein Stammlokal ausgesucht hatte? Ganz einfach, das Café lag zwei Gehminuten von meiner Wohnung entfernt, bot ein passables Frühstück und einen ausgezeichneten Kaffee. Außerdem lagen verschiedene Magazine und Zeitungen aus, die mich politisch auf dem Laufenden hielten. Nicht zuletzt gefiel mir die gertenschlanke Bedienung, die federleicht durch das Lokal schwebte, und um deren Lippen ein nie versiegendes Lächeln spielte, was angesichts der meist grenzdebilen Gäste schon eine Leistung war. Ohne zu übertreiben darf ich sagen, ich zählte zu den seltenen Gästen, die beim Bestellen und Bezahlen das grazile Reh freundlich anblickten und immer ein reichliches Trinkgeld liegen ließen. Insgeheim spielte ich sogar mit dem Gedanken, sie zum Essen einzuladen. Was mich freilich davon abhielt, war die Sorge, mich in das Reh rettungslos zu verknallen. Die Frau hätte mit Sicherheit sämtliche Energien aus mir gesogen, für die Verwirklichung meiner Pläne wäre da nicht viel übrig geblieben. Denn eines mußt du wissen, trotz meiner jungen Jahre war mir schon damals klar, wirklich großen Leistungen gehen eine Menge Entbehrungen und viel Fleiß voraus. Zu beidem war ich bereit, nur wußte ich noch nicht, wohin genau die Reise gehen sollte.

Ein weiterer Grund, warum ich das Reh nicht angesprochen hatte, lag an einem Problem, das mir seit einiger Zeit echt zu schaffen machte. Mir ist es zwar peinlich darüber zu reden, aber der Vollständigkeit halber muß es einmal gesagt werden. Kurz, ich hatte ein Sprachproblem, meine Zunge wollte mir in gewissen Situationen nicht gehorchen, dann kriegte ich tatsächlich kein verständliches Wort zusammen. Ja, ich stotterte. Wie also sollte ich das Reh zum Essen einladen, ohne mich tödlich zu blamieren?

Die Gabe der Unscheinbarkeit empfand ich zu jener Zeit geradezu als Fluch. Ich wünschte nichts sehnlicher, als so zu sein wie jeder normale Mensch, von jedermann klar erkennbar und unverwechselbar der zu sein, der ich meiner Meinung nach bin.

Aber leider, vielleicht zum Glück, steckt bereits in unseren Genen ein wesentlicher Teil unseres Schicksals. Davon bin ich überzeugt, und es wäre geradezu dämlich, dagegen anzukämpfen. Man muß sein Los einfach akzeptieren und das Beste daraus machen. Basta. Oder?

Diese Einsicht kam mir quasi über Nacht und schlug ein wie ein Blitz. Schon am folgenden Tag traf ich Vorkehrungen für mein neues Dasein.

Als Erstes suchte ich eine Logopädin auf. Die aber gab bereits nach der dritten Sitzung auf und riet mir dringend, mich an Dottore Alessandro zu wenden, einen angesehenen Psychologischen Psychotherapeuten. Mit Dottore Alessandro kam ich ganz gut zurecht, wie auch er mit mir. Immerhin kassierte er pro Sitzung 120 Euro. Zwei Behandlungsblöcke von jeweils zehn Stunden seien für meinen Fall das Richtige, meinte er. Und ob du es glaubst oder nicht, er hat mich total kuriert. Oder habe ich bis jetzt auch nur einmal gesto-to-tert?

Schon wieder die Frage, was das alles mit dem Tod der Kanzlerin zu tun hat. Viel, sehr viel, sage ich nur, zumal mein Leben als Stotterer ganz anders verlaufen wäre. Aber eins nach dem andern.

Zwei Mal in der Woche mußte ich beim Dottore antanzen. Dazwischen hatte ich genügend Zeit für den nächsten Programmpunkt, ich meine die Suche nach einem Meisterdieb, oder einer Diebin, meinetwegen auch nach einer Transe oder so, was soll's. In erster Linie sollte die Person in der Lage sein, mir die wichtigsten Tricks und Techniken ihres Handwerks beizubringen. Und wo geben sich Taschendiebe ein Stelldichein? Natürlich im Getümmel der Städte, wo denn sonst. Also mischte ich mich, wie man so sagt, unters Volk. Wo immer Menschen zusammen kommen, in der Fußgängerzone während der Vorstellung eines Gauklers, als Gaffer bei einem Epilepsieanfall, bei der Verfolgung eines Taschendiebs, beim Herztod eines alten Mannes, bei der Präsentation eines Gemüsehobels, auf dem Bahnsteig, in U-Bahnstationen während der Rushhour, bei Sportveranstaltungen, Demonstrationen für oder gegen Nazis, eben dort, wo Taschendiebe gewöhnlich ihren Beruf ausüben. Um alles besser überschauen zu können, stellte ich mich immer etwas abseits und machte mich so gut es die Situation erlaubte unsichtbar. Am Nachmittag des zweiten Tages beobachtete ich eine kleine unscheinbare Frau, wie sie hier eine Börse und dort eine Brieftasche zog und die Beute sofort einem nahe stehenden Mann zusteckte, der sie einer weiteren Person zuspielte, die sich ihrerseits augenblicklich aus dem Staube machte. Wieder fischte sie einen Geldbeutel aus der Handtasche einer ziemlich beleibten Dame, die wohl etwas gespürt und so den Diebstahl gleich bemerkt hatte. - Zigeunerschlampe! schrie sie auf, immer wieder - Zigeunerschlampe! Zigeunerschlampe! wobei sie im Rhythmus dieser Haßvokabel mit ihrer Handtasche auf die kleine Frau einschlug. Und immer wieder, -Zigeunerschlampe, Zigeunerschlampe! Dann hörte ich nur noch ein Gekreische. Zwei knüppelbewehrte Ordnungshüter suchten zum Zentrum des Geschehens vorzudringen. Etwas später erschienen sie wieder. Und was glaubst du, wen die Bullen mit Handschellen abführten? Nein, nicht die Diebin, sondern die Frau, die bestohlen wurde! Da staunst du, was? Als sich der Gafferhaufen auflöste, hörte ich einzelne Stimmen wie: - unglaublich, so viel Hass gegen Romas, - nein, das war eine Sinti, - woher weißt du das? - ich weiß es einfach, - eine echte Nazischlampe! Eingelocht gehört sie, jawoll, dann durchgevögelt bis sie Heil Hitler jubelt, aber hallo! - 'Zigeunerschlampe' ist einfach nicht okay. Alles Altnazis, ay.

- Gute Aussichten, dachte ich; nein, falsch, ich hatte aschblonde Haare, eine ziemlich helle Haut, graublaue Augen. Unverkennbar ein - ein Deutscher! Jedenfalls ein Täter. Doch wenn deutsche Täter ertappt werden, sind deutsche Richter gnadenlos. Das gilt übrigens auch für dich. Nehmen wir einmal an, du bestiehlst einen Romazigeuner und wirst dabei ertappt. Dann Gnade dir Gott. Denn eines mußt du wissen, der Romazigeuner ist von Haus aus Opfer, sozusagen staatlich anerkannt. Jetzt kommst du als Deutscher daher und ziehst dem armen Schwein sein prall gefülltes Portemonnaie aus der Tasche. Weiß du, so was macht man einfach nicht, schon gar nicht bei Menschen, deren Großeltern diskriminiert und verfolgt wurden. Wie bitte, das hätte nichts mit dem Tod der Kanzlerin tun? Irrtum, mein Lieber, wir steuern geradewegs darauf zu. Wie ich dir bereits sagte, ist das Thema äußerst vielschichtig und die Umstände sind gleichsam sozialpsychologisch komplex. Ein Außenstehender tut sich da schwer, den roten Faden im Auge zu behalten. Wo sind wir stehen geblieben? Nein - jetzt hast du mich völlig durcheinandergebracht.

Zurück zu dieser kleinen Diebin. Nach dem Vorfall mit der Nazifrau geriet sie mir immer wieder ins Blickfeld. Meistens arbeitete sie mit ihren zwei Kumpanen zusammen. Dabei tauschten die ständig die Rollen. Einer zog, die andern ließen die Beute verschwinden. Immer nach dem selben Muster, sehr effektiv, wenn auch wenig originell. Schließlich wollte ich wissen, wo am Ende die Beute landete. Ich konzentrierte mich auf den dritten Mann und rückte in seine Nähe so gut es ging. Ich beobachtete, wie er nach jeder Aktion die Beute unter seinem Mantel verschwinden ließ. Meistens waren es Brieftaschen, Portemonnaies, Armbanduhren, Armreife, mehr oder weniger wertvolle Halsketten und dergleichen. Alles wanderte unter seinen Mantel, der inwendig nur aus Taschen zu bestehen schien. Es war nicht leicht, an ihm dran zu bleiben, fortwährend tänzelte er hin und her und änderte seine Position. Irgendwie steckte System dahinter. Dabei blieb der zweite Mann stets in Reichweite, weil der ja mit der Kleinen in Kontakt bleiben mußte. Einmal lief die Sache schief. Ich sah gerade noch, wie die kleine Zigeunerin, ich nenne sie jetzt einfach Carmen - so wie die Zigeunerin in dieser Oper, na... genau, Carmina Burana; also Carmen fischte aus einer Damenhandtasche einen dicken Geldbeutel. Dann ging alles blitzschnell. Kurzes Gerangel, ein Transilvaner in schwarzer Lederjacke brach durch die Menge, wobei er mir seinen Ellbogen in die Rippen rammte. Vor Schmerz wurde mir schwarz vor Augen, zwar weniger als eine Sekunde, aber da war der Kerl schon weg. Vilma, so hieß Carmen richtig, sagte mir später...ja, ich habe sie in der darauf folgenden Woche kennengelernt, also bitte ... Vilma meinte, ein Sinti-Zigeuner von der Konkurrenz, also die Lederjacke, habe Matéo einfach weggestoßen und an dessen Stelle zugegriffen. Ein absoluter Tabubruch, so Vilma, das hätte Konsequenzen. Im schlimmsten Falle könne so was zu einem Stammeskrieg ausarten. Sie hoffe nur, daß Miro, sie meinte die Lederjacke, vorher von seinen eigenen Leuten zur Rechenschaft gezogen wird und sich dann in aller Form entschuldigt.

- Weißt du, sagte Vilma, wir Zigeuner sind nicht zimperlich, wenn es um unsere Ehre geht.

Jetzt willst du natürlich wissen, wie es mir gelang, mich an Vilma ranzumachen. Ganz einfach, ich habe sie kurz nach der Zueignung einer wohl gefüllten Brieftasche direkt angesprochen, und zwar ohne zu stottern: - Toll wie du das machst, alle Achtung, von dir kann man was lernen.

Zuerst wollte sie die Flucht ergreifen, schließlich hatte ich sie in flagranti ertappt. Wahrscheinlich spürte sie, dass sie von mir nichts zu befürchten hat und war bereit, ein paar Worte mit mir zu wechseln. Alles weitere ergab sich, die Details kann ich mir ersparen. Jedenfalls fanden wir Gefallen aneinander. Binnen einer Woche stand Vilma mit ihren wenigen Habseligkeiten, die gerade eine Umhängetasche füllten, vor meiner Tür und bat um Bleibe für die Nacht. Daraus wurden fast fünf Wochen. Vilma sprach bereits von Heirat, Kindern, einem Wohnwagen und Urlaub in Rumänien. Ihre sieben Brüdern taten schon sehr vertraulich mit mir. Kein Tag verging ohne den Kurzbesuch einer oder zwei Schwestern, der sich meistens bis zum späten Abend hinzog. Auch Onkels, Vettern, Basen und Tanten schauten eben mal vorbei. Einmal erschien ihr Vater und bat mich zu einem 'ernsthaften Gespräch'. Dabei ging es hauptsächlich um ein ominöses Brautgeld. Stell dir vor, über siebzigtausend Euro wollte er haben, davon sollte ich schon mal dreißigtausend vorstrecken. Besorgt um meine Sicherheit stellte ich ihm zunächst zwanzigtausend in Aussicht, und zwar mit der Auflage, daß in den nächsten fünf Wochen weder er, der Vater, noch sonst eine Figur seiner verlausten Sippe in meiner Wohnung auftaucht oder vielleicht sogar unsere Arbeit behindert. Mit Handschlag besiegelten wir den Deal. Und tatsächlich, es funktionierte, er hat sein Versprechen gehalten. Das Geld war ich zwar los, aber ich sah es als Investition in meine Zukunft und konnte damit leben.

Was nun das Zusammenleben mit Vilma betrifft, solltest du dir keine falschen Vorstellungen machen. Ganz bewusst habe ich die Frau nicht angerührt, selbst wenn sie es gerne gehabt hätte. Ich faselte ihr irgendwas von Ehre und Brauchtum vor, wonach Sex vor der Hochzeitsnacht ein Tabubruch sei und überhaupt nicht in Frage käme. Natürlich machte mich der enge häusliche Kontakt mit Vilma affenscharf, aber ich beherrschte mich. Bevor indes das Ventil zu platzen drohte, besuchte ich Natascha, meine begabte Pipelineingenieurin, die mein System gewissermaßen prophylaktisch lüftete.

Du kannst jetzt denken, was du willst, das eine steht jedenfalls fest, Vilma und ich haben tatsächlich hart gearbeitet. Über den Tag erledigten wir die Feldarbeit, abends wurde Kasse gemacht, dann gab es Manöverkritik; wir analysierten unsere Strategien und Techniken, versuchten sie zu verbessern und mit gezielten Übungen zu verfeinern.

Ob du es glaubst oder nicht, auf die Beute kam es mir überhaupt nicht an. Mir ging es hauptsächlich darum, meine Fingerfertigkeit zu trainieren, und dann natürlich um die Tricks, wie man die Leute ablenkt. Dafür erwies sich Vilma als begnadete Lehrerin. Was wir erbeuteten, durfte Vilma selbstverständlich behalten oder ihrer buckligen Verwandtschaft abliefern; ganz wie sie wollte. Quasi eine friedenssichernde Maßnahme, auch wenn mir die Sache absolut gegen den Strich ging. Andere Menschen zu berauben, fand ich im Grunde gemein, primitiv und widerwärtig. Ich hatte ernsthaft moralische Bedenken und wollte so nicht weitermachen. Dann kam mir der rettende Einfall. Wie wär's, dachte ich mir, wenn ich den Geschädigten ihr Eigentum möglichst schnell wieder zurückgäbe, und zwar auf dieselbe Weise, wie ich es ihnen abgenommen habe? Nur eben jetzt anders herum. Verstehst du, was ich meine? Nun, Vilma hatte dafür auch kein Verständnis, sie hielt mich schlichtweg für einen Spinner. Verständlicherweise, schließlich ging es ihr weniger um die Kunstfertigkeit an sich, sondern um schnöden Broterwerb. Weißt du, in solchen Kreisen hat man nicht den geringsten Sinn für Ästhetik, denen geht es letzten Endes immer nur ums Fressen. Mit großzügigen Geldgeschenken hielt ich Vilma noch eine Weile bei der Stange, will sagen, auf meiner Linie, mein Verhältnis zu ihrer Sippschaft begann indes zu kriseln.

Eines Tages erschien ihr Vater und bat mich wieder um ein Gespräch unter Männern, diesmal betont „um ein sehr ernstes Gespräch". Rate mal, was er diesmal von mir wollte? Richtig, wieder Geld, mehr Geld, diesmal sogar hunderttausend Euro. Er nannte es 'Kranzgeld'. Zuerst wußte ich nicht, wovon er sprach, doch dann wurde er sehr deutlich. Immerhin sei Vilma meine Verlobte. Allein um sie willig zu machen, hätte ich ihr die Ehe versprochen, sie dann flachgelegt und entjungfert.

- Vilmas Frauenleben ist verpfuscht, verstehst du, sie ist entehrt, kriegt nie mehr einen Mann, keine Kinder, keine Enkel, nichts! Die Familie muß sie jetzt durchfüttern, für immer, verstehst du. Und wer soll das bezahlen?

Er machte mir dann eine Rechnung auf, wie günstig ich mit hunderttausend Euro wegkommen würde. Bei fünfzig Jahren Lebenserwartung wären das lediglich zweitausend pro Jahr. Geradezu lächerlich ... und so weiter. Wiederholt unterbrach ich seine Suada und beteuerte, ich hätte seine Vilma niemals angerührt, ja ich beschwor es bei den tausend Heiligen Portugals und der Seele meiner Mutter. Aber der Alte blieb stur, er wollte Kohle sehen. - Laßt uns einfach mit Vilma zum Frauenarzt gehen, schlug ich vor, dann werden wir sehen, was Sache ist, oder. - Niemals, kommt gar nicht in Frage, zum Frauenarzt, zu einem Mann, wo gibt's denn so was! - Dann eben zu einer Frauenärztin, kruzifix, was solls! So ging es eine Weile hin und her, bis ich darauf bestand, Vilma selbst zu hören. Auch das lehnte der Alte ab. - Die Jungfernschaft meiner Tochter steht niemals nie nicht zur Debatte! Oder willst du etwa mit Vilma über ihren Unterleib verhandeln, was?!

Etwa zweieinhalb Stunden dauerte unser 'sehr ernstes Gespräch'. Die hunderttausend Euro handelte ich auf zehntausend herunter; dann komplimentierte ich den Alten hinaus - und Vilma hinterher. Ich denke, wir haben uns einvernehmlich getrennt, für Rache und Vergeltung gab es zu mindest aus meiner Sicht keinen Anlaß. Jedenfalls durfte ich im Verlauf der nächsten Wochen ungestört meine Arbeit verrichten. Ich bestahl die Leute nach allen Regeln der Kunst und steckte ihnen genauso unbemerkt die Beute wieder zu. Dabei legte ich Wert darauf, daß der Beklaute seine Börse, Brieftasche, Halskette, seinen Ring oder Armreif bewußt vermißte, sich lauthals über das Diebsgesindel beschwerte, einen Unschuldigen verdächtigte oder sogar die Polizei rief. War die dann zur Stelle, der Beschuldigte stinksauer, die Menschheit eine Diebesbande, genau in dem Moment guckte dem 'Opfer' das Portemonnaie aus der Hosentasche, oder die Brieftasche ragte mit einer Ecke aus der Handtasche oder fiel gleich zu Boden, auch die Perlenkette hing wieder dort, wo sie hingehörte und der Ring am passenden Finger. Peinlich, peinlich, das kannst du laut sagen, und wie die Typen dann versuchten, sich herauszuwinden - einfach köstlich. Du glaubst nicht, wie ich mich amüsiert habe.

Das verstehe ich nicht, weshalb hätte ich mich schämen sollen? Im Grunde tat ich ja niemand etwas zuleide, im Gegenteil, ich gab den Leuten einen Denkzettel, damit sie künftig besser auf ihr Zeug aufpassen. Außerdem machte ich reinste Aktionskunst und trug so etwas zur allgemeinen Unterhaltung bei. Oder? Und jetzt das tollste, die Leute spielten sogar mit - wenn auch nicht freiwillig, zugegeben. Wie auch immer, jedenfalls habe ich meinerseits einiges dazu gelernt und meine Kunst ziemlich verfeinert. Aber auch konkrete Erfahrungen habe ich gewonnen, die teilweise sogar mein Menschenbild abrundeten. Zum Beispiel an einer Bushaltestelle. Feierabendverkehr. Die Leute wollten nach Hause und warteten auf den Bus. Eine dicke, ziemlich aufgetakelte Dame wartete ebenfalls. Unauffällig machte ich mich an die Dame ran und streifte ihr den protzigen Goldreif vom Handgelenk, und zwar so dosiert, dass sie es gerade noch bemerkte. Einen Moment schaute sie ratlos auf die Leerstelle an ihrem Arm, dann schrie sie mit schriller Stimme - haltet den Dieb! Dem folgte ein nicht weniger schrilles - Dreckskerl! Womit sie den jungen Mann meinte, nach dem sie mit ihrem Regenschirm schlug. Sie holte gerade zu einem weiteren Schlag aus, da gewahrte sie ihren Armreif an der gewohnten Stelle. Mit halb offenem Mund stierte sie wie eine Idiotin auf ihr Handgelenk, bekam einen knallroten Kopf und trollte sich. Den jungen Mann, anscheinend ein Nordafrikaner, packte das blanke Entsetzen, er hatte ja keine Erklärung, was da mit ihm geschah, und ergriff die Flucht.

Die 'Augenzeugen', die von dem wahren Vorgang kaum etwas oder nichts mitbekommen hatten, meinten natürlich, der vermeintliche Dieb wollte sich aus dem Staub machen und suchten ihn festzuhalten. Dabei vielen Worte wie Kameltreiber, Araberpack, Mufti, Knoblauchfresser, Frauenschänder. Auch die Empfehlung „Hand abhacken!" war zu hören. Zum Glück gelang es dem Pechvogel, seinen Häschern zu entkommen. Wer weiß, was die mit ihm gemacht hätten.

Ja, ja, die alte Leier, alles meine Schuld. Zugegeben, du hast völlig recht. Aber so ist es nun mal im Leben, ruck zuck, und du steckst in der Klemme, in die dich deine lieben Mitmenschen gebracht haben. Und niemand hilft dir aus der Patsche, wenn du es nicht selber tust. Am Ende bist du immer auf dich selber gestellt, und wenn du dir nicht zu helfen weißt, bist du eben verloren. So einfach ist das. Das Gesetz des Dschungels. Noch etwas. Bevor du wieder fragst, was das alles mit dem Tod der Kanzlerin zu tun hat, hier schon mal die Antwort: Wenig, sehr wenig, besser gesagt, fast nichts. Weißt du, mir geht unheimlich viel durch den Kopf, und es ist nicht leicht, in diesem Gedankengeschwurbel Strukturen zu erkennen. Dazu kommt meine überschäumende Fantasie, die mir fortwährend neue Sinnzusammenhänge vorgaukelt. Manchmal denke ich, die Buddhisten haben recht, dass irgendwie alles mit allem zusammenhängt, wenn auch die Verbindungslinien kaum jemals sichtbar sind. Etwa so verhält es sich mit dem Tod der Kanzlerin. Deshalb läßt du mich jetzt zügig weiter erzählen, und ich verspreche dir, bei allen Umwegen, den Tod der Kanzlerin nie aus den Augen zu verlieren.

*

Den Schabernack, den ich in der fortgeschrittenen Phase meiner Trickdiebkarriere mit den Leuten trieb, setzte ich mit meinem Ringtauschtrick gleichsam die Krone auf. Jetzt paß auf.

Metrostation Hauptbahnhof abends um Fünf, Rushhour. Vor mir ein Typ mit gewelltem Haar, Pennerkissen und halb offenem Seidenhemd.

Eine schwere Goldkette hing um seinen dicken Hals bis hinab zu graugekräuselten Männerbrust. Mit gekrümmter Halswirbelsäule starrte er auf sein Smartphone. Daneben ein Banker oder Junganwalt, geölte Glatze, Hornbrille, Bossanzug und Aktenköfferchen. Rechts neben mir eine durchtrainierte Karrierefrau im maßgeschneiderten Hosenanzug, ebenfalls im Smartphonemodus. Du kannst dir schon denken, was passierte. Zuerst wanderte die Kette vom Hals des Zuhälters zum Hals des Bankers. In dem Augenblick fuhr der Zug ein; in die Menge kam Bewegung. „Hay!" brüllte der Louis, ließ sein Smartphone fallen und verfehlte ums Haar den Banker, der gerade von einem Drängler zur Seite gestoßen wurde. Der Loddel setzte nach und erwischte den Banker am Kragen seines Edelsakkos. Dieser wehrte nach hinten ab und traf eine unbeteiligte Frau am Kopf. Eben wollte sich der Zuhälter auf den Banker stürzen, da schob sich ein dicker Mann zwischen die Beiden. Irritiert schaute sich der Strizzi um und sah seine Kette um den sehnigen Hals der Karrierefrau baumeln, die soeben mit Blick auf ihr Smartphone in der U-Bahntür verschwand. Wütend stürzte der Zuhälter der Karrierefrau hinterher, mußte aber vor der Wagentür, die sich gerade schloß, passen. Ich sehe noch, wie er zwischen seinem weit geöffneten Hemdkragen nach seiner Kette griff und zuerst gar nicht begriff, was er da befingerte. Die ganze Aktion löste natürlich einen enormen Wirbel aus. Die Bahnpolizei rückte an und stürzte sich auch gleich auf den Strizzi als vermeintlichen Unruhestifter und versuchte, den wild um sich schlagenden Mann zu bändigen. Schließlich legten sie ihm Handschellen an und führten ihn ab.

Wofür das Ganze, fragst du. Natürlich für die Kunst, für was denn sonst! Sozusagen L'art pour l'art. Oder war die Inszenierung nicht perfekt? A Masterpiece, wie der Brite zu sagen pflegt! Übrigens gab ich nach diesem Erfolg meine Karriere als Meisterdieb auf. Damit meine Fingerchen in Übung blieben, inszenierte ich ab und zu eine Ringtauschnummer, im Großen und Ganzen hielt ich mich aber zurück.

Eines steht fest, der Erfolg als Meisterdieb wäre mir ohne meine Gabe, mich mit der Umgebung gleichsam zu verschmelzen, kaum gelungen. Trotzdem schäumte ich nicht über vor lauter Glück, weil mir allmählich klar wurde, daß sowohl der Meisterdieb als auch meine Verschmelzungskunst im praktischen Leben nicht wirklich gefragt waren. Eine krisensichere Existenz hätte ich darauf niemals aufbauen können. Und es wurde allmählich Zeit, an meine Zunkunft und nicht zuletzt an meine Altersversorgung zu denken.

*

Von der Idee, mein Künstlerprofil mit einer Zauberlehre aufzuwerten, habe ich bereits gesprochen. Du erinnerst dich. Als ich im Olé eines Tages den *Kurier* durchblätterte, stieß ich im Anzeigenteil auf die Annonce: *Zauberer sucht Assistent, Tel. ...*

Ich rief sofort an - Kohout, meldete sich eine ungewöhnlich hohe Stimme. Der Zauberer persönlich. Bereits für den nächsten Tag verabredeten wir ein Treffen in dessen Studio, Rübenackerweg 13. Das Häuschen mit der Nummer 13 verbarg sich hinter einer riesigen Tanne und schien ziemlich heruntergekommen. Der kleine Vorgarten hatte auch schon bessere Zeiten erlebt, und die eisernen Zaunstaketen hielt nur noch Rost zusammen. Das ebenfalls verrostete Törchen hing schief in den Angeln. Neben der Eingangstür blätterte Putz von der Hauswand; die Treppenstufen zeigten Moosbewuchs, nur die Spur in der Mitte zeugte davon, dass hier ein Mensch gelegentlich auf- und abstieg. Dagegen zeigte die übergroße Eingangstür ein ganz anderes Bild, das beim ersten Blick etwas verwirrte. Zuerst hatte ich den Eindruck, mit der Stirn direkt auf ein gelbes Rechteck zu stoßen, wogegen der Rest in Abfolge der Spektralfarben rahmenförmig zurückzuweichen schien. Keine Zauberei, das sah ich sofort, sondern eine simple optische Täuschung, aber raffiniert gemacht. Auf dem Klingelschild rechts neben der Tür stand in schwarzen Lettern KOHOUT, nichts weiter. Ich drückte den Klingelknopf. Ein schallendes Gelächter ertönte, das gelbe Rechteck öffnete sich und gab den Blick frei auf ein Hologramm, aus dem mir ein Zwerg in blauem Mantel und mit spitzem Zauberhut zunickte und mich mit weit ausholender Geste und kläglicher Piepsstimme willkommen hieß. Dann ging die Tür auf, und direkt vor mir stand ein alter Mann mit Rosaceanase und aufgeföhntem weißem Haarkranz, gehüllt in einen fleckigen Hausmantel, der auf alles andere als einen Zauberer schließen ließ.

- Willkommen im Hause Kohout, begrüßte er mich mit seiner Mädchenstimme. Ich bot ihm meine Hand, die er mit beiden Händen liebevoll umfaßte und mehrere Male herzhaft drückte, - Ich bin so froh, dass Sie gekommen sind, piepste er weiter, Sie glauben gar nicht, wie schwirig es ist, heutzutage einen guten Assistenten zu finden. Sie sind - wie war noch mal ihr werter Name?

- Hüttl, Albert Hüttl.

- Ach ja, Albrecht, ein schöner Name.

- Albert.

- Sagte ich ja. Sind Sie etwa verwandt mit ... wie hieß er noch ... Wissen Sie Albrecht ...

- Albert.

- Sagte ich ja ... Nun, mein Lieber, Sie wollen also mein Assistent werden. Haben Sie sich das gut überlegt? Wissen Sie, ich nehme nicht jeden. Aber bei ihnen habe ich ein gutes Gefühl. Darf ich fragen, lieber Adolf...

- Albert.

- Sagte ich ja. Was ich fragen wollte, Albert ...

- Bingo!

- Sagte ich ja. Ich will mich nicht wiederholen, aber ich finde es toll, dass Sie zu mir gekommen sind. Was ich fragen wollte, haben Sie Kenntnisse?

- Kenntnisse? Wofür?

- Das liegt doch nahe, Zauberkenntnisse.

- Keine Spur.

- Was können Sie überhaupt?

- Schwierig. Aber jetzt passen Sie auf, einen Augenblick bitte. Ich stand auf und ging aus dem Haus, die Tür machte ich hinter mir zu. Nach drei Minuten drückte ich den Klingelknopf. Wieder das Gelächter, das Hologramm, der lächerliche Zwerg, der Zauberer mit Mädchenstimme, ewig dauernder Händedruck und die überschäumende Freude, meine Bekanntschaft zu machen. Dann schaute er mich skeptisch an, - sagen Sie, kennen wir uns?

- Nie gesehen.

- Aber Sie sind doch ...

Sein Zweifel war echt. Dann half ich ihm auf die Sprünge. Es dauerte eine Weile, bis er den Sinn der Übung begriffen hatte. Aber dann geriet er vor Begeisterung fast aus dem Häuschen. Endlich, der ultimative Assistent!

Er hörte nicht auf, mir Komplimente zu machen. Nebenbei schob er mich in ein kleines Zimmer, wo die Wände mit Urkunden, eingerahmten Fotos und Zeitungsausschnitten gleichsam tapeziert waren und unzählige Pokale teils in einer Vitrine, teils auf einem Sideboard oder einfach auf dem Fußboden standen. - Mein Leben, sagte er wehmütig. Aber noch glüht das Eisen; schon morgen pfeifen es die Spatzen von den Dächern: Er ist wieder da! Der große Kohout ist wieder da! Entschlossen reckte er sein Greisenkinn. Der große Kohout sah zum Fürchten aus.

Ich will es kurz machen. Ja, der Große Kohout war ein alter seniler Mann, der nicht begreifen wollte, dass seine große Zeit längst Geschichte war. Er dachte ernsthaft an ein Comeback, dafür brauchte er einen Assistent. Dessen Aufgaben seien sehr vielfältig, erläuterte er, der Assistent müsse zum Beispiel die Tauben und Kaninchen vorbereiten, die bei der Vorstellung zum Einsatz kämen. Er sei verantwortlich für die Illumination und den Feuerzauber, die Begleitmusik, für den Zauberpfiff, überhaupt für die gesamte Ausrüstung, die Zauberer so bräuchten. Außerdem müsse er imstande sein, sich zusammenzuklappen wie ein Taschenmesser, bei der Sägenummer eine zwingend notwendige Körpertechnik, ohne die Blut fließen würde. Allein da wurde ich hellhörig und wollte wissen, was um alles in der Welt eine Sägenummer sei. - Die Sache ist die, sagte er, normalerweise haben Zauberer ein Medium, meist eine hübsche junge Frau. Bei der Sägeummer legt sich das Medium in einen präparierten Sarg. Darauf kommt ein Deckel, der fest zugeschraubt wird. Dann wird es richtig spannend. Mit einem großen Fuchsschwanz säge ich den Sarg etwa in der Mitte komplett durch. Das Publikum hält den Atem an. Dann ein Tusch, und die hübsche Frau tritt unversehrt hinter dem Bühnenvorhang hervor und verbeugt sich. Das Ganze ist natürlich ein Trick, was denn sonst, setzt aber eine gewisse Gelenkigkeit des Mediums voraus, denn die Dame muß in der Lage sein, sich so klein zu machen, daß sie etwas weniger als den halben Sarg einnimmt.

Du wirst es nicht glauben, aber genau das erwartete der Alte von mir. Ich fragte ihn, warum er keine Assistentin suche, das sei doch viel besser fürs Geschäft. Er habe einfach keine gekriegt, gestand er, denn welche junge Frau vertraue schon einem alten Knaster wie ihm. Der senile Opa könnte ja vergessen haben, wo genau er die Säge ansetzen muß. Oder? Für den unvorstellbaren Fall eines Kunstfehlers, belehrte mich der Große Kohout, sollte ich zu meiner eigenen Sicherheit eine Unfallversicherung abschließen. Auf meinen Einwand, das sei wohl seine Sache, zuckte er mit den Schultern und sagte, - zu alt, und dann noch Zauberschäden; nein, da streikt jede Versicherung.

Aus purer Neugier, aber auch in der Hoffnung, dem Alten vielleicht ein paar brauchbare Zaubertricks abzuschauen, ließ ich mich auf das Wagnis ein. Andererseits konnte ich mir nicht vorstellen, daß mein Zauberopa jemals wieder ins Rampenlicht treten wird. Aber es kam anders. Der örtliche Kleintierzüchterverein lud ihn zum Anlaß seiner Jahresfeier zu einer Vorstellung ein. Selbstverständlich nahm er die Einladung an. Hinten herum erfuhr ich, er habe dafür kein Honorar verlangt und sei mit freiwilligen Spenden zufrieden gewesen.

Du glaubst es nicht, aber jetzt kamen mir ernsthafte Bedenken, ob ich die Nummer mitmachen soll. Als schließlich zwei Tage vor der Aufführung der Sarg angeliefert wurde, wäre ich beinah davongelaufen. Mir tat jedoch der Alte leid, ich konnte ihn doch nicht hängen lassen. Wieder und wieder versucht ich, mich in dem Sarg zu verkriechen und so wenig wie möglich Platz einzunehmen. Ich machte mich klein wie ein Embryo, legte das Kinn auf die Brust, zog Arme und Beine an den Leib und lutschte am Daumen. Als ich schließlich weniger als die

Hälfte der Kiste brauchte, bat ich den Meister, eine deutliche Markierung an der Stelle des Deckels zu machen, wo er die Säge anzusetzen gedenke. Großzügig ging er über die Hälfte hinaus und schnitt dort eine Kerbe in den Deckel. Es waren immerhin ganze zwei Drittel der Kiste, die mir zur Verfügung standen. Also keine Gefahr; ich sah der Vorstellung gelassen entgegen. Bis dahin hatte ich freilich ein paar Vorkehrungen zu treffen. Am Zauberstab befestigte ich einen haarfeinen Nylonfaden, so konnte der Meister seinen Stecken tanzen lassen. Zwei weiße Tauben mußten sich an die Enge der Manteltasche gewöhnen, das Karnickel Friedl kalmierte ich beizeiten mit Valium. Weiter hatte ich die magische Lampe zu präparieren, die Illumination einzurichten und die Audioanlage auszusteuern. Der Zauberer lief derweil aufgeregt hin und her und gab unsinnige Anweisungen. So wollte er in das Programm unbedingt seine Flugnummer einbauen, von der vor fünfzig Jahren die ganze Welt gesprochen hätte. Mit Mühe konnte ich ihn davon abhalten.

Schließlich war es so weit, und die Show begann - dabei lief so ziemlich alles schief. Als der Meister seinen Zauberstab zum Tanzen bringen wollte, löste sich der Nylonfaden, und der Zauberstab fiel mit einem „Bing" auf die Bühnenbretter. Wenig später qualmte ein Scheinwerfer. Dann ein Blitz. Der Blackout dauerte etwa fünf Minuten. Allein diese Störung brachte den Meister völlig aus dem Konzept, und das Fiasko nahm dann seinen Lauf. Die Taubennummer mußte er streichen, weil er auf dem Weg zur Bühne gegen einen Pfeiler getaumelt war und dabei die Tauben erdrückt hatte. Als er den Karnickel mit viel Abrakadabra aus dem Zylinder zog machte der keinen Mucks. Ein Valium zu viel. Das Tier schlief tief und hing dem Meister über der Hand wie ein nasser Lappen.

Dann der Höhepunkt des Abends, die Sägenummer. Der Bühnenvorhang ging auf, in gelblichem Zwielicht sahen die Zuschauer einen schwarzen Sarg, der auf einem mit schwarzem Tuch behangenen Totenbahre stand. Daneben lag auf einem ebenfalls schwarz bedeckten Tischchen eine überdimensionierte Handsäge. Zwei Helfer erschienen, nahmen den Sargdeckel ab und legten ihn auf den Boden. Jetzt mein

Auftritt. Der Zauberer stellte mich dem Publikum als seinen Assistenten vor: - Ein mutiger junger Held, der seinen Meister verehrt und ihm sogar sein Leben anvertraut. Dann legte ich mich in den Sarg. Vorher wollte ich mich blitzschnell der Kerbe vergewissern, sah sie aber nicht. Das mochte am schlechten Licht gelegen haben, wer weiß, jedenfalls schrillten bei mir die Alarmglocken. Als ich dann im Sarg lag, besprenkelte mich der Meister mit Zauberwasser, während er mit dünner Mädchenstimme, die irgendwie nicht zur Situation paßte, magische Formeln murmelte. Der Meister machte ein Zeichen, die Helfer hoben den Deckel vom Boden und schlossen den Sarg. Demonstrativ drehten sie noch vier Flügelschrauben fest. Dann verließen sie die Bühne. Mit großer Geste ergriff der Meister die Säge, brachte das Sägeblatt mehrere Male zum Singen, ein Kontrabaß bohrte beharrlich in tonalen Tiefen. Schließlich setzte er das Sägeblatt in der Mitte des Sarges an und begann in langen Zügen zu sägen.

Woher ich das alles so genau weiß? Beobachtung, mein Lieber, genaue Beobachtung. Das war möglich, weil ich mich im Bruchteil einer Sekunde aus dem Sarg gewälzt hatte, als die Helfer dabei waren, den Sargdeckel aufzusetzen. Möglicherweise hatten die Helfer mein *Manöver des letzten Augenblicks* mitbekommen, doch was scherten mich die Helfer, es ging schließlich um mein Leben.

Der Meister sägte energisch weiter. Dabei grinste er satanisch. Als ich mich schließlich unversehrt dem Publikum zeigte, das begeistert applaudierte, konnte ich mich des Eindrucks nicht verwehren, als sei der Meister enttäuscht.

Am nächsten Tag kündigte ich. Leider könne ich nicht länger sein Assistent sein, eröffnete ich dem Großen Kohout, meine Großtante sei gestorben und habe mir ein größeres Erbe vermacht, das ich nun antreten müsse. Mit Handschlag gratulierte mir der Meister zu meinem Entschluß und sagte, - wärst du nicht freiwillig gegangen, hätte ich dich rausgeworfen. Für das Fiasko beim Karnickelzüchterverein machte er allein mich verantwortlich. Ich hätte die Tauben vergiftet, das Karnikkel erwürgt und bei der Sägenummer die Hosen voll gehabt. Was mir die Zauberlehre gebracht hat? Offen gesagt, nichts. Oder wenigstens die Erkenntnis: Zauberei ist nicht mein Ding, im übrigen braucht sie kein Mensch. Dem Großen Kohout wünschte ich viel Zauberglück und empfahl ihn den Penaten. Ein paar Monate später starb der Gute. Sein Zauberstab habe angeblich Wurzeln geschlagen und würde jedes Frühjahr Knospen treiben, die leider nie zur Blüte kämen. Inzwischen hatte ich meine Erwartungen an die Zauberei endgültig begraben, was insofern vernünftig war, weil auch der beste Zauber den Tod der Kanzlerin nicht verhindert hätte.

*

Nach der Zauberepisode widmete ich mich vermehrt der Pflege meiner 'Tarnkappe', ich meine der göttlichen Gabe, von meinen Mitmenschen kaum oder überhaupt nicht wahrgenommen zu werden. Auf die 'Tarnkappe' war ich natürlich stolz, zeichnete sie mich doch als besonderen Menschen aus. Verstehst du, ich hatte etwas, was die Anderen nicht hatten. Was mich jedoch störte, war die Tatsache, daß hinter dieser Fähigkeit keinerlei Eigenleistung steckte. Es passierte einfach, ob ich wollte oder nicht. Fertig. Ich empfand mich als personifizierte Unscheinbarkeit, verstehst du. In gewisser Weise hatte ich kein Gesicht, das mußt du dir einmal vorstellen! Die Leute übersahen mich einfach, auch die Frauen, keine schenkte mir ein Lächeln, keine erinnerte sich an mich. Ich erfuhr niemals eine positive Resonanz auf mein Sosein, sei es Anerkennung oder Ablehnung, die Leute nahmen mich einfach so hin. Und wenn mich jemand wahrnahm, wußte er im nächsten Augenblick schon nicht mehr, daß ich es war, den er wahrgenommen hatte. Ist das nicht schrecklich? Wie um alles in der Welt sollte ich da ein gesundes Selbstwertgefühl entwickeln? Wenn ich das jetzt so sage, meinst du vielleicht, ich hätte an meiner Unscheinbarkeit gelitten und würde mich jetzt beklagen. Nein, ganz und gar nicht, ich wollte nur darauf hinweisen, wie schwierig das Leben eines Menschen mit einer ungewöhnlichen Eigenschaft wirklich ist. Weißt du, in Wahrheit war das alles kein Problem, ich kam mit meinem Los ganz gut zurecht. Trotzdem lockte es mich immer wieder, Szenarien durchzuspielen, bei denen ich ganz groß in Erscheinung trete und mich dann im Lichte der Öffentlichkeit suhle wie ein Schwein im Schlamm. Ehrlich, der Gedanke, den ich dir jetzt im Vertrauen gestehe, streifte mich nur kurz, wirklich ganz kurz: Ein Attentat auf einen Politiker, einen Großindustriellen oder gleich den Papst, das wär doch was. Denn mit einem Attentat trittst du gewöhnlich mehr in Erscheinung als mit drei Nobelpreisen in Serie. Das mußt du dir vorstellen! Da forscht ein Forscher jahrelang, studiert, experimentiert, recherchiert, publiziert, bis er das Ei des Kolumbus gefunden hat. In Kollegenkreisen feiert man ihn als Genie, und mit etwas Vitamin B kriegt er schließlich den Nobelpreis. Ob er aber in der Öffentlichkeit in Erscheinung tritt, ist eine andere Frage. Nicht so der Attentäter. Sofort steht er in allen Zeitungen, sein Foto erscheint im Fernsehen, Facebook, Internet. Jeder spricht über ihn, vielleicht tritt er sogar in Talkshows auf und wird als Held gefeiert. Oder, falls er Pech hat, wird er in einem Showprozess zum Tode verurteilt und erschossen. Das Ergebnis ist in beiden Fällen dasselbe, der Attentäter tritt in Erscheinung, jeder kennt ihn. Und allein darauf kommt es an, jedenfalls dem geltungssüchtigen Psychopathen, verstehst du. Aber nicht mit mir; ich pfeife auf so etwas wie Öffentlichkeit. Ich strebte eher das Gegenteil an und versuchte meine natürliche Unscheinbarkeit in einem Kunstwerk quasi zu vergegenständlichen, wo allein das Werk ganz groß herauskommt, aber der Künstler völlig im Dunkeln bleibt. Verstehst du. Bringst du das Konzept auf die Ebene eines Attentats, bei dem der Attentäter sein Attentat so spannend, so kunstvoll, ja so geschickt inszeniert, daß es am Ende in den Feuilletons der großen Zeitungen als kulturhistorisches Ereignis diskutiert wird, dann kann der Attentäter damit rechnen, für seine Tat gepriesen zu werden, ja vielleicht drückt man ihm Lorbeeren aufs Haupt, selbst wenn es um den Tod der Kanzlerin geht.

In letzter Zeit besuchte ich wieder öfter das Olé; das Reh ging mir partout nicht aus dem Kopf. Ansonsten das alte Bild. Fast jeder glotzte auf sein Smartphone, wischte, daddelte, checkte, chattete, postete. Ein Halbintellektueller mit Dutt und schlechten Zähnen kicherte wie ein Irrer vor sich hin, stieß seine Partnerin mit dem Ellenbogen in die Seite und hielt ihr sein Smartphone vor die Nase, wobei er gluckste wie ein Truthahn. Die ziemlich langweilig wirkende Dame, ihrerseits verloren in virtuellen Welten, fand die Störung gar nicht witzig und giftete ihn an, - was soll das, du Arsch! Der Arsch konterte mit - blöde Kuh! und fertig war der Dialog. An einem anderen Tisch schienen sich zwei Studierende weiblichen Geschlechts ... ich meine zwei Studentinnen, köstlich zu amüsieren. Sie saßen einander gegenüber und machten immer wieder Selfies. Die sendeten sie jeweils der Anderen zu, zusammen schauten sie das Foto an und kringelten sich vor Lachen. Wirklich, eine Horror-Picture-Show vom Feinsten. Zwischen den Tischen schwebte wie eh und je meine Fee, bediente hier, kassierte dort, und lächelte, als berühre sie der Wahnwitz in keiner Weise. Wie hält sie das nur aus, fragte ich mich, entweder sie ist ebenso grenzdebil wie ihre Gäste und findet das Treiben hier völlig normal, oder sie steht haushoch über allem, denkt sich ihren Teil und macht halt ihren Job. Mir schien die zweite Version eher glaubhaft, besser gesagt, ich betrachtete sie schon deshalb als erwiesen, weil ich diesmal nicht nur mit dem Gedanken spielte, sondern definitiv vorhatte, sie als Freundin zu gewinnen.

- Jetzt sei mal ehrlich, hättest du mir zugetraut, mit einer Halbidiotin ein Techtelmechtel zu beginnen?

- Warum nicht, je dümmer desto schärfer. Halbidiotinnen gelten als die reinsten Granaten im Bett. Was willst du mehr?

- Siehst du, das ist der Unterschied zwischen uns. Dir geht es nur ums Vögeln, während ich vor allem weibliche Wärme suche und geliebt werden will. Verstehst du? Sex ergibt sich dann von alleine.

Im Grunde stand nichts mehr im Wege, die Gazelle nach einem Date zu fragen. Meine Hemmungen hatte ich weitgehend abgelegt und das leidige Sprachproblem schien kuriert. Auch die Sorge, eine Frau könnte mir mit ihrer nimmersatten Liebe sämtliche Energien aus den Knochen saugen und so meine Künstlerkarriere vermasseln, ist eher einer festen Zuversicht gewichen, dass mich mein Superweib als Muse zu unerhörten Taten inspiriert. Verstehst du? Und genau für so ein Prachtweib hielt ich die Gazelle. Wie auch immer, ich fühlte mich bereit, den ersten Schritt zu wagen. Während sie geschäftig durch die Reihen schwebte, suchte ich Blickkontakt. Sie schaute mehrere Male zu mir her; jedesmal machte ich ein Handzeichen. Vergeblich, sie reagierte nicht. Aber klar doch, schoß es mir durchs Gehirn, meine verfluchte Tarnkappe! Wie konnte ich das nur vergessen. Ich wartete auf einen günstigen Moment, stand auf und ging zu ihr hin. - Ka-kann ich di-dich ku-kurz sprechen? Sie musterte mich vom Scheitel bis zur Sohle; in ihrem Blick lag bloße Verachtung. - Geht jetzt nicht, war ihre Antwort. Sie drehte sich um und nahm eine Bestellung entgegen. Wie Schuppen fiel es mir von den Augen, nein, ich liebte sie nicht, ich haßte diese Schlampe. Das Geld schmiss ich auf den Tisch, mit dem Olé war ich fertig. Du glaubst nicht, welcher Zorn in mir tobte. Nicht wegen ihr, oh nein, sondern wegen der unsäglichen Schlappe. In dem Zustand hätte ich sogar die Kanzlerin erwürgt.

Ich wollte nur noch nach Hause. Ich schloß mich ein, verdunkelte die Fenster, legte mich ins Bett und haderte drei Tage und Nächte mit meinem Schicksal. In der vierten Nacht begann sich der Seelennebel zu lichten und am frühen Morgen kam es über mich wie eine Erleuchtung. Bereits am Vormittag meldete ich mich zu einem Zazen-Kurs im Meditationszentrum des Klosters Dietfurth an.

Wie ich ausgerechnet auf Zen kam, muß ich dir erklären. Einmal stöberte ich in der Bibliothek der Klosterschule, ich war etwa zwölf Jahre alt, da kam mir ein Büchlein mit dem Titel 'Zen in der Kunst des Bogenschießens' zwischen die Finger. Ich blätterte in dem Büchlein, las hier und dort ein paar Sätze und kam schließlich nicht mehr los. Ich war fasziniert. Wie kann ein Mensch nur die Geduld aufbringen und über fünfzehn Jahre täglich das Bogenschießen üben, allein mit dem Ziel, jeden Pfeil absolut sicher ins Schwarze zu treffen?! Ich hatte natürlich keine Ahnung vom Wesen der Sache, das heißt von dem, was dahinter stand. Zuerst besorgte ich ein Küchenmesser, dann stahl ich mich in das nahe gelegene Wäldchen und schnitt eine Haselrute, aus der ich mit einer Paketschnur einen Flitzebogen bastelte. Aus Schilf fertigte ich ein paar Pfeile und war nun bereit, mich in der Kunst des Bogenschießens zu üben. Wie gesagt, alles mußte heimlich geschehen, denn im Internat war schon der Besitz eines Taschenmessers ein Verbrechen. An einen Flitzebogen, womit man früher Leute totgeschossen hat, durfte man nicht einmal denken. Meine Ausrüstung versteckte ich sicher hinter einem Stapel Holz beim Geräteschuppen im Klostergarten. Ich erinnere mich genau. Es war ein milder Nachmittag Anfang Mai, die Vögel zwitscherten, der Hauskater Boris verspeiste gerade eine Jungamsel und Schwester Jolanda wühlte mit beiden Händen in der Erde, sie jätete Unkraut. Unbehelligt erreichte ich mein kleines Waffenarsenal. An was ich freilich nicht gedacht hatte, war eine Schießscheibe. Lange schaute ich mich um nach einem Ersatz. Da fiel mir Schwester Jolanda auf, genauer ihr riesiges Gesäß, das im Rhythmus der Arbeit hin und her schwankte. Mich muß der Teufel geritten haben, denn ohne zu überlegen, nahm ich den Bogen, legte einen Pfeil auf, zielte - und schoß. Ein riesen Geschrei, du glaubst es nicht. Ich schmiß alles hin und machte mich davon. Im Internat war die Hölle los. Persönlich knöpfte sich Schwester Oberin jeden einzelnen Zögling vor. Auch mich nahm sie in die Mangel, bekam aber nichts heraus. Während des Verhörs das alte Lied; sie fragte, ob ich neu hier sei, sie könne sich gar nicht an mich erinnern. Den Flitzebogen und die Pfeile haben sie kurz danach gefunden. Sie taten so, als könne nur ein Lümmel aus dem Dorf zu einer solchen Schandtat fähig sein. Wie auch immer, meine Laufbahn als Zen-Bogenmeister war damit beendet.

Langsam, bin ja schon dabei. Weißt du, die Idee mit dem Bogenschießen und der Zen-Meditation ließ mich seitdem nicht mehr los. Sie schlummerte in mir und ist dann an jenem Morgen gleichsam mit der Sonne aufgewacht. In den folgenden Jahren ist ja allerhand passiert, nicht zuletzt der Tod der Kanzlerin, aber es wäre wohl alles anders gekommen, wenn ich den Wink des Schicksals ignoriert und nicht an dem Zenkurs teilgenommen hätte. Während ich nämlich in äußerst unbequemer Sitzhaltung gegen das Holzpaneel starrte und das Gedankenchaos in meinem Kopf zu klären suchte, ging mir tatsächlich ein Licht auf. Ich spreche jetzt nicht von Erleuchtung oder so, nein, es ging mehr um den Zusammenhang zwischen der geistigen

Klarheit in mir und meiner Sichtbarkeit. Darauf bin eigentlich erst gekommen, nachdem mich mein Sitznachbar, er hieß übrigens Holger, in der Mittagspause im Klostergarten abgepaßt und trotz des Schweigegebots angesprochen hatte. Holger zeigte sich völlig irritiert, ja er zweifelte an seinem Verstand. Er hätte nämlich beobachtet, wie ich plötzlich verschwunden sei, einfach weg, ein leerer Platz. Dann sei ich wieder dagesessen, einmal halb durchscheinend, dann wieder ganz, wieder weg. Er habe seinen Augen nicht getraut und sich selber gefragt, ob er noch alle Tassen im Schrank habe. Was sollte ich antworten? Das käme schon mal vor, beruhigte ich ihn, das ewige an die Wand Starren hätte eben Folgen; er möge doch mal mit dem Meister reden. Kurz darauf rief mich der Meister zu sich. Er sei sehr besorgt über das, was ihm Holger erzählt habe und wolle nun meine Meinung dazu hören. Ich legte dem Meister ganz offen dar, wie schwer sich die Leute zeitweise tun, mich wahrzunehmen und versuchte, ihm die eigentliche Ursache zu erklären. Ob er mir wirklich glaubte, weiß ich nicht, auf jeden Fall zeigte er großes Interesse. Er fragte, ob es mir möglich sei, ihm praktisch vorzuführen, was ich mit meiner wechselnden Wahrnehmbarkeit meine. Jetzt stell dir mal die Situation leibhaftig vor. Mir gegenüber der Meister in perfektem Lotussitz, milde lächelnd, die Ruhe in Person. Dann ich mit schmerzenden Gelenken, Herzklopfen und Ohrensausen im Fokus seines Blicks. Ich fühlte mich unwohl, von der überragenden Autorität des Meisters befangen, wenn nicht sogar eingeschüchtert, sollte ich nun zeigen, was es mit dem Wechsel meiner Wahrnehmbarkeit auf sich hat. Das konnte einfach nicht klappen. Der Meister ließ mir etwa zehn Minuten Zeit. Zehn Minuten, die zur gefühlten Stunde wurden. Nichts rührte sich. Dann wurde das Lächeln des Meisters sehr breit; er lobte meine ausschweifende Fantasie und riet mir, meine Kunst auf dem Jahrmarkt vorzuführen. Jedenfalls sei das Meditationszentrum nicht der Ort für solche Vexierspiele, die seine Schüler, die ja innere Einkehr suchten, eher aus der Ruhe brächten. Er riet mir dringend, den Kurs abzubrechen. Ich möge mir alles in Ruhe durch den Kopf gehen lassen und dann wiederkommen, wenn ich meinen magischen Fantasien abgeschworen hätte. -

Erst dann bist du frei zum Shikantaza, fügte er hinzu, ohne das du den Weg durch das Labyrinth der Läuterungswege niemals finden wirst. Was er damit meinte, kann ich dir auch nicht erklären, ich habe es ja selber nicht verstanden.

Jedenfalls brach ich den Kurs ab. Die Erfahrungen, die ich in den vier Tagen gesammelt hatte, genügten mir vollauf. Ich wußte jetzt, daß ich in der Lage war, durch Konzentration meine Wahrnehmbarkeit gleichsam zu dimmen. Also einmal mehr, dann wieder weniger, wie ein Schlafzimmerlicht, verstehst du. Nein, ich spinne nicht, das ist Tatsache. Und hoch interessant! Hör zu, das funktioniert nämlich so. Je mehr ich bei mir bin, verstehst du, also je weniger ich denke und trotzdem alles, was so um mich herum läuft, voll erfasse, desto weniger sehen mich die Leute. Oder anders herum, je mehr ich außer mir bin, also voll mit dem üblichen Gedankenschrott, oder im Smartphone verloren, desto mehr werde ich sichtbar. Jetzt verstehst du, warum ich beim Meister nichts zustande brachte. Der Meister hatte eine dermaßen starke Ausstrahlung, ich hatte keine Chance, einen klaren Gedanken zu fassen. Wie auch immer, den Besuch im Kloster Dietfurth verbuchte ich als glatten Erfolg.

Merkst du, wie meine Stimme allmählich heißer wird? Kein Wunder, ich rede mir den Mund fusselig, während du offensichtlich Mühe hast, die Augen aufzuhalten und vom Tod der Kanzlerin träumst. Oder? Wenn du einverstanden bist, machen wir morgen weiter.

*

Wo sind wir stehen geblieben? Richtig, beim Kloster Dietfurth und seinen Folgen.

Ich hatte also das Potenzial, das in mir steckte, klar erkannt und mußte nun lernen, es gezielt zu nutzen. Jetzt ging es vor allem darum, diese Kraft zu bändigen, zu beherrschen und sie der Absicht, meinem Leben einen Sinn zu geben, dienlich zu machen. Zazen hat mir dazu den Weg gezeigt; er läßt sich kurz und bündig in das Wörtchen *üben* fassen. Üben und üben und nochmals üben. Wie der Bogenschütze hatte ich die Meisterschaft im Sinn und war wild entschlossen, so lange zu üben, bis ich den Umgang mit meiner Tarnkappe perfekt beherrschte. Das konnte Jahre dauern. Dafür mußte ich wohl oder übel meinen Lebensstil radikal ändern. Japanischer Minimalismus war angesagt. Zuerst ließ ich mir eine Glatze rasieren. Ein pakistanische Schneider fertigte mir ein schlichtes Meditationsgewand aus flandrischem Leinen. Flipflops besorgte ich beim Chinesen. Mein gesamtes Mobiliar einschließlich Wohnlandschaft und Wasserbett warf ich hinaus. Computer und Smartphone ersäufte ich in der Badewanne. Die Seidentapeten mit stilisiertem Bambus, Kranichen und Kirschblüten kosteten mich ein Vermögen. Den Fußboden belegte ich komplett mit Tatamimatten. Schiebevorhänge aus hauchdünnem Reispapier dämpften das Tageslicht. Ein knochenharter Futon sorgte für qualvolle Nächte. Auf meinen 240 Quadratmetern Wohnfläche bewegte ich mich wie ein Hund auf allen Vieren. Stilvoll verteilt stand hier und dort ein Teetischchen mit beiliegenden Sitzkissen. Den absoluten Glanzpunkt bildete meine Meditationsecke. Ein wunderschönes antikes Kirschholzpaneel, runde Sitzhilfen aus edler Seide, eine sauteure elektronisch gesteuerte Klangschale. Für alles war gesorgt. In der Ecke saß ein behäbiger Buddha aus Yade und schaute milde lächelnd vor sich hin. Für Essen und Trinken sorgte der Vietnamese zwei Häuser weiter. Einmal in der Woche zelebrierte eine japanische Studentin eine Teezeremonie vom Feinsten. Auch die Tage waren knallhart durchgeplant. Ein Drittel des Tages konzentrierte ich mich ausschließlich auf meine Übungen, die anderen zwei Drittel brauchte ich zum Schlafen, Essen und zur Ausgleichsgymnastik. Über achtzehn Monate, hast du gehört, ganze achtzehn Monate zog ich eisern mein Programm durch. Nicht einmal verließ ich die Wohnung, und ich habe - das glaubst du nicht - die ganze Zeit kein Wort gesprochen. Die nötigen Anweisungen gab ich immer schriftlich. Das alles kostete mich ein Vermögen. Zum Glück lag noch genügend Geld auf der Kante.

Mit meinen Übungen machte ich gute Fortschritte. Bereits zweimal hatte ich eine Erleuchtung gehabt, obwohl es mir gar nicht darum ging. Verstehst du? Mein Ziel bestand ja darin, mich unsichtbar zu machen. Doch wie konnte ich das überprüfen? Der Hochspiegel neben der Meditationsecke nützte leider wenig, einfach deshalb, weil ich mich vor mir selber nicht unsichtbar machen konnte. Warum das nicht ging, das wissen die Götter. Einmal hatte ich die Japanerin gebeten, mich bei einer Übungssequenz zu beobachten. Auf meine schriftlich gestellte Frage, was sie beobachtet habe, kicherte sie nur. Ich nehme an, sie hatte schlichtweg nicht begriffen, um was es ging. Auch die polnische Putzfrau, die einmal die Woche sauber machte, behauptete, sie habe *nichts* gesehen, obgleich ich nicht aus ihr heraus kriegte, was sie nun mit dem *nichts* sagen wollte. Anscheinend gab es nur eine Möglichkeit, meinen Fortschritt zu überprüfen. Ich mußte mich unter die Leute mischen. Und was lag näher als das Olé.

Zugegeben, das Ergebnis war enttäuschend. Auch wenn ich glaubte, in meiner Mitte zu sein, wurde ich ständig angequatscht. - Entschuldigung, darf ich mich zu dir setzen? Oder das Knochengestell, dem allmählich der Wind durch die Rippen pfiff. - Was darf's denn sein? Gut, okay, ich wollte ein Mineralwasser ohne Kohlensäure, scheiterte aber an dem langen Wort und wich dann auf „Kaffee" aus. Dabei betonte ich wohl das K zu stark, schon grinste mich diese Kaffeehaustwiggy breit an und wollte wissen, ob ich ein 'Wortfindungsproblem' hätte. Nach solchen Enttäuschungen ist mir die Zuversicht so ziemlich in den Keller gerutscht, und ich war drauf und dran, das Handtuch zu werfen. Verstehst du. Nein, ich tat es nicht, im Gegenteil, ich beschloß, ein weiteres Jahr intensiv zu üben. Und es hat sich tatsächlich gelohnt. Die ersten Versuche im Olé zeigten zwar hier und dort noch Schwächen, im Großen und Ganzen war ich jedoch zufrieden. Den ersten Test startete ich bei der Bedienung, jetzt nicht mehr die Knochenfrau, sondern ein junger Mann, der gerade an seinem Geschlecht zu zweifeln schien und im Haar einen Altweiberknoten trug. Zuerst versuchte ich es mit einem Handzeichen, das er auch dann nicht bemerkte, als er direkt zu mir her schaute. Ich stieg auf den Stuhl, dann auf den Tisch und winkte mit beiden Armen. Er wandte sich ab und ging zum Tresen. Auch die Gäste vom Nachbartisch nahmen keine Notiz von mir. Innerlich jubelte ich... - Hör mal, du bist doch hier nicht zu Hause! Empörte sich plötzlich eine männliche Stimme hinter mir. Natürlich meinte er mich, denn ich spürte sofort, er sah mich leibhaftig: ich stand auf dem Tisch! Sofort sprang ich runter, setzte mich, konzentriert mich - und entschwand den empörten Blicken. Die Bestätigung kam prompt. Ringsum Aufregung, - Das kann doch nicht wahr sein! Was soll der Scheiß! Will der uns verarschen? Sitz ich im falschen Film?! Ist ja irre! Total cool! Voll geil! Erst draußen ließ ich wieder los und wurde dann auch gleich von einem Fußgänger gesehen, der mir gerade noch ausweichen konnte. Ja, ich hatte einen Fehler begangen. Als ich auf dem Tisch stand, fühlte ich mich einfach super und konnte mir nicht verkneifen, allen zu zeigen, wie großartig ich bin. Dabei vergaß ich meine Mitte und stand augenblicklich im Rampenlicht. Verstehst du. Ich fackelte nicht lange, machte auf dem Absatz kehrt und ging wieder hinein ins Olé. Keiner erkennt mich wieder, das wußte ich ja. Und so war es auch, kein Mensch schien mich zu bemerken. Selbst der queere Kellner würdigte mich keines Blickes und strich knapp an mir vorbei. Na warte Bürschchen, dachte ich, dir werde ich's zeigen. Ich zog meine imaginäre Tarnkappe über und stellte dem Kellner ein Bein. Die ganze Ladung Geschirr rutschte von seinem Tablett, knallte auf den Boden und zerbrach in tausend Scherben. Wenn du meinst, die Gäste seien vor Schreck aufgesprungen, hast du dich geschnitten. Bis auf wenige Ausnahmen sahen sie kurz von ihren Smartphones auf, ein paar konnten sich das Kichern nicht verkneifen, zwei machten reflexartig Fotos und posteten sie sonst wohin, die andern versanken wieder in ihren Scheinwelten. Leise vor sich hinfluchend sammelte der Kellner die Scherben ein. Ich trat einen Schritt zurück, dimmte mich wieder in die Leibhaftigkeit, ging an die Bar, bestellte einen Espresso und war im Grunde zufrieden mit mir.

Jetzt darfst du das eine nicht vergessen, auch wenn mich die Andern nicht sehen konnten, war ich trotzdem da, ich meine substanziell, also faßbar, verstehst du. Ja, du könntest mir sogar einen Leberhaken verpassen, wenn du genau weißt, wo ich gerade stehe. Das wurde mir überdeutlich klar, als ich im Olé gerade auf meinem Stammplatz saß, unsichtbar natürlich, und eine stramme Maid ihr Hinterteil auf meinem Schoß platzierte. Zwar nur eine halbe Sekunde, dann schoß sie hoch wie eine Rakete und stieß einen spitzen Schrei aus, der nicht nur mich aus meiner Mitte riß, sondern auch die Smartphonejunkies in höchste Alarmbereitschaft versetzte. Alle glotzten zu uns her. Im Raum herrschte Totenstille. Das Dickerchen stand verstört da und suchte verzweifelt nach Worten. Diesen Moment nutzte ich und verdünnisierte mich. - Sau! Sexist! hörte ich noch; jedenfalls spielte sie sich auf, als hätte ich sie vergewaltigt. Dabei hättest du mir das Weibsbild auf den Bauch binden können ... ach, lassen wir das. Jedenfalls war mir der Vorfall eine Lehre. Mein Gabe, mich aus der Wahrnehmung der Leute zu stehlen, war offenbar nicht frei von Tücken. Also aufgepaßt, dachte ich. Nein, was ich auf dem Leib trug, paßte sich dem Grad meiner Transparenz an. Absolut kein Problem, sogar meine Umhängetasche machte alles mit. Was ich dagegen in der Hand hielt, zum Beispiel ein Buch, ein Glas, einen Hammer oder eine Einkaufstasche blieb immer sichtbar, daran ändere sich nichts, rein gar nichts. Das ist mir bis heute unerklärlich. Andererseits machte ich mir einen Jux daraus. Stell dir vor, du bummelst durch die Fußgängerzone und plötzlich kommt dir eine Einkaufstasche entgegen. Oder es regnet, und ein Regenschirm eilt an dir vorbei. Da würdest du dir die Augen reiben und überhaupt an deinem Verstand zweifeln. Oder? Und genau solche Dinge habe ich gemacht. Es war manchmal zum Brüllen, wie die Leute reagierten. Bis, ja bis ein transsilvanischer Bettler seinen Joghurtbecher zur Seite stieß und beherzt nach der Einkaufstasche griff, die da an seiner Nase vorbeizuschweben schien. Der Zugriff kam plötzlich, ich erschrak, wurde leibhaftig und kämpfte nun mit dem Bettler um meine Einkaufstasche; er zerrte an einem Henkel, ich am anderen. Du mußt dir das Bild vorstellen, einfach zu komisch! Die Passanten sahen das anders, sie meinten, der Almosenspecht wollte mich berauben. Du glaubst gar nicht, wie schnell der Hungerleider auf der Nase lag, mit einem Polizeistiefel im Nacken. Mich, eigentlich das Opfer, fingen sie dann doch an zu beschimpfen, ich hätte den Bettler mit meiner prall gefüllten Einkaufstasche provoziert, ich sei selber schuld und so weiter ... Ein älterer Mann zupfte mich am Ärmel und riet mir, unbedingt eine Anzeige zu machen. Der Kerl gehörte hinter Gitter, worüber er noch froh sein könnte, denn in seinem Land hätten sie ihm die Hand abgehackt. Ich ging gar nicht darauf ein und tauchte in der Menge unter.

Aber jetzt ein ganz anderes Problem. Betrifft meine Finanzen. Kurz gesagt, ich war pleite, die Million war restlos aufgebraucht. Mit der Miete lag ich bereits zwei Monate im Rückstand, der Vietnamese brachte kein Essen mehr, die Japanerin ließ sich von Mal zu Mal entschuldigen. Bloß die Putzfrau hielt mir noch die Stange, mit ihr hatte ich ein inniges Verhältnis. Nicht für Gottes Lohn, versteht sich, sie stellte Ansprüche. Aber kein Problem, dann und wann ein kleiner Fischzug und die Sache war geritzt. Du glaubst es nicht, sie war wohl die einzige polnische Putzfrau, die im schicken Versace Kostüm, behangen mit edlen Perlenketten, goldenen Ohrringen und mit richtig dicken Klunkern auf Highheels nach Hause stöckelte. Wie gesagt, auf meinem Konto herrschte Ebbe. Bares ist Rares war die Devise. Trotz schwerster moralischer Bedenken sah ich zunächst keine andere Einnahmequelle als den Inhalt von Geldbörsen und Brieftaschen anderer Leute. Leider mußte ich zur Kenntnis nehmen, daß sich während meiner Abwesenheit die Verhältnisse in der Zieherbranche gewissermaßen multikulturell verändert hatten. Rumänen, Albaner, Araber, Russen, Afghanen, Chinesen, Türken, Kaffer, Hottentotten, alles was du dir denken kannst, lungerte einzeln und in Gruppen an allen Brennpunkten der Stadt herum und machten sich gegenseitig die Beute streitig. Wer etwa durch eine belebte Fußgängerzone ging, hörte jetzt mehr ausländische als deutsche Stimmen, ja manchmal hattest du wirklich den Eindruck, du bist auf einem orientalischen Basar oder bei einer Hinrichtung nach dem Freitagsgebet. Die hohe Dichte an Beutelschneidern bewirkte genau das Gegenteil von dem, was sich die Brüder erhofft hatten, das heißt, jeder bewachte jeden und keiner kam wirklich zum Zug. Das Resultat: In der Stadt wurde nie so wenig geklaut wie zu jener Zeit, während die Bandenkriege an Heftigkeit zunahmen. Von meinen ganz speziellen Fischzügen abgesehen, aber die hatten in der Statistik kein Gewicht. Ohne Frage, mein Geschäft lief gut. Die Einnahmen erlaubten mir immerhin, meine Wohnung weitere fünf Monate zu halten. Dann verließ mich allmählich die Lust, denn irgendwie artete das Geschäft in Arbeit aus, die sich genau betrachtet nicht lohnte und außerdem meinem intellektuellen Niveau nicht entsprach. Von meinen moralischen Prinzipien ganz abgesehen. Ich hörte mit der Klauerei auf, gab Gracia, so hieß meine Polin, den Laufpaß, selbstverständlich mit einer üppigen Wegzehrung, verkaufte den restlichen Schmuck an einen Hehler und zog mich in meine Wohnung zurück.

Die fünf Wochen, die darauf folgten, waren die schlimmsten meines Lebens. Ich steckte in einer tiefen Existenzkrise, hielt mein bisheriges Leben für völlig verpfuscht, eine Zukunft gab es nicht. Was lag näher als Suizid. Zuerst dachte ich an Harakiri, verwarf aber den Gedanken, weil mir diese Art aus dem Leben zu scheiden einfach zu unappetitlich schien. Erhängen wollte ich mich auch nicht. Irgendwer hatte mir gesagt, daß der Erhängte bei seinen letzten Zuckungen in die Hose scheißen würde. Das fand ich nicht nur eklig, sondern in höchstem Grade unwürdig. Aus dem Fenster springen, war auch nicht mein Ding. Vergiften, den Gashahn aufdrehen? Du wirst jetzt lachen, wenn ich dir sage, daß ich bei meinen Überlegungen, wie ich mich am besten ins Jenseits befördere, wieder Lebensmut gewann. Eine verschärfte Zen-Session sollte wieder Licht in meine Seele bringen. Ganze vier Wochen saß ich täglich achtzehn mal fünfundzwanzig Minuten und versuchte alle trüben Gedanken aus meinem Kopf zu schleusen. Ernähren tat ich mich nur von Wasser, Knäckebrot und Bouillonwürfeln. Vier Wochen erlitt ich Höllenqualen, ertrug das Fegefeuer und erblickte schließlich Dantes Beatrice in himmlischem Licht. Und du glaubst es nicht, in dem Augenblick dachte ich an den Tod der Kanzlerin. Abgesehen davon fühlte ich mich nach dieser Strapaze fix und fertig. Du hättest mich kaum erkannt, so ausgemerkelt und dünn war ich, ein jämmerliches Gerippe, ein Strich in der Landschaft, aber durch und durch erleuchtet und voller Lebenslust. Zuerst mußte ich mich freilich wieder aufpäppeln mit der Milch frommer Denkungsart und

Manna für meinen gequälten Körper. Entschuldige, das ist natürlich Quatsch, ich wollte dir nur demonstrieren, in welcher Stimmung ich damals war. Selbstverständlich habe ich auf meine Ernährung geachtet, ich wollte ja so schnell wie möglich wieder zu Kräften kommen. Morgens haute ich mir drei vier Eier in die Pfanne, zum Mittagessen gab es eine gebratene Flugente und abends einen schwäbischen Rostbraten mit Spätzle. Natürlich auch Getränke: Tee, Kaffee, Bier, Wein, Schampus in Strömen. Ja, das Leben war schön. Nur, da trübte den Horizont eine Wolke, die auf meine frohen Tage einen wachsenden Schatten warf. Und was den Tod der Kanzlerin betrifft, da war ich damals sowieso auf dem Holzweg.

*

Versetze dich einmal in meine Lage. Ich war jetzt 28 Jahre alt, stand sozusagen in der Blüte meines Lebens und hatte noch immer keinen anständigen Beruf, von dem ich leben konnte. Sicher, als Taschendieb war ich unschlagbar, selbst die transilvanischen Spezialisten zogen den Hut vor mir. Dazu die geniale Technik mit meiner Tarnkappe, eine Technik, die ich durch eisenharte Disziplin bis zur Perfektion ausgebildet hatte. Talent plus Fleiß gleich Genie, verstehst du! Aber wie kann ich dieses Können in bare Münze umsetzen? Das war die entscheidende Frage. Mein Geld hatte ich restlos aufgebraucht, ich war total pleite. Die Wohnung gekündigt, die Möbel verschleudert. Ich stand tatsächlich auf der Straße und hatte kaum etwas zu beißen. Und du glaubst es nicht, meine Rettung war die Tafel, ohne sie wäre ich verhungert. Dabei war es gar nicht so einfach, dort zu einem Teller Suppe zu kommen. Du machst dir keine Vorstellung, was da zur Mittagszeit los war. Das gesamte Bettelpack aus dem Viertel gab sich dort ein Stelldichein und kämpfte mit Obdachlosen, Pennern, Hartzvierleuten und anderen Hungerleidern um einen Kanten Brot und einen Schlag aus der Gulaschkanone. Neuerdings mischten auch Flüchtlinge mit, vor allem junge Araber, die zuerst mal an der Suppe rochen, ob da nicht vielleicht Schweinefleisch drin ist, und dann ein riesen Geschrei veranstalteten, wenn einer eine Speckschwarte gesichtet hatte.

Auf die Frage habe ich gewartet. Selbstverständlich hätte ich mir alle Köstlichkeiten dieser Welt 'besorgen' können, aber das war jetzt endgültig vorbei. Du mußt nämlich wissen, im Verlauf meiner Zenübungen erlebte ich einen sittlichen Bewußtseinsschub, bei dem ich den kategorischen Imperativ quasi bildlich vor mir sah. Obgleich, bevor ich verhungert wäre, hätte ich das Bild einfach ausgeblendet. Moralische Grundsätze sind ja recht und gut, tatsächlich sollten sie jedoch elastisch wie Gummi sein. Verstehst du, was ich meine. Seis wie es sei, ich wollte das ganze Theater nicht mehr länger mitmachen. Wieder griff mein Schicksal ein, das heißt, ich lernte eine Frau kennen, die mit ihrer Boutique für Übergrößen reichlich Geld scheffelte. Mit ihrer Hilfe bekam ich wieder Oberwasser, schöpfte neuen Mut und kam nicht zuletzt auf eine glänzende Idee, wie ich auch mein Leben beruflich neu anpacken könnte.

Mimi, so hieß mein Schatz, repräsentierte in vollem Umfang die Durchschnittsmaße ihrer Zielgruppe. Mit 186 cm und einem Lebendgewicht von zweieinhalb Zentnern stärkte ihr Anblick die Überzeugung der korpulent bis massigen Kundinnen, auf eine Abmagerungskur vorläufig zu verzichten. Twiggymädchen und abgehungerte Rikken wagten sich erst gar nicht über die Türschwelle. Allein die mächtige Präsenz meiner Mimi erschreckte die Hungertücher und bewegte sie spontan zur Kehrtwendung. Wie gesagt, Mimis Boutique hatte einen Namen und lief glänzend. Der Laden lag in der teuersten Einkaufsmeile der Stadt, und die Kundinnen wurden von der Leidenschaft getrieben, das 'sauer' verdiente Geld ihrer Verantwortungs- und Leistungsträgergatten gegen überteuerte Stoffffetzen wieder in den Wirtschaftskreislauf einzuschleusen.

Bitte keine Beleidigung. Mimi war beileibe kein zart gebautes Frauchen, aber trotzdem steht es dir nicht zu, sie Gorillamädchen zu nennen. Außerdem kanntest du sie ja nicht. Ein bißchen mehr Respekt erwarte ich schon. Ich liebte Mimi und lasse niemals zu, daß man sie beleidigt. Also bitte! Mimi schien zwar, na, sagen wir raumgreifend, aber wenn du sie näher gekannt hättest ... Wie ich sie kennengelernt habe? Du, das ist eine längere Geschichte; aber das eine ist sicher, es war Liebe auf den ersten Blick. Ich war ganz vernarrt in sie, du glaubst es nicht. Wir sprachen sogar schon von Heirat und so. Aber Mimi meinte, ich solle erst mal einen ordentlichen Beruf lernen, dann würden wir weiter sehen. Okay, sie hatte ja recht, kommt Zeit, kommt Rat, jedenfalls wohnten wir zusammen in ihrer Luxuswohnung, und mir ging es gut, fehlen tat mir im Grunde nichts. Dafür mußte ich freilich etwas tun. Mimi wollte mindestens jeden zweiten Abend von mir geliebt werden. Zeitweise erreichte ich die Grenze meiner Leistungsfähigkeit. Ohne Fleiß kein Preis, sagte ich mir und hielt tatsächlich zwei lange Jahre durch. Die Folge war vorherzusehn: Eine hartnäckige Impotenz. Doch davon reden wir später. Wie bitte? Was meine Impotenz mit dem Tod der Kanzlerin zu tun hat? Nichts, rein gar nichts, wie kommst du überhaupt darauf? Oder vielleicht doch. Mehr indirekt, möglicherweise. Du mußt nämlich wissen, es war Mimi, die mir die Ausbildung zum Butler finanzierte. Ohne Mimi wäre es nie so weit gekommen. Verstehst du? Auch wenn ich auf die Idee im Grunde selber kam, oder besser gesagt, in Mimis Laden von einer Kundin auf diese Idee gestoßen wurde. Habe ich dir schon gesagt, daß ich in der Boutique fest angestellt war, und zwar als Ladenhüter? He, he, ich meine natürlich Ladendetektiv oder so was. Das bot sich ja regelrecht an. Nachdem ich Mimi von meiner Kunst erzählt hatte, bestand sie darauf, daß ich in ihrem Laden die Kundschaft ein wenig im Auge behalte, möglichst diskret, verstehst du, am besten unsichtbar. Du glaubst es nicht, aber die Damen stahlen wie die Elstern. Mimi erzählte mir da Sachen, jui, jui ... Einmal sei eine Kundin mit einer smaragdgrünen, turbanähnlichen Kopfbedeckung erschienen. Nach einer halben Stunde wollte sie den Laden tatsächlich mit einem blauen Turban verlassen, der in Wahrheit ein sauteures Teil von Dior war. Mimi hat das bemerkt und die Kundin gleich angesprochen: - Ach, Frau Morgentaler, der Turban steht ihnen ausgezeichnet, und das dezente Blau harmoniert eindeutig besser mit ihrem Mantel als dieses verwaschene Smaragdgrün ihres Kopftuchs, mit dem Sie gekommen sind.

Kompliment, Frau Morgentaler, ich finde es einfach mutig und vor allem kreativ, auch mal ein Kleid von Dior um den Kopf zu wickeln. Du glaubst nicht, wie das gesessen hat. Die Diebin wurde rot wie ein Krebs im Siedewasser, stammelte was von Knoten in der Brust und Lebenskrise. Dabei entblößte sie ihre dünnen rötlichen Haare und drückte das Diorkleid Mimi in die Hand. Mit einem flüchtigen Gruß verließ sie das Geschäft.

Genau das habe ich Mimi auch gefragt. Ihre Antwort leuchtete ein. Polizei bringt nur Ärger, meinte sie. Außerdem war die Rechtsanwaltsgattin Morgentaler eine ihrer besten Kundinnen, die pro Einkauf locker mal tausend Euro liegen ließ, und solche Kunden vergrault man eben nicht. Wie auch immer, die Morgentaler ließ sich trotzdem nicht mehr blicken.

Da gab es noch eine Sache, die ich selbst beobachtete ... Was, das interessiert dich nicht!? Und was soll die Bemerkung, ich möge endlich zu Potte kommen? Ja, ich weiß, du bist ein ungeduldiger Mensch, hast deine Zeit nicht gestohlen, dein Privatleben, eine anspruchsvolle Frau, die kranke Mutter und so weiter. Bist du dir eigentlich im Klaren, daß ich schon die ganze Zeit versuche, die Geschichte vom Tod der Kanzlerin so kurz wie möglich zu fassen? Und zwar exklusiv für dich, weil du mein Freund bist! - Du, jetzt mag ich nicht mehr. Wir machen morgen weiter. Allerdings unter einer Bedingung, daß du mich nicht ständig unterbrichst, gell!

*

Sagte ich ja, Mimi finanzierte mir die Ausbildung zum Butler. Genauer, sie hat mir das Geld geliehen. Zwanzigtausend hat mich der Spaß gekostet, aber es hat sich gelohnt. Wie gesagt, auf die Idee brachte mich eine Kundin. Laut Mimi das Ehegespons eines der reichsten Männer Europas. Der Name des Großwaffenschiebers spielt hier keine Rolle. Diese Kundin, ein Drache wie er im Buche steht, aufgetakelt wie eine Kuh beim Alpauftrieb, geschwätzig wie ein Waschweib und Geld ohne Ende, plapperte jedes Mal über die pompösen Gesellschaften in ihrem Hause, wo sich quasi Politik und Geschäftswelt in die Arme fallen. Sie, also die Kundin, sei im Rahmen dieser 'Gipfeltreffen', wie sie es nannte, quasi für die Gestaltung des gesellschaftlichen Rahmens zuständig, wozu auch die sprichwörtlichen Galabanketts gehörten, die weit über die Grenzen berühmt waren. Ihre Zuständigkeit reduzierte sie dann im Laufe des Gesprächs auf die Oberaufsicht und allgemeine Verantwortung. In dem Zusammenhang kam sie auf ihren 'guten James' zu sprechen, den Butler, der ihr eine unersetzliche Hilfe sei, habe er doch alles total im Griff, der Gute. Ja, der 'gute James', ein Dauerbrenner. Er sei ja so tüchtig, absolut zuverlässig, unglaublich charmant und höflich, aber auch zurückhaltend, schweigsam und diskret, mit einem Wort: der perfekte Butler. Was sie indes besonders an ihm schätzte, ich zitiere jetzt wörtlich: - ach der gute James, eigentlich heißt er Dietmar, aber so kann man doch keinen Butler nennen: Dietmar! also hören Sie. Wir haben ihn dann einfach James genannt, so heißen schließlich alle Butler, oder. Der gute James hätte zudem die Gabe gehabt, die einen Butler erst zum Butler mache, er sei immer da, wenn man ihn brauche, aber dann wieder nicht da, wenn er besser weg sein sollte. - Er gab uns wirklich das Gefühl, er würde gar nicht existieren. Bei dieser Bemerkung hat es bei mir geklingelt. Es war wie eine höhere Eingebung, ohne Zweifel, oder ein Wink des Schicksals, Jedenfalls wußte ich, wie es mit mir weitergeht. Der Weg zum Butler schien vorgezeichnet. Noch am selben Abend sprach ich darüber mit Mimi.

Mimi war weniger begeistert. - Butler, ein besserer Lakai, nichts weiter, meinte sie, dafür bist du nicht geboren. Studiere lieber Modedesign, werde Schneider, ja, lerne ein solides Handwerk, das ist absolut krisensicher. Ich bedankte mich für den Rat; am nächsten Morgen ging ich zum Arbeitsamt ... du hast ja recht, ich ging also ins Jobcenter und informierte mich über Ausbildung und Werdegang eines Butlers. Die zuständige Beraterin griff sich an den Kopf und fragte, ob ich wohl scherze oder zu viele Agatha-Christi-Krimis gesehen hätte. Dann rief sie ins Nebenzimmer, - Holger, hörst du, hier möchte einer Butler werden, kannst du mal rüberkommen! In der Tür erschien Holger, ein blasser, schwammiger Typ so Mitte Dreißig. Er grinste breit und sagte, - mal was anderes, warum nicht, aber der Butler heißt heute Haushaltsmanager und ist wohl eher was für Frauen, die man in vornehmen Kreisen Butlereuse nennt, he,he. Hört sich gut an, wa? Dann zeigte er sich doch hilfsbereit und gab mir die Adresse einer privaten Akademie für Haushaltsmanagement.

Ich will es kurz machen. Der Typ beim Jobcenter hatte keine Ahnung. Die Nachfrage nach Butlern war in Wahrheit größer denn je. Und wie es der Zufall wollte, gab es in nächster Nähe sogar eine *Akademie für Butler*. Dort machte ich so etwas wie einen Crashkurs, der immerhin sechs Monate dauerte. Was ich da alles lernen mußte, du glaubst es nicht. Natürlich tadellose Manieren und immer perfekt angezogen. Beim Lehrgang 'Tischdecken' mußte ich sogar eine richtige Uniform tragen: schwarzer Frack, Fliege, weiße Handschuhe, Lackschuhe, aber hallo. Was ich da berappen mußte, du glaubst es nicht. Allein vier Wochen lang übten wir Tischdecken, dazu perfektes Servieren und, jetzt paß auf, auch den Umgang mit schwierigen Gästen. Du kannst nicht einfach den Herrn Baron von der Seite anquatschen und fragen, ob er für den nächsten Gang bereit sei, nein, so geht das nicht, du stellst dich rechts hinter ihn, nach vorne geneigt und den Kopf etwas nach links gedreht, die Augen auf den leeren Teller gerichtet, du hältst den Atem an und wartest genau in der Haltung, bis die Herrschaft geruht, mit einem leichten Zucken des kleinen Fingers anzudeuten, daß der Teller weggeräumt und der nächste Gang serviert werden kann. Überhaupt ist Konversation, das A und O. Dabei darfst du bei der Herrschaft nie den Eindruck erwecken, daß du etwas besser weißt. Glaube mir, Besserwisserei wäre tödlich. Du mußt der Herrschaft immer das Gefühl geben, sie sei dir haushoch überlegen, selbst wenn sie einen ausgemachten Schmarren daherredet. Die Herrschaft hat immer recht, das oberste Gebot für Dienstbolzen und Lakaien. Ein Butler ist nun mal ein Lakai, nur etwas nobler gekleidet und mit besseren Manieren als das übrige Dienstpersonal. Doch das Wichtigste, jetzt paß auf, die Herrschaft soll das Gefühl haben, daß du eigentlich gar nicht da bist. Ich erzähl dir ja nichts Neues, wenn ich dir sage, genau das war meine Stärke. Das Lehrpersonal war begeistert. Auch wenn es mir unangenehm war, wollten sie zum Beispiel sehen, wie ich mich mit einem Vorhang verschmelze und so aus den Augen der Herrschaft schwinde, aber trotzdem präsent bleibe für Ordres, Wünsche und dergleichen. Ich spielte meine Rolle perfekt. Endlich konnte ich meinen Trumpf ausspielen und den Andern etwas zeigen, zu was die in ihrem Leben nie imstande sein werden. Damit machte ich mir freilich keine Freunde. Alle mieden mich, vielleicht hielten sie mich für nicht ganz normal, kann schon sein. Mein Erfolg machte mich manchmal etwas übermütig, ich ließ kaum eine Gelegenheit verstreichen, in der ich meine Mitstreiter sowie die Ausbilder nicht zum Narren hielt. Einmal war ich da, dann wieder nicht da, erschien hier, verschwand dort, oder guckte wie ein Gespenst aus dem Wandvorhang. Einmal hätten sie mich ums Haar rausgeworfen. Aber der Direktor konnte mich nicht rauswerfen, weil er mir wohl ziemlich schnell gefolgt wäre. Du ahnst bestimmt, was ich meine. Die Sache war nämlich so. Wegen meiner ungewöhnlichen Gabe hatte ich beim Direktor sozusagen ein Stein im Brett. Er half mir persönlich, für die erforderlichen Praktikas ausgesuchte Hotels zu finden. So fragte er zum Beispiel einen ehemaligen Studenten, der es im Bayerischen Hof zur männlichen Hausdame gebracht hatte, ob ich dort für zwei Wochen als Hilfskellner praktizieren könnte. Die Hausdame sagte zu, und dafür wollte ich mich beim Direktor bedanken. Ich suchte also sein Büro auf. Seine kaffeebraune Vorzimmerdame, Frau Habibi, bei der man sich normalerweise anmelden mußte, war gerade weg. Aber die Tür zum Zimmer des Direktors stand einen Spalt auf. Von drinnen kam ein Ächzen und Stöhnen, als kämpften zwei Ringer. - Aha, dachte ich, da tut sich was und lookte durch den Türspalt. Und was sah ich? Den Herrn Direktor und Frau Habibi *in action*. Sie lag bäuchlings auf dem Schreibtisch, er rammelte sie von hinten. Was macht der Gentleman in so einer Situation? Sich diskret zurückziehen, was denkst du! Nein, ich zog mich nicht zurück, weil ich noch kein Gentleman war, sondern genoß die Vorstellung auf meine Weise. Mit einer stahlharten Erektion erlitt ich die Nummer bis zum Finale furioso. Machte jedoch zwischendurch ein paar Fotos mit meiner Minicam, die unauffällig eingebaut im Kugelschreiber, der in meiner Brusttasche steckte. Am liebsten hätte ich mitgemischt. Aber dann ritt mich der Teufel. Noch beim Öffnen klopfte ich an die Tür und sagte laut vernehmlich: - Verzeihung! Der Direktor hielt inne, zog seinen Schwanz aus der Dame, drehte sich um und schrie: - Verschwinde! Ich verharrte noch einen Moment, damit er mich wirklich erkannte. Dann ging ich.

Eine halbe Stunde später rief mich der Direktor zu sich. Er kam gleich zur Sache und ersuchte mich um volle Diskretion. Die Habibi habe ihn verführt, dann sei er eben schwach geworden, na und, das würde ich als Mann bestimmt verstehen. - Vergessen Sie die Sache, ihr Schaden wird es nicht sein. Brauchen Sie Hilfe oder Unterstützung, wenden Sie sich einfach an mich. Wissen Sie, lieber Hüttl, wir brauchen Freunde, auf die wir uns verlassen können. Ich denke, wir verstehen uns. Dann umarmte er mich väterlich. Seine Falschheit konnte ich regelrecht riechen. Auf sein Angebot kam ich freilich zurück, und zwar bereits am nächsten Vormittag. Frau Habibi schaute mich erst gar nicht an, sie wies mich gleich in die Höhle des Löwen. Der Löwe kam mit ausgestreckten Hände auf mich zu, begrüßte mich überaus herzlich und fragte, was er für mich tun könne. Als Antwort überreichte ich meinem neuen Freund ein kompromittierendes Foto und sagte voll konzentriert: - Brauche ich nicht, wir sind ja jetzt Freunde. - Freunde natürlich, sagte er mit einem zweifelnden Unterton. Dann bot er mir das Du an.

Die Fortsetzung des Gesprächs war die reinste Katastrophe, ich meine sprachlich gesehen. Ich verhedderte mich in den eigenen Worten. Der Direktor folgte meinem Gestotter gnädig mit leicht geneigtem Haupt, etwa so, wie man dem Geschwätz eines Idioten folgt. Dauerte ein Artikulationsversuch zu lange, versuchte er, sich in meinen Gedankengang einzufinden und den Satz in meinem Sinne zu beenden. Abgesehen von meinem Sprachproblem, wäre der Dialog etwa so verlaufen. - Hör zu Hubert, du hast doch gute Kontakte zu den allerbesten Häusern, ich meine Luxushotels, Adelshäusern uns so. - Ja, schon, ja, wieso? Er runzelte die Stirn und sah mich fragend an. - Dann könntest du ja deine Beziehungen spielen lassen und den Chefs dieser allerbesten Häusern mich als Praktikant empfehlen. - Das wäre schon möglich, aber ... Kein aber, Hubert, du mußt nämlich wissen, ich denke an meine Karriere, und dafür sind gute Referenzen das A und O. Oder? Hubert schaute kurz auf das Foto in seiner Hand, überlegte einen Moment und sagte: - aber klar doch Albert, will sehen, was sich machen läßt. - Herzlichen Dank, Hubert, du tust mir damit einen riesen Gefallen ... Im übrigen habe ich alle Fotos vernichtet. hundertprozentig. - Alle Fotos? Hast du nicht gesagt ... Du, wenn Blicke töten könnten, säße ich jetzt nicht hier und würde dir die Geschichte vom Tod der Kanzlerin erzählen. Aber er hatte sich zusammengerissen und nichts weiter dazu gesagt. Das eine muß ich ihm jedenfalls lassen, er war kein Spruchbeutel und hat sein Wort gehalten. Während meiner Ausbildung zum Butler, immerhin zwei lange Jahre, praktizierte ich in den vornehmsten Häusern Deutschlands, also Steigenberger, Adlon, Kempinski und so. Gab die Familie von Thurn und Taxis mal wieder ein Festmahl für den deutschen Hochadel, ließ Hubert seine Verbindungen spielen, und schon durfte ich dem Sommelier assistieren. Was ich da machen mußte? Eigentlich nichts weiter, als den Weinnasen pausenlos nachschenken. Die Flaschen entkorkte der Meister höchst persönlich, auch den Tropfen zum Goutieren schenkte er selber ein. Das zelebrierte er dann mit allen Schikanen, etwa so, wie der Priester eine Messe. Ich war beeindruckt, wie man eine banale Sache zu einer Art religiöser Handlung aufblasen kann. Aber die Show gehört zu einem gehobenen Lebensstil, verstehst du, das ist Kultur!

Die Rückmeldungen, die Hubert bekam, waren einwandfrei; er hat mir alles schwarz auf weiß gezeigt, da war er ganz offen. Die Herrschaften lobten vor allem meine unaufgeregte, leise, ja fast wortlose, subtile, unaufdringliche Diskretion. Von ganz oben habe man sogar angefragt, sagte mir Warda, ähh Frau Habibi im Vertrauen, wann denn nun mein Studium beendet sei, man habe Verwendung für Leute wie mich. Ja genau, sie hieß Warda, ich meine Frau Habibi. Auf deutsch übersetzt heißt Warda Rose. Ich fand ihren Duft unwiderstehlich. Das sagte ich ihr auch, und ruck zuck lagen wir im Bettchen. Du, ich kann dir nur sagen, die Frau war eine Bombe. Ja, sie mochte mich, meine Frische, mein Temperament, meine Jugend, mein Esprit. Dazu kam eine Reihe kleiner Kunststückchen, die sie fast in Rage brachten. Mit einem Wort, sie war hin und weg von mir. Dagegen hatte Hubert ziemlich schlechte Karten, ein verbrauchter alter Knochen mit Altersflecken, welker Haut und Hängearsch. Den einzigen Joker, den er in der Hinterhand hatte, war sein Bankkonto; für die schlecht bezahlte Warda nicht ganz unwichtig.

Frag mich nicht, das war eine sehr anstrengende Zeit. Immerhin hatte ich zwei hochaktive Frauen zu versorgen, von der Butlerakademie und den Praktika ganz zu schweigen. Mimi hatte schon so ihren Verdacht, aber ich hielt sie bei Laune mit feinstem Tafelsilber, wunderschönen Meißener Porzellanschälchen, wertvollen Teetassen und allerlei teurem Chichi. Komischerweise wollte sie gar nicht wissen, woher ich das Zeug hatte.

Kurz vor Ende meiner Ausbildung passierte etwas Schreckliches. Mimi ist gestorben. Das kam so. Schon Tage vorher klagte sie über Schmerzen im Unterbauch, außerdem konnte sie nicht mehr auf den Topf. Sie war völlig verstopft. Bis sie in ihrer Boutique zusammenbrach. Der Notarzt diagnostizierte Komplikationen wegen eines eingeklemmten Bruchs. Sie kam in die Notaufnahme und wurde sofort operiert. Zu spät, eine Fettemboli hatte ihr die Lunge lahm gelegt. Ein harter Schlag für mich, frage nicht. Die Boutique, Wohnung und alles ging an ihre Stiefschwester. Ein Raffzahn erster Ordnung; sie warf mich kurzerhand hinaus. Zum Glück hatte sie keine Ahnung von dem geheimen Safe, in dem fünfundachzigtausend Euro schlummerten, sozusagen ein Notgroschen für schlechte Zeiten. Ich hatte den Schlüssel und war dann so frei, das Geld an mich zu nehmen. So war es mir möglich, ohne finanzielle Sorgen meine Ausbildung zu beenden.

Die Prüfung, ich meine das Butlerexamen, bestand ich mit Bravour, allerdings nur mit Huberts wohlwollender Unterstützung. Was ich dir jetzt erzähle, bleibt unter uns Gesangsbrüdern. Versprochen? Das war nämlich so, kurz vor der Prüfung hatte ich Hubert ein Foto zugespielt, und zwar mit der Zusicherung, daß das Foto wirklich das allerletzte sei. Ich hätte es in einem Hängeordner gefunden, wo es wohl reingefallen sei. Es gäbe keine weitere Aufnahme, hundertprozentig, er könne sich auf mein Wort verlassen. Im übrigen sei nach der Prüfung alles vergessen. Klar, Hubert wollte mich so schnell wie möglich los werden, das ist überhaupt keine Frage, eine Wiederholung der Prüfung mit mehrwöchiger Vorbereitung, nein, das hätte er nicht ausgehalten. Also warf er beim Prüfungskomitee sein ganzes Gewicht in die Schale. In der Prüfung wieder die alte Geschichte, ich meine beim mündlichen Teil. Mir sind die Worte regelrecht im Hals steckengeblieben. In meiner Verzweiflung haspelte ich einfach darauf los, bis der Prüfungsvorsitzende abwinkte, kurz mit den Beisitzern die Köpfe zusammensteckte - und mir zur Note 1,8 gratulierte. Insofern hatte ich den Prüfern nichts vorzuwerfen ... Auf was wollte ich jetzt hinaus? Genau. So etwa fünf Wochen vor der Prüfung schlitterte ich in eine unangenehme Sache hinein, aus der ich nicht wieder herauskam. Zu diesem Zeitpunkt katte ich freilich noch keine Ahnung, daß der Tod der Kanzlerin so gut wie feststand.

Jetzt wird's interessant, paß auf. Zur Hochzeit des Grafen Drakula, quatsch, ich meine den Graf von Rautenstein, der zum Entsetzen seiner edlen Familie eine ganz gewöhnliche Pennykassiererin heiratete, also zu dessen Hochzeit war der gesamte hohe, mittlere und niedere Adel Europas eingeladen. Erschienen sind freilich nur ein paar illustre Gestalten des eher niederen, meist verarmten Adels, also abgewirtschaftete Fürsten und Barone mit ihren Baronessen, Duchessen, Comtessen, Freifrauen, Mätressen, die in der Regel von einem Adelsfest zum andern reisen und sich von ihrer wohlhabenderen Verwandtschaft durchfüttern lassen. Häufig sind auch Vertreter des Neuadels dabei. Das sind Typen, die ihren Adelstitel irgendwie erschlichen oder einfach mit barer Münze gekauft haben und so gleichsam einem absterbenden Birnbaum einen frischen Apfeltrieb aufpfropften, wenn du verstehst, was ich damit sagen will. Als ein ganz schlimmer Finger galt Fürst Frederic von Adelsstätten. Ein ehemaliger Zuhälter sagt das Gerücht, der es geschafft hatte, von der fast scheintoten Prinzessin Anna von Adelsstätten adoptiert zu werden. Jedenfalls setzte Fürst Frederik alles daran, das Vermögen des Hauses Adelsstätten so schnell wie möglich zu verprassen. Wein, Weib und Gesang war seine Devise, und jetzt paß auf, auch Drogen, vor allem Kokain. Warum der Schnösel ausgerechnet auf mich kam, ist mir nicht ganz klar. Jedenfalls orderte seine Durchlaucht eine weitere Flasche Schampus. Wider jegliche Etikette bestand der voll geladene Fürst darauf, mit mir, dem Dienstbolzen, anzustoßen, und zwar auf das Wohl der Kirche, des Vatikans und der internationalen Drogenmafia. Dann nahm er mich ins Gebet und fragte umständlich und verschraubt, ob ich ihm für seine ewig verstopfte Nase vielleicht ein paar Prisen weißen Schnupftabak besorgen könnte. - Sie wissen schon, vom besten Jahrgang, he, he. Er habe sehr gute Augen und sei überzeugt, bei mir an der richtigen Adresse zu sein. Dabei schob er mir diskret seine Karte und zwei Hunderter zu. - Kleine Anzahlung, meinte er. Ich konnte einfach nicht ablehnen, zumal ich einen kleinen Nebenverdienst verdammt nötig hatte. Woher den Stoff besorgen, das wußte ich in dem Moment selber nicht. Die alten Kontakte aktivieren? Auf keinen Fall, das wäre so gut wie Selbstmord gewesen. Ich schuldete den Jungs viel Geld, das habe ich dir ja erzählt. Du brauchst nicht viel Fantasie, um dir vorzustellen, daß deren Spürhunde bereits überall rumschnupperten. Klar doch, ich hatte Schiß, einem gedungenen Killer ins Messer zu laufen. Andererseits durfte ich damit rechnen, von keinem dieser Verbrecher erkannt zu werden. Dennoch kostete mich schon der Gedanke schlaflose Nächte.

Einmal arbeitete ich als temporärer *Food and Beveridge CEO* - was das heißt, erkläre ich dir später - auf einem rauschenden Fest des Spielbankkönigs Aslan Izulu und lernte dabei den Chef persönlich kennen. Er hatte mich offenbar längere Zeit beobachtet und schien fasziniert von meiner Performance, wie ich mich nach jeder ausgeführten Ordre quasi in Luft auflöste. Nein, so stimmte das nicht, das war eher die persönliche Wahrnehmung Aslans. Wie es sich gehörte, bemühte ich mich stets um klare Präsens, nur machte ich vielleicht den Fehler, übertrieben diskret zu sein, so daß die Herrschaften mit ihrem meist benebelten Kopf Schwierigkeiten hatten, mich überhaupt zu registrieren. Dem Türken hat mein Gig offenbar gefallen, sonst hätte er mir ja keinen Job angeboten. Nein, nicht als Angestellter, wo denkst du hin, sondern als freier Mitarbeiter im Observationsdienst, verstehst du. Er wollte mich als OO, das heißt als Observing Officer anstellen. Ich will dir das erklären. OO's sind Leute, die möglichst unauffällig in den Spielbanken rumstehen und darauf achten, daß nicht geklaut wird und auch sonst alles koscher bleibt. Kaum zu glauben, was mir der Aslan so alles erzählte. Einmal würden sich die Spieler gegenseitig beklauen, du glaubst es nicht, und dann seien Spielbanken regelrechte Börsen für allerhand dunkle Machenschaften wie Geldwäsche, Drogendeals, Waffengeschäfte, Menschenhandel, Prostitution und weiß der Teufel was. Das wissen natürlich auch die Behörden, die dann ihrerseits Beobachter einschleusen, die gelegentlich Razzien veranlassen und im negativen Fall den Laden vorübergehend dicht machen. Ein Spielbankbesitzer findet solche Störfälle gar nicht lustig, deshalb denkt er voraus und ergreift prophylaktisch Maßnahmen, das heißt, er stellt Experten ein wie mich. Meine Aufgabe war schlicht und ergreifend, die Augen offenzuhalten, ob sich in der Spielbank vielleicht ein Behördenspion herumtreibt. Außerdem, das war dem Aslan besonders wichtig, sollte ich darauf achten, daß sich in seinen heiligen Hallen nicht irgendwelche Kleinganoven herumtreiben und ihre sinistren Geschäfte machen. Jetzt hör zu, und das bleibt unter uns, der Aslan war ja unbestritten der Obergauner, quasi der Pate, dessen Casinos in ganz Europa verteilt waren. Außerdem mischte er maßgebend im Drogengeschäft mit, heuerte Nutten aus der ganzen Welt an und kontrollierte die meisten Bordelle. Nebenher organisierte er professionelle Teams, die Wirtschaftsmigranten nach Deutschland einschleusten. Das Flüchtlingsgeschäft schien ihm sogar so lukrativ, daß er mit dem Gedanken spielte, sich künftig ausschließlich der Migrantenindustrie zu widmen, wo nach seiner Meinung in den nächsten Jahren der größte Reibach aller Zeiten winke. Verstehst du, der Mann hatte recht, allein schon deshalb, weil das Geschäft mit den Flüchtlingen weitgehend aus Steuergeldern finanziert wird, also aus einer Geldquelle, die unerschöpflich sprudelt. So scheint es jedenfalls. Aslan kam damals richtig ins

Schwärmen. Zum Dank hätte er am liebsten die Kanzlerin geküßt, die ja zu der Zeit noch lebte. Dabei mußt du wissen, der Aslan war mit der Kanzlerin tatsächlich persönlich bekannt. Ob sie sich duzten, weiß ich nicht, woher denn auch, auf jeden Fall hatte er einen direkten Draht ins Kanzlerinnenamt. Nein, mein Lieber, so einfach ist das nicht. Der Aslan hatte absolut nichts mit dem Tod der Kanzlerin zu tun. Wie sollte er auch. Er sah die Kanzlerin eher als seine Wohltäterin, denn ohne ihre mutige Entscheidung, die Schlagbäume an den Grenzen zu öffnen, würde das Flüchtlingsgeschäft nur halb so gut florieren. Ja nicht nur das Flüchtlingsgeschäft, was glaubst du, auch Drogen aller Art, Kleinwaffen, Kalaschnikows, Handgranaten, Faßbomben und lastwagenweise Frischfleisch für die Puffs. Vollgestopfte LKWes passierten unbehelligt unsere Staatsgrenze und versprachen eingeweihten Kreisen unvorstellbare Profite. Da lief schon was, und warum sollte ein Großprofiteur der genialen Politik unserer alternativlosen Kanzlerin deren Tod wünschen. Da hätte sich der Aslan sozusagen ins eigene Knie geschossen. Aber so blöd war der Aslan nicht, das kannst du mir glauben. Sag mal, wie komme ich jetzt auf den Tod der Kanzlerin? Ach so, ja, gut. Wie ich schon sagte, direkt hatte der Aslan nichts damit zu tun. Eher vielleicht indirekt, denn was wirklich auf die Entwicklung des Attentats hinzielte, ich meine langfristig gesehen, das war mein Job beim Aslan als OO. Du glaubst es nicht, aber die Arbeit machte mir richtig Spaß und brachte auch was ein. Genau genommen hatte meine Karriere in den Casinos Aslans begonnen. Du hast richtig gehört, Casinos. Denn der Aslan begriff sehr schnell, daß er mit mir einen Glücksgriff gemacht hatte. Gleich bei meinem ersten Einsatz ließ ich einen Ring von drei Betrügern auffliegen, die sich mit einer ausgeklügelten Fingersprache Vorteile beim Black Jack verschafften und so einen Gewinn nach dem andern einstrichen. Wie das nun genau funktionierte, kann ich dir auch nicht sagen, jedenfalls klappte die Sache perfekt. Im Schutz meiner Tarnkappe konnte ich alles genau verfolgen. Ich ließ die Gauner eine Weile gewähren und machte dann beim Casinochef Meldung. Natürlich flogen die Brüder in hohem Bogen raus. Was mit ihnen draußen angestellt wurde, wollte ich erst gar nicht wissen. Weißt du, in diesem Gewerbe ist man überhaupt nicht zimperlich, vor allem mit Betrügern. Paß auf, an diesem Abend ist noch was passiert. Mir gelang es nämlich, gleich zwei Behördenspione auf einmal zu entlarven. Zuerst beobachtete ich sie eine Weile, trat in ihr Blickfeld und fragte die Beiden ganz naiv, ob sie dienstlich oder privat da seien und vielleicht auch ein Spielchen wagen wollten. Du kannst dir nicht vorstellen, was die für Gesichter machten, und vor allem, wie schnell die weg waren. Was ich da alles in kurzer Zeit aufgedeckt habe, muß ich dir nicht erzählen, jedenfalls war ich in Aslans Security Stuff, sprich SS, bald die große Nummer. Sozusagen als mobiler Supervisor besuchte ich so nach und nach sämtliche Zockerfilialen Aslans. Unangekündigt, versteht sich. Und weil sich kein Spielbankleiter wirklich an mich erinnern konnte, wußte er auch nicht, ob ich jetzt da bin oder nicht. Schon deshalb betrieben sie ihren jeweiligen Laden sehr umsichtig. Das hört sich unglaublich an, aber ich galt damals als der am meisten gefürchtete SSOO in Aslans Organisation. Doch jetzt der Clou, niemand in Aslans Welt kannte mich wirklich, keiner konnte sagen - da schau her 'das Phantom'. Ja so nannten sie mich, Phantom. Selbst dem Aslan wurde ich allmählich unheimlich.

Hopla, jetzt bin ich aber völlig aus der Reihe getanzt, entschuldige. Ich wollte ja erzählen, wie ich den Lebefürst Frederik und seine hochwohlgeborenen Kokser mit Stoff versorgte, deshalb kam ich ja auf den Aslan. Denn im Rahmen meiner Tätigkeit als OO mußte ich gelegentlich auch Großdealer observieren. Du mußt nämlich wissen, Großdealer sind sozusagen Grossisten, die das Zeug an die Kleindealer verkaufen und von denen auch das Geld eintreiben. Obwohl das Geschäft streng durchstrukturiert ist, gibt es immer wieder Schlitzohren, die versuchen, so ganz privat für sich persönlich was rauszuholen. Sei es, daß sie den Stoff mit Sägespänen oder Biomehl strecken, oder von den Rationen etwas abzwacken. Jedenfalls habe ich da auch ein paar schräge Vögel zu Strecke gebracht. Jetzt der Hammer, aber das bleibt absolut unter uns. Gut. Was nämlich der Aslan nicht wissen konnte, war meine Vergangenheit als Meisterdieb sowie die Tatsache, daß es mich ständig in den Fingern juckte. Ja, ich versuchte fit zu bleiben, und dazu hatte ich in den Casinos reichlich Gelegenheit. Nein, ich wollte mich nicht bereichern, ganz und gar nicht, obwohl ich der Versuchung nie ganz widerstehen konnte, ein paar Scheinchen in die eigene Tasche zu stecken. Wie du weißt, verstehe ich mich als Künstler, mir ging es bei meinen Aktionen immer in erster Linie um die Kunst und nicht um schnöden Mammon. Selbstverständlich wollte ich auch leben, das möglichst gut. Mit meinem Gewissen war ich inzwischen im Reinen und hatte deshalb auch keine Hemmungen, hin und wieder einen Batzen abzugreifen. Auf der anderen Seite wollte ich auch meinen Spaß haben, wenn du mir da folgen kannst. Weißt du, der Job eines OO ist nicht gerade aufregend; den ganzen Abend stehst du dir die Füße platt und nichts passiert. Wenn du da nicht selber ein wenig Wind in die Bude bringst, wirst du am Ende noch psychisch krank, das heißt du langweilst dich zu Tode, du bist unzufrieden, findest alles sinnlos, hast keine Lust mehr, wirst depressiv und begehst schließlich Selbstmord. Ein hochaktuelles Thema, paß auf, die Krankheit gibt es erst seit kurzem, sie heißt 'Boreout' und wütet vor allem in schlecht belüfteten Amtsstuben. Verschwörungstheoretiker meinen, der Erreger sei einem Versuchslabor in Silicon Valley entwischt, und wie man inzwischen weiß, haben die Viecher das Zeug, ganze Ämter lahmzulegen. Du, das ist nicht zum Lachen, wenn so ein Beamter den Erreger schluckt, muß er damit rechnen, an schleichendem Hirntod aus der Welt zu scheiden. Allerdings würden die Kranken trotz ihres Hirntodes nicht selten noch jahrelang quietschfidel ihren Ruhestand genießen und oft sogar uralt werden. Aber das seien eher seltene Ausnahmen. Die meisten der Infizierten würden früher oder später Amok laufen oder einfach aus dem Fenster springen. Wie komme ich eigentlich zu diesem Boreout, das hat doch überhaupt nichts mit dem Tod der Kanzlerin zu tun!? Weißt du was, wir machen jetzt eine kleine Pause, und dann entwickle ich das Thema zügig weiter. Einverstanden?

*

Wo bin ich stecken geblieben? Richtig, bei meiner Arbeit im Casino und der Gefahr, vom Boreouterreger infiziert zu werden. Du, bei den Typen, die da rumliefen, war das nicht ausgeschlossen. Ich überlegte mir sogar, ob ich einen Mundschutz tragen soll. Aber Spaß beiseite. Ich mußte wirklich etwas tun, um mir möglichst kurzweilig die Zeit zu vertreiben. Als wieder mal ein Behördenspitzel auftauchte, kam mir spontan eine Idee, die ich unverzüglich in die Tat umsetzte. Ich beobachtete, wie an der Bar ein Spieler seine Barschaft sichtete. Das war kein Armer, der blätterte die Hunderter durch wie ein Kartenspiel, steckte die Scheine in seine Brieftasche und diese in die Innentasche seines Sakkos. Anschließend stellte er sich an einen Roulettetisch und beobachtete das Spiel. Das war meine Chance. Unmerklich trat ich an ihn heran, zog seine Brieftasche, erleichterte sie um ein paar Scheine, streifte dann 'rein zufällig' den Behördenspitzel, dabei steckte ich die Brieftasche blitzschnell in die linke Außentasche seines Jankers. Ein paar Minuten später klopfte der Bestohlene aufgeregt seine Taschen ab, gab schließlich auf und wandte sich an den Obercroupier. Dort gab es einen kurzen Wortwechsel, dann ertönte eine Alarmklingel und im Spielsaal gingen sämtliche Lichter an. Über einen Lautsprecher wurde das Publikum gebeten, auf keinen Fall den Raum zu verlassen. Gerade habe man einem Gast die Brieftasche gestohlen. Der Täter sei höchstwahrscheinlich noch unter den Gästen. Und bitte, man möge die Geschäftsleitung verstehen, daß sie angeordnet habe, bei jedem Anwesenden eine Visitation vorzunehmen. Die verehrten Gäste mögen also den Damen und Herren der SS ihren Tascheninhalt vorzeigen. Diese Maßnahme sei durch die Hausordnung gedeckt und rechtlich zulässig. Die Geschäftsleitung bedanke sich für die Kooperation und bat noch mal um Verständnis für die Unannehmlichkeiten. Wie du dir leicht vorstellen kannst, war der vermeintliche Dieb ziemlich schnell entlarvt. Zwei Gorillas nahmen den sichtbar geschockten Behördenspitzel in ihre Mitte und führten ihn hinaus. Du, das war ein echter Skandal, die Lokalzeitung hat sich kaum gekriegt, und der Oberkommissar des Drogendezernats wurde gefeuert. Seine berufliche Zukunft war damit gestorben, was glaubst du.

Okay, okay, das war nicht die feine englische Art, ich geb's ja zu, aber der Schnüffler hatte es einfach nicht anders verdient. Das ist jedenfalls meine Meinung, und zu der stehe ich. Einmal, wenn ich dir das noch erzählen darf, hatte sich eine Beamtin unter die Gäste gemischt... Was, das interessiert dich nicht!? Also hör mal zu, das ist zwar nur ein Nebenschauplatz, aber eben auch ein Mosaiksteinchen zum Gesamtbild. Den Tod der Kanzlerin ... Gut, wenn du meinst, dann eben nicht. Aber da versäumst du eine echt juicy Story, aber hallo.

Wie also kam der happy Circle um den Kronprinzen, natürlich auch er selber, ich meine den Fürsten Frederic, an den heiß begehrten Stoff. Die Sache war relativ einfach. Bei der Verteilung der Drogenpäckchen an die Kleindealer stand ich meistens dabei, also unsichtbar, dabei schaute ich den Dealern auf die Finger und sicherte gleichzeitig das Umfeld ab nach ungebetenen Zeugen. Von meiner Anwesenheit wußte nicht einmal der Oberdealer was; der Aslan wollte das so; er kannte seine Pappenheimer. Insofern hatte ich ein leichtes Spiel, meine Lage war super. Du mußt nämlich wissen, der Oberdealer verteilte den Stoff aus seinem Kofferraum an die Kleindealer. Im Kofferraum lagen die Päckchen fein säuberlich in kleinen Kartons zu je zehn Einheiten.

Als nun der Oberdealer gerade die Ware verteilte, schnappte ich mir ein ganzes Päckchen und steckte es unter meinen Trenchcoat. Das war die eine Variante. Wie der Oberdealer dann den Verlust dem Aslan verklickerte, war nicht mein Problem. Weniger ergiebig war freilich der Zugriff bei den Kleindealern. Manchmal, bei geringer Nachfrage oder um die Methode zu ändern, hatte ich es doch getan. Die Jungs waren ja so doof, denen konnte ich wirklich alles abnehmen, Stoff wie Geld. Manchmal zeigte ich mich sogar leibhaftig, feilschte formhalber um einen größeren Posten, bezahlte die zwölftausend Piepen bar auf die Kralle, aber noch während der Junkie in seinem Glück schwelgte, war er das Geld bereits wieder los und den Stoff natürlich auch. Du brauchst nur wenig Fantasie, um dir vorzustellen, was da in der Organisation Aslan los war. Einer verdächtigte den Andern, und bei einer Schießerei soll es sogar Tote gegeben haben. Eines Tages rief mich der Aslan zu sich in sein Hauptquartier. Man führte mich in ein Hinterzimmer, sie nannten es Teestube. Der Aslan empfing mich mit steinerner Miene. Einer seiner Gorillas flegelte breitbeinig in einem Ledersessel. Ich ahnte nichts Gutes und hatte ganz schön Mores. Die Besprechung verlief dann auch ausgesprochen unangenehm. Das Ergebnis, ein gebrochenes Nasenbein, ein blaues Auge und ein geschlitztes Ohrläppchen. Ja, der Aslan war ziemlich sauer, er meinte, die Diebstähle gingen auf mein Konto, ich sei unfähig, würde bei der Arbeit schlafen und so weiter. Während mir nun der Aslan Vorwürfe um die Ohren schlug, wurde der Gorilla konkreter, haute mir seine Faust ins Gesicht, riß mir den Ring aus dem Ohr und steckte ihn mir in den Mund. - So du Wichser, sagte der Aslan, paßt du in Zukunft nicht besser auf, kriegst du ganz anderes Ding in Mund, dabei griff mir der Gorilla zwischen die Beine und quetschte mir die Eier; vor Schmerz wurde mir schwarz vor Augen. Mit einem Fußtritt in den Hintern beförderte mich der Gorilla hinaus. Das war keine gute Erfahrung, mein Lieber. Trotzdem kam ich glimpflich davon, denn hätte der Aslan gewußt, was da wirklich gelaufen war, dann säße ich jetzt nicht hier und würde dir die Geschichte vom Tod der Kanzlerin erzählen. Um den Aslan nun bei Laune zu halten, mußte ich einfach Masse liefern, das heißt, möglichst viele Spitzel, Falschspieler, Diebe und anderes Gelichter auffliegen lassen. Waren freilich keine oder zuwenig da, was gelegentlich auch vorkam, dann zauberte ich eben welche aus dem Hut. Ich kam richtig in Zugzwang. Das Ganze hatte zumindest den positiven Effekt, daß sich die Behörden scheuten, weiterhin Spitzel in Aslans Casinos einzuschleusen, jedenfalls wurde in den folgenden Wochen keiner gesichtet.

Um ausreichend Kokain zu beschaffen, mußte ich mir eine ganz neue Strategie zulegen. Denn was immer ich auftrieb, es reichte hinten und vorne nicht. Die Nachfrage war einfach zu groß; es gab schlicht gesagt einen Auftragsstau. Eine Möglichkeit, dem Problem abzuhelfen, sah ich in der Erweiterung meiner ... oder sagen wir so, meines Operationsfeldes, das über das Revier Aslans weit hinausging. Insofern entzog ich mich der Kontrolle Aslans und schuf mir so einen gewissen Freiraum, der mir erlaubte, auf eigene Rechnung zu arbeiten.

Arbeiten ist vielleicht übertrieben, nein, ich ließ die Araberlümmel für mich arbeiten, ohne daß sie mich je zu Gesicht bekamen. Von den Früchten ihrer Arbeit zwackte ich jedes mal einen erklecklichen Stückchen für mich selber ab. Das merkten die Arschgeigen gar nicht, sie wunderten sich nur über den Schwund, der ihnen früher oder später ordentlichen Ärger machte. Weiß du, wenn am Ende die Abrechnung nicht stimmte, wurden die Jungs brutal zur Verantwortung gezogen. Mit einem abgehackten Finger kamen sie da noch milde davon.

Mein Geschäft kam wieder in Schwung, die Auftragshalde hatte ich in wenigen Wochen abgebaut. Doch dann stiefelte mir wieder der Aslan in die Quere. Denn der hatte mit seinem Gaunerkollegen, dem Weißrussen Vlassow, einen Deal gemacht und sein 'Hoheitsgebiet' erweitert, das weit über mein Jagdrevier hinausging. Dem Aslan fiel zu meiner Überraschung nichts besseres ein, er beförderter mich sozusagen zum Oberförster für das gesamte Jagdrevier. Ich observierte nun Aslan-offiziell dieselben Scheißer, die ich vorher übers Ohr gehauen hatte. Da nun der Aslan meine Handschrift kannte, durfte ich nicht so weitermachen, das sagte mir der nüchterne Verstand. Warum ich trotzdem weitermachte? Vielleicht aus Leidenschaft, Geldgier oder um die Deppen, die meist selber süchtig waren, ordentlich in die Bredouille zu bringen. Jedenfalls dürfte die Anzahl abgehackter Finger kräftig gestiegen sein.

Was den abgezwackten Stoff betrifft, der blieb indes spurlos verschwunden. Zunächst wohlbemerkt, bis er meine Kunden glücklich gemacht und mich bereichert hat. Jetzt kennst du aber den Aslan nicht. Der hatte nämlich seine Leute überall, in der Politik, in der Wirtschaft, bei der Polizei, aber auch im Hochadel. Folglich dauerte es nicht lange, bis der Aslan erfuhr, daß sich der Partyadel in jüngster Zeit in einem kokainbedingten Dauerdelirium befand. Der Aslan ahnte natürlich sofort, wer dahintersteckte. Wieder mußte ich in der 'Teestube' antanzen; wieder lümmelte der Gorilla im Ledersessel und machte ein Gesicht wie ein Kamel, dem ein Stachel im Zahnfleisch steckte. Der Aslan begrüßte mich mit Schulterklopfen und gratulierte mir zu meinen jüngsten Erfolgen. Jetzt paß auf. Der Aslan grinste von einem Ohr zum andern und eröffnete mir, ich sei jetzt zum Drogenbeauftragten ernannt, speziell für die High Society. Er garantiere mir eine Umsatzbeteiligung von zehn Prozent, allerdings mit der Auflage - genau das war der Haken an der Sache - daß ich pro Monat mindestens fünf Kilo Koks an den Mann bringen müßte. - Bleibst du unter fünf Kilo, kommt Endabrechnung. Klare Ansage. Das war aber nicht alles. Er fügte noch hinzu, ich müßte quasi in Vorkasse treten: - Zug um Zug, du gibst Geld, dann kriegst du Stoff. Jetzt überleg mal, ein Gramm Kokain kostete damals im Großhandel fünfzig Euro. Bei tausend Gramm sind das fünfzigtausend Euro und bei fünf Kilo schlappe zweihundertfünfzigtausend. Komplett absurd! Woher das Geld nehmen, wenn nicht stehlen?! Genau das fragte ich den Aslan, und, oh Wunder, der hatte eine ganz simple Lösung: - Du kriegst Darlehen von meine Bank, Aslan-Bankasi, zahlst zurück in vier Wochen. Du bist freie Mitarbeiter, meinte Aslan und tätschelte mir gönnerhaft die Schulter, - kannst große Geld machen bis Abwinken, aber bitte, bitte, zahl Schulden immer zurück, pünktlich. Dabei kniff er mich in den Oberarm. Am nächsten Tag unterschrieb ich den Darlehensvertrag, das Geld nahm ich gleich mit. Die Geldbündel verstaute ich in den Taschen meines Trenchcoats und reiste anschließend durch die halbe Stadt zu einem der türkischen Minisupermärkte Aslans. Die Transaktion fand wieder in einer 'Teestube' statt. Nachdem der Ladenbesitzer das Geld eingesteckt hatte, halfen mir zwei seiner Gesellen - sehr freundliche Türken übrigens - in eine Spezialweste, in der das Kokain in kleinen Plastikbeuteln fein säuberlich eingenäht war. Darüber den Trenchcoat, fertig. Während der gesamten Aktion sprach keiner ein Wort. Nur zum Schluß kriegte ich einen hartnäckigen Hustenanfall, der den ganzen Laden in Aufruhr versetzte. Währenddessen nahm ich die Zweihundertfünfzigtausend wieder an mich. Dann ging es mir schlagartig besser, und ich bemühte mich, daß mich die freundlichen Türken möglichst schnell aus den Augen verlieren. Möglichst für immer.

*

Ganovenehre hin oder her, jedenfalls hatte ich allen Grund, mich schleunigst aus dem Staub zu machen. Mir war auch klar, daß ich mich im Dunstkreis des Aslansyndikats nie wieder blicken lassen durfte. Meine Wohnung konnte ich behalten, zum Glück, oder besser, aus kluger Voraussicht. Das war insofern kein Problem, weil niemand meinen richtigen Namen kannte, und schon gar nicht meine Anschrift. Und an mein Aussehen erinnerte sich sowieso kein Mensch. Keine Frage, das Aslansyndikat war eine ordentlich geführte Firma. Vor meiner Einstellung wollte der Aslan Dokumente sehen, verstehst du, Paß, Führerschein, Impfkarte, Zeugnisse, Referenzen und so weiter. Hat er alles bekommen, einwandfrei, nur waren es perfekte Fälschungen, was glaubst du. Woher? Natürlich aus dem Darknet, da kriegst du heute alles, vom Stacheldildo bis zur Atombombe. Vor allem wenn du genügend Bitcoins auf der Kante hast.

Übrigens scheint es mir an der Zeit, ein paar Dinge klarzustellen. Schau her, als ich beim Aslan die Fliege machte, war ich achtunddreißig Jahre alt und hatte Vieles erreicht, nicht zuletzt durch Beharrlichkeit und Fleiß. Meine 'Tarnkappe' hatte ich trainiert bis zur totalen Transparenz. Als Meisterdieb war ich unschlagbar. Mein Kokaingeschäft blühte. Der Adel bis hinauf zur Kronprinzessin und ihrem Lover gehörte zu meinem Kundenstamm. Außerdem versorgte ich Großbanker, Manager, Quotenfrauen, Parlamentarier und sogar komplette Ministerien mit dem begehrten Fitmacher und nicht zuletzt die Bundeswehr, Offizierscasinos, Obristen, Generalität, ja noch weiter, bis zu den höchsten Spitzen im Kriegsministerium. Hör zu, das bleibt jetzt unter uns. Öffne mal im Archiv bei Youtube eine beliebige Talkshow aus den Jahren 2013 bis 18, zum Beispiel bei Anne Will. Mit an Sicherheit siehst und hörst du da die damalige Kriegsministerin. Schau sie dir genau an, vor allem ihre Augen. Vergiß aber nicht, dir die Ohren zuzuhalten, andernfalls könnte ein hoher Ton nachpfeifen, den du nie wieder los wirst. Wie gesagt, ihre Augen, die weiten Pupillen, dazu die schneidende Stimme, wo eine Phrase die andere hetzt. Junge, da siehst du genau, die Frau steht unter Strom. Und den Koks für ihr Kraftwerk kriegte sie von mir, und zwar Bioqualität. Dazu kam noch die Droge Macht mit ihrer verheerenden Auswirkung auf die Psyche. LSD nichts dagegen, das ist wissenschaftlich erwiesen.

Klar, ich machte das Geschäft nicht alleine, das wäre wohl kaum zu schaffen gewesen. Jetzt halt dich fest, mir ist es tatsächlich gelungen, eine Organisation auf die Beine zu stellen, die den Stoff direkt vom Hersteller in Jamaika bezog und an den Drogenkartellen vorbei ohne Zwischenhandel direkt an den Kunden weitergab. Kannst du mir bis dahin folgen? Okay, das nennt man *Direktvermarktung*, verstehst du. Direktvermarkung hat den Vorteil, daß enorm viel Kosten eingespart werden. Außerdem verkaufte ich das Produkt in größeren Gebinden, wobei weniger Verpackungskosten anfielen. Alles in allem konnte ich so den Stoff zu einem unschlagbaren Preis verkaufen. Und dann der Clou, die Ware hatte ein ökologisches Reinheitszertifikat mit Rückstandsanalyse und so, ausgestellt vom VeFiDRE, dem Verein für Internationale Drogenreinheitskontrolle eV. Mein Geschäftsmodell schlug ein wie eine Streubombe, du glaubst es nicht. Jedenfalls versorgte ich die komplette Verantwortungselite.

Das Zeug wurde mit Segeljachten zu den Kanaren transportiert und dann von Touristen nach Deutschland gebracht. Meist wußten die Transporteure gar nichts von ihrer heißen Fracht.

Während die Jachten ohne Aufsicht vor Anker oder am Steg lagen, gingen Profis ans Werk und versteckten den Stoff hinter der Verkleidung, im Motorraum oder sonstwo. Der Skipper hatte in der Regel keine Ahnung, außer er war selber mit von der Partie. Hat der Seetransport geklappt und der Zoll geschlafen, wurde die heiße Ware arglosen Chartertouristen in die Koffer gesteckt, oder man bat sie ganz offen, ein Päckchen für die Oma nach Deutschland mitzunehmen. Am Flughafen würde dann der Bruder warten und das Päckchen entgegennehmen. Beim Zoll in Deutschland gab es dann die große Überraschung, vielleicht, wenn der Dummlack Pech hatte. Doch im Großen und Ganzen lief das Geschäft rund, allein schon deshalb, weil einige Zollbeamte mit im Boot saßen. Du verstehst, was ich meine. Wie gesagt, ich betrieb das Geschäft nicht alleine. Da gab es noch einen Mitarbeiter, den Chinesen Lu Fi, ein IT- und Logistikexperte, ziemlich teuer aber kompetent und zuverlässig. Aus einer simplen Doppelgarage, vollgestopft mit Computern und Elektronik, steuerte er den Laden, orderte Nachschub, organisierte Vertrieb und Bezahlung und verwaltete die Schmiergelder. Und wenn mal ein Dealer nicht korrekt abrechnete oder sonst aus der Reihe tanzte, ließ ihn Lou Fi von bezahlten Killern liquidieren. Der Chinese schaltete und waltete, als sei er selber der Boß. Ich hatte damit kein Problem, solange er meinen Anteil regelmäßig auf mein Schweizer Nummernkonto transferierte. Doch eines Tages blieben die Überweisungen aus. Was hat der Filou gemacht? Er hat mich einfach ausgebootet! Kannst du dir das vorstellen? Er ist mit dem ganzen Computerkram bei Nacht und Nebel nach Kuala Lumpur abgehauen. Ehrlich gesagt, ich weinte ihm keine Träne nach. Mein Nummernkonto quoll sowieso über, ich wußte gar nicht, wohin mit dem Geld. Lu Fi hatte an seinem neuen Firmensitz offensichtlich kein Glück, nach wenigen Wochen kamen ihm die Drogenfahnder auf die Spur. Man machte ihm den Prozeß und hat ihn anschließend erschossen. Sieg der Gerechtigkeit, kann ich nur sagen.

Ob du mir glaubst oder nicht, es war tatsächlich so, das Drogengeschäft öffnete mir nicht nur Tür und Tor bei der High Society, sondern auch Kirchenportale. Oder glaubst du, der Klerus sei total clean? Irrtum, mein Lieber, so manche Predigt wäre wenig feurig oder ginge komplett in die Binsen, wenn seine Hochwürden nicht vorher wenigstens eine Linie gezogen hätte.

Obwohl man als Dealer dringend gebraucht wird, verachtet ihn seine Kundschaft zutiefst. Die Schnösel*innen betrachten ihre Stofflieferant*innen eher als notwendiges Übel, als Abschaum, Kriminell*innen, die man zwar braucht, im Grunde aber weggesperrt gehörten.

Du, das war nur einen Scherz, sollte einfach zeigen, was den Gendergagaist*innen zur Verschönerung unserer Sprache so alles einfällt. Übrigens, das nur nebenbei, sind ein hoher Anteil der sogenannten Gleichstellungsbeauftragter*innen und Genderdozent*innen meine besten Kunden*innen. Das glaubst du nicht? Dann hör dir doch nur mal den Vortrag der Genderprofessorin Halber-Knieschuß an. Übermorgen spricht sie in der hiesigen Frauenakademie über das Thema „Gendergerechte Hausschlachtung". Das interessiert dich nicht? Schade, so kriegst du natürlich nicht mit, was unsere Gesellschaft augenblicklich umtreibt. Wie gesagt, das nur nebenbei.

Ich sprach ja über das gesellschaftliche Ansehen, des gemeinen Dealers. Bei einem echten Butler, der nebenbei auch dealt, sieht die Sache völlig anders aus. Jetzt giltst du eher als Berater oder Coach, der seine Herrschaften in Sachen Drogen betreut, berät, die richtige Dosis empfiehlt und nicht zuletzt vor Risiken und Nebenwirkungen warnt. Weißt du, das ist eine Vertrauensstellung, etwa wie ein Leibarzt, dem du selbst dann vertraust, wenn er dich mit seinen Pillen und Tinkturen zu Tode kuriert. Jedenfalls, das wollte ich sagen, war ich mit meinem Umsatz sehr zufrieden.

Ich ahnte es, schon fragst du wieder, was der Drogenbutler *for heavens sake* mit dem Tod der Kanzlerin zu tun hat. Die Antwort in Kürze, wir befinden uns sozusagen auf der Zielgeraden. Okay? Natürlich haben meine übrigen Qualifikationen, Potenzen, Kompetenzen, nenne sie wie du willst, ihr gerüttelt Maß zur Gesamtentwicklung beigetragen, doch der Butler bildete unbestreitbar den Dreh- und Angelpunkt. Das verstehst du nicht? Dann paß auf, die Sache war nämlich so. Oder anders herum. Will sagen, du solltest zum besseren Verständnis entschieden mehr über mein Butlerdasein wissen, weil du ohne hinreichendes Wissen sozusagen im Dunklen tappst. Bestimmt erinnerst du dich an das, was ich dir über mein Abschlußexamen erzählt habe, also in der Butlerakademie. Dort residierte ja mein Freund und Gönner, ich meine Professor Hubert Engels, der Direktor der Akademie. Die reizende Kongoschönheit Frau Habibi sagt dir vielleicht auch noch was. Beide wollten unbedingt mein Bestes, wenn auch aus verschiedenen Gründen. Der Professor tat alles, um mich möglichst schnell zu entsorgen. Die halbseidene Welt des Adels und des Großkapitals schien ihm dafür der beste Ort. Frau Habibi knüpfte dafür die Kontakte und bahnte den Weg. Als Butler wohlgemerkt und nicht als Hausklave, der seinem Herrn auch mal den adligen Hintern abputzt oder, falls nötig, vertretungsweise die gnädige Frau beglückt. Weißt du, dieser Typ Butler ist längst ausgestorben, vielleicht hat es ihn auch nie gegeben.

Jedenfalls war er kein 'James' wie du ihn aus den Filmen von Agatha Christi kennst. Sozusagen der perfekte Untertan. Nein, der moderne Butler ist heute eher der Arrangeur großer Banketts und ausgefallenen Festivitäten, sozusagen der CEO des Servicepersonals, mit dem Privileg, die Herrschaften und prominenten Gäste persönlich zu betreuen. So gesehen war die Bezeichnung Butler für das was ich machte völlig daneben, etwa so wie beim Hausmeister, der heute Wert darauf legt, Facility Manager genannt zu werden. Wie auch immer, ich war Butler mit Brief und Siegel, und jetzt paß auf, niemals fest angestellt, sondern freischaffend, sozusagen käuflich, wenn du willst ein Servicestricher. Quatsch beiseite, wer einen exzellenten, breit gefächerten und vor allem diskreten Service suchte, konnte mich als Butler mieten, mußte dafür allerdings tief in die Tasche greifen. Das tat meine Kundschaft in der Regel gerne, ganz einfach, weil ich einen guten Job machte. Die Leute waren hoch zufrieden mit mir und empfahlen mich weiter, keine Frage. Viele sahen mich sogar als Retter in der Not, der sie zuverlässig mit Kokain versorgte. Ja, ich war sogar so kulant, daß ich Kunden, die gerade knapp bei Kasse, einen kurzfristigen Kredit einräumte. Dafür mußten sie mir freilich einen Blankoscheck quittieren, den ich auch ausfüllte und einlöste, wenn es hart auf hart kam. Mir ist das ein paar Mal passiert, war aber in allen Fällen klug genug, die Schecks nur in Maßen zu belasten. Einen habe ich sogar zerrissen, weil der arme Hund so am Boden war, daß ihm meine Forderung den Rest gegeben hätte. Meine Großzügigkeit zahlte sich jedenfalls aus. Einmal blieben mir die Edeljunkies als Kunden treu, zum andern empfahlen sie mich meistens weiter. Hin und wieder hatte ich aber auch Pech. Zum Beispiel bei der Quotenfrau des Aufsichtsrats einer deutschen Großbank. Nach fünf Lines in Folge wollte sie vor versammelter Mannschaft ihre Fitness demonstrieren und versuchte aus dem Stand einen Salto rückwärts. Dabei brach sie sich den Hals und starb. „Ein tragischer Unfall" stand am nächsten Tag in den Zeitungen. Ich für meinen Teil mußte zweieinhalb Mille in den Kamin schreiben. Oder ein Hinterbänkler der Grünen; der Name spielt hier keine Rolle, das könnte vielleicht deine Wahlentscheidung beeinflussen. Jedenfalls gestattete ihm die Fraktionschefin, seine erste Rede vor dem Plenum zu halten. Völlig zugedröhnt stand er dann am Rednerpult, grinste debil und brachte kein Wort heraus. Du, der Mann war erledigt; da war nichts mehr zu machen. Später fand man ihn tot in der Damentoilette. Goldener Schuß sagten die Gerüchte. Mein Verlust: knappe Dreitausend. Okay, Geschäftsrisiko; ich konnte damit leben. Sicher, das Drogengeschäft war schon wichtig, aber zusätzlich gab es noch ein zweites Standbein, zwar weniger einträglich, aber moralisch gesehen auf einem wesentlich höheren Niveau. Das heißt, ich handelte mit Kunst, sauteurem Chichi und Wertgegenständen, die normalerweise kein Mensch braucht. Aber die Reichen, vor allem die Neureichen sind ganz verrückt danach, auch wenn sie nicht die Bohne von Geschmack haben, Hauptsache es ist teuer und macht was her. Du glaubst nicht, was ich da so alles organisierte. Die Krönung war ein echter Chagall, Wert so um die Dreihunderttausend. Dann noch Skulpturen, Fayencen, Tafelsilber bis zum Abwinken, antikes Meißener Porzellan, irre teure japanische Teeschalen, die aussahen wie Spucknäpfe, eben Sachen, die Geld brachten. Du glaubst nicht, was in den Villen und Palästen der Reichen so alles an der Wand hängt oder rumsteht. Und fehlt etwas, merken die das oft gar nicht. Merken sie es aber, hängen sie den Diebstahl gewöhnlich nicht an die große Glocke. Es muß ja nicht jeder wissen, welche Reichtümer in den bescheidenen Hütten der Schönen und Reichen gehortet sind. Außerdem sind für sie die meisten Sachen eh nur Peanuts, und am Ende zahlt sowieso die Versicherung. Persönlich geschädigt, also so, daß es richtig weh tut, wurde im Grunde niemand. Also, was soll's, meine alten Skrupel waren vergessen, ich griff zu, wann immer die Gelegenheit günstig und der Erlös vielversprechend. Das eigentliche Problem bei dem Geschäft ist immer die Frage, wie wechselt man die Objekte in bare Münze. Für mich tat das ein mit allen Wassern gewaschener Hehler, den ich zufällig kennengelernt hattte. Er kannte Gott und die Welt, will sagen, betuchte Leute, die sich um den Edelkrempel sozusagen rissen. Mich dagegen haute das Schlitzohr nach Strich und Faden übers Ohr. Das wußte ich, dennoch machte ich das Spiel eine Zeit lang mit. Zwar hielt mich der

Schurke für naiv oder plemplem, aber das machte mir nichts aus. Mir ging es eben nicht in erster Linie um Kohle, sondern mehr um die Tat als solche, wenn du verstehst, was ich meine. Okay, dann will ich dir das erklären. Ich hatte mir nämlich in den Kopf gesetzt, die Klauerei, die ja an sich als sittlich verwerflich gilt, aus der Niederung des gemeinen Verbrechens auf das Niveau einer eigenen Kunsttrichtung zu heben. Das Ganze hat mit Ethik zu tun, wenn dir das etwas sagt. Wenn nicht, auch egal, jedenfall nannte ich den neuen Kunststil *Kleptoart*. Dazu darf ich in aller Bescheidenheit sagen, daß ich damals nicht nur bloß Meisterdieb, sondern darüber hinaus nach eigener Einschätzung der beste Kleptoartist Europas ja vielleicht sogar der ganzen Welt war. Bis heute hat mich niemand ertappt, meine Kunst ist sozusagen unerreicht und über jede Kritik erhaben.

Jetzt fragst du zu recht, warum davon, also von mir als Künstler, nie etwas in den Medien zu lesen war. Jetzt paß mal gut auf. Erstens, wenn eine Meisterdieb in der Zeitung steht, ist er kein Meisterdieb mehr. Zweitens war das Wesen meiner Kunst zugleich mein Erfolgsrezept: fasse bei allem, was du treibst, möglichst nicht auf. Außer du tust Gutes, dann zeige dich und schrei es in die Welt hinaus. Zu Letzterem kam es bei mir naturgemäß nicht. Ich bin eben kein guter Mensch, vor allem kein Gutmensch; das wäre ja nochmal schöner.

Ja, die Liebe, das ist ein völlig anderes Kapitel. Ich weiß jetzt nicht, ob mein Liebesleben überhaupt etwas mit dem Tod der Kanzlerin zu tun hatte. Grob gesehen sicher wenig. Aber auch in dem Punkt sollte man die größeren Zusammenhänge im Auge behalten, zumal die Synergisten uns lehren, daß alles irgendwie ineinander greift und sogar der Flügelschlag eines peruanischen Falters einen Taifun im südchinesischen Meer auslösen kann. Warum also sollten ausgerechnet meine erotischen Schwingungen keine weiter reichenden Folgen gehabt haben? Ich muß nun nicht mein komplettes Liebesleben vor dir ausbreiten, es genügt, dir nur verständlich zu machen, daß die Weiber einfach scharf auf mich waren, und ich für meinen Teil nichts anbrennen ließ. Der Grund meiner Attraktivität dürfte leicht zu verstehen sein. Überleg doch mal, da trifft eine Frau auf einen gepflegten jungen Mann wie mich, gut gekleidet, mit perfekten Umgangsformen. Sie trinken zusammen Kaffee und essen Kuchen, während er ihr unbemerkt den BH auszieht, den sie kurz darauf in ihrer Handtasche wieder findet. Er bringt sie noch mit einer Reihe weiterer Tricks zum Staunen und erzählt ihr nebenbei schmierige Histörchen aus der Welt des Adels, also über schwule Fürsten, männerfressende Comtessen und ewig geile Freifrauen. Dann geht es ans Bezahlen, und weg ist er, einfach so, als hätte er sich in Luft aufgelöst. Auf der Straße steht er plötzlich vor ihr, bittet die Dame um Verzeihung und sagt ihr ganz unverblümt, daß er affenscharf auf sie sei und sie am liebsten auf der Stelle flachlegen würde. Dann steckt er ihr einen Zettel zu, auf dem Hotel und Zimmernummer steht, wo sich die Dame zum einvernehmlichen Geschlechtsverkehr einfinden möge. Und weg ist er, verschwunden. Zunächst tut das Weibchen hoch empört, findet mich unverschämt, dann aber wieder geheimnisvoll und rätselhaft. Am Abend ist sie dann tatsächlich an Ort und Stelle, wild entschlossen, dem Geheimnis auf den Grund zu gehen, das Rätsel zu lösen und last not least dem Rüpel Manieren beizubringen. Weißt du, wenn du eine Frau in die Kiste haben willst, dann darfst du nicht ewig lange sülzen, schmeicheln und Opern erzählen, nein, du mußt sie fest an der Hand nehmen und dahin führen, wo tatsächlich die Musik spielt. Du, das war mein Erfolgsrezept, und ehrlich gesagt, ich konnte mich vor Weibern kaum retten. Sogar mein Gestottere, von dem ich bis heute nicht völlig ge-geheilt bin, fanden die meisten süß, niedlich, ga-geil, einige behaupteten, das würde sie regelrecht heiß machen.

Inge, ein aufgehendes Sternchen der Politszene mit scharf gebügeltem Hosenanzug und büschelweise Haare auf der Zunge, bekam nur einen Orgasmus, wenn sie auf mir ritt und ich dabei stotternd, wohlgemerkt stotternd, die erste Strophe des Deutschlandliedes rezitierte. Eigentlich waren solche Spielchen unter meiner Würde. Eines Tages wurde es mir tatsächlich zu bunt, ich zwang sie zur Missionarsstellung und vögelte sie wortlos, wohl wissend, daß sie so nicht auf ihre Kosten kam. Du kannst dir nicht vorstellen, welches Theater sie hinterher machte. Sie wurde sogar ordinär und schrie, ich sei ein jämmerlicher

Schlappschwanz, ein total verklemmter Stammler, ein Hühnerficker. Das ließ ich mir indes nicht sagen, ich hatte auch meinen Stolz, zog meine Tarnkappe über und schnappte ihre Klamotten. Du glaubst nicht, was für ein dämliches Gesicht sie machte, als sie völlig geschockt mit ansehen mußte, wie sich von Geisterhand der Fensterflügel öffnete und nacheinander Hosenanzug, Bluse, Schlüpfer, BH und zu guter Letzt ihre Stöckelschuhe hinausflogen. Dann stahl ich mich davon, nicht ohne ihr den Einkaräter vom Finger zu ziehen sowie die prall gefüllte Brieftasche mit allen Kreditkarten mitzunehmen. Jetzt paß auf, die Frau hat mich tatsächlich nicht angezeigt, im Gegenteil, sie bot mir ein weiteres Date an. Aber ich traute ihr nicht, das Politluder war durch und durch verschlagen.

Ein Jahr später traf ich sie wieder. Das war beim Staatsbankett zu Ehren des Obermuftis der Allianz. Nein, die Kanzlerin hatte kurz vorher abgesagt, aber als Vertretung kam ihre Kriegsministerin. Wollte sagen, der Promitisch unterstand meiner Verantwortung. Jetzt der Oberhammer: am Promitisch saß auch Inge zwischen der Generalissima und einem hoch dekorierten Flottillenadmiral. Karrieresprung, ganz eindeutig. Wie sie das wohl geschafft hatte!? Nein, ich mußte ihr nicht die Suppe und den Braten reichen, dafür waren die unteren Chargen zuständig. Du mußt nämlich wissen, der *chef d'table* ist ausschließlich für den Getränkeausschank und auch sonst für den ordnungsgemäßen Ablauf des Services verantwortlich. Dank meines völlig neutralen Aussehens konnte ich davon ausgehen, daß Inge mich nicht wieder erkennt. Als ich ihr zum weiß nicht wievielten Male Schampus nachschenkte, lächelte sie mich mit glasigen Augen an, bedankte sich überschwänglich für den freundlichen Service und schob mir lallend ihre Business-Card zu: - Everytime and everywhere. Ob sie mich doch erkannt hatte? Zwei Tage später gegen Mitternacht, ich war schon ziemlich betütert, ritt mich der Teufel - ich rief sie an. Schon nach dem ersten Klingelzeichen nahm sie ab, als hätte sie meinen Anruf erwartet. Offenbar war sie auch nicht mehr ganz nüchtern, und es entwickelte sich ein Gespräch, das in seiner Absurdität gar nicht wiederzugeben ist. Nur so viel, sie wollte Telefonsex mit mir haben. Wie das denn funktionieren soll, fragte ich. - Ganz einfach, mein Lieber, du stotterst das Deutschlandlied ins Telefon und holst dir dabei einen runter; ich steck mir einen Dildo in den Arsch und rubbel mir die Klitoris. Können wir gleich anfangen? Ich war einfach baff und brachte keinen Ton heraus. Und hätte ich es versucht, wäre nicht mehr als ein heilloses Gestammel herausgekommen. Also legte ich auf, war aber äußerst erregt und gab mich einer ganz persönlichen Wichsorgie hin. Dabei tauchte der Gedanke auf, ob es nicht tatsächlich ein ganz besonderer Lustgewinn wäre, wenn ich mir selber einen Vibrator in den Arsch stecken würde. Leider hatte ich keinen zur Hand. Aber wenn ich dir einen Tipp geben darf ... Dann eben nicht, also lassen wir das und steuern ohne Umschweife direkt auf den Tod der Kanzlerin zu. Das war nämlich so.

*

Nein, so geht das nicht, ich würde ja das Pferd von hinten aufzäumen. Also zwei Tage nach unserem verbalen Bumsgelage rief Inge mich an. Wir sollten uns unbedingt sehen, meinte sie, und zwar noch heute Abend. - Keine Sorge, mein Lieber, es geht um eine rein geschäftliche Angelegenheit, nichts weiter. Um 21:00 Uhr im Bayerischen Hof, wäre das okay? Wir sehen uns in der Lounge, sei bitte pünktlich. Das kam mir alles etwas spanisch vor, aber ich schöpfte weiter keinen Verdacht. Schließlich verkehrte Inge in den Kreisen unserer Verantwortungselite, wo schon damals die Nachfrage nach Schnee kaum gedeckelt werden konnte und zuverlässige Lieferanten stets Hochkonjunktur hatten. Was ich dir jetzt erzähle, glaubst du nicht, aber das ist bereits dokumentiert. Auf den Pissoires des Bundestages, wo gendergerechte Frauenurinale sozusagen Pflicht, die übrigens aus Gleichstellungsgründen mit den Männerpißbecken in einer Reihe und Höhe montiert waren, fielen die somalischen Klofrauen immer wieder durch ihr sonderbares Verhalten auf. Entweder sie saßen apathisch auf den Kloschüsseln herum, oder sie machten völlig überdreht die Klogänger*innen an. Aufwendige Messungen hätten schließlich ergeben, daß die Luft in den Pissoirs mit opiathaltigen Gasen geradezu geschwängert gewesen seien. Aber das nur nebenbei. Was wollte ich sagen? Ach so, die flotte Inge, aber ja. Die mußte ihren Schwachmaten natürlich zeigen, daß sie auch in Sachen Koks die besten Connections hatte. Das dachte ich jedenfalls, aber die Sache entwickelte sich völlig anders.

Inge erwartete mich bereits. Wir begrüßten uns mit den üblichen Bussis. Inge wie immer korrekt gekleidet, diesmal eng anliegendes dunkelblaues Kostüm, das ihre wohlgeformten Beine bestens zur Wirkung brachte. Mit ihren aufgesteckten Haaren sah sie nach meinem Geschmack eine Spur zu streng aus. Wie gesagt, wir tauschten ein paar Artigkeiten aus und kamen dann zur Sache. Inge sagte, es sei sehr wichtig, wir dürften keine Zeit verlieren, man würde uns bereits erwarten. - Wer ist man, fragte ich, und worum geht es überhaupt? - Überraschung! flötete Inge und schob mich in den Aufzug. Sie drückte die zweite Etage. Dort klopfte sie an die Tür mit der Nummer 207. Die Tür ging auf und, du glaubst es nicht, vor mir stand der Aslan.

Ja, die Überraschung war geglückt. Der Aslan strahlte über beide Backen, begrüßte mich wie einen verlorenen Sohn mit Umarmung, Schulterklopfen und so, den väterlichen Kuß verkniff er sich. - Trete ein, Kleiner, wir haben mit Sehnsucht auf dich gewartet. Seine Stimme triefte vor Falschheit. Dann packten mich zwei derbe Hände und drückten mich in einen Sessel, in dem ich beinahe versank. Der Gorilla setzte sich neben mich auf einen Stuhl und schraubte einen Schalldämpfer auf seine Pistole. - Damit du uns nicht entschwindest, Kleiner, wir brauchen dich, sagte Aslan. Tarnkappe! mein erster Gedanke. Das wäre allerdings so gut wie Selbstmord gewesen, denn beim ersten Anzeichen, mich dünne zu machen, hätte der Gorilla auf mich geschossen. Und er hätte getroffen, hundertprozentig. Den Haken an meiner Unsichtbarkeit habe ich dir ja erklärt, vielleicht erinnerst du dich. Obwohl völlig durchsichtig, bin ich rein materiell immer noch da, verstehst du. - Die Dame kennst du bereits, fuhr der Aslan fort, sie schwärmt von dir. Auch Mister Abramanow Vlassow fiebert danach, dich persönlich kennenzulernen. Hat er noch ein Hündchen von dir zu rupfen. So sagt man doch auf deutsch, oder? - Hühnchen. Ein Hühnchen zu rupfen. - Was, Klugscheißer, willst frech werden!? Auf der gegenüberliegenden Seite der Suite stand eine ausladende Sitzgruppe, bestehend aus einer giftgrünen Ledercouch und zwei Sesseln. Auf der Ledercouch saß ein kleiner Mann mit Brille und glatt zurückgekämmtem dunklem Haar. In seinem blau gestreiften Anzug sah er aus wie Aslans Buchhalter. Er nickte mir zu und sagte: - Zahltag, Dawarisch, eine Million fünfhundert Tausend Dollar, und zwar bis morgen Mittag. Capito!

Inge hatte sich in einem Sessel bequem gemacht und schien gespannt darauf zu warten, was für ein Stück ihr nun dargeboten wird. Du, darüber habe ich mich zunächst auch gewundert: die Politschlampe Inge und der türkische Obergauner Aslan. Ein Traumpaar, du glaubst es nicht. Was die wohl miteinander zu tun hatten? Gemach, das kommt noch.

Als mir der Aslan den Vlassow vorstellte, lief es mir eiskalt den Rücken runter. Ich saß komplett in der Falle. Du mußt nämlich wissen, der Vlassow kontrollierte schon vor fünfzehn Jahren fast alle illegalen Geschäfte rings um M. Wenn du so willst, war er damals mein direkter Vorgesetzter, den ich allerdings nie zu Gesicht bekommen hatte. Stell dir vor, ganze fünfzehn Jahre ließ der Vlassov nach mir suchen. Fünfzehn Jahre! Weiß der Teufel, warum sie mich schließlich doch gefunden haben!?

- Ist die Summe korrekt, oder wie? Ich höre! Natürlich hatte er recht. Ob die Summe stimmte, weiß ich nicht, jedenfalls wollte ich Mißverständnisse ausräumen und die Angelegenheit in ein möglichst günstiges Licht rücken. Machte ein paar Ansätze, wollte weit ausholen, brachte aber kein Wort heraus. Was blieb mir anderes übrig als zu nikken. - Und jetzt, was machen wir mit ihm? Fünf Augenpaare starrten mich an. Ja fünf, da war noch ein weiterer Mann im Zimmer. Typ Kettenraucher, hager, unrasiert, blasse Haut, dünnes Haar, lauernde Augen, ausdrucksloses Gesicht. Eben so, wie man sich einen Killer vorstellt. Ich kann dir jetzt nicht sagen, ob dieser Finsterling zu Aslan oder Vlassow gehörte, jedenfalls strahlte der Kerl ziemlich negative

Energien aus. Du, wie die mich anguckten, das war nicht zum Lachen. Ich habe vor Angst fast eingenäßt. Aslan beugte sich über mich und schaute mir direkt in die Augen, seine Knoblauchfahne raubte mir den Atem. - Du Arschloch hörst mir jetzt genau zu. Eigentlich gleich kurze Prozeß, hast nicht anders verdient, du ausgekochter Hund. Siehst du Rakif, lächelt. Er nicht oft Lächeln, aber jetzt, weil viel Spaß mit dir, dabei deutete er auf den Killer, der in Wahrheit keine Miene verzog - hat sich Besonderes ausgedacht, speziell für dich, he, he. Und jetzt hör gut zu. Du kannst über Rakif denken, was du wollen, aber ist kein schlechter Mensch. Gibt dir sogar Chance. Mir gefällt das nicht, aber muß Personal in Stimmung halten, so ist Leben. Rakif, erkläre Spielregel!

Rakif bemühte sich ehrlich, mir den Ablauf meiner Hinrichtung zu erklären, sprach aber ein dermaßen miserables Deutsch, daß ich mir aus seinem Wortsalat keinen Reim machen konnte. Später ist mir die 'Spielregel' indes klar geworden, allerdings. Meine Hinrichtung sollte etwa so ablaufen. Sie bringen mich in einen Kellerraum, in dem eine Schießanlage aufgebaut ist, wo bei den Sicherheitskonferenzen die Staatschefs, Generäle und Kriegsminister*innen in den Pausen einander zeigten, daß sie nicht nur mit Worten sondern auch mit Schußwaffen Unheil anrichten können. Zuerst soll ich den Raum allein betreten, dann kriege ich fünf Minuten Zeit zur Orientierung. Bei der Gelegenheit könnte ich meine Kunststückchen, die man mir so nachsagt, ausprobieren. Dann betritt Rakif den Raum mit einem geladenen Revolver. Rakifs Aufgabe ist schlicht und ergreifend, mich abzuknallen. - Und meine Chance? fragte ich. - Weiche Kugel aus, he, he, verstehst du? Um wenigsten den Schein eines gewissen Fair Play zu wahren, drückte mir der Aslan ein Küchenmesser in die Hand: - zum Zwiebelschneiden. Genau so lief die Sache dann ab. Der Aslan, Vlassow, die schöne Inge, Aslans Gorilla und der Killer Rakif begleiteten mich auf meinem letzten Gang in die Katakomben des Bayerischen Hofes. Der Gorilla öffnete eine Stahltür und Rakif stieß mich hinein, - man sieht sich, sagte er. Die 'Schießbahn' hatte ihren Namen keinesfalls verdient, es war ein lang gezogener, schlecht beleuchteter öder Raum, wo an einem Ende etwa zehn vergammelte Halterungen für Schießscheiben standen. Geschossen hatte hier seit Adolfs Zeiten niemand mehr. Ich checkte kurz die Lage. Sie war äußerst brenzlig und ziemlich hoffnungslos. Oben auf der Zuschauerbühne gewahrte ich die drei Zeugen meiner Exekution. Inge machte wie zum Hohn das Victoryzeichen. In dem Moment kam mir der rettende Einfall. Ich stellte mich dicht neben die Eingangstür und konzentrierte mich aufs Äußerste. Die Tür ging auf, Rakif kam herein und entsicherte den Revolver. Ehe er sich versah, steckte ihm das Küchenmesser im Hals. Eben noch, bevor er zu Boden ging und die Tür sich wieder schloß, witschte ich hinaus.

- Das kann doch alles nicht wahr sein!

- Aber sicher, genau so hat es sich abgespielt. Mir wäre die Flucht auch gelungen, hätte nicht dieser Riese von Gorilla direkt hinter der Tür gestanden. Instinktiv packte er zu und erwischte mich am Arm, drehte ihn mir auf den Rücken, zwang mich auf den Boden und drückte mir seinen Stiefel ins Genick. Nein, er hatte mich ja gesehen, denn in dem Augenblick, als ich Rakif abstach, fiel mir sozusagen die Tarnkappe runter. Das mag an meiner Erregung gelegen haben, eine andere Erklärung finde ich nicht. Weißt du, immerhin habe ich einen Menschen umgebracht, so was steckt man nicht so leicht weg. Jedenfalls lag ich auf dem Kellerboden und brüllte vor Schmerzen; der Satan wollte mir den Arm aus der Manschette reißen. - Das reicht, hörte ich den Aslan sagen, wir haben große Pläne mit Künstler. Der Gorilla, er hieß übrigens Mehmed, nahm seinen Fuß von meinem Nacken, nicht ohne vorher kräftig nachzudrücken. Meinen Arm ließ er einfach fallen, krallte in die Schultern meines Sakkos und stellte mich hin wie einen Kartoffelsack. Vor mir standen Aslan und der Buchhalter, Inge war nicht dabei. Bestimmt wollten sie einer zartbesaiteten Frau die unangenehme Szene ersparen. Keine Frage, das Spiel ist aus. Aber es kam anders.

- Du bist gerissener Hund, sagte Aslan, hätte ich dir nie zugetraut. Der Rakif ist ..., ich meine, was ein Idiot! In der Pistole nur Platzpatronen. Warum dich töten? Wir brauchen dich! - Aber warum ... Vlassow fiel mir ins Wort, - damit du kleiner Scheißer nicht zu frech werden.

*

Ich weigere mich, von dem zu reden, was während der nächsten Wochen passierte. Nur so viel, sie haben mich nach allen Regeln der Folterkunst weichgeklopft wie ein zähes Stück Fleisch. Nein, ich möchte nicht darüber sprechen. Jedenfalls hatten sie versucht, mich hinzubiegen zu einer Kreatur, die auf Befehl apportiert und mit dem Schwanz wedelt. Ob es ihnen wirklich gelungen ist? Wir werden sehen.

Zunächst schien mir alles wie vor der Tortur. Ich arbeitete wie gewohnt in meinem Metier. Übrigens, habe ich dir schon erzählt, daß ich es dort inzwischen zur Meisterschaft gebracht hatte? Wirklich, mein Namen kursierte in den einschlägigen Kreisen gleichsam als Geheimtipp. Dazu mußt du wissen, der Aslan und der Vlassow ließen nebenher ihre Beziehungen spielen, die, wer weiß, bis zum Vatikan reichten, auf alle Fälle bis ins Schloß Bellevue. Denn genau vor sieben Jahren gab es dort ein ganz großes Bankett zu Ehren des amerikanischen Präsidenten. Und du glaubst es nicht, man hat mir die Aufgabe zugeteilt, Mister Präsident persönlich zu bedienen. Das hieß schon was, aber hallo. Klar, die Security hatte mich völlig auseinandergenommen und bis ins Knochenmark durchleuchtet und, oh Wunder, als clean befunden. Natürlich hatten da der Aslan und sein Spießgeselle Vlassov die Finger im Spiel. Die haben mir sogar eine neue Identität beschafft und mir nächtelang meine persönlichen Daten ins Gehirn gestanzt; ich weiß noch heute nicht so recht, wer ich wirklich bin. Friedrich Wilhelm von Lauch stand in meinem Paß. Der amerikanische Präsident hatte Probleme, sich den Namen zu merken, deshalb rief er mich auf gut amerikanisch Billy-Boy. Du glaubst nicht, wie mich dieser Breitmaulfrosch ankotzte, aber was sollte ich machen.

Meine beiden Arrangeure verstanden tatsächlich die Dinge so zu deichseln, daß kaum ein größeres Staatsbankett, Promifest oder VIP-sause ohne meine Mitarbeit über die Bühne ging. Ich spielte quasi Mundschenk, Vorkoster, Berater, aber auch Lauscher und Spitzel. Von G1 bis G-paarundzwanzig, rauf und runter, ich war stets dabei. Ob Sicherheitskonferenz, Bilderberger, Atlantiker oder Illuminaten, auf meine diskreten Dienste wollte niemand verzichten. Dezent, charmant, taktvoll, stets ein mildes Lächeln auf den Lippen schwebte ich zwischen den Oberschurke*innen dieser Welt dienstfertig hin und her, hatte Ohren wie ein Hase, Augen wie ein Luchs und das Gedächtnis eines Beduinen. Nebenbei verschwanden Notizblöcke und Handys, welche die Besitzer, wenn sie die Sachen überhaupt vermißten, wenig später wiederfanden. In einem streng geheimen, nur Eingeweihten zugänglichen Hinterzimmer, saßen Lausch- und Diffamierungsspezialisten, die das Material, das ich ihnen durch eine raffiniert installierten Drehschalter quasi im Vorbeigehen zusteckte, augenblicklich kopierten und erstaunlich schnell wieder zurückgaben. Einmal sollte ich sogar das Aktenköfferchen der Kriegsministerin 'ausleihen'. Eine gewaltige Herausforderung, denn das Köfferchen war mit einer Handschelle an einem Tischbein des Tisches, wo das Flintenweib saß, gesichert. Aber meinem wachen Blick war nicht entgangen, wohin sie den Schlüssel gesteckt hatte, nämlich in das Ziertäschchen ihrer Kostümjacke, und zwar ziemlich nachlässig, der Schlüsselanhänger guckte noch heraus. Wie ich es schließlich schaffte, ihr den Schlüssel aus der Tasche zu ziehen und das Köfferchen für wenige Minuten zu entwenden, muß ich dir jetzt nicht erzählen. Es genügt, wenn du weißt, die Sache ist einwandfrei geglückt, die Alte hat nichts bemerkt. Ein echtes Meisterstück, das kannst du laut sagen, darauf bin ich heute noch stolz.

Für wen die Typen in dem Geheimverlies arbeiteten, kann ich nur vermuten. Für diverse Geheimdienste, den Deep State, die Waffenindustrie, Großbanken, Soros, den Russen, die Chinesen, Mafia, Triaden, den politischen Gegner beider Seiten oder die Essenz von allem? Das weiß der Kuckuck. Jedenfalls saßen da die Agenten des mafiösen Gewölks der wahren Strippenzieher, die schließlich auch mich zu ihrem Infosklaven abgerichtet hatten. Wozu die Informationen, die ich ihnen zuspielte, am Ende dienten, liegt auf der Hand. Im Grunde geht es bei den Spielchen immer darum, den Ruf von Personen, Parteien, Regierungen oder ganzer Staaten in den Schmutz zu ziehen, um daraus politisches Kapital zu schlagen. Handfeste Skandale, wo Stühle wackeln oder bestenfalls Köpfe rollen, sind sozusagen die Highlights bei dem Geschäft, und wenn es keine Highlights gibt, werden eben welche gemacht; so einfach ist das. Das gezielt aufbereitete Material wird den Medien zugespielt, die es dann der Öffentlichkeit als im Faktencheck geprüfte Wahrheit verkaufen. Damals lancierte man zum Beispiel das Gerücht, die Bilderberger hätten beschlossen, die Kriegsministerin zur nächsten Kanzlerin zu machen. Du, das war kein Gerücht, sondern wirklich deren Absicht. Mit eigenen Ohren habe ich gehört und mit eigenen Augen gesehen, wie die eitle Henne als künftige Kanzlerin gefeiert wurde. Du glaubst gar nicht, wie die Kriegsbüchse vor den alten Säcken kokettierte, das war schon richtig peinlich. Natürlich hat sie hinterher alles dementiert und in einer eigens dafür anberaumten Pressekonferenz ihre unerschütterliche Loyalität zur Kanzlerin erklärt. Jetzt könntest du vielleicht meinen, unsere Generalissima sei mit hoher Intelligenz begnadet und besonders gerissen gewesen und hätte versucht, im wirklich passenden Moment, den Kanzlerinnenstuhl zu usurpieren. Klar, das war ihr Traum, aber es hat dummerweise nicht geklappt. Wenn du meine Meinung wissen willst, die Frau war einfach zu doof. Eine große Klappe und nichts dahinter, wie man so sagt. Einflußreiche Kreise, denen die Kanzlerin schon lange ein Dorn im Auge war, haben unsere wortbeflissene Obersoldatin dann doch als Marionette für geeignet befunden und die Fäden so gezogen, daß sie auf den Kanzlerinnenstuhl gewissermaßen gefallen wäre, wenn, ja wenn die Sache nicht aus dem Ruder gelaufen wäre. Es konnte ja niemand wissen... Nein, jetzt hätte ich ums Haar das Kind mit dem Bade ausgeschüttet, denn ganz so einfach waren die Umstände nicht, die am Ende doch zum Tode der Kanzlerin führten. Heute frage ich mich ja selber, ob sich tatsächlich alles so zugetragen hatte, wie ich meine, mich zu erinnern. Jedenfalls würde ich auf das, was ich dir hier und jetzt über den Tod der Kanzlerin erzähle, niemals einen Eid schwören. Ich bin mir da einfach nicht sicher. Andererseits, das sagte ich bereits, gibt es außer mir niemand, der der Kanzlerin so nahe stand, als bei ihr das Licht ausging.

*

Der Multimilliardär Dr. h.c. Carlos Rodrigo Wrestling, kurz Kaiser Karl, oder einfach *Kaiser* genannt, Hauptaktionär vieler Großbanken, Chemie- und Pharmakonzerne sowie Waffenschmieden dieser Welt, Kriegswaffenschieber, Bilderberger, Transatlantiker, Großmeister der Illuminaten, Pressemogul, Pate und überhaupt der Großmufti in allen illegalen Geschäften, die hohe Gewinne abwarfen und nicht zuletzt großzügiger Mäzen der etablierten politischen Parteien, die durchweg nach seiner Pfeife tanzten, hatte zum Anlaß seines achtzigsten Geburtstages die bundesdeutsche Prominenz zu einem 'bescheidenen' Fest eingeladen. Fast alle standen auf der Gästeliste, Innenminister, Kriegsministerin, Parteigröß*innen - außer die der Linken - Kronprinz Friedrich Wilhelm, Freiherr von und zu Guttenberg, Annette Schavan, Beckenbauer, Bankenchefs, ein Kardinal, zwei Erzbischöfe - der Papst hatte abgesagt - natürlich der Bundespräsident (der sich entschuldigen ließ), ein Admiral, zwei Generäle, eine Weinkönigin und, last not least, die Kanzlerin sowie, als Geste der Solidarität, der syrische Edelflüchtling Dr. Hadschi Halef Omar ben Hadschi Abul Abbal ibn Hadschi al Gossarah, führender Kopf der Moslembrüder, in eingeweihten Kreisen als künftiger Kalif Europas gehandelt. Das Fest fand auf dem Luxuskreuzer *Andromeda* statt. Das 140 Meter lange Schiff hatte man extra zu diesem Zweck in den Hamburger Hafen an die Landungsbrücken bugsiert.

Genau, der Tod der Kanzlerin steht sozusagen ins Haus. Damit du freilich meine Rolle richtig verstehst, die ich in dieser Groteske gespielt habe, mußt du folgendes wissen. Hinter dem ganzen Schurkenstück steckte, so dachte ich wenigstens, der Kümmeltürke Aslan. Aber der Aslan, das ist mir sehr viel später klar geworden, war genau wie der Vlassow auch nur eine bloße Kreatur des Kaisers. Ich möchte wetten, beide hätten ihm ohne zu zögern die Füße geküßt, ein Handzeichen hätte genügt. Als mich damals etwa sechs Wochen vor dem Tod der Kanzlerin der Aslan zu sich holen ließ, hatte ich von all dem nichts gewußt. Ich war wirklich überzeugt, der Aslan und der Vlassow hätten das Komplott in eigener Regie ausgeheckt. Insgeheim fragte ich mich allerdings, was die Beiden von der Politik erwarteten, wo doch ihre Geschäfte ganz gut zu laufen schienen. Aber wie gesagt, ich war schlecht informiert. Hätte ich gewußt, daß die beiden Gauner genau so an den Fäden des Kaisers hingen wie ich an den Fäden Aslans, ja dann ... dann, was wollte ich eigentlich sagen... ach so, dann hätte sich am Ablauf der Dinge auch nichts geändert. Rein gar nichts.

Wie gesagt, rund sechs Wochen vor dem Tod der Kanzlerin paßten mich zwei Handlanger Aslans, sein Chauffeur sowie Gorilla Mehmed, vor dem Hotel Atlantik ab. Es war schon spät, ich hatte soeben Feierabend gemacht und wollte gerade ein paar Schritte an der Binnenalster entlang gehen. Die schwarze Limousine hielt unmittelbar neben mir. Heraus stieg Mehmed, stieß mich in den Wagen auf die hintere Sitzbank, zog mir einen schwarzen Sack über den Kopf, und ab ging die Post.

In Aslans Villa kam es dann zum entscheidenden Gespräch. Eigentlich rechnete ich noch mit Vlassow. Aber nachdem sie mir den Sack abgenommen hatten, staunte ich nicht schlecht. Inge! Sie saß an einem Teetischchen, rauchte eine Zigarette und lächelte mir zu. Auch Aslan lächelte, Mehmed lächelte, alle lächelten. Die Stimmung schien bombig. - Vlassow läßt grüßen, sagte Aslan, aus Hölle, ha, ha. Mehmed und Karin schmunzelten. Dann nahm mich Aslan ins Visier, grinste breit und strahlte alle Gemeinheit dieser Welt aus. Er faselte etwas von ewiger Freundschaft und einem Bündnis, das wir zusammen geschlossen hätten, besiegelt mit einem Treueschwur, auf den er nun zu sprechen komme. Alles Lug und Trug, das mußt du mir glauben, es gab niemals einen Treueschwur, jedenfalls erinnerte ich mich nicht.

Verstehe mich nicht falsch, Aslan hat sich mir gegenüber völlig korrekt verhalten; ich kann mich nicht beklagen. Im Gegenteil. Aslan zeigte sich von seiner besten Seite, fragte nach meinem allgemeinen und besonderen Befinden, ob mir meine Arbeit gefalle, was mir in Zukunft so vorschwebe, ja ob ich mir vorstellen könnte, ihm in einer etwas heiklen Angelegenheit gefällig zu sein. Über die Löhnung würden wir uns einigen, hundertprozentig, er ließe sich nicht lumpen, überhaupt hätte ich dann ausgesorgt, könnte mich zur Ruhe setzen, ein prachtvolles Weib nehmen - dabei blickte er zu Karin hin, der die Häme aus dem Gesicht guckte - und den Rest meines Daseins in sozusagen paradiesischem Ambiente genießen. Letzteres schien mir etwas zweideutig, aber ich ließ mich dann doch überreden und erklärte mich bereit, den heiklen Auftrag zu übernehmen. Ja, es ging schließlich um mein oder der Kanzlerin Leben; die Entscheidung fiel mir leicht, war sie doch in jeder Hinsicht alternativlos, der Tod der Kanzlerin mußte einfach sein. Die Alte sei überreif, meinte der Aslan, hätte mittlerweile zu viel Schaden angerichtet, sie müsse einfach entsorgt werden, - am besten in Hölle. Offen gestanden hatte ich dazu keine Meinung. Was unsere Verantwortungselite da oben trieb, interessierte mich nicht. Meine Arbeit, meine Geschäfte und vielseitigen Verpflichtungen nahmen mich völlig in Beschlag.

Die Tragweite dessen, was mir da der Aslan aufhalste, begriff ich zunächst gar nicht. Ein Attentat auf die Kanzlerin! Was schere mich die Kanzlerin! So etwas von mir zu verlangen, fand ich völlig daneben. Zunächst. Je mehr ich mich jedoch mit dem Gedanken vertraut machte, desto mehr fand ich Gefallen daran. Ich imaginierte gewagte Szenarien, etwa wie ich nach geglückter Tat als Retter Deutschlands, Europas, ja der Welt gefeiert wurde. Oder, auch das ging mir durch den Kopf, wie mir nach einem Fehlschlag die Kriegsministerin persönlich einen Genickschuß verpaßte. An die Aussicht auf ein sorgenfreies Leben im Paradies auf Erden glaubte ich ohnehin nicht. Hinterher wird mich der Aslan sowieso eiskalt abservieren, keine Frage. Aber solche Gedanken störten mich nicht, überhaupt sorgte ich mich in keiner Weise um meine Zukunft. Weißt du, in meiner Lage machst du dir keine Illusionen mehr. Du nimmst, was kommt, Hauptsache das Leben geht weiter. Und solange du noch Ziele hast und die auch ansteuerst, gibt es keinen Grund, das Handtuch zu werfen. Was nun meine Lage betraf, jetzt hör zu, hatte ich ja nicht die Möglichkeit mein Ziel selber auszusuchen, nein, das hat der Aslan gemacht, er nötigte mir seine Absicht regelrecht auf. Alternativlos, verstehst du. Okay, wenn das so ist, sagte ich mir, dann machst du eben das Beste daraus. Als hätte ich eine Eingebung gehabt, schien mir das Attentat plötzlich als eine echte Herausforderung, verstehst du, a Challenge! So betrachtet reifte dann der Gedanke zum festen Entschluß, die Kanzlerin nötigenfalls auf einem Torpedo über den Jordan zu schicken.

Der Aslan hat bestimmt gesehen, wie der Funke in meinen Augen aufleuchtete, denn er gratulierte mir, bevor ich ihm meine Entscheidung mitteilen konnte. Inge, die dumme Gans, konnte es nicht verkneifen, mir anerkennend zuzunicken; zu allem Überfluß hielt sie ihren rechten Daumen stramm nach oben. Dann drückte mich Aslan väterlich an seine Türkenbrust, murmelte was von 'arkadesh' und fügte hinzu: - Was wir auch machen, es ist der Wille Allahs. Auch hier wakkelte Inge zustimmend mit dem Kopf, erhob sich vom Sofa, kam mit ausgestreckten Armen zu mir her und drückte mir die Hand. - Jetzt bin ich richtig stolz auf dich, sagte sie und zwinkerte mit dem rechten Auge. Ein Zeichen, das ich richtig deutete, wenn du verstehst, was ich meine. Jedenfalls kam sie mich am Abend besuchen, und wir hatten wirklich eine heiße Nacht miteinander. Ehe sie sich gegen Sieben aus meinen Armen befreite, flüsterte sie mir ins Ohr: - Mein Held, mein Siegfried, du wirst Geschichte schreiben. Enttäusche mich nicht. - Noch etwas, sagte sie, vor etwa achthundert Jahren lebte der arabische Arzt und Philosoph Ibn Rushd, merke dir seinen Namen, du wirst nach ihm gefragt. Sie warf mir ein Luftküßchen zu und schloß die Tür von außen.

*

Die *Andromeda* lag seit fünf Tagen bei den Landungsbrücken im Hamburger Hafen. Die Vorbereitungen für das große Fest waren in vollem Gange. Etwa eine Woche vorher hatte mich der Aslan angerufen und mir gesagt, es sei ihm tatsächlich gelungen, den Kaiser zu überzeugen, daß ich für den *chef d'table* die beste Wahl sei, übrigens mit Einverständnis der Kanzlerin, sie sähe auch keine Alternative. Ansonsten blieb der Aslan ziemlich einsilbig, wünschte mir viel Erfolg und beendete das Gespräch.

Zwei Tage vor dem Fest, ich war eben dabei, mit dem Chefsteward der *Andromeda* die Sitzordnung zu besprechen, wurde ich nach draußen gerufen. Ein Typ mit Spitzbart, Hornbrille und glatt rasiertem Kopf stellte sich als Doktor Jämmerling vor. - Wir sollten ein paar Schritte auf dem Bootsdeck gehen, sagte er, es ist sehr wichtig, dort könnten wir ungestört reden. Noch auf der Treppe fragte er, ob ich mich schon einmal mit arabischer Philosophie beschäftigt hätte. - Aber ja doch, sagte ich, das macht heutzutage jeder einigermaßen politisch interessierte Mensch. Man kann nie wissen. Meine Lieblingslektüre ist übrigens die Abhandlung des Averroesh, äh Ibn Rushd über... - Genau, aber lassen wir das, unterbrach er mich und kam gleich zur Sache. Er zog ein Pillendöschen aus der Seitentasche seines Sakkos, öffnete es und fragte, was ich da sehen würde. - Na ja, sagte ich, vielleicht eine Knoblauchkapsel, wie sie meine Großmutter schon schluckte. Wissen Sie, meine Großmutter wollte uralt werden ... Was ich wirklich sah, war eine fast durchsichtige Geleekapsel etwa so groß wie ein Pinienkern. Meine Bemerkung vom ewigen Leben fand der Doktor gar nicht lustig, steckte das Döschen wieder in die Tasche und furzte mich an, ich möge mich bitte zusammenreißen, die Sache sei todernst, da gäbe es absolut nichts zum Lachen. - Hör gut zu, du Clown, sagte er herablassend, was ich dir jetzt sage, schreibst du dir alles sehr genau hinter die Ohren. Wir verstehen uns?

Sein Ton gefiel mir gar nicht. Außerdem reagiere ich allergisch, wenn mich eine wildfremde Person mit Du anquatscht. - So, dann hast du also deinen Doktor bei Professor Unrat gemacht, gab ich frech zurück. Auf diese Attacke war er nicht gefaßt und glotzte mich fassungslos an. Genau in dem Augenblick zog ich ihm das Pillendöschen aus der Tasche und legte es auf den Rand eines Kabinenfensters, an dem wir gerade vorbeigingen. Ach weißt du, das war für mich als Kleptosoph die leichteste Übung. Wir gingen nebeneinander her, blieben ab und zu stehen, und da kann es schon mal vorkommen, daß man den andern zufällig berührt. Ja und bei der Gelegenheit ...

Also wie gesagt, meine respektlose Bemerkung zeigte Wirkung. Der Doktor suchte nach Worten. - Unerhört, platzte es aus ihm heraus, kenne keinen Professor ... dann stutzte er, mit hochrotem Gesicht guckte er mich an, betastete seine Sakkotaschen, die Hosentaschen, fuhr mit den Händen hinein, wühlte alles durch. Das Ganze von vorne. Plötzlich hielt er eine Pistole in der Hand und zischte: - Leer deine Taschen, du Arschloch! Außer einem Taschentuch und einem Kellnerbesteck hatte ich nichts zu bieten. Dann zwang er mich an die Wand der Deckskabine und tastete mich ab. Nichts. Er drückte mir den Lauf der Pistole in die Schläfe und entsicherte: - Die Kapsel, verdammt! Ich zähle bis drei! Du, der Mann war völlig durch den Wind. Er stellte sich in dem Moment wohl vor, was ihm blüht, wenn er das Attentat jetzt schon vergeigt. Karriere ruiniert, vielleicht Innendienst oder Hartz IV. Er meinte es also ernst; die Pistole am Kopf, ein überzeugendes Argument. - Da hinten auf der Fensterkante. Ich habe mich sowieso gewundert ... Du glaubst gar nicht, wie schnell er das Döschen an sich riß und den Deckel abnahm. Die Kapsel schaute ihn giftig an. - Das hat Folgen, drohte er.

Urplötzlich schaltete er um auf den lieben Onkel und sprach mich sogar mit meinem Namen an. - Herr von Laub, ich denke, wir sollten die Kindereien besser lassen und direkt zur Sache kommen. - Selbstverständlich Doktor Engerling ... - Jämmerling. - Natürlich, v'zeihung, Jämmerling, Doktor Jämmerling, überhaupt keine Frage, ich gehe mit Ihnen völlig konform ...

Du hast ja recht, aber das tut jetzt wirklich nichts zur Sache. Überhaupt was rede ich. Also paß auf, in aller Kürze. Bei dem Festmahl sollte als Hauptgang auf besonderen Wunsch der Kanzlerin Kohlroulade serviert werden. Meine Aufgabe bestand nun darin, die Kapsel in die Kohlroulade der Kanzlerin zu applizieren, und zwar in dem Augenblick, in dem ich ihr die Platte reiche. Das machte die Sache besonders heikel, und ich muß dir gestehen, mir wurde bereits mulmig, wenn ich mir die Situation vorstellte. Die zeitliche Koordination sei zwingend, sagte der Doktor, weil die Privatsekretärin der Kanzlerin bei Arbeitsessen und dergleichen in letzter Zeit auffällig oft vorgekostet oder von der Platte der Kanzlerin eine Probe genommen habe, die man anschließend im Labor auf Gifte untersuchen würde. Der Sinn dieser Aktion erschließt sich mir heute noch nicht, denn fände man im Labor tatsächlich Gift in der Essensprobe, wäre die Kanzlerin sowieso nicht mehr zu retten. Okay, man weiß dann wenigstens, woran sie gestorben ist. Auch ein Trost. Der Doktor meinte, im Kanzleramt hätten sie vielleicht davon Wind bekommen, daß etwas im Schwange sei, deshalb die Vorsichtsmaßnahmen. Wie auch immer, das Risiko entdeckt zu werden, konnte größer nicht sein. Meine Lieber, ich stand ganz schön unter Druck, das kannst du dir kaum vorstellen. Ach so, das Gift. Was das betrifft, hielt sich der Doktor ziemlich bedeckt. Er sagte nur so viel, die Kapsel würde sich in der Roulade augenblicklich auflösen und das völlig geruch- und geschmacklose Gift freigeben; ein Gift, das bei Kontakt mit der Mundschleimhaut auf der Stelle tödlich wirke und auch keinerlei Spuren hinterlasse. Bevor er ging, drückte mir der Doktor das Pillendöschen in die Hand und sagte: - Es wird schon schief gehen. Dann kicherte er wie ein Geisteskranker und verschwand im Niedergang.

Zur Geburtstagsfeier des Kaisers waren eintausendzweihundertfünfundsechzig Gäste geladen, die bis auf den Papst und Bundespräsidenten alle zugesagt hatten. Schon am Tage vor dem Fest war auf der *Andromeda* die Hölle los. Zum Glück hatte ich mit der Einweisung und Zuteilung zu den Suiten und Kammern wenig zu tun, das war die Aufgabe des Stammpersonals. Meine Arbeit drehte sich eher um den perfekten Service bei den Mahlzeiten. Als Laie kannst du dir nicht vorstellen, was es bedeutet, fast dreizehnhundert anspruchsvolle Mäuler zu stopfen. Beim Abendbuffet am Vorabend ging es noch verhältnismäßig locker zu. Es gab keine festgelegte Sitzordnung. Die Leute suchten ihre Tischnachbarn nach Belieben, und man konnte leicht beobachten, wie sich um die Prominenz sehr schnell die Vasallen scharten und um Aufmerksamkeit bettelten, selbst einen Fußtritt hätten sie dankend entgegengenommen. Was ich dir jetzt sage, glaubst du nicht.

Vor dem Tisch der Kriegsministerin kniete ein groß gewachsener Mann und lauschte mit schief geneigtem Haupt dem Gewäsch der Grande Dame. Ich nehme an, er machte sich absichtlich klein, um ja nicht den Anschein zu erwecken, er stünde über ihr, denn da hätte die Generalissima sehr ungnädig reagiert. Neben der Kriegsministerin saß übrigens Inge. Sie machte fortwährend Notizen. Wer weiß wozu.

Wann immer nötig warf ich meine Tarnkappe über, mischte mich unter die Gäste und machte so meine Beobachtungen. Die Eindrücke, die ich weit nach Mitternacht mit in meine Kabine nahm, waren alles in allem niederschmetternd. Sicher, die Damen waren aufgebrezelt, bis zum geht nicht mehr und die Herren sahen in ihren Fräcken, Cuts und Edelsakkos mit Seitenschlitzen oftmals pfauenhaft lächerlich aus, vor allem wenn sie versuchten, einen intelligenten Eindruck zu machen. Vom Kaiser war am Vorabend nichts zu sehen. Ebenso wenig von der Kanzlerin und ihrer Entourage. Wie es hieß, erscheine sie am nächsten Tag pünktlich zum Galadiner, eingeflogen im Staatshubschrauber. Einen früheren Zeitpunkt würde ihr Terminkalender nicht zulassen, hieß es.

Wie nun im Einzelnen die Superfehde ablief, kannst du im Internet oder in jeder Illustrierten nachlesen. Was aber dort mit keiner Silbe erwähnt wurde, ist der Tod der Kanzlerin. Und jetzt fragst du mich zu recht, ob an diesem denkwürdigen Tag die Kanzlerin überhaupt den Löffel weggelegt hat. Gewisse Zweifel könnte ich dir nicht übel nehmen, obgleich dann die Frage auftauchen würde, warum ich mir überhaupt die Mühe mache, dir die Geschichte vom Tod der Kanzlerin haarklein zu verklickern. Wunschträume? Also hör mal zu, die Geschichte ist noch nicht zu Ende, und ob der Schluß wirklich alles ziert, bleibt abzuwarten.

Den ganzen Tag stand ich unter Strom, das kannst du dir nicht vorstellen. Mein ganzes Denken hatte sich auf das Festbankett fokussiert, das punkt 19:00 Uhr eröffnet werden sollte.

Gegen 18:00 Uhr schlug die Meldung ein, die Kanzlerin könne nicht kommen. Der Staatsheli habe kurz vor dem Abheben den Rotor verloren, der dann in der Gegend herumgewirbelt sei und schließlich beim

Aufprall auf die Chillida Skulptur vor dem Kanzler*innenamt zu Bits zerbröselt sei. Menschen seien nicht zu Schaden gekomken. Du glaubst es nicht, aber als ich das hörte, fiel mir im wahrsten Sinne des Wortes ein Stein vom Herzen. Aber der Dienst ging weiter. Ich mußte mir jetzt überlegen, wen ich auf den frei gewordenen Platz der Kanzlerin setze. Das war nämlich so, die Kanzlerin sollte rechts neben dem Kaiser sitzen, sozusagen Ehrenplatz. Natürlich hätte ich den Kaiser persönlich fragen können, aber ich kam einfach nicht an ihn heran, ständig war er belagert von Schleimern, die ihm persönlich zum Geburtstag gratulieren wollten. Einige begannen sogar selbst gemachte Gedichte vorzutragen, die der Kaiser meist schon nach dem ersten Vers mit einer nicht gerade schmeichelnden Bemerkung abwürgte. Ich studierte die Gästeliste rauf und runter und stieß schließlich auf die berühmte Wagnersängerin Walburga Wimmer, ein Prachtweib von mindestens zwei Zentnern. Die Frau konnte nicht nur singen, sie war auch sehr unterhaltsam. Der Kaiser hätte sicher viel Spaß mir ihr gehabt, jedenfalls mehr als mit der trögen Kanzlerin. Aber so weit kam es nicht. Um 18:20 instruierte mich der Privatsekretär des Kaisers, daß das Festbankett mit einer halben Stunde Verspätung um 19:30 beginne, und zwar mit der Kanzlerin. Das sei deshalb möglich gewesen, weil der Kaiser sofort nach dem Desaster seinen Privatheli zum Kanzleramt geschickt hatte. Für mich eine Schreckensnachricht, das kannst du mir glauben. Ich fühlte mich vom Schicksal regelrecht verscheißert. Aber was tun, sprach Zeus, ich mußte wohl oder übel die Pille schlukken ... entschuldige, ich meine das eher metaphorisch. Im übrigen sollte man einfach den Tag nicht vor dem Abend loben. Zeitweise meinte ich, die Giftkapsel in meiner Westentasche würde glühen.

Kurz vor Ankunft der Kanzlerin gab es eine weitere Veränderung. Der Kaiser hatte sich nun doch für Walburga Wimmer entschieden. Sie sollte links von ihm, also rechts neben der Kanzlerin sitzen. Die zwei Stühle zu seiner Rechten waren für Gerhard Schröter und seine schöne Russin reserviert. Insofern mußte die Kanzlerin, wie man so sagt, in die zweite Reihe rücken. Gegen die neue Sitzordnung hatte ich im Prinzip nichts einzuwenden. Im Gegenteil. Die quirlige Walburga sorgt bestimmt rundum für Ablenkung, was dann auch die Sicherheitsleute betrifft.

Zehn Minuten später als angekündigt schlug der Saaldiener mit einem mannshohen Stock dreimal auf die Stufe und verkündete das Erscheinen der Kanzlerin. Sie sah gehetzt und etwas derangiert aus, ganz so als hätte die Friseuse nach halb getaner Arbeit den Ondulierstab hingeschmissen. Ich möchte sogar wetten, daß ihr violetter Blazer falsch geknöpft war. Der erste Knopf im zweiten Knopfloch, oder so. Du verstehst. Ihr Herr Gemahl war nicht dabei, obwohl er fest zugesagt hatte. Wen sollte ich jetzt neben die Kanzlerin setzen? Du, das war ein brennendes Problem. Ein leerer Stuhl neben der mächtigsten Frau der Welt? Unmöglich! Natürlich hätten sich alle gefragt, wer da geopfert worden sei. Das Netz hätte geglüht vor lauter Mutmaßungen. Das sah der Chef der Sicherheit vermutlich eben so und erklärte sich bereit, in den sauren Apfel zu beißen und den vakanten Stuhl selber zu besetzen. Okay, die Kanzlerin mag das begrüßt haben, aber mir wurde das Spiel allmählich zu riskant. Ich war drauf und dran, mich französisch zu verabschieden. Aber da war sie schon, die Kanzlerin. Im Namen des Gastgebers hieß ich die hohe Frau willkommen, geleitete sie zu ihrem Platz an der Tafel und schob galant den Stuhl unter ihren breit gesessenen Hintern. In diesem Augenblick gab es ein Raunen im Saal, alle standen auf. Der Kaiser hatte seinen Auftritt. An seiner Seite Walburga Wimmer, die wenigstens doppelt so breit war wie der hagere Kaiser und etwa einen Kopf größer. Die Gäste applaudierten, vereinzelt gab es Hochrufe. Bevor der Kaiser sich setzte, begrüßte er natürlich die Kanzlerin. Sie sprachen sich mit ihren Vornamen an und taten ziemlich vertraut. Der Kaiser bedauerte das Unglück mit dem abgelösten Rotor. Die Kanzlerin dankte kühl für die professionelle Hilfe. Beinahe hätte der Kaiser den Sicherheitschef als Ehegespons der Kanzlerin begrüßt. Diese Peinlichkeit konnte ich gerade noch verhindern. - So, der Heimlicher (so hieß der Chef der Security)? Ja wenn's der Kanzlerin gefällt, warum nicht. Die Schröters hatte der Kaiser zuvor schon draußen begrüßt, ihnen nickte er kurz zu.

Es war nun keineswegs so, daß alle Gäste in einem Saal abgespeist worden wären. Das war schon von der Anzahl her nicht möglich. Nein, die Leute waren in den 13 Speisälen des Schiffes verteilt. In jedem Saal hing ein großer Monitor, damit alle den Festochsen im Blick hatten. Je weiter nun der jeweilige Saal vom Restaurant der 1. Klasse entfernt lag, also dort, wo im Schiffsalltag das Captain Dinner stattfindet, desto weniger wichtig waren die Gäste, die dort abgefüttert wurden. Im entferntsten Saal, irgendwo im Unterdeck, saßen nur Chauffeure, Zofen und ein paar Gestalten vom ganz niederen Adel.

Selbstverständlich hatte mir der Kaiser über seinen Sekretär die Namen der Gäste zukommen lassen, die er für würdig fand, mit ihm am selben Tisch zu speisen. Dazu gehörte auch der Finanzchef des Vatikans, Kurienkardinal und aktiver Päderast George Pell. Er saß der Kanzlerin direkt gegenüber.

Die langatmige Rede des Kaisers, die Phrasen der Kanzlerin, der Aperitif, die Auswahl der Getränke, Suppe, Vorspeise, Salatteller interessiert jetzt nicht. Beim Hauptgang spielte die Musik, verstehst du. Paß auf, Jetzt wird's richtig spannend. Also der Hauptgang, die Kohlroulade. Wie ich dir ja schon sagte, bestand die Kanzlerin auf einem pommerschen Biokrautwickel nach Muttis Art, einfach aber lecker, mit Salzkartoffeln und brauner Soße. Ausdrücklicher Wunsch der Kanzlerin, überhaupt keine Frage, auch wenn der Chefkoch den Krautwickel als Schweinefraß abqualifizierte. Ich konnte dem nur zustimmen. Für die übrigen Gäste mußte dann schon etwas Schmackhafteres auf den Tisch. Inspiriert von der Lieblingsspeise der Kanzlerin, gab es bei mir einen Kreativschub, und ich transformierte die Kohlroulade zur gebratenen Hirschlende an Kastanien-Mangoblätter-Rouladen. Du, ich sage dir, die Gäste waren hell begeistert. Aber das kam mir sehr viel später zu Ohren. Ob die Kanzlerin allein schon durch den optischen Vergleich an ihrer Wahl zweifelte, weiß ich nicht; das war mir in dem Augenblick sowieso egal. Das Attentat lief etwa so ab. Die Serviererin reichte mir die Platte für die Kanzlerin. - Augenblick! sagte eine herrische Stimme. Die Breitwie-Lang stand neben mir mit gezücktem Messer und einer Gabel, schnitt eine kleines Stückchen von der Roulade ab, schob es in ihr breites Maul, kaute konzentriert, schluckte mehrere Mal, wartete, prüfte ihr Befinden, dann gab sie ihr Okay. Jetzt der alles entscheidende Moment. Du glaubst es nicht, ich war die Ruhe in Person. So kannte ich mich selber nicht. Im Bruchteil einer Sekunde wechselte die Giftkapsel ihr Versteck von meiner Manschette in die Kohlroulade der Kanzlerin. Und das Ganze unter den Argusaugen des Sicherheitschef und der starken Präsens der Doktorin Breitwie-Hoch oder so. Das war ein Glanzstück, mein Lieber, a glorious Masterpiece, aber hallo! Jetzt mußt du wissen, auf der Platte lagen drei Rouladen, garniert mit Kartoffeln und übergossen mit brauner Soße. Um dem ganzen etwas Farbe zu geben, hatte eine mitfühlende Seele Petersilie drüber gestreut. Die Kapsel steckte wohlweislich in der Roulade, die der Kanzlerin am nächsten lag, und die sie wahrscheinlich zuerst nehmen würde. Nichts da, die raffinierte Otter nahm die zweite, dabei schaute sie mich schelmisch an. Aber meine Reaktion einwandfrei: - Frau Kanzlerin, sagte ich, nehmen Sie doch gleich zwei. Die Rouladen sind einfach superb, Sie werden es nicht bereuen. Und tatsächlich, die Alte griff noch einmal zu, diesmal richtig.

Habe ich dir schon gesagt, wo die Kriegsministerin saß? Immerhin spielte sie eine gewisse Rolle in dem Trauerspiel. Also rechts neben der Kapitänstafel stand ein zweiter ovaler Tisch mit achtzehn Sitzplätzen. Dort saßen zum Beispiel zwei Generäle mit ihren Damen, der CEO der KraussMaffei Wegmann GmbH & Co nebst Lebensgefährte, Joschka Fischer mit Frauke Petri, ein saudischer Prinz und last not least die Kriegsministerin. Links neben ihr, so war das gewünscht, saß Inge, beziehungsweise Frau Staatssekretärin Knurr-Langbein. Zur Rechten der Kriegsministerin hatte ich eigentlich die Präsidentin des Zentralrats der Juden vorgesehen und war nicht wenig erstaunt, auf deren Stuhl den Vorzeigeflüchtling Dr. Hadschi Halef Abal ibn Hadschi Abul al Gossarah zu sehen. Wie ich später erfuhr, hat sich die Kriegsministerin einfach über die Platzordnung hinweggesetzt und entschieden, daß der Hadschi an ihrer Seite sitzt. - Soll sich doch die Knoblauch nicht zieren, die findet überall einen Platz, habe laut Inge die Kriegsministerin gesagt. Diese Bemerkung sickerte wenige Tage später an die Öffentlichkeit und wurde gleich zur Staatskrise hochstilisiert. - Antisemitismus im Kriegsministerium, das geht gar nicht! Ums Haar hätte das den dauergewellten Kopf der Kriegsministerin gekostet. Obgleich ich voll unter Spannung stand und mich aufs äußerste konzentrieren mußte, ist mir nicht entgangen, wie die Ministerin zu uns herüber äugte, als ich der Kanzlerin die Rouladen servierte.

Dann ging alles rasend schnell. Kaum hatte ich die Platte zurückgegeben, sackte die Kanzlerin nach vorne und klatschte mit der Stirn auf die Roulade. Walburga Wimmers Stimme erreichte auf Anhieb das viergestrichene Fis, vermutlich wegen der Spritzer, die ihr teueres Kleid besudelten. Der Kaiser sprang auf und gab, ganz Herr der Lage, Anweisungen. Sicherheitsleute stürzten sich auf die Kanzlerin. Im Saal herrschte Totenstille. Einige Gäste waren aufgesprungen. Zwei Männer hakten die Kanzlerin unter und schleppten sie hinaus, direkt an mir vorbei. Ihre Augen waren halb geöffnet, von ihrem Gesicht tropfte braune Soße. Die Frau war mausetot, hundertprozentig, dafür hätte ich die Hand ins Feuer gelegt. Die Schockstarre der Gäste begann sich zu lösen. Die Steher setzten sich wieder. Alle blickten erwartungsvoll auf den Kaiser, der sich gerade anschickte, ein paar Worte zu sagen. Auf einmal ein Getöse. Die Kriegsministerin war aufgesprungen und stürmte Richtung Kaiser. Inge dicht an ihren Fersen. Jetzt mußt du wissen, plötzlich wimmelte der Saal von Sicherheitsleuten, unschwer zu erkennen an ihren Pokergesichtern, Sonnenbrillen und dunkelblauen Anzügen. Zwei Gorillas des Kaisers fingen die Kriegsministerin ab, was wiederum dem diensthabenden Schimpansen der Kriegsministerin nicht paßte, der freilich auf einen Wink des Kaisers von einem dritten Gorilla unsanft geschnappt und zur Seite geschafft wurde. - Das ist ein Befehl, hörte ich die Kriegsministerin keifen, ehe sie vier derben Fäusten packten, hochhoben und sie dann zappelnd und laut protestierend zurück auf ihren Stuhl setzten. Währenddessen wollte Inge einen Gorilla am Arm festhalten, der sie seinerseits mit einem seitlichen Kick ans Knie in den Krankenstand versetzte.

Du, ich habe den Eindruck, du machst dir überhaupt nicht klar, was damals passierte und welche Rolle ich dabei gespielt habe. Ich spielte absolut die Hauptrolle, verstehst du! Ich habe schließlich die Kanzlerin umgebracht! Hast du das kapiert? Ich bin ein Mörder! Gut, ganz so fühlte ich mich indes nicht, eher vielleicht als Gehilfe eines unabwendbaren Schicksals. Mich wundert schon, daß du mich nicht fragst, wie ich mich vor, während und nach dem Attentat gefühlt habe, welch innere Kämpfe ich austragen mußte, und warum ich nicht tat, was jeder an meiner Stelle getan hätte, nämlich möglichst schnell die Platte putzen. Zugegeben, wenn ich so zurückdenke, komme ich mir manchmal vor wie ein Monster, das einen Menschen eiskalt ins Jenseits befördert und hinterher nicht einmal Gewissensbisse hat. Aber ganz so war es nicht. Während der gesamten Aktion stand ich dermaßen unter Druck. Ich wußte nicht, wo mir der Kopf stand; mit der Wirklichkeit stand ich sozusagen auf Kriegsfuß. Fieberhaft suchte ich nach einem Ausweg, einer Hintertür, einer Möglichkeit, mich abzusetzen. Das wäre durchaus möglich gewesen, die Tarnkappe übergeworfen, und ab durch die Büsche. Aber das ging einfach nicht, ich fühlte mich innerlich wie gefesselt, verstehst du, mein Wille war zu schwach oder er gehorchte mir nicht. Da bohrte in mir das unbestimmte aber drängende Wissen von einem vorherbestimmten Schicksal, dem es kein Entrinnen gibt, das, um es platt zu sagen, einfach durchgezogen werden mußte.

Du hast mich gefragt, warum ich mich nach der Tat nicht gleich abgesetzt habe. Überleg doch mal, so hätte ich mich verdächtig gemacht, ist doch klar. Der Täter auf der Flucht! Außerdem konnte mir sowieso niemand etwas nachweisen, wie denn auch. Also wartete ich einfach ab. Einer Vernehmung durch die Staatssicherheit sah ich gelassen entgegen. So weit kam es aber nicht.

Zurück zum Tatort. - Meine lieben Gäste, sagte der Kaiser erstaunlich ruhig, ich darf Ihnen die freudige Mitteilung machen, unsere verehrte Kanzlerin ist wohlauf ... „Die Kanzlerin wohlauf!" Ich dachte, ich sitz im falschen Film. Wie kann ein Mensch nur so Lügen! Ich schwöre zehn, wenn du willst hundert Eide: die Kanzlerin war tot wie eine zerquetschte Fliege. Man kann einfach nicht toter sein, verstehst du?! Die saudumme Bemerkung des Kaisers regte mich gewaltig auf;

ich spürte einen regelrechten Stich in der Psyche. Was er weiter sagte, ist bei mir nicht angekommen. Die Kanzlerin wohlauf! Es war nicht zu fassen. Beinahe hätte ich den Kaiser überhört. Gereizt wies er mich an, ein neues Gedeck aufzulegen, die Kanzlerin werde in Kürze ihren Platz einnehmen. Ich tat, was er sagte, aber ich glaubte ihm nicht. Hier wurde ein ganz perfides Spiel gespielt! Klar, meine Ruhe war dahin, mit zittriger Hand legte ich das Gedeck auf. Walburga Wimmer sah mir besorgt zu. Nach etwa zehn Minuten kreuzte die Kanzlerin tatsächlich auf mit ihren Gorillas und zwei Krankenschwestern. Mit *Standing Ovation* beklatschten die Gäste ihre 'Auferstehung', was sie huldvoll quittierte. Ich aber zweifelte an meinem Verstand. Trotzdem bewahrte ich mir genügend Klarheit im Kopf und entdeckte beim Servieren eine winzige Kleinigkeit, die alles in Frage stellte. Bereits bei Entgegennahme der Bestellung (die Kanzlerin bat um eine Haferschleimsuppe) fiel mir der fliegenschißgroße Leberfleck an ihrem rechten Ohrläppchen auf, den die tote Kanzlerin nicht hatte. Auch die Form der Ohrmuschel wich etwas ab, und die eine Spur zu weiten Nasenlöcher hatte ich so nicht in Erinnerung. Nein, das war nicht die Kanzlerin sondern ein Double, verstehst du, eine Doppelgängerin, ein Klon.

- Bist du dir da so sicher? Vielleicht hast du die Doppelgängerin vergiftet, und die echte Kanzlerin lebt.

- Daran dachte ich auch schon. Aber das macht doch alles keinen Sinn.

- Macht Politik je Sinn? Hast du schon mal an die Möglichkeit gedacht, daß die echte Kanzlerin bereits die Radieschen von unten anschaut und die Öffentlichkeit mit mehreren Kopien zum Narren gehalten wird?

- Hör doch auf, das sind doch alles Verschwörungstheorien.

Die Politdarstellerin, der ich die Giftkapsel in den Krautwickel gesteckt habe, war einwandfrei die Kanzlerin. Halte dir nur vor Augen, wie bereits wenige Tage nach dem Attentat die neue, jüngst auferstandene Kanzlerin ihre Politik um hundertachtzig Grad änderte. Zuerst feuerte sie ihre beste Freundin, die Kriegsministerin, wegen Veruntreuung öffentlicher Gelder, konspirativer Machenschaften und überhaupt wegen Unfähigkeit. Außerdem hatte man deren Doktorarbeit erneut aus dem Archiv gefischt und ihr nun endgültig Betrug nachgewiesen. Angeblich hatte sie zwei Drittel der Doktorarbeit abgeschrieben. Die Frau war untragbar geworden. Ich sehe sie genau vor mir, als der Kaiser die 'Auferstehung' der Kanzlerin ankündigte. Ihr geöltes Mundwerk klappte mehrere Male wortlos auf, zu und wieder auf, bis sie selber merkte, welch debilen Eindruck sie machte. Weiß wie Schnee, bis auf ein paar rote Flecken, schaute sie sich nach ihrer Intima Inge um, die aber gerade im Bordhospital lag und ihr ramponiertes Knie verarzten ließ.

Ja, die Inge, ein raffiniertes Aas, irgendwie wandte sie sich unbeschadet aus dem Skandal umwitterten Dunstkreis der Kriegsministerin und landete schließlich als Quotenfrau im Aufsichtsrat einer bekannten Waffenschmiede. Ach so, die Politik, da hatte sich der Wind tatsächlich von Ost nach West gedreht. Ohne Parlamentsbeschluß ließ die Kanzlerin die Kernkraftwerke wieder hochfahren. Aus Umweltgründen versteht sich. Dann verfügte sie einen sofortigen Einwanderungsstopp sowie die Abschiebung sämtlicher Wirtschaftsflüchtlinge in ihre Herkunftsländer. Ihr Beliebtheitsgrad schnellte hoch auf über achtzig Prozent. Auch an den Universitäten ging es rund. Professorinnenprogramme wurden gestrichen und Genderstudies wegen Zersetzung des sozialen Friedens verboten. Natürlich gingen die linksgrünen Weltverbesserer und Kulturmarxisten auf die Barrikaden und lieferten sich mit der Polizei regelrechte Schlachten. Ach was rede ich. Du hast es doch selber mitbekommen, daß die Frau, die nach dem Attentat die Kanzlerin spielte, eine völlig andere Person war. Oder nicht? Oder vielleicht doch? Du, ich weiß es selber nicht.

In den Qualitätsmedien stand jedenfalls kein Sterbenswörtchen vom Tod der Kanzlerin. Obgleich sie angesichts der politischen Kehrtwende ein paar Tage später über ihre Neugeburt sinnierten. Allein Koppaktuell wollte aus sicherer Quelle erfahren haben, daß während der Geburtstagsparty des Kaisers der Gangsterboss Joaquin 'Shorty' Guzman einen ganz großen Coup gelandet habe, der nicht nur hohe Wellen, sondern einen Tsunami auslösen würde. Mit im Spiel, womöglich sogar der Auftraggeber, sei der Deep State, ein Verschwörungsgebräu aus CfR, NSA, CIE, M 16, Mossad, BND, Verfassungsschutz, MAD, Kriegsministerium, IFR, Atlantiker, Bilderberger, Google, LSVD und weiß der Teufel was, also Mächte, denen der Niedergang Deutschland zu langsam läuft, und die lieber die Kriegsministerin auf der Kommandobrücke des sinkenden Schiffes gesehen hätten.

Die Frage ist gut. Welche Rolle spielte wohl der Kaiser in dieser Groteske? Seine besonnene Reaktion angesichts der toten Kanzlerin erweckte jedenfalls bei mir den Verdacht, daß er genau wußte, welche Posse da ablief. Er kam mir vor wie ein Regisseur, der etwas angespannt der Handlung seines Stückes folgt, besorgt, ein Schauspieler oder die Umstände könnten den Plot vergeigen. Auf jeden Fall wußte der Kaiser Bescheid, davon bin ich fest überzeugt. Welchen Gewinn das Spiel ihm einbrachte, das wissen die Götter. Vielleicht war für ihn der Tod der Kanzlerin nur ein Spiel, wer weiß. Leute wie er können sich fast alles erlauben. Einen Komplott mit der Kriegsministerin halte ich indes für ausgeschlossen. Weißt du, ein Global Player wie der Kaiser setzt niemals aufs falsche Pferd, dafür ist er viel zu gerissen. Ich nehme aber an, er hat von dem hinterlistigen Plan der Kriegsministerin Wind bekommen, dann geschickt das Drehbuch verändert, so daß sie am Ende als Loserin dagestanden ist. Was ja auch geklappt hat; die Gute hat es in ihrer grenzenlosen Selbstüberschätzung einfach nicht geblickt.

Wo die Drahtzieher den Kanzlerinnenklon aufgetrieben haben, darüber gibt es mittlerweile konkrete Hinweise. Bereits vor zwei Jahren schrieb der Enthüllungsjournalist Florian Hermes über ein Geheimprojekt, wonach auf der Ostseeinsel Rührum in den Gebäuden der ehemaligen Stasi Doubles von Spitzenpolitikern modelliert und ausgebildet werden. Allein für die Kanzlerin seien inzwischen fünf Doppelgängerinnen im Umlauf, die je nach Bedarf und Anlaß eingesetzt würden. Mittlerweile, so Hermes, wüßte kein Mensch mehr, wer die richtige Kanzlerin sei und ob sie überhaupt noch lebe. Die Antwort auf die Frage, ob ich auf der Geburtstagsparty des Kaisers tatsächlich die

Kanzlerin gemeuchelt habe, kannst du dir jetzt selber geben. Ich bin mir jedenfalls nicht mehr sicher.

Wie ich mich an jenem Abend persönlich aus der Affäre gezogen habe? Nicht einfach war's, das kannst du mir glauben, schließlich saß mir noch der Aslan im Genick. Ich hatte ja keine Ahnung, was der staubige Bruder wirklich wußte, ob er in den Plan eingeweiht war oder nicht. Hat er freilich nichts davon gewußt, dürfte er völlig ausgerastet sein, als der Kanzlerinnenklon am Abend im Fernsehen auftrat und sagte, - mir geht es gut. Keine Frage, er hat umgehend seine Killer auf mich angesetzt.

Für mich gab es nur eine Lösung, nämlich auf leisen Sohlen zu verschwinden. Das tat ich dann auch und zog mich zurück in meine Kabine. Dort wechselte ich die Kleidung, warf meine Tarnkappe über und verließ das Schiff. Noch am selben Abend stieg ich in einen ICE nach München. Dann weiter nach Kufstein, hierher in mein Appartement, wo ich dir gerade die wahre Geschichte vom Tod der Kanzlerin erzählt habe. Vor zwei Jahren hatte ich mir die Wohnung unter falschem Namen zugelegt. Außer dir weiß niemand etwas davon, obwohl ... ich denke einfach nicht daran. Seit fast sieben Jahre lebe ich hier in Frieden. Ab und zu erscheinen Schreckgespenster, aber nur im Traum.

Was ich den Tag über so treibe? Die Frage ist gut, aber gar nicht so leicht zu beantworten. Um einigermaßen in Form zu bleiben, habe ich mir ein Programm auferlegt, das ich täglich abarbeite. Morgens von vier bis sechs Uhr meditiere ich. Mein Ziel ist die totale Transparenz, wann immer ich sie wünsche. Nach dem Frühstück gehe ich zum Schießplatz und übe Bogenschießen. Dafür habe ich mir einen original japanischen Langbogen zugelegt. Weißt du, Bogenschießen ist eine Sportart, wo Kraft, Konzentration und ein sicheres Auge optimal zusammen wirken müssen. Ohne die innere Harmonie triffst du nur zufällig ins Schwarze, verstehst du. Wie früher lasse ich mir vom Vietnamesen täglich ein leichtes Mittagessen bringen. Dann mache ich ein ausgiebiges Mittagsschläfchen. Nach einer Schale Tee schlendere ich durch die Kurzone, übe meine Fingerfertigkeit und verschaffe mir so etwas Kleingeld. Am Abend gucke ich in die Glotze und überlege dabei, wie ich der Menschheit dienlich sein könnte. Einmal in der Woche gehe ich ins Puff zur Prostatapflege.

Schau her, ich bin jetzt achtundvierzig Jahre alt, rundum gesund, in gewissem Sinne erfolgreich, hoch begabt, mit außergewöhnlichen Fähigkeiten. Es wäre jammerschade, vielleicht sogar eine Sünde, würde ich mich jetzt auf meinen Lorbeeren ausruhen und den lieben Gott einen guten Mann sein lassen. Nein, kommt gar nicht in Frage. Außerdem treibt mich ständig die Sache mit dem Tod der Kanzlerin um. Sie läßt mich einfach nicht in Ruhe. Nicht weil ich ein schlechtes Gewissen hätte, überhaupt nicht, mich wurmen zwei Dinge. Einmal die Tatsache, daß meine Tat keinerlei Aufsehen erregte und von einem Täter niemals die Rede war. Das Leben ging fröhlich weiter, als sei nichts passiert. Also irgendwie hat mich das schon verletzt. Andererseits ist mir der Tod der Kanzlerin nicht wirklich geglückt. Es war ein glatter Mißerfolg. Weißt du, ich bin ein Perfektionist und gebe nicht eher Ruhe, bis das Projekt, das ich mir einmal vorgenommen, wirklich greifbar in der Landschaft steht. Ich gehe da über Leichen. Läuft dennoch mal etwas schief, bleibe ich so lange am Ball bis er ins Tor trifft. Also der Tod der Kanzlerin ist noch lange nicht erledigt. Ich bin fest entschlossen, so lange weiterzumachen, bis auch der letzte Kanzlerinnenklon in den Krautwickel beißt, den ich ihm serviert habe.

♣

MeToo oder Rache ist süß

Ein Shitstorm raste übers Land,
den *frau* hat MeToo genannt.
MeToo ist eine üble Sache
und heißt im Klartext Rache.

In Hollywood, dem Wald der Lüste,
ganz nahe bei des Meeres Küste,
residierte einst ein Produzent,
der sich Harvey Weinstein nennt.

Ein Starlet giert' nach Glanz und Größe,
sie zeigt dem Weinstein ihre Möse.
Das fand der Harvey ziemlich nett,
er bummste sie im Wasserbett.

Drauf ging das Girl ins Volle:
„Harvey, krieg ich nun die Rolle?"
„Mein Kind, sagt' er, du kannst gut ficken,
doch die Rolle kannst du knicken."

Weinstein verspritzte seinen Samen,
in mehr als siebenhundert Damen,
sie zeigten sich willig und waren gesinnt,
dass Harvey sie ins Kino bringt.

Sie gaben ihr Bestes und gingen ins Volle:
„Liebling, krieg ich nun die Rolle?"
„Mein Schatz, sagt er, du kannst gut pimpern,
doch kleb dir die Rolle auf den Hintern."

Die Zeit verging, nach zwanzig Jahr,
so manches Starlet ward ein Star.
Die meisten aber wurden's nicht,
sie kriegten Falten im Gesicht.

Auch Harvay wurde alt und älter,
Sein Trieb ließ nach, es wurde kälter.
An was er aber gar nicht dachte,
das war der Hass, den er entfachte.

Denn ein Filmstar hat indessen
die üble Kränkung nicht vergessen,
den Filmmogul sie mußte richten,
ihn diffamieren, verklagen, vernichten.

Indes der Zeitgeist begünstigte sie
mit hate speech, fakenews, Misandri.
nichts hielt sie auf, sie wollt' sich rächen:
„Der Raper Weinstein muß jetzt blechen!"

Ihre Stimme erhob sie laut und empört,
damit jeder Mann und jede Frau sie hört:
„Dieser Weinstein hat mich betrogen,
genötigt, geschändet und belogen!"

„Er hat mich vergewaltigt und geschlagen
auf die Titten, in den Magen.
Er ist eine krankhaft perverse Sau,
das sage ich als ehrbare Frau!"

Der Aufschrei wurde weithin vernommen
von all den Frauen, die Harvey genommen,
sie stimmten laut in die Klage ein:
Metoo! Metoo! Auch ich mußte Opfer sein.

Das Geschrei schwang über die See,
tat auch in Deutschland den Ohren weh.
Nicht so bei linksgrünen Femanzen,
die begannen vor Häme zu tanzen.

Auf Straßen und öffentlichen Plätzen
war es chic gegen Männer zu hetzen.
Metoo! drohten gestiefelte Bachen:
„Ihr Schweine habt nichts mehr zum Lachen!"

Metoo! schrien all die frustrierten Frauen:
Metoo! Männer kriegten das Grauen.
Metoo! tönt es schrill übers Land:
„Wir sind Opfer und staatlich anerkannt!"

♣

Der Gucker

Er saß auf der hüfthohen Mauer vor dem Stadtbrunnen und sah zu mir herüber. Ob er nun wirklich zu mir blickte, kann ich nicht mit Bestimmtheit sagen, denn der dunkel gekleidete Mann trug eine Sonnenbrille mit Spiegeleffekt. Vielleicht guckte er an mir vorbei oder durch mich hindurch auf das Treiben um die Marktstände, wo sich die Leute drängelten wie Rinder um eine Tränke. Möglich wäre ferner, daß er nirgendwo hinguckte und die Augen geschlossen hielt. Wie auch immer, ich hatte das ungute Gefühl, der Mann mit dem schwarzen Hut beobachtete mich. Dabei kannte ich den Mann nicht, er ist mir nie zuvor begegnet. Gewiß, er machte keine schlechte Figur, wie er dort lässig auf der Mauer saß. Ein sportlich schlanker Typ, sonnengebräunt, so etwa um die Fünfzig, im modisch knittrigen Leinenanzug. Eine männliche Erscheinung, da schaut eine Frau in meinem Alter schon mal hin. Was mich freilich störte, das war seine infantile Spiegelsonnenbrille.

Ich besorgte meine Einkäufe wie jeden Samstagvormittag. Danach machte ich mich wieder auf den Heimweg. Bei der Straßenenge in der Nähe des Stadtbrunnens gab es ein Gedränge. Unwillkürlich geriet ich dicht an die Mauer und hätte ums Haar den fremden Mann gestreift. Er sagte „Entschuldigung", was ich sehr merkwürdig fand. Für ihn gab es überhaupt keinen Anlaß, sich zu entschuldigen. Wollte er etwa auf sich aufmerksam machen? Oder wollte er mir zeigen, was Anstand ist, weil ich nichts gesagt hatte? Vielleicht hätte ich seine Absicht an seinen Augen ablesen können, aber da war die gräßlichen Sonnenbrille, die sein halbes Gesicht bedeckte. Zugegeben, ich hatte flüchtig zu ihm aufgeschaut und mir schien, als habe er gelächelt. Ob das Lächeln einen freundlichen, ironischen oder eher herablassenden Zug hatte, weiß ich nicht mehr. Das ging alles viel zu schnell. Aber gefühlsmäßig meine ich, es war aufgesetzt.

Den Rest des Tages und den Sonntag verbrachte ich zu Hause. Ich hatte mir fest vorgenommen, an diesem Wochenende meinen Haushalt in Ordnung zu bringen. Wäsche waschen, Spülmaschine aus- und einräumen, den Müll entsorgen, putzen, tausend Dinge an ihren Platz räumen. Überhaupt dem Lotterladen wieder Form und Glanz zu geben. Außerdem mußte ich eine Übersetzung ins Reine schreiben, der Kunde hatte wiederholt danach gefragt. Für den Gucker vom Markt gab es überhaupt keinen Platz in meinem Kopf.

Beim Morgengrauen, wo Träume schon ins Wachsein spielen, tauchte er wieder auf. Eigentlich sah ich nur seinen Mund und darüber die Sonnenbrille. Der anfangs lächelnde Mund verzog sich zu einem gemeinen Grinsen. Das dunkle Nichts der Brillengläser schummerte bedrohlich. Ich erwachte.

Nach den üblichen morgendlichen Verrichtungen hatte ich den Traum vergessen. Die Woche verging wie im Flug. Am Samstag besuchte ich wieder den Markt. Ich müßte jetzt lügen, wenn ich behaupten würde, der Brillenmann wäre mir entfallen. Dabei war er mir völlig gleichgültig.

Heute nahm ich einen anderen Weg, einen kleinen Umweg, auf dem man den Marktplatz von der Seite erreicht, die dem Marktbrunnen entgegen liegt.

Zuerst hatte ich den Mann nicht gesehen, wegen der Markstände und der vielen Leute. Aber dann sah ich ihn. Er saß wieder auf der Mauer vor dem Marktbrunnen und guckte durch seine Spiegelsonnenbrille. Das fand ich ziemlich lächerlich, denn der Tag war trübe und zeitweise nieselte es. Trägt er die Sonnenbrille etwa zur Tarnung? Vor wem will er sich verstecken? Zu dämlich für einen erwachsenen Mann. Oder er kam sich einfach gut vor, soll es ja geben. Eine Augenkrankheit wäre freilich auch möglich, vielleicht mußte er seine Augen vor zuviel Licht schützen. Blind halte ich für ausgeschlossen, sonst hätte er sich letzte Woche nicht entschuldigt. Neugierig geworden, schob ich mich durch die Leute näher an ihn heran. Plötzlich nahm er die Sonnenbrille ab und schaute in meine Richtung. Schnell duckte ich mich hinter einer laut schwatzenden Frauengruppe, die rücksichtslos den Weg versperrte. Mir kam sie freilich gerade recht. Eine der Frauen, sie hieß Hilde, erkannte mich und sagte: „Hallo Lisa, wie geht es Dir?" Egal wie, ich fühlte mich ertappt und reagierte völlig kopflos. „Du, ich kann jetzt nicht, meine Mutter wartet. Tschüüs", sagte ich und kehrte ihr den Rücken zu. Schon beim Weggehen schoß es mir ins Gehirn: meine Mutter ist seit einem halben Jahr tot, und Hilde weiß das.

Fahrig umstrich ich die Marktstände und wußte momentan nicht, was ich überhaupt wollte. Beim Bäckerstand kaufte ich einen Laib Dinkelbrot, obwohl ich zu Hause genügend Brot hatte. Das kam mir erst nach dem Kauf. Den Gucker hatte ich in meiner Verwirrung fast vergessen. Aber er saß noch an der selben Stelle und guckte, unverrückt, ausdauernd, wie ein Idiot.

Der Typ begann mich zu interessieren. Ich meine psychologisch. Wie kann man nur stundenlang auf einer Mauer sitzen und gucken. Vielleicht ist er wirklich nicht normal. Oder macht er Charakterstudien, ein Schriftsteller? Warum schreibt er dann keine Notizen? Oder genügt es ihm, einfach dazusitzen, auf das Markttreiben zu gucken und sich so seine Gedanken zu machen? Doch nach der Sonnenbrille zu urteilen, meine ich, daß er überhaupt nichts denkt und stumpf vor sich hinbrütet. Aber was macht er, wenn er nicht irgendwo sitzt und guckt? Womit verdient er sein Geld? So einen Anzug bekommt man nicht geschenkt. Obgleich, bei der Kleiderspende gibt es noble Dinge, da kann sich selbst ein Harzvierempfänger ordentlich einkleiden. Ja, genau, er ist arbeitslos und läßt sich vom Staat durchfüttern. Nun sitz er dort auf der Mauer, guckt in die Gegend und läßt den Herrgott einen guten Mann sein. Ein sorgloses Dasein, gewiß. Rundherum beneidenswert.

Während ich gedankenvoll von Marktstand zu Marktstand ging und auf die Auslagen guckte, ohne etwas wahrzunehmen, kam mir die Idee, den Markt in einem großen Bogen zu umgehen, um so auf eine Terrasse zu gelangen, die sich seitlich etwa zwei Meter höher über dem Marktbrunnen befindet. Die Terrasse ist mit einer Sandsteinbalustrade gesichert, hinter der man durch die kegelförmigen Stützen hinunterschauen kann, ohne von unten gesehen zu werden.

Auf dem Weg dorthin versuchte ich, mich außerhalb des Sichtfeldes des Guckers zu halten. Wo er hingucken konnte, bewegte ich mich unauffällig zwischen den Leuten. Einmal stieß ich auf meine Nachbarin, die mich gleich in ein Gespräch verwickeln wollte. Ich sagte nur „hallo", winkte vielsagend ab, lächelte ihr komplizenhaft zu und ließ sie stehen. Sonst gab es keine Zwischenfälle.

Die Mühe hatte sich wirklich gelohnt. Mit dem richtigen Abstand von der Brüstung kam er ganz ins Bild, wenn auch nur von der Seite. Sofort fiel mir seine lange Nase auf, die zusammen mit dem leicht fliehenden Kinn seinem Gesicht ein Aussehen gab, das mich an einen Specht erinnerte. An einen Specht mit Sonnenbrille. Eine komische Vorstellung, und dann noch der Hut. Am liebsten hätte ich laut hinausgelacht.

Er saß auf der Mauer, leicht nach vorne geneigt, die Hände seitlich aufgestützt, seine Nase gab dem Blick die Richtung, sie zeigte auf das Markttreiben. Langsam drehte er den Kopf, mal nach links, dann nach rechts, wobei seine Augen wohl den Markplatz und die Leute abtasteten. Suchte er mich? Dazu hatte er keinen Grund, sagte ich mir, warum sollte er ausgerechnet mich suchen. Nur weil ich ihn vor einer Woche beinahe berührt hatte? Unwillkürlich schüttelte ich den Kopf, als wollte ich den Einfall wie eine lästige Fliege verscheuchen. Dafür wurde jetzt die Frage laut, was mich eigentlich dazu trieb, einen wildfremden Menschen wie ein Schnüffler zu belauern. Ehrlich gesagt, ich fand keine Antwort und kam mir ziemlich töricht vor.

Von meiner Befindlichkeit abgelenkt, hatte ich kurz nicht aufgepaßt, denn als ich wieder hinunter sah, traf mich sein Blick. Halb umgedreht schaute er herauf. Keine Frage, er hatte mich gesehen. Fluchtartig verließ ich meinen Anstand, übersah die Steinstufe und landete unsanft auf dem Gehwegpflaster. Die Tasche mit dem Dinkelbrot flog in hohem Bogen auf die Straße. Ein junger Mann half mir auf die Beine. Er fragte mich, ob ich verletzt sei. Ich verneinte und bedankte mich. Er holte noch meine Tasche, gab sie mir und verabschiedete sich. Erst jetzt bemerkte ich den Schmerz. Beide Handflächen und mein rechtes

Knie waren aufgeschürft. Ich hätte heulen können, nicht zuletzt aus Wut über mich selbst.

Tief deprimiert erreichte ich meine Wohnung, versorgte meine Wunden, legte mich ins Bett und weinte.

Am nächsten Morgen fühlte ich mich wie gerädert. Mir schmerzte der Kopf, die Hände und mein rechtes Knie. Ein strammer Kaffee sowie ein paar Spiegeleier auf Toast sollten mir wieder auf die Beine helfen. Beides ging voll daneben. Kein Kaffee im Haus. In meiner Verwirrung hatte ich gestern vergessen, welchen zu besorgen. Auch andere Lebensmittel wie Milch, Butter, Käse, Tomaten und Salat fehlten. Als ich zwei Eier aus dem Kühlschrank holte, klatschte eines auf den Boden. Erbost warf ich das andere hinterher. Wie aber die Sauerei aufputzen, mit meinen kaputten Händen? Mit spitzen Fingern schaffte ich es schließlich. Entmutigt und erschöpft legte ich mich wieder ins Bett. Wir hatte ja Sonntag. Gegen später glückte mir eine Schale Tee, die meine Lebensgeister stimulieren und den aufkommenden Hunger dämpfen sollte. Drei Scheiben trocken Brot drückte ich dann doch hinunter, sie lagen mir im Magen wie Wackersteine. Den Rest des Tages versuchte ich zu vertreiben oder totzuschlagen, was mir bis zum Abend gut gelang. Ich zappte durch unzählige Fernsehkanäle und blieb schließlich bei einer nichtssagenden amerikanischen Gaunerkomödie hängen, wo der Oberschuft stets eine Spiegelsonnenbrille trug. Von der Seite erinnerte er mich an den Gucker. Weitere Schalen Tee brachten mich schließlich in Schwung. Aufgekratzt wie ich war, hatte ich das dringende Bedürfnis, mich zu bewegen, ein paar Schritte zu gehen.

Mein Weg führte an der Tanzschule Trampel vorbei, wo gerade ein Tanzkurs lief. Durch die erleuchteten Fenster konnte man die Tänzer beobachten. Sie bewegten sich auffällig eckig nach dem Rhythmus einer Musik, die man draußen nicht hören konnte. Ein komisches Bild, ich mußte lachen. Doch das Lachen blieb mir im Halse stecken. Das Profil des Tänzers, der mit seiner Parterin soeben für ein paar Sekunden ein Fenster nahezu ausfüllte, glich dem des Guckers. Ich wartete. Dann ein zweites Mal. Ja, er war es. Zwar ohne Hut und Sonnenbrille, trotzdem hatte ich ihn erkannt. Wirklich? Schon nach wenigen Schritten bohrten Zweifel. Nach weiteren Schritten schien es mir klar. Der Mann hatte außer der markanten Nase nur wenig gemeinsam mit dem Gucker. Eine Projektion meiner Erwartung? Aber was erwartete ich? Was erwartete ich von ihm? Nichts, absolut nichts, was sollte ich von einem wildfremden Mann erwarten. Mit dieser rhetorischen Frage wollte ich gleichsam einen Punkt hinter die lästige Sache machen und meinen Spaziergang mit angenehmeren Gedanken fortsetzen.

Egal wo ich ansetzte, bei meinen Übersetzungen, meinem Sohn und seiner exaltierten Freundin, meiner gescheiterten Ehe oder meinem gespannten Verhältnis zu Männern, immer fand der Gucker eine Möglichkeit sich einzumischen oder anzuknüpfen. Schmiß ich ihn gleichsam zur Vordertür hinaus, kam er zur Hintertür wieder herein. Obwohl er mich nur in meinen Gedanken schikanierte, wurde mir der Typ allmählich lästig. Ich überlegte nun ernsthaft, wie ich ihm künftig am besten aus dem Weg gehen könnte, denn ich hatte keinerlei Verständnis für die Art und Weise, wie sich der Kerl in mein Leben zu mischen begann.

Grübelnd erreichte ich meine Wohnung. Zuerst galt es, meine Wunden zu versorgen. Verflucht sei der, dem ich sie zu verdanken habe. Dann richtete ich mir zwei Schnitten Dinkelbrot, dazu gab es ein Glas französischen Landwein. Im Radio ertönte Carmina Burana. Der Fernseher blieb heute aus. Als Einschlaflektüre diente Hermann Hesses 'Glasperlenspiel'. In der Nacht träumte mir vom Magister Ludi. Er trug einen Rock mit weiten Ärmeln und fingerte an der Sonnenbrille herum, die ihm ständig von seiner großen Nase rutschte. Dabei redete der Magister fortwährend wirres Zeug. Jedenfalls verstand ich kein Wort und wachte schließlich auf mit einem flauen Gefühl im Magen.

Am Nachmittag machte ich Besorgungen im Städtchen. Dabei mußte ich eine Gasse passieren, in der es ein Straßencafé gibt. Schon von weitem erkannte ich ihn. Er saß an einem Bistrotisch zusammen mit einer überschminkten Blondine und redete auf sie ein. Ich ging weiter und tat so, als würde ich ihn nicht sehen. Als ich an ihrem Tisch vorüberging, wagte ich doch einen Blick nach rechts. Sie hatten wohl die

Köpfe zusammengesteckt. Denn die Blondine blickte gerade hoch, als wollte sie sich der Person vergewissern, über die er tuschelte. Dabei grinste sie spöttisch. Sicher hatte er ihr von meiner Bauchlandung erzählt.

Wer den Schaden hat, braucht für den Spott nicht sorgen, dachte ich und stellte mir die Situation bildhaft vor. Sie war wirklich grotesk. Ich mußte selber lachen.

Leicht und beschwingt erledigte ich meine Einkäufe. Wildfremde Menschen schauten mich offen an, lächelten mir zu und grüßten. Seltsam, das ist mir vorher nie augefallen.

Die vollgestopfte Einkaufstasche und eine nicht weniger schwere Plastiktüte mußte ich nach Hause schleppen, was meinen geschundenen Händen nicht gut tat. Also nahm ich den kürzesten Weg nach Hause, obgleich er durch die Gasse führte, wo sich der Gucker und seine Gespielin über mich lustig gemacht hatten. Zum Glück saßen sie nicht mehr vor dem Café. Doch nach der Brücke, wo der Weg in den Park mündet, sah ich die Beiden. Sie machten offenbar einen Spaziergang. Und das ausgerechnet in meine Richtung. Um ihnen genügend Vorsprung zu geben, setze ich mich auf eine Parkbank und wartete. Dabei schloß ich die Augen.

Ich mußte wohl eingenickt sein, denn plötzlich schreckte ich hoch. Stimmen hatten mich geweckt. Unglaublich, ich traute meinen Augen nicht, der Gucker saß auf der anderen Bank schräg gegenüber, alleine. Besser gesagt, er saß da nicht, sondern fleezte auf der Bank, die Beine langgestreckt, Fußspitzen nach oben, die Arme über die Rückenlehne gelegt, natürlich die Sonnenbrille auf und den Hut ins Gesicht gezogen. Er schien zu dösen. Vorsichtig griff ich nach meinen Taschen. Ich wollte mich unbemerkt aus dem Staub machen. Aber die Plastiktüte rutschte mir aus der Hand und fiel auf den Boden. Gott sei Dank enthielt die Tüte nichts Zerbrechliches. Aber das Geräusch genügte, der Gucker wurde auf mich aufmerksam. Bewußt senkte ich meinen Blick, hob die Tasche auf und drückte mich an ihm vorbei. Sein unverschämtes „Hallo" erwiderte ich mit einem zerstreuten „Hi", blickte aber nicht zu ihm hin.

Nach dem Vorfall hatte ich kaum noch Zweifel, der Kerl beschattet mich.

Mittels einer Art 'brainstorming' versuchte ich herauszufinden, warum er mich observiert. Handelt er im Auftrag meines Exmannes? Aber welchen Grund sollte der schon haben. Ist er von der Polizei, hat mich ein Nachbar angeschwärzt? Ich wüßte nicht weshalb. Ach ja, vor ein paar Wochen habe ich ein Schreiben ins Portugiesische übersetzt, es ging um irgendwelche Waffengeschichten. Werde ich deshalb überwacht? Will man mich da hinein ziehen? Noch etwas, vor wenigen Tagen ließ ich bei Stickesdorfer einen BH mitlaufen. Drei nahm ich mit in die Kabine, zwei gab ich zurück, den dritten behielt ich einfach an. Die Verkäuferin hatte nichts bemerkt. Überwachungskamera?! Die haben den Diebstahl bestimmt gefilmt und wollen jetzt herausfinden, wo ich sonst noch klaue. Da habe ich freilich ein reines Gewissen, der BH war nur ein Ausrutscher. Vom BND ist er auf keinen Fall, mit dem habe ich wirklich nichts zu tun. Aber man kann nie wissen. Eher scheint er mir ein kleiner Strolch, der auf eine Gelegenheit wartet, mich auszurauben, oder vielleicht sogar damit rechnet, mich zu vergewaltigen und dann zu ermorden. Schon der Gedanke macht mir eine Gänsehaut. Jedenfalls ist Vorsicht geboten. Soll ich die Polizei verständigen? Will er mir etwa Avancen machen? Ausgeschlossen. Welcher Mann will schon eine alte Schachtel wie mich.

Während ich all die Möglichkeiten bedachte, flößte ich mir eine Flasche Rotwein ein. Später schaute ich in den Spiegel und rief beherzt meiner Doppelgängerin zu: „Der kann mich kreuzweise!" In der Nacht schlief ich tief und traumlos.

Beim Frühstück faßte ich den Entschluß, den Gucker endgültig aus meiner Gedankenwelt zu eliminieren. Es macht keinen Sinn, auch nur einen Gedanken an ihn zu verschwenden. Ich verabschiedete ihn quasi aus meinem Leben. Ein Bild ließ ich noch zu, es drängte sich buchstäblich auf, nämlich seine Schuhe. Seine zerschlissenen Schuhe stachen mir regelrecht ins Gehirn, als ich gestern den Gucker auf der Parkbank gegenüber sah. Sie starrten nicht nur vor Schmutz, sie benötigten auch einen Schuhmacher. Eine Sohle, ich meine es war der linke Schuh, hatte sich seitlich gelöst, außerdem fehlten die Schnürsenkel. Richtig, die fehlten auch beim rechten. Da hing sogar die Zunge seitlich heraus, und zwar nur noch an einem Faden. Eigentlich gehörten diese Wracks in den Mülleimer. Überhaupt, wie kommt dieser Mann dazu, solche Schuhe zu tragen, will er provozieren? Warum geht er nicht gleich barfuß? Barfuß im Leinenanzug mit Hut, das hätte noch Stil. Aber zerlumpte Schuhe. Ich weiß nicht. Meine Fantasie setzte noch was drauf. Der Kerl trägt jetzt Springerstiefel aus denen unglaublich starke Waden ragen. Er sitzt in der Unterhose auf der Bank, seine Anzugshose liegt achtlos im Schmutz. Ich schüttelte heftig meinen Kopf und sagte mehrmals „nein, nein, nein" , ganz so als wollte ich mit einer Zauberformel den Spuk vertreiben. „Ach, nun hab ich doch das Wort vergessen", kam mir in den Sinn, wußte aber nicht, woher die Zeile stammt. Mir gelang es dann auch, die Schuhfantasterei auszublenden. Ich widmete mich meinem Frühstück, der Kaffee war bereits kalt, und vertiefte mich in die Tageszeitung.

Die Schlagzeile *Exhibitionist im Stadtpark* riß sofort meine Aufmerksamkeit an sich:

Ein **Exhibitionist** ist wieder im Stadtpark unterwegs: Am Dienstagabend trat laut Polizeibericht ein unbekannter Mann gegen 18 Uhr einer 48-jährigen Frau in den Weg, öffnete seinen olivfarbenen Mantel, worunter er nackt war, und manipulierte sein Glied. Nach den Angaben der Frau trug der Mann Springerstifel, einen schwarzen Hut und Sonnenbrille. Außerdem seien Brust und Bauch mit Fabelwesen tätowiert. Sachdienliche Hinweise nimmt jede Polizeidienststelle entgegen.

Der Gucker, völlig klar. Obwohl, im olivfarbenen Mantel habe ich ihn noch nicht gesehen. Das sagt aber nichts, mit dem speckigen Leinenanzug wird sich wohl kaum seine Garderobe erschöpfen. Außerdem habe ich ihn nur wenige Male gesehen.

Es schien mir verfrüht, ihn bei der Polizei anzuzeigen. Zuerst mußte ich mich wegen des Mantels vergewissern. Außerdem beschloß ich herauszufinden, wo das Schwein wohnt. Den Rest würde ich der Polizei überlassen.

Am Samstag Vormittag ging ich wie gewöhnlich zum Markt. Mein Plan war naheliegend und einfach. Irgendwann wird der Gucker seinen Mauersitz verlassen und, so Gott will, nach Hause gehen. Dabei werde ich ihn beobachten und verfolgen, das heißt, jetzt wird der Spieß umgedreht.

Zu meiner Enttäuschung saß er nicht an seinem Platz. Aber Irgendwo muß er doch sein, dachte ich, und durchstreifte den Markt kreuz und quer. Wieder sprachen mich Bekannte an, die ich mit kurzen Ausreden abwimmelte. Damit mache ich mir natürlich keine Freunde, aber jetzt galt es, meine Aufgabe konzentriert zu erledigen. Später werde ich alles erklären.

Fast wäre ich auf den Gucker gestoßen. Er stand vor dem Stand der Vietnamesin und kramte in seiner Hosentasche. Er hatte anscheinend eine Frühlingsrolle bestellt und suchte jetzt die Münzen zusammen. Sofort schlug ich einen Haken und machte mich seitwärts durch das Gedränge hinter einen Gemüsehändler, wo mir hochgestapelte Weißkohlköpfe einen guten Sichtschutz boten. Eine Verkäuferin fragte nach meinen Wünschen. Ob denn der Kohl auch frisch sei, fragte ich, um überhaupt etwas zu sagen. Nach ein paar Worten hin und her, mit Hallo und Gelächter, kaufte ich einen Kopf, obgleich ich Weißkohl nicht ausstehen kann. Bei aller Ablenkung, den Gucker behielt ich stets im Auge. Der stand noch immer bei der Asiatin und lutsche lustlos an seiner Frühlingsrolle. Schließlich warf er sie in die Abfallbox und ging weiter. Die Asiatin schaute mit wächserner Miene hinter ihm her.

Geschickt wechselte ich meinen Posten, suchte hier Deckung, duckte mich dort, schaute in die Wolken, bestaunte den Salat, tat so als schnürte ich meine Schuhe, kramte in meiner Handtasche. Alles Täuschungsmanöver, Mimikry, Tarnung. Aber ich hatte Erfolg. Immer wieder guckte er in meine Richtung, anscheinend bemerkte er mich nicht.

Ziellos schlenderte er über den Markt. Blieb stehen, schaute auf die Auslagen, fingerte an einer Gurke herum, klaute einen Apfel, aß ihn im Gehen, verharrte unentschlossen, drehte sich zu mir, dann wieder weg, schließlich ging er zu seiner Mauer. Nun saß er genau so dort, wie ich ihn zum ersten Mal gesehen hatte.

Seine Ausdauer war ungeheuerlich, nur ein dumpfer Kopf hält so was aus. Geschlagene zwei Stunden rührte er sich nicht vom Fleck und guckte. Ebenso lange mußte ich in einer äußerst unbequemen, ja sogar schmerzhaften Haltung ausharren. Aber der Posten war perfekt. Der leicht angewinkelte Arm einer Steinskulptur bildet einen Spalt, durch den ich den Gucker voll im Bild hatte. Dafür mußte ich mich freilich hinter der Figur auf eine Steinstufe knien, was meinem nur halb verheilten Knie ganz und gar nicht bekam. Aber ich hatte mir geschworen durchzuhalten, koste was es wolle. Für Passanten sah es wohl so aus, als würde ich die Figur anbeten. So hörte ich ein Kind seine Mutter fragen:

„Mama, warum liegt die Frau dort auf dem Boden?"

„Die Frau liegt nicht auf dem Boden, sie kniet auf der Stufe."

„Warum macht sie das? Tut Knien nicht weh?"

„Sicher tut das weh, Paulchen, aber sie will es so."

„Warum?"

„Weil sie etwas Böses getan hat und jetzt büßen muß."

„Mama, ist die Frau eine Hexe?"

„Ja, ich freß dich. Uahh!" zischte ich den Bengel an.

Die Mutter, eine alleinerziehende Glucke, tat hoch empört, blitzte mich giftig an und schnappte Paulchen, das mir noch nachkrähte: „Böse Hexe!"

Natürlich war ich gekränkt, ich fühlte mich erniedrigt und beleidigt. Dennoch blieb ich stark und verlor den Gucker nicht aus den Augen.

Er saß auf der Mauer und guckte. Guckte und guckte auf das Markttreiben. Ein kompletter Schwachkopf - nein, viel schlimmer, der Scheißkerl schaut nach einem neuen Opfer!

Seis drum, genug gelitten. Gerade wollte ich meinen Schwur brechen, da glitt der Malefizer von der Mauer, streckte sich, legte einen Arm nach hinten, machte ein Hohlkreuz, dann eine Kniebeuge - was ausgesprochen lächerlich wirkte - kreiste die Schultern, rückte Hut und Sonnenbrille zurecht, schnippte ein Stäubchen vom Revers, stakte Richtung Arkaden - und verschwand aus meinem Blickfeld.

Schnell drehte ich mich hoch. Ooo! Ein Schmerz fuhr mir wie ein Dolch ins Kreuz und lähmte mich. Nach vorne gekrümmt umklammerte ich die Steinskulptur, außerstande mich zu bewegen. Hexenschuß! Meine prekäre Lage erregte Aufmerksamkeit. Sofort waren Leute zur Stelle und boten mir Hilfe an. „Krankenwagen!" ächzte ich.

Es lief dann alles wie geschmiert. In weniger als einer Stunde lag ich im Krankenhaus. Lumbago, lautete die Diagnose. „Gibt schlimmeres", tröstete mich der Oberarzt, „in drei Tagen sind wir wieder zu Hause."

Pillen, Tropfen, Tabletten satt dämpften den Schmerz auf ein erträgliches Maß. Zwar benebelten sie auch den Gedankenfluß, was mir einige Mühe abverlangte, den Nebel zu durchdringen, um mein Mißgeschick zu verstehen. Eines schien jedenfalls klar, ohne den Gucker wäre mein Leben in den letzten Tagen glücklicher verlaufen. Ich hätte besser geschlafen, wäre nicht gefallen, hätte keine Wunden. Außerdem läge ich nicht hier. Ungeheuerlich, wie frech sich dieser Mensch in mein Dasein mischt! Die Empörung blieb ziemlich matt. Schließlich schlief ich ein.

In der Nacht quälte mich ein schrecklicher Traum. Ich liege zu Hause in meinem Bett. Da beugt er sich über mich. Sein Mantel ist geöffnet. Mich schreckt sein starkes Geschlecht, an dem Haare in Büscheln hängen. Ich schreie, aber der Schrei geht nicht aus mir raus. Ich schlage um mich, reiße ihm die Brille ab - und blicke in zwei leere Höhlen, die mich augenblicklich lähmen. Ohnmächtig füge ich mich, rieche seinen säuerlichen Atem, spüre wie er mit seinem Riesenschwanz in mich eindringen will. In die Eier, in die Eier treten! ruft es in mir. Mein Knie schnellt hoch und ein höllischer Schmerz reißt mich in die Wirklichkeit. Der Schrei hallte noch im Zimmer, als die Nachtschwester hereinschaute.

Das kombinierte Medikament begann zu wirken. Bevor ich einschlief, dachte ich nochmal an den Traum. Ja, er war entsetzlich. Nur eines irritierte mich, nach dem Traum war ich aufs äußerste erregt und hatte Not, die Sache auf meine Weise zu erledigen.

Nach fünf Tagen wurde ich entlassen. Meinen Rücken sollte ich noch etwas schonen, meinte der Arzt, und den Lendenbereich möglichst warm halten.

Die Tage im Krankenhaus taten mir auch seelisch gut, sie bewirkten eine gewisse Läuterung. Immerhin kam ich zur Einsicht, daß ich mich bei dem Gucker verrannt hatte. Doch damit erhob sich die Frage, was mich dazu getrieben hatte, diesem bedeutungslosen Menschen so viel Aufmerksamkeit zu widmen. Ein Psychotherapeut hätte mir bestimmt eine passende Antwort gegeben und mir bestimmt zu einer Therapie geraten. Aber ich traue den Brüdern nicht. Oft genug haben sie selber ein Problem. Wofür soll ich da teueres Geld bezahlen. Am besten man ist zu sich selber ehrlich und gibt zu, nicht recht bei Verstand zu sein. So etwas soll vorkommen und ist menschlich, allzumenschlich. Aber wie gesagt, man muß sich zu seiner psychischen Eintrübung bekennen, nur so kommt man wieder zu klarem Verstand. Ja, zugegeben, ich war besessen von dem Kerl, er ließ mich schlichtweg nicht mehr los. Doch damit ist jetzt Schluß, ein für alle mal.

Schon als junge Frau habe ich mich mit Zen beschäftigt. Das schien mir die beste Methode, mich restlos von meinem Wahn zu befreien. Einfach nichts denken, fertig. Man setzt sich aufrecht mit verschränkten Beinen auf ein Kissen, blickt mit halb geschlossenen Augen gegen die Wand, atmet gleichmäßig ein und aus und läßt die aufdringlich kreisenden Gedanken unbeachtet ins Leere laufen. Das ist die ganze Kunst. Also ließ ich mir vom Spezialversand ein sauteueres Meditationskissen schicken, das laut Beschreibung die Erleuchtung in gewissem Grade garantiert, man müsse nur regelmäßig und richtig üben. Die besten Übungsergebnisse würde man notabene in früher Morgenstunde erzielen, und zwar zwischen vier und fünf Uhr. Nach etwa sieben bis acht erfolglosen Versuchen gab ich die Sache auf. Erstens schlief ich jedes Mal nach wenigen Minuten ein. Einmal kippte ich sogar seitlich weg und schlug meinen Kopf gegen die Bettkante. Zweitens fühlte ich mich am Morgen unausgeschlafen und müde, außerdem schmerzten mir die Beine. Ich konnte mich auf nichts konzentrieren, mit meiner Arbeit kam ich nicht voran. Den versäumten Schlaf holte ich am Nachmittag nach. Dann war in der Regel der Tag gelaufen. Am Abend glotzte ich in die Röhre. Doch eines muß ich sagen, ich habe während dieser Zeit fast nie an den Gucker gedacht.

Samstagvormittag. Ich mußte dringend wieder zum Markt. Meine Vorräte waren weitgehend erschöpft. Natürlich machte ich mir Gedanken, wie ich mich verhalten sollte, wenn der Gucker wieder auf der Mauer sitzt. Gar nicht erst hinsehen, schien mir die beste Lösung. Ob da jemand sitzt oder nicht, konnte mir ja völlig egal sein. Und wenn, soll er doch, bis er Schwielen am Hintern hat und obendrein eine entzündete Blase.

Konzentriert besorgte ich meine Einkäufe, traf zufällig Hilde, machte ein Schwätzchen und entschuldigte mich nebenbei für meine Zerstreutheit beim letzten Mal. Bei der Asiatin aß ich eine Frühlingsrolle. Wir sprachen noch ein paar Worte über den schönen Tag und die Wetteraussichten, dann machte ich mich auf den Heimweg. Beim Eiscafé konnte ich der Verlockung nicht widerstehn, setzte mich draußen an einen Tisch und bestellte mir einen Capribecher mit Sahne. Ich war sehr zufrieden mit mir und genoß den Tag in vollen Zügen.

Hinter mir begann ein Tisch- und Stühlerücken, einen Stoß an meinen Stuhl, jemand sagte „Verzeihung", ich antwortete „keine Ursache" und drehte mich um. Mein Herz stockte. Auf der anderen Seite des Tisches setzte sich gerade der Gucker neben seine Blondine. Sofort drehte ich mich zurück. Zum Glück hatten wir keinen Augenkontakt. Nach dem ersten Schreck faße ich mich wieder und konzentrierte mich ganz auf das Gespräch hinter mir. Natürlich hoffte ich, nähere Informationen über den Gucker zu hören. Der Mann genau hinter mir führte das Wort. Zunächst ging es langatmig um irgendwelche Computergeschichten. Dann machten sie einen weltpolitischen Rundumschlag von Obama über die Energiewende, Afganistan, Gadhafi, Kachelmann und den Feminismus, die Wendehälsin Merkel, den Pleitestaat Griechenland, die unrühmliche Rolle der Banken bis hin zu den steigenden Preisen und der Feststellung, daß man uns mit dem EURO sowieso beschissen habe. Von der anderen Seite kam herzlich wenig. Die Frau kicherte nur, meist an den unpassendsten Stellen, und eine etwas gequetschte männliche Stimme, wohl der Gucker, sagte jedesmal, wenn sein Gegenüber Luft holte: „Genau, da hast Du völlig recht." So richtig hellhörig wurde ich, als die Frau dem Dauerredner ins Wort fiel:

„Wißt ihr schon, den Exhibi vom Stadtpark hat man jetzt erwischt, und zwar auf frischer Tat."

„Ach nee, wo soll das gewesen sein?"

„Man fand ihn schreiend unter einem Baum, ein Eichhörnchen wollte seine Nüsse knacken."

Schepperndes Gelächter. Am lautesten lachte die Frau, und zwar mit einer Stimme, die Gläser zerspringen läßt.

„Ist der nicht gut? Na Bruno, sag schon was!" Mit Bruno meinte sie den Gucker, eindeutig, denn der antwortete trocken: „Ein blöder Witz."

Bruno heißt er also. Ein Name, der zu ihm paßt. Und den Witz hält er für blöd. Woraus man auch seine Schlüsse ziehen kann.

Das Larifari am Nachbartisch verebbte, ihnen ging wohl der Gesprächsstoff aus. Denn jetzt fingen alle Drei zu rauchen an.

Ich bezahlte, schnappte meine Taschen, stand auf, schob mich durch zwischen Tisch und Stuhl, dabei stieß ich meinen Nachbarn an, entschuldigte mich und sagte: „Wiedersehn." Unwillkürlich fiel mein Blick auf den Gucker, auf den Mann mit Hut und Sonnenbrille. Aber er war es nicht. Ich hatte mich getäuscht.

Ein Rückschlag auf der ganzen Linie. Vergällter Tag. Auf dem Rückweg hatte ich das ungute Gefühl, daß ich den Gucker zu hassen begann.

Der psychologische Automatismus ist banal. Nicht umsonst habe ich im Grundstudium ein psychologisches Seminar besucht. Unzufriedenheit mit sich selber ist der Anfang. Dann geht es Schlag auf Schlag. Der Partner läuft weg, Freundschaften zerbrechen, nichts gelingt, alles läuft schief, eine Panne nach der andern. Das Leben ein Scherbenhaufen. Seinem Spiegelbild zeigt man die Zunge. Am Ende haßt man sich selbst und würde sich am liebsten die Kugel geben. Aber irgendwie hängt man doch an diesem Scheißleben und sucht einen Ausweg aus seiner Misere, einen modus vivendi. Der bietet sich an, indem man seine gesamte Bitterkeit auf ein Opfer projiziert. Nicht etwa auf die Politiker, die Banker, Katholiken, Juden, Islamisten, Amerikaner, Gesellschaft oder gar auf die ganze Menschheit. Nein, die Person muß greifbar sein, wie der Partner, der Nachbar, der Chef, der Hausarzt, die verschmähte Liebschaft, ein unliebsamer Kollegen undsoweiter. In meinem Fall hat es eben den Gucker erwischt. Pech gehabt.

Nein, so einfach liegen die Dinge nicht, alles blasse Theorie. Ich bin keinesfalls unzufrieden mit mir und meinem Dasein. Mein Leben verläuft in geordneten Bahnen. Das Alter zeigt zwar so langsam seine häßliche Fratze, aber das ist der Lauf der Welt. Man muß sich damit abfinden. Lebe heute, morgen bist du tot. Mein Motto. Zugegeben, es ging nicht alles nach meinen Vorstellungen. Manches ist auch schief gelaufen, sicher, aber so im Großen und Ganzen? Nein, ich habe mir nichts vorzuwerfen. Alles im grünen Bereich. Nur seit Manfred mit dieser Schlampe weggelaufen ist und mein Uli bei seiner zickigen Freundin lebt, sehe ich mich manchmal unverstanden und fühle mich ziemlich allein. Trotzdem, warum sollte ich den Gucker hassen? Der Kerl ist mir zwar unsympathisch, und wie. Aber hassen?

Eine geschlagene Stunde grübelte ich über meine Beziehung zum Gucker und hatte damit alle meine Grundsätze über den Haufen geworfen. Es ist zum davonlaufen.

Dann kam mir plötzlich eine unglaubliche Idee: ich werde den Gucker ansprechen, zu einer Tasse Kaffee einladen und mit ihm reden. Dieser Gedanke faszinierte mich ungemein, er ließ mich nicht mehr los und beschäftigte mich die ganze Woche. In mir spielten sich Szenarien ab, wie er darauf reagieren würde:

„Ja doch, das wollte ich bereits Sie fragen, aber jetzt sind Sie mir zuvorgekommen."

„Sehr freundlich. Leider habe ich keine Zeit."

„Verpiß dich, Oma, ich muß gucken."

„Schon, wenn Sie ein paar Jahre jünger wären."

Oder er würde einfach nicken und mitkommen. Aber wohin? Schließlich kennen mich einige Leute hier, auch von früher, als ich verheiratet war. - Was scheren mich die Leute, sollen denken, was sie wollen. Genau, in die 'Sonne', da geht tagsüber kaum jemand rein, da sind wir ungestört.

Er könnte aber auch fragen: „Wieso, gefalle ich Ihnen?" Was sage ich dann? Etwa die Wahrheit, daß ich ihn zum Kotzen finde?

Am schlimmsten wäre, er würde mich abschätzig von oben bis unten angucken und „tz, tz, tz" machen.

Von mal zu mal wurde ich unsicherer. Am Samstag, auf dem Weg zum Markt, verwarf ich den Gedanken. Es kommt, wie es kommt, warum sollte ich es erzwingen.

Auf dem Markt kein Gucker weit und breit. Auf der Mauer saß jetzt ein Mädchen und ließ die Füße baumeln. Ich strich an den Ständen entlang und hoffte, dem Gucker möglichst nicht zu begegnen. Beiläufig machte ich meine Einkäufe, stets gewärtig, er könnte plötzlich neben mir stehen. Aber nichts von all dem. Mit dem unguten Gefühl, etwas verpaßt zu haben, trat ich den Heimweg an. Unterwegs war ich mir im Bruchteil einer Sekunde absolut sicher, daß ich ihn angesprochen hätte, wenn er mir begegnet wäre.

Im Park meinte ich, ihn sogar zweimal gesehen zu haben, einmal mit seiner Blondine, dann wieder allein. Womöglich waren das auch nur Hirngespinste meiner überspannten Erwartung.

Am Dienstag fuhr ich geschäftlich mit dem Bus nach G. Es ging um einen neuen Auftrag. Bei der dritten Haltestelle nach dem ZOB, ich dachte, ich seh nicht richtig, stieg der Gucker zu, mit schwarzem Tangohut und Sonnenbrille, und setzte sich genau mir gegenüber. Höflich fragte er, ob dieser Platz noch frei sei. Die Zerstreute spielend, nickte ich ein paar Mal - für ihn mag das ausgesehen haben, als würde ich mit dem Kopf wackeln - und er sagte etwas zu betont: danke. Was macht eine Frau in meiner Lage aus dieser Situation? Ich war ratlos und starrte an mir hinunter, um ja nicht seinem Blick zu begegnen. In dem nun sehr kleinen Bildausschnitt fokusierten seine Schuhe. Natürlich erwartete ich die unsäglichen Schlappen, wurde freilich eines Besseren belehrt. Er trug jetzt klobige aber passable Turnschuhe von der üblichen schreienden Aufmachung, wie sie heute fast jeder trägt.

Man darf nicht glauben, ich hätte mich jetzt in eine Reflexion über seinen Schuhgeschmack vertieft, dazu war ich viel zu angespannt. Die erdrückende Nähe des Mannes, der mich nun schon seit Wochen beschäftigt, ist schwer zu ertragen. Da ist die innere Ruhe wie weggeblasen, zumal ich schon körperlich spürte, wie mich sein Blick regelrecht durchbohrte. Ich saß da wie ein Häufchen Elend, stierte auf den Boden und zitterte. Ist Ihnen nicht gut, hörte ich ihn fragen. Aus Furcht und Ekel, daß er mich anfaßt, schnellte ich empor, flüchtete in den Fond des Buses und drückte das Stopsignal. Zum Glück fuhr der Bus gerade die nächste Haltestelle an. Unverzüglich stürzte ich hinaus und rannte ein Stück die Straße hinunter. Erst jetzt spürte ich einen heftigen Schmerz in der rechten Ferse.

Ich humpelte zurück zur Haltestelle, setzte mich auf die Wartebank, atmete tief ein und stöhnte schicksalsschwer. Schlechtes Karma, dachte ich, wieder zeigt mir das Schicksal die Zähne. Der ziehende Schmerz im Bein machte die Misere komplett. Vorsichtig zog ich den Schuh aus und befühlte meine Ferse bis zur Wade. Zu sehen war nichts, aber eine Stelle reagierte äußerst empfindlich. Auch auftreten konnte ich nicht.

Nach mehreren Versuchen gelang es mir, einen Autofahrer auf mich aufmerksam zu machen. Der Fahrer fuhr sowieso zurück in die Stadt und war dann so freundlich, mich bei meinem Hausarzt abzusetzen. Sehnenriß, lautete die Diagnose. Er schickte mich zum Orthopäden, der nach einer Röntgenaufnahme den Befund bestätigte.

Jetzt trage ich eine aufwändige Spezialbandage, die den Fuß fixiert, damit die Sehne heilen kann. In etwa sechs Wochen sei die Sache kuriert, meint der Arzt.

Nun zweifle ich an der Gerechtigkeit in der Welt und wünsche den Gucker zur Hölle. Ich bin tief deprimiert. Nachts schlafe ich schlecht, habe üble Träume, tagsüber fühle ich mich müde und niedergeschlagen. Mir gelingt nichts, bin fahrig und unkonzentriert, meine Übersetzungen sind eine Katastrophe. Dazu kommt die unsägliche Mühe, mich fortzubewegen und den täglichen Kleinkram zu meistern. Manchmal denke ich, es wäre besser, mich von der Welt zu verabschieden. Aber mir fehlt der Mut dazu.

Die nötigen Lebensmittel besorgt meine Nachbarin. Leider für den Preis, stundenlang ihr Geschwätz anhören zu müssen. Nebenbei versucht sie, mich auszuhorchen. Doch da bin ich vorsichtig. Über den Gucker erfährt sie freilich kein Wort. Einmal fragte ich sie, wie denn die Sache mit dem Exhibitionisten ausgegangen sei, ob man ihn schon gefaßt habe. Noch nicht, meinte sie, aber man sei ihm auf der Spur. Der olivfarbene Mantel stamme aus einem second-hand-shop, die Verkäuferin habe ihn eindeutig identifiziert. Wer ihn allerdings gekauft habe, daran könne sie sich nicht mehr erinnern. Der Verdacht gehe jetzt in Richtung Rußlanddeutsche, die würden ja so abgetragenes Zeug anziehen. Auch ein Harzvierer stünde unter Beobachtung. Dem hätten sie bereits die Wohnung durchsucht, man sei aber nicht fündig geworden. Das würde sie überhaupt nicht wundern, so meine Nachbarin, seien doch gerade diese Leute am wenigsten auf den Kopf gefallen. Das seien oft Studierte, Ingenieure und so, die wüßten genau, wie man den Staat ausnimmt. Warum sollten die nicht wissen, wie man Spuren verwischt.

Ich konnte mir den Quatsch nicht länger anhören und gab vor, ich müsse jetzt ein dringendes Telefonat erledigen.

„So. Wichtig. Dann eben nicht", sagte sie und ging, die Nase nach oben.

Abgesehen von zwei Kontrollbesuchen beim Arzt, wozu ich mir jedesmal ein Taxi gönnte, mied ich die Stadt sechseinhalb Wochen lang, und offen gesagt, ich habe nicht das Gefühl, etwas versäumt zu haben. Den Gucker habe ich inzwischen verdrängt. Guckt er dennoch über den Zaun, kriegt er mit dem Zenhammer einen harten Hieb auf den Tangohut.

Zugegeben, einmal ist er mir im Traum erschienen. Wir saßen im Bus oder Zug, er mir gegenüber. Natürlich mit Sonnenbrille, aber ohne Hut. Ja, wir sprachen miteinander. Worüber, kann ich nicht mehr sagen. Jedenfalls tat er ungemein wichtig, ich glaube, er wollte mich von irgendetwas überzeugen. Dabei fühlte ich mich unter Druck gesetzt, eine Entscheidung zu treffen, wußte aber nicht wozu. Allein diese Frage geriet dann ins Zentrum des Traumes. Der Gucker verschwand und ich wurde sehr unruhig. Unzählige Antworten wälzte ich hin und her, doch keine befriedigte. Schlimmer noch, meine Unfähigkeit eine Antwort zu finden, begann mich zu beängstigen. An dieser Angst bin ich dann aufgewacht. Ich war völlig verschwitzt und hatte das Bedürfnis, mich zu Reinigen, was ich auch tat. Ich duschte ausgiebig. Dabei schaute ich auf das abfließende Wasser, das in einem Wirbel im Ablauf gurgelnd verschwand und stellte mir vor, wie so auch der ganze von mir gespülte Schmutz in den Gulli fließt und zusammen mit anderem Dreck durch dunkle Kanäle zur Kläranlage strömt, wo in komplizierten Verfahren Scheiße und Wasser getrennt und schließlich seiner Wiederverwertung zugeführt wird. Scheiße mutiert zu Kraftdünger und Schmutzwasser zu Ökogetränken.

Keine Frage, zu solchen Betrachtungen kommt nur ein Mensch, der zu vereinsamen droht. Über fünf Wochen sitze ich nun in meinen vier Wänden, mache Übersetzungen und befasse mich mit den oft nichtigen Problemen anderer Leute. Am Abend ziehe ich mir meist flache Fernsehfilme rein. Um meinem kulturellen Selbstanspruch zu genügen, lese ich die großen Romane der Weltliteratur, zur Zeit Tolstois 'Krieg und Frieden', komme aber leider nicht voran, weil ich abends meistens so müde bin, daß mir nach drei bis vier Seiten das Buch aus der Hand fällt. Später wache ich dann auf und wundere mich, warum das Licht noch brennt. So vergehe ich fünf lange Wochen, ohne nennenswerte Spuren zu hinterlassen. Trotzdem sage ich mir, das Leben ist schön und beschließe, diesen schönen Sommertag in vollen Zügen zu genießen. Am buntesten quirlt das Leben am Samstagmorgen auf dem Markt, also will ich ziehn dorthin, wo Tomaten, Möhren, Salate,

Gurken...nun, mir fällt das Wort nicht, das Wort worauf am Ende... Macht aber nichts.

Frohgestimmt, den rechten Fuß leicht nachziehend, gehe ich durch den Park, wo der Duft blühender Linden die Sinne betört. Leicht benebelt erreiche ich den Marktplatz. Ohne Absicht streift mein Blick die Mauer vor dem Marktbrunnen und bleibt dort jäh haften. Ja, da sitzt wer, aber nicht er, sondern ein anderer. Ohne Hut, keine Sonnenbrille. Ein Mann mit Stirnglatze, blauem Polohemd, kurzer Hose und Sandalen. Doch die Art und Weise, wie er auf der Mauer sitzt und guckt, gleicht unverkennbar der des Guckers. Vielleicht ist er's doch, hat die Kleider gewechselt, ein Geschenk vom Sozialamt, wer weiß, kann ja sein. Im übrigen geht er mir sonstwo vorbei.

Denn wie gesagt, der Gucker ist für mich erledigt. Er ist abgewickelt und abgeschafft. Da beißt die Maus keinen Faden ab. Es ist aus zwischen uns. Er existiert nicht mehr.

Außerdem frage ich mich, was mich dieser bieder gekleideten Mann angeht, der rein zufällig ausgerechnet an der Stelle auf der Mauer sitzt, wo vor Wochen der Gucker saß. Aber seine Haltung wie er sitzt, wie er guckt? Diese Ähnlichkeit?

Irritiert reibe ich mir die Augen - und schaue wieder hin. Was ich jetzt sehe, ist ungeheuerlich. Er winkt, meint mich, winkt wieder, soll wohl zu ihm kommen. Mir verschlägt es den Atem. Mein erster Gedanke: nichts wie weg. Doch dann sage ich mir, Angriff ist die beste Verteidigung und gehe direkt auf ihn zu. Im letzten Moment versagt gleichwohl mein Mut. Mit gesenktem Blick versuche ich, mich an ihm vorbeizudrücken.

„Lisa, hallo!" ruft eine Stimme neben mir. Reflexartig äuge ich hoch und erkenne Klaus, ein ehemaliger Kollege.

Ein peinlicher Irrtum, sicher, aber er hat mir auch die Augen geöffnet. Klaus hätte partout der Gucker sein können, nur anders gekleidet oder verkleidet. So genau habe ich ihn nie angeschaut. Brauchbare Angaben für einen Steckbrief könnte ich kaum machen. Hut, Sonnenbrille, Anzug sagen überhaupt nichts, kann jederzeit verändert oder weggelassen werden. Ob er wirklich eine übermäßig lange Nase und ein fliehendes Kinn besitzt, auch da bin ich mir nicht sicher. Darauf schwören würde ich jedenfalls nicht. Auch die Sache mit den zerschlissenen Schuhen scheint im Rückblick mehr Einbildung als Wirklichkeit. An seine Haarfarbe kann ich mich schon gar nicht erinnern. Kurz gesagt, in mir kommt keine rechte Vorstellung zustande. Der Gucker scheint bildlos. Eine Erkenntnis, die mich gehörig erschreckt. Muß er doch lediglich seinen Hut absetzen, die Sonnenbrille weglegen und eine sommerliche Kombination tragen, schon erkenne ich ihn nicht. Höchst beunruhigt schaue ich auf die Leute um mich herum. Zwar kommt mir augenblicklich niemand verdächtig vor, aber das sagt gar nichts. Außerdem sollte man die Verstellungskunst eines Spions nicht unterschätzen. Nach allem, was der Gucker bis jetzt geboten hat, dürfte er ein Meister seines Fachs sein. Wie gesagt, ich bin zutiefst besorgt.

Auf dem Weg nach Hause meine ich, den Gucker mindestens dreimal gesehen zu haben. Das erste Mal noch in der Stadt. Anscheinend hat er mich zuerst erblickt, denn er verschwindet auffällig schnell in einer Seitengasse, als hätte er einen Haken geschlagen, um mir zu entkommen. Zur Tarnung trägt er übrigens eine Baskenmütze.

Im Park höre ich feste Schritte hinter mir. Dann überholt mich ein Mann, schaut kurz zurück und beschleunigt seinen Gang, als wolle er sich aus dem Staub machen. Er muß es sein, hundertprozentig. Diesmal trägt er keine Kopfbedeckung, dafür seine Spiegelsonnenbrille. Auch sein Gangbild ist typisch, es wirkt wie einstudiert.

Kurz danach kreuzt den Weg ein Mainstream-Radler im Litfaßsäulen-Look. Er tut so, als sehe er mich nicht. Natürlich trägt er Bikersunglasses und on the top den Leib einer Plastikente. Der Gucker in karnevalesker Kostümierung. Der Entensteven im Zusammenspiel mit seiner langen Nase und dem fliehenden Kinn gibt ihm eine untypische nach vorne strebende Dynamik. Ich habe ihn trotzdem erkannt.

Am Ende des Parks kommt mir ein Paar entgegen: Die Blondine und der Gucker! Er hält sich verdeckt im Schatten der Bäume. Aber er ist es, ohne Zweifel. Ich erkenne ihn jetzt auch ohne seine Sonnenbrille.

Verwirrt und aufgekratzt betrete ich meine Wohnung. Plötzlich ein leises Pfeifen im Ohr. Wird lauter. Wieder leiser - dann gleichbleibend störend bis in die Nacht.

Am nächsten Morgen ist der Peifton wie weggeblasen. Trotzdem bin ich sehr besorgt.

Übrigens habe ich die ganze Nacht kein Auge zugemacht. Nicht wegen des Peiftons, der tönte eher am Rande. Mir ging einfach der Gukker nicht aus dem Kopf. Zeitweise versuchte ich mich mit der Lektüre 'Verbrechen und Strafe' abzulenken. Doch der Psychopath Raskolnikov nahm immer mehr die Züge des Guckers an, bis er mit seinem Beil leibhaftig in der Schlafzimmertür stand, bereit mir den Schädel zu spalten. Die Tür habe ich gleich geschlossen und den Schlüssel zweimal umgedreht. Einer Empfehlung zum besseren Einschlafen folgend, setzte ich mich auf die Bettkante und rollte den Kopf sechsmal im Uhrzeigersinn, dann viermal dagegen. Die restlichen Zweimal ersparte ich mir, weil es im Hinterkopf so entsetzlich knirschte, daß ich Angst bekam, da könnte irgendwas zerbrechen. Außerdem wurde mir schwindlig. Einmal versuchte ich Schafe zu zählen, doch ab etwa hundertsiebenundzwanzig wurde ich zunehmend wacher, weil ich mich zu sehr auf das Zählen konzentrierte und mich schließlich über den Humbug aufzuregen begann.

Zwischendurch bin ich wohl immer wieder eingeschlafen, träumte dann wirres Zeug, wobei sich die Guckers in allen Schattierungen regelrecht die Klinke zu meiner Schlafzimmertür in die Hand gaben.

In den kurzen Zeitspannen, wo ich einigermaßen klar denken konnte, reifte der anfängliche Verdacht zur Gewißheit, daß man mich beschatten läßt. In dem Zusammenhang hatte wohl ein Telefongespräch, das ich vor einigen Wochen mit Marion geführt habe, den Stein ins Rollen gebracht. Der ausschlaggebende Punkt des Gesprächs ist mir heute nacht siedend heiß eingefallen. Es ging um die Finanzkrise und die Kungelei der Politiker mit der Bankmafia. Dabei verstieg ich mich zu der saloppen Äußerung, man solle doch die ganze Mischpoke zur

Siegesfeier auf eine mit Sprengstoff gefüllte Luxusjacht einladen, die als Highlight, gerade dann wenn die Flittchen nackt auf den Tischen tanzen, mit einem Bombenschlag in die Luft fliegt. Natürlich dachte ich nicht daran, daß heute auch Privatgespräche mitgeschnitten werden, wo bei bestimmten Worten die roten Lämpchen blinken und Terrorverdacht signalisieren. Jetzt stehe ich bestimmt ganz oben auf der Liste des Verfassungsschutzes. Und der Gucker ist ihr williger Handlanger mit dem Auftrag, mich zu observieren. So lösen sich oft die großen Rätsel in einer ganz simplen Erklärung. Wie gesagt, die Erleuchtung kam mir über Nacht.

Eigentlich bin ich unausgeschlafen und hundemüde. Doch der neue Blick auf die Ereignisse wirkt wie ein Aufputschmittel, das auch die in mir schlummernde Boshaftigkeit stimuliert. Für ein schlechtes Gewissen gibt es wahrhaftig keinen Anlaß, also werde ich die Schlapphüte, vorweg den Gucker, gehörig an der Nase herumführen.

Begeistert von meiner Idee stürze ich die Tasse Kaffee hinunter und mache mich auf dem kürzesten Weg in die Stadt. Unterwegs begegnet mir nur ein altes Weiblein mit ihrem offenbar ebenso alten Hund, schon das finde ich merkwürdig. Auch die Stadt scheint wie ausgestorben, keine Menschenseele, vom Gucker keine Spur. Die Turmuhr schlägt sechs Uhr. Erst beim letzten Schlag begreife ich, wie früh es ist. Zugleich fällt mir ein, daß wir ja heute Sonntag haben.

Wie kann man nur so hirnlos sein!

Der Schwung war dahin, matt trottete ich nach Hause. Freilich verbissen in den Vorsatz, morgen den Streich erst recht zu spielen.

In der Nacht dachte ich wieder viel über die Sache nach und verschob meine Aktion auf Mittwoch. Mir scheint der Tag günstiger, weil auch mittwochs Markttag ist. Das erhöht die Chance, den Gucker anzutreffen. Am Montag und Dienstag blieb ich zu Hause, um nicht vorher einen Fehler zu machen. Außerdem, so denke ich mir, wird nach zwei Tagen, an denen es nichts über mich zu berichten gibt, der Gukker und seine Helfeshelfer besonders scharf auf verwertbare Neuigkeiten sein. In der Nacht vom Dienstag zum Mittwoch überkamen mich zwar wieder Zweifel, doch ich bin bei meinem Entschluß geblieben und befinde mich jetzt auf dem Weg zum Marktplatz.

Ja, noch etwas. Am Dienstagabend rief ich wieder Marion an. Wir redeten über dies und das, doch meine eigentliche Absicht war, ihr in aller Deutlichkeit zu sagen, daß ich am Mittwochmorgen zum Markt gehe. Ich sagte ihr das zweimal klar und einprägsam und setzte nochmal nach: „Mittwochmorgen zum Markt." Marion sagte darauf lakonisch: „Ich weiß, das hast du mir jetzt dreimal gesagt." Damit war für sie die Sache erledigt. Für mich übrigens auch. Wir beendeten das Gespräch in einer gewissen Verstimmtheit.

Nun bin ich sehr gespannt, ob sie anbeißen.

Die Bestätigung erhalte ich postwendend, wie erwartet. Der Gucker sitzt auf seiner Mauer vor dem Marktbrunnen und guckt, als sei nie etwas geschehen. Die Kommunikation funktioniert ja bestens. Ich tue so, als hätte ich ihn nicht bemerkt und würde völlig aufgehen in Qualitäts- und Preisvergleichen. Was kostet der Kopfsalat? Schmecken die Tomaten? Hat der Apfel einen Biß? Sind die Gurken EHEC-frei? Warum schimmeln die Erdbeeren? Sind das aufgetaute Brötchen? Systematisch komme ich dem Gucker näher, bis uns nur noch der Gehweg trennt. In dem Augenblick nehme ich entschlossen meine Tasche unter den Arm und gehe fast hautnah am Gucker vorbei, der just sein Handy zückt...Jedenfalls war mir so. Kaum um die Rathausecke, sehe ich unweit einen Typ, der gerade ein Handy zum Ohr führt. Großartig, denke ich und nehme den schnellsten Weg zum Taxistand. Nach Salzdorf, bitte. Der Taxifahrer nickt und fährt los. Bereits ab der zweiten Ampel hält sich ein dunkelblauer Mercedes dicht hinter uns. Er überholt nicht, obwohl die Überholspur frei ist. Hält mich wohl für blöd, denke ich und gebe dem Taxifahrer die Anweisung, bei der nächsten Kreuzung die Straße nach rechts in Richtung Bahnhof zu nehmen. Der Mercedes folgt, erwartungsgemäß, und hält hinter uns vor dem Bahnhofsgebäude. Ich bezahle und steige aus. Zeitgleich schält sich aus der hinteren Mercedestür eine dickliche Frau mit robuster Dauerwelle, knappem Jäckchen und viel zu engen Jeans.

Zwei Minuten später sehe ich sie wieder auf dem Bahnsteig der Gleise drei und vier und hätte schier gewiehert vor Freude. Trägt sie tatsächlich ein Hündchen auf dem Arm. Gut, dagegen kann man nichts sagen, doch in dem Falle treibt die Spionin die Tarnung auf die Spitze, besser gesagt, ins abstrus Lächerliche. Aber wer weiß, vielleicht befolgt die Arme nur ihre Dienstvorschrift. Jedenfalls macht mir ihr Anblick Spaß.

Auf Gleis drei wartet bereits der Zug nach Crailsheim. Gegenüber fährt gerade der Regionalexpress nach Stuttgart ein. Er hält an, ich steige ein, gehe durch zwei Wagen, steige wieder aus, wechsle hinüber zum Zug nach Crailsheim, der kurz darauf anfährt. Bevor sich die Tür schließt, springe ich hinaus, erreiche gerade noch den Regionalexpress. Außer Atem lasse ich mich auf den nächsten Sitz fallen und schnaufe erstmal tief durch. Abgehängt, sage ich mir, besser als im Fernsehen. Zufrieden lehne ich mich zurück, die Augen entspannt geschlossen.

Nach ein paar Minuten schaue ich ziellos durch den Waggon und...das darf nicht wahr sein! Vorne neben dem WC sitzt die Dickmamsell mit ihrer Ratte. Soeben zückt sie ihr Handy, quasselt irgendwas hinein, professionell die Augen nicht auf mich gerichtet, und steckt es wieder weg.

„Fahrausweise bitte!" Mild lächelnd steht der Schaffner neben mir. Aber jäh wird seine Miene streng. Ich habe keine Fahrkarte. Im Eifer vergaß ich, eine zu lösen. Eine peinliche Situation. Auf Anhieb finde ich zehn Entschuldigungen. Doch der Kartenzwicker bleibt hart. Er nimmt meine Personalien auf, dann zwackt er mir fünfzig Euro ab, wegen Schwarzfahrens. "Das nächste Mal gibt es eine Anzeige", warnt er mich mit Scheltefinger.

Die Alte in der Ecke feixte sich was, da mußte ich erst gar nicht hinschauen.

In Murrhardt steige ich tief deprimiert aus, setze mich an die Bar der 'Sonne' und betrinke mich. Das erste Mal in meinem Leben.

Am nächsten Tag erwache ich totkrank in meinem Bett. Wer hat mich da hinein gelegt? Keine Erinnerung. Es stinkt zum Kotzen, was mich dann auch dazu drängt. Der schmutzige Rest bleibt allemal. Ich weiß nur eins: nie wieder.

Drei lange Tage wollte ich sterben. Erst nach einer Woche erwachte neuer Lebensmut. Doch wo sind die Tage geblieben? Verraucht im Nichts. Und heute ist Samstag.

Ein Marktbesuch ist fällig, mir fehlen Vitamine, Mineralstoffe und all das Zeug. Strenggenommen befinde ich mich in Rekonveleszenz, da ist gesunde Ernährung wichtig. Die Sachen gibt es natürlich auch im Supermarkt, aber da sind sie nicht so frisch. Außerdem stört mich dort die kalte Atmosphäre. Nicht zu vergleichen mit dem besonderen Flair des Wochenmarkts, da quirlt das Leben, man trifft Leute - und auf der Mauer sitzt der Gucker. Und? Wen stört's? Soll der doch gukken bis er schwarz wird! Wen kümmert's. Mich schon lange nicht mehr.

Also mache ich mich auf den Weg und versuche, nur an schöne Dinge zu denken. Ich pflücke eine Rose, die über dem Zaun des Nachbarn hängt, und erfreue mich an ihrem Duft. Dem Enterich, der immer traurig bei der Brücke sitzt, spreche ich aufmunternde Worte zu, die er freudig schnatternd erwidert. Der alten Hexe, die mir schon hundertmal grußlos begegnet und auf den Boden stiert, rufe ich „Einen wunderschönen guten Morgen!" zu. Irritiert schaut sie hoch - guckt auf die Erde und tippelt weiter. „Früh morgens wenn die Hähne krähn", trällere ich munter vor mich hin. Ach, es ist einfach eine Lust zu leben! Beinahe hätte ich einen Luftsprung gemacht, doch mein Bein setzt Grenzen. Außerdem, was würden die Leute denken, die Alte spinnt doch, oder was.

Froh gestimmt erreiche ich den Marktplatz. Sofort fällt mein Blick auf den Gucker. Er sitzt auf der hüfthohen Mauer vor dem Stadtbrunnen und sieht zu mir herüber. Eindeutig, provozierend. Da nützt weder Hut noch Spiegelsonnenbrille, man spürt es eben. Kurz entschlossen gehe ich zu ihm hinüber. Er gleitet von der Mauer und erwartet mich. Er kann gar nicht so schnell gucken, wie ich ihm die Brille von der

Nase reiße, auf den Boden werfe, sie zertrete. Eine Hand knallt mir ins Gesicht, Sterne funkeln, ich strauchle, stürze - - -

Was sich wirklich zugetragen hat, ist ein Stückwerk aus Erinnerungsfetzen und dem, was mir von Zeugen zugetragen wurde. Der Gucker hatte mir also einen heftigen Schlag ins Gesicht verpaßt, daß ich mit der Stirn auf das Pflaster stürzte und für wenige Minuten bewußtlos auf dem Boden lag. Blut floß aus einer Platzwunde, die danach im Krankenhaus geklammert und mit einem dicken Pflaster versorgt wurde.

Nachdem mich der Mordbube niedergeschlagen hatte und ich blutend am Boden lag, gab es natürlich sofort einen Auflauf. Ein junger Mann, angeblich Amateurboxer, zeigte sich spontan als Kavalier und half mir. Er ließ den Frevler erst gar nicht zu Wort kommen und boxte ihn knock-out. Weitere Zeugen dieser Untat griffen ein. Sie bespuckten den am Boden liegenden Frauenschänder und traten ihn, bis ihm Blut aus der Nase rann. Der Boxer fand das sehr unfair und, schonmal in Schwung, haute gleich ein paar Tretern die Nase dick. Die Polizei und der Rettungswagen erreichten den Tatort etwa zur selben Zeit. Der Boxer wurde verhaftet, Zeugenaussagen protokolliert, während der Mörder und ich vom Notarzt versorgt, dann im selben Fahrzeug, gewissermaßen Wunde an Wunde, ins Krankenhaus gebracht wurden.

Mich hat man am selben Tag wieder entlassen. Mein Peiniger mußte wegen innerer Verletzungen drei Wochen das Krankenbett hüten. Er wurde übrigens angezeigt wegen schwerer Körperverletzung.

Den Prozeß machte man ihm ein paar Monate später. Da kam dann so einiges zum Vorschein. Der Gucker, er heißt übrigens Wazlav Pavlizki oder so, also ein Migrationshintergründler. Wohl recht clever, hat er es doch geschafft, sich bequem in unserer sozialen Hängematte zu betten. Ein Harzvierer, arbeitslos, mehrmals geschieden, vorbestraft wegen Gewalttätigkeit, zeitweise obdachlos. Da paßt alles zusammen. Früher sei er Ingenieur gewesen. Beim betrügerischen Bankerott seiner Firma habe er vor seiner Entlassung dem beschuldigten Manager derart in den Schritt getreten, daß diesem ein Hoden entfernt werden mußte. Dazu die Scheidung, Unterhaltsklage und der ganze Rattenschwanz. Am Ende sei er in der Gosse gelandet und schließlich bei Harzvier.

Aus Langeweile streunt er jetzt durch die Gegend, hängt in den Cafés herum, oder sitzt auf der Mauer und guckt ein Loch in die Luft. Oder er belästigt hilflose Frauen. Hier in der Stadt, das bestätigen die meisten Zeugen, falle er schon durch seinen Aufzug auf. Einmal habe man ihn sogar mit Stadtstreichern und anderen halbkriminellen Elementen beim Biertrinken gesehen. Doch die Tatsache, daß er meistens irgendwo herumsitzt und guckt, sei den Leuten besonders lästig. Dann hätte er noch gewisse Kontakte zum Milieu, Zuhälterei oder so. Doch das wurde vom Gericht als bloßes Gerücht abgetan. Auch die Sache mit dem Exhibitionisten konnte man ihm nicht nachweisen.

Ja, er ist schon ein sehr gerissener Hund.

Während der Verhandlung behauptete die Gegenseite hartnäckig, ich hätte dem Täter zuerst die Sonnenbrille von der Nase geschlagen. Doch die Zeugen, merkwürdigerweise ausnahmslos Frauen, waren sich in der Aussage einig, zur Tatzeit habe der Täter weder eine Brille getragen, noch habe man am Tatort eine gefunden. Aufgrund meiner Bewußtlosigkeit und der durch Schock bedingten partiellen Amnesie (habe mich im Internet schlau gemacht) konnte ich mich an den genauen Tathergang sowieso nicht erinnern.

Jedenfalls hat die Richterin dem Gucker eine gerechte Strafe aufgebrummt. Er wurde verurteilt zu sechs Monaten Zuchthaus wegen vorsätzlicher Körperverletzung in Tateinheit mit mehrfach wiederholter Erregung öffentlichen Ärgernisses.

In der Verhandlung ging man mit keinem Wort auf den Auftraggeber des Guckers ein, nämlich den Verfassungsschutz. Ein abgekartetes Spiel, gewiß, womöglich aus guten Gründen. Mich beruhigt das freilich nicht, denn ich muß weiter auf der Hut sein.

♣

Mallorca

Jüngst flog ich nach Mallorca hin,
dort zu leben hat ich im Sinn.
Die Insel sei sehr schön und heiter,
sagte mir ein Reiseleiter.

Man weiß, was so auf Malle läuft,
dass man Sangria aus Eimern säuft,
seine weißen Ärsche rötet
und in der Sonnenglut verblödet.

Nun, so denk ich mir, das mag ja sein,
der deutsche Mensch ist oft nicht fein,
auch im Ausland ißt er gerne Schwein
und neigt dazu auch eins zu sein.

Doch bei solchen Vorurteilen
wollt ich nicht verweilen,
mit Zuversicht und viel Elan
trat ich sodann die Reise an.

Bereits die Leut im Charterflieger,
fand ich so schrecklich bieder,
Muskelmänner tätowiert,
die kleinen Köpfe wohl frisiert.

Dazu die adäquaten Damen
mit und ohne Doppelnamen,
in der Zunge einen Piercing,
durch die Nase einen Zierring.

Die meisten dieser Passagiere
assoziierten bei mir Tiere,
es gab da Paviane, Nager,
Warzenkröten und Versager.

Neben mir saß eine Ricke,
gegenüber eine Zicke.
In selb'ger Reihe sah ich auch
ein dickes Schwein mit Hängebauch.

Im Gang vor dem WeCe
da wartete ein Reh
und hinter ihr der Gatte
mit der Visage einer Ratte.

Auch Frettchen gab's und Mäuse
in Rastalocken nisten Läuse.
Die Stewardess mit hohem Wasserfall
flötete wie eine Nachtigall.

Ganz hinten saß ein armer Tropf,
roch gar streng nach Wiedehopf.
An seiner Seite eine Pute,
die zog ständig eine Schnute.

Ob Vater, Kind, ob Mutter,
alle standen gut im Futter,
die meisten waren viel zu fett
und gingen ständig aufs Klosett.

Das Triebwerk war kaum aus,
schon drängten sie hinaus.
Man konnt' es kaum erwarten,
beim Baggage Claim zu warten.

Ja, ich wartete sehr lang,
mir wurd' schon ziemlich bang,
dann war der Koffer da,
hurra, hurra. hurra!

In Palma war's sehr heiß,
rinnen mußt' der Schweiß,
ich dachte an zu Hause
und eine kühle Brause.

Ich mietete ein Car,
das ziemlich teuer war,
dann fuhr ich rasend schnell
zum Schlafen ins Hotel.

Das Hotel, es war sehr klein
und nicht gerade fein.
Das Zimmer typisch spanisch
und möbiliert spartanisch.

Am Morgen dann beim Desayuno
traf ich Gabi und den Bruno.
Sie sind schon eine Woche hier,
Bruno trinkt zum Frühstück Bier.

Während Gabi ihre E-Mails checkt
und Bruno sich den Schaum ableckt,
frag ich, was man hier so macht
nach dem Frühstück bis zur Nacht.

„Deine Frage ist zum Lachen,
was solln wir hier schon machen,
wir ruhn uns aus im Liegestuhl
und baden ab und zu im Pool.

Mittags gehn wir in die Kneipe
und führn uns Tapas dort zu Leibe,
Dazu ein, zwei Flaschen Wein,
dann gehn wir angesäuselt heim.

Nach einem angenehmen Schlummer
mach ich mit Gabi eine Nummer,
vielleicht auch deren zwei,
schon ist der Nachmittag vorbei.

Am Abend machen wir uns fein
und gehen in den Ort hinein,
wir trinken Vino auf der Fiesta
und essen Paella oder Pasta."

„Das ist ja wunderschön",
gab ich darauf zu verstehn,
„doch wann geht's an den Strand,
ans Meer, zum Sonnenbad im Sand?"

Bruno guckte zu mir her:
„Wozu brauchen wir das Meer,
wo sich deutsche Prolos tummeln
und sinnlos ihre Zeit verbummeln?

Wir machen Urlaub lieber hier,
ich trinke ab und zu ein Bier,
Gabi bräunt im Sonnenschein
und zieht sich Zigaretten rein.

Der Service ist hier super,
nur gesalzen ist die Butter.
Dafür gibt es deutsches Brot,
die Unterkunft ist sehr kommod."

Mich plagten Mücken in der Nacht,
hab' kaum ein Auge zugemacht.
Im Zimmer war es schwül und warm,
früh entleert' ich meinen Darm.

Nach dem Frühstück fuhr ich weiter,
der Tag war schön, das Wetter heiter,
Beidseits der Straße standen Zäune
und dahinter Mandelbäume.

Die Atmosphäre schien sehr südlich
und ausgesprochen friedlich.
Zikaden zirpten in den Hecken,
nach frischem Blute gierten Zecken.

Zuerst erreicht' ich Cala Rajada,
ich glaub', ich war noch nie da,
einst ein Fischerhafen an der Küste,
heute Marina, der Rest ist Betonwüste.

In Restaurantes kann man essen,
den Rest kannst du vergessen,
in einem solchen Restaurante
traf ich eine deutsche Tante.

Wir sprachen dies und mancherlei,
ich kreiste um den heißen Brei,
sie schien mir heiß die Stute,
mir war nach Koitus zumute.

Wir priesen die Schönheit der Insel,
in der Hose schwoll der Pimpsel,
dann fragte ich ganz frank und frei,
ob sie vielleicht verheiratet sei.

„Aber ja, was denken Sie,
wir haben ein Haus in Santiny,
oder besser eine Dingsda,
will sagen, eine Finca."

„Und ihr Mann, er lebt auch dort?"
„Manchmal schon - meist ist er fort.
Zum Glück, er ist ein alter Kracher,
doch ein großer Moneymacher."

„Während Karl in Frankfurt Kohle macht,
geb ich hier auf uns're Finca acht."
Die Arbeit machen Mallorquiner,
gewöhnlich ganz passable Diener.."

„Das ist ja schön, dann laß uns gehn,
ich will jetzt deine Finca sehn,
das wird bestimmt ganz nett."
(Vielleicht krieg ich sie ins Bett!)

Die Fahrt dann in den Süden
war wirklich zum Ermüden,
wo man hinschaut braune Felder
und so gut wie keine Wälder.

Zwischendurch siehst du Oasen,
wo Ziegen oder Schafe grasen,
da stehen auch Gebäude,
in manchen wohnen Leute.

Endlich war'n wir da
(jetzt gehts gleich los, hurra!)
Leider kam ich nicht zum Stich,
denn die Kuh, sie liebt' mich nicht.

Verärgert fuhr ich fort,
und besuchte gleich den Ort,
Santiny wird er genannt,
war mir bisher unbekannt.

Dort auf dem Viktualienmarkt
gab es frischen deutschen Quark,
auch Brot vom deutschen Bäcker,
das schmeckte hier besonders lecker.

Gleich um die Ecke ein Reformhaus
mit Biokost und Laberkaus,
auch Räuchertofu für Veganer,
da schüttelt sich der Mallorcaner.

Bei einem Stand mit Esoterika
traf ich die fesche Barbara,
sie lächelte so weltvergessen,
ich lud sie ein zum Abendessen.

„Nein, sagt sie, das geht heut nicht,
denn in der Nacht da fällt das Licht
des Mondes mild und heiter
auf meines Engels Himmelsleiter."

„Er steigt herab und kommt zu mir,
herein zum Fenster, nicht zur Tür,
er nimmt mich sachte an der Hand,
und führt mich an den Meeresstrand."

„Wo im Mondschein Wellen blinken,
vom Sternenhimmel Feen winken,
Wo die Harfe des Äolus dudelt
und Anastasia Hosianna jubelt."

„Ergriffen sing ich mit im Chor,
bis meine Seele schwingt empor
und mein Engel mit Emphase
mich versetzt in göttliche Exstase."

Ich hört' ihr zu und ward gebannt,
bin dann aber fortgerannt,
hinter mir dicht auf den Hacken,
folgt ein Engel, mich zu packen.

Was ist mit dieser Frau passiert,
dass sie von Fabelwesen fantasiert?
Wie ist ihr Gehirn bloß disponiert,
dass es solchen Irrwitz generiert?

Ein Insulaner sagt' mir im Vertrauen,
hier gäb' es viele deutsche Frauen,
die in wallenden Gewändern wandeln
und mit Räucherstäbchen handeln.

Die des Nachts im Mondschein singen,
oft auch tanzen, hüpfen, springen,
die diskret Séancen inszenieren
und nicht selten Voodoo praktizieren.

Woran nun mag es liegen,
daß hier so viele Engel fliegen?
Liegt's am Klima, an dem milden,
kann man den Spiritus hier finden?

Oder liegt die Ursach dieser Phänomene
im Mangelstand der Östrogene?
Schafft etwa so das Klimakterium
ein hormonal bedingtes Mysterium?

Vielleicht, das wäre möglich,
wenn im Grunde auch unsäglich:
diese Tanten bräuchten dann und wann
für die Liebe einen Mann!

Ach, was bin ich bloß ein Tor,
komm mir jetzt recht dämlich vor,
sorg' mich um verwirrte Damen,
damit ist nun Schluß, finido, Amen.

Nach Sóller fuhr ich dann hin,
nach Wandern stand mir der Sinn,
Ich kraxelte auf den Puig Major
da kam ich mir recht tüchtig vor.

Oben auf des Berges Spitze
gab's im Felsen eine Ritze,
draus hervor ein Pflänzlein spross,
der Blick von hier war grandios.

Ziemlich nah das blaue Meer,
das erheiterte mich sehr,
am Himmel schien die Sonne,
so ist Mallorca eine Wonne.

Kaum fühlte ich mich froh,
da tönt's auf deutsch: „Oho,
viel schöner wär' es hier,
gäb's ein Kiosk mit Flaschenbier!"

„In Bayern, bei uns zu Hause,
gibt's auf jedem Gipfel eine Jause,
wo man sich erfrischen kann,
die kriegen's hier nicht hin, oh Mann!"

Nachdem ich das gehört,
war ich hoch empört,
ich stellte mich auf einen Stein.
Und schimpfte wütend auf sie ein:

„Himmelsakrakruzitürken
am liebsten würd' ich euch erwürgen,
was seid ihr bloß für eine Horte,
ganz im Ernst, mir fehln die Worte."

„Fliegt einfach auf die Balearen
und führt euch auf wie die Barbaren.
Schreit wie ein Vieh: „Wo bleibt das Bier,
was ist das bloß für'n Service hier!"

„Ihr geht ans Meer zum Strand,
ihr lasst euch gehn, pisst in den Sand,
verdreckt das Wasser, kackt ins Meer,
und viele Schweinereien mehr."

„Am Abend geht ihr dann zu Tische,
eßt Bockwurst, Sauerkraut und Fische,
säuft Wein und Bier gar literweise,
und findet schließlich alles Scheiße."

„Ach wärt ihr doch zu Haus geblieben,
und hättet im Kreise eurer Lieben,
besser Hähnchen und Würste gegrillt
und „viva España!" gebrüllt."

So stand ich auf dem Sockel
und krähte wie ein Gockel,
Die Leute lachten sich halb tot,
sie dachten wohl - ein Idiot!

Ein Bazi wollte sich Erbarmen,
zog mich vom Sockel an den Armen
und drohte: „Sei jetzt still du Hansl,
sonst sing ich dir ein Gstanzl."

„Oder besser du hältst die Klappe
sonst kriegst du eine auf die Kappe,
dass du die Engel trällern hörst
und hier nicht unsern Frieden störst."

Der Bazi war zwei Meter groß,
trotzdem kam ich von ihm los
und beschimpfte ihn als Kacker,
schnell macht' ich mich vom Acker.

Nach dieser Niederlage
war'n für mich gezählt die Tage,
ich wollte möglichst schnell nach Haus,
die Insel hielt ich nicht mehr aus.

Ich nahm den nächsten Flieger,
hierher komm ich nie wieder,
lass mich hier nie mehr blicken,
Mallorca kannst du knicken.

♣

Versuch, Wasser zu lassen

Der Junge auf dem Bild, das etwas schief an der Wand, auf das ich, der gute Augen sein eigen nennt und solches zu ermessen mag, in stiller Erinnerung an die Zeiten, als ich dieselbe Lust noch gespürt und solche Orte niemals gemieden, obgleich der Luftstrom, von Salzen des Wassers würzig gesättigt, schmerzlich scharf, (schräg nach oben schauend), in einem Winkel, sehr spitz und mich zwingt („zwingen" ist ein schneidend Wort, wo mich niemand zwingt, sondern Es „dies" zu meiner Erleichterung ratsam scheinen läßt), um den Glanz des Auges unbekümmert, von dem, das mich plagt und drängt, zu genießen, einen Schritt nur, einen zurück oder weg, es liegt an mir allein, je nach dem, oder hin zu jenem Ort.

Jener Strahl auf dem Bild, der in schönem Bogen fröhlich dahinfließt, plätschert, in Mäandern, die unvergleichlich, kaum erforscht, und doch schwingend in schönen Kurven, hier prallend dort gleitend, der fließt, wie alles fließt „panta rei" ($\pi\alpha\upsilon\tau\alpha$ $\rho\epsilon\iota$), und dem ich, du, wir folgen mit breitem Schritt, den Blick nach hier und dort gewendet, zur Seite auch, hinauf, hinab, ob's dich befremdet vor dem Andern, der gleich dir nämliches begehrt.

Diese eine Minute (an jenem Ort) zu jener Zeit in Gesellschaft eines schwitzenden, schlecht riechenden aber lebendigen Menschen, der frech genug und sich erdreistet zum Seher meines Tuns, berufen durch das Wort, sein eigenes, und sich erkühnet, mich zu tadeln meiner Tat, die noch nicht getan, die aber so sehr entscheidend, weil sie spricht das Wort über Sein und Nichtsein meines Wohls und dessen, was warm und naß und Anlaß zu Gespött und Scham, zu lassen an jenem Ort, der erlaubt zu vergessen (nicht zu vergessen!) und zugegeben, was auch immer an Gaben du flüssig zu haben glaubst und selbige entledigt zu wissen, du dich erfreust.

Wer schon, ja wer, hat das Lassen seines eigenen Wassers je schon zutiefst erlebt, innigst empfunden? Sagen werden das von sich sogleich die allermeisten. Und nötig wird es dann wohl sein zu fragen weiter: meinst du „gelassen" oder „abgeschlagen"? Sprichst du wahrlich auch vom „Wasserlassen" oder vom, es ist wahr, ebenso unpassenden „Wasser - Lassen"?

Ist für dich das Wasserlassen allein schon. daß du es einfach läßt?

Siehst du nicht den Unterschied zwischen dem Lassen des Wassers und einem gelassenen Wasser? Wo letzteres, sofern geglückt, Zuversicht und Hoffnung schafft.

Ist es für dich was anderes, mit Hilfe der Erinnerung von diesem und jenem Wasserlassen zu reden, oder später, gleich danach, ohne Verwandlung durch die Zwischenzeit, nach deinem Tun, als dessen Beiwort dann auch nicht ein „getan" oder „erledigt" stehen kann, sondern ein einzig „geglückt"?

Ist dir das gelungene Wasserlassen also grundverschieden von einem unbeschwerten, einer befreienden Wohltat, einer durchstandenen, einer von Langvergangenheit verklärten, ein Einzelnes genügt da, und ein ganzer Ablauf duftet auf in Schwaden auch gleich welch große Leistung für die Menschheit, die Welt, den Kosmos!? (Im Übrigen: schau - blick hinab - der Schatten des Fisches dort unten im Fluß; wozu das Wort, arabisch Heimat, des Olimi Hilmi (ibn Olmi abul ibn Hilmi), ein „Hinfließen, ein Wegrauschen (kein Weg-Rauschen!), ein Wort, kein Befehl, weder Aufforderung noch Ausruf; und dazu noch jener Frosch in den Wasserhöhlen unter den Wüsten Arabiens, der schweigt, niemals quakt, und zur Sandrose erstarrt, um zu täuschen den gefräßigen Axelotl.

Ja, Wasserlassen ist in reifen Jahren nicht gleich der Erinnerung an all die früheren so unbeschwerten Male: es drängt nunmehr, auch heftig, oft und *mehr*! Es schmerzt und will, schwer zu zügelnde nun kränkelnde Natur, ja in Wahrheit, wer will es schon, und auch von mir aus sollt es wohl gelingen, denn ein Gelingendes ist in Dreiteufelsnamen mehr. Es ist mehr als ein gelassenes Bier, mehr als ein gelassener (nein, nicht gelassen vollzogen, sondern bleiben gelassener) Koitus (der niemals bereut!) (sic!), mehr als eine gelassener Darmwind, der nun im Bauche unfrei gurgelt, dem niemals nicht ein Raum gegönnt, sein Fluidum zu verbreiten. Geschwiegen sei von der Pein des zugelassenen und daher in seinem davor gewesenen Sosein gelassenen Reißverschlusses, auch vom gelassenen Spreizgriff sei hier nicht die Rede, denn was stets alleine gilt: peinfreies, volles, sich Ergießendes in langer befreiender Träne!

Froh gelingendes Wasserlassen ist unvergleichlich.

Es ist einzigartig. Es ist Glück!

Ist die Ursach (nicht Uhr-Sach) mit dem Verlauf der Zeit, mit der Reifung des männlich Seienden im Sein verwoben, die Ursach, warum das Gelingen des Wasserlassens zum Gerade-noch-Gelingen und damit zur Klage sich erhebt? Bedenke, was vor dem gewirkt, die Mär vom mannhaft starken Mittelstrahl, der, wie einst Gulliver, das Feuer im Palast der Königin löschte, der wie ein Brenner die Härte des Stahls zu trennen vermag und für nichts minderes als die „ganz große Sache" der Befreiung steht.

Illusion? Verklärung? Sehnsucht nach der Jugend?

Wie dem auch sei, es galt vor Zeiten, ob beim Sautrieb auf den Keuperhöhen, bei gebücktem Gange auf lettigen Wegen unter Haselsträuchern oder beim mühsamen Hacken steiniger Böden, geradezu etwas wie ein Traumbild, wie ein Idol solch eines rauschenden Augenblicks, ein Idol indes, von welchem es, ungleich überdies bei den alten Götzen weder Bild noch Geschichte gab: der lustvoll urinierende Gott höchst selbst kreierte seinen, jeweils eigenwillig kreativen Strahl und benetzte, bespritzte, befleckte, versaute, jetzt, jetzt und jetzt, zugleich die seinen und die Hosen seiner wollüstig jauchzenden Jünger und Fans, die schreiend nach, ja fordernd, lechzen nach mehr und mehr.

Entrissen seiner Macht wurde schließlich auch Es - oder? Wer weiß? -, euer Idol des „Jetzt!" (*und* der Augen, die so sich begegnen, schamvoll, *und* des Wassers, das so, eben noch formlos, Gestalt annahm, *und* des verwaschenen Steins, der so auf einmal in wasserglitzernden Farben spielte, *und*, *und*), von dem unaustilgbaren Glauben - in der Tat nun weder Vorstellung noch Idee mehr, sondern „von Irrungen und Wirrungen hin- und hergerissenen Geschmacks bewirkter" Glaube - an eine unermesslich kunstvolle Schöpfung, als eine Erfüllung verquerer Wünsche vorauseilender Zeiten, durch gedrucktes Irdischwerden selbst verwirrter Gedanken, bei der Nachwelt Glorien zu erlangen. Glaube? Traum? Vision? Am ehesten wenigstens im Ursprung des wabernden Seins eine gar garstige Vision: der einer in Urin zu Schlamm geweichter Nonsensschreibe. Da unter dem und weit darunter wohl nichts mehr denkbar, greift nach mir die Versuchung wegen meines blockierten Drangs zum Höchsten das nunmehr Mögliche zu machen: und mit dem im Darme gereiften Kot, die Hose gar zweckvoll gerafft, mit Wonne darauf zu scheißen!

Peter Handke? Finde ihn super. Geile Schreibe!

♣

Smartphone-Junkie

Ich bin ein Smartphone-Junkie,
mein Verstand is in the cloud,
täglich krieg ich viele likes
und bin so very proud.

Ich habe Apps, du glaubst es nicht,
du wirst vor Neid erblassen,
so zeigt mir eins den Gasausstoß,
wenn ich Einen fahren lasse.

Ein andres App ist sehr sensorisch,
das sagt mir sehr exakt,
wie lang' ich kratzen muß,
wenn's mich juckt am Sack.

Ob ich durstig oder hungrig,
weiß das Life-App punktgenau,
und empfiehlt mir je nachdem,
einen Powerriegel mit Kakao.

Das Orgas-App you need to have,
ist supergeil und einfach Spitze,
es törnt allein die Freundin an,
damit sie feucht wird in der Ritze.

Wenn ich fahre mit der Bahn,
nehm ich das App von Nike
dann such ich auf dem Screen
die Landschaft, die ich like.

Was würde ich bloß machen
ohne Smartphone und die App?
Ich gaffte in die Gegend
wie der allerletzte Depp.

Ich bin dynamisch und modern,
deshalb ein Smartphone-User,
und wer das nicht checkt,
bleibt allemal ein Loser.

Wer denkt noch mit dem Kopf?
Das ist doch primitiv!
Wir usen Apps und Smartphones
to be state-controlled und kreativ.

Intensives Smartphone-Usage
macht das Hirn so richtig frei
von störenden Gedanken,
erstrebtes Ziel der Samurai.

Kannst du leben ohne Smartphone?
Ich frag dich ehrlich: Wie?
Nein, das wäre schlicht unmöglich,
der reinste Horror Vacui.

Drum liebe ich mein Smartphone
bin happy und so proud,
I've many, many friends,
im net around the world.

Bin ich morgen über'm Jordan,
dann ist mein Smartphone out,
dennoch leb ich weiter
bei Google in der Cloud.

Oblomow läßt grüßen

Ohne Zweifel, ich bin noch der, der ich bin, selbst wenn einige Leute meinen, wegen der mir aufgezwungenen Lage und einer gewissen Vorgeschichte, anderer Ansicht sein zu müssen.

Zwar hat mich bei allem, was ich tat, nur selten die Meinung der Andern gekümmert, doch jetzt scheint mir die Zeit reif, mit einer Klar- und Richtigstellung all den Schwätzern den Mund zu stopfen, die nicht müde werden, der Welt zu beweisen, daß ich genau dort hingehöre, wo ich mich jetzt befinde.

Es soll nun nicht der Eindruck entstehen, ich sei mit meiner Lage unzufrieden. Im Gegenteil. Nie zuvor fühlte ich mich so frei und ungezwungen, ja manchmal überkommt mich sogar ein schwärmerisches Rühren, das mich drängt, Verse zu reimen:

Ein Vögelein im Bauer lauert,
Gefangenschaft zu lange dauert,
will in die Freiheit fliehn,
möchte mit den andern ziehn.

Doch als das Türlein offen steht,
der Drang zur Freiheit ihm vergeht;
gestutzt die Flügel, Ring am Bein,
frei entschlossen sagt es: nein!

Wo genau der Weg hierher begonnen hat, kann ich nicht mit Gewißheit sagen, es gibt wohl keinen klaren Ausgangsort. Alles ist das Ergebnis undurchschaubarer Prozesse, die irgendwann begannen, wahrscheinlich bereits in meiner Wiege. Deshalb fällt es mir auch schwer, glaubhaft darzulegen, daß alles so kommen mußte, wie es kam.

Als ich mich damals ins Bett legte, sah ich freilich die folgenden Verwicklungen in keine Weise voraus. Ich hatte auch keine bestimmte Absicht, sondern war einfach unsäglich müde und fügte mich dem natürlichen Verlangen zu schlafen, ewig traumlos zu schlafen, um so für immer zu vergessen, was mich quälte sowie um alle Fesseln, die mir so schmerzhaft in die Seele schnitten, endgültig abzustreifen.

In panischer Angst renne ich den Abhang hinab zur Böschung, unter der mein Elternhaus steht, ein Rudel kläffender Hunde dicht auf den Fersen. Es geht um mein Leben. Doch als mich eine dieser Bestien fassen und zerfleischen will, breite ich meine Arme wie Flügel aus und fliege federleicht in die Lüfte, die geifernden Köter unter mir lassend.

Gleichsam im Schlaf reifte der Gedanke zum Entschluß, mein künftiges Leben im Bett zu verbringen. Der Welt bot ich meinen Rücken, den sie mir einfach runterrutschen sollte. Ich hatte es satt, mich ständig mit Problemen auseinanderzusetzen, die mir irgendwelche Leute aufzuhalsen befleißigt fühlen.

Mit dem Vorrat an Boullionwürfeln, den ich für Not- und Krisenzeiten in meinem Nachtschränkchen gehortet hatte, war es mir möglich, bei vernünftiger Einteilung Jahre zu überstehen.

Da lag ich also sinnend im wohlig warmen Nest, manipulierte mein Glied und suchte in dem träge dahinströmenden Erinnerungsfluß nach Wegmarken meiner verflossenen Lebenszeit. Im Herzen traurig schaute ich den Gedankenfluß hinauf, der aus der Finsternis kommend in mein Bewußtsein strömte. Nicht einen tröstenden Anhaltspunkt entdeckte ich auf der unruhigen Oberfläche, auf die ständig vom Ufer geworfene Steine fielen.

Ich wandle unter Königspalmen durch wasserreiche Gärten, wo Jungfrauen nackt baden, mir zuwinken und mich lustvoll lächelnd einladen, ihnen beizuwohnen. Kaum im lauen Wasser, da schüttet eine Nixe ihr grünes Tanghaar über mich, umschlingt meinen Leib mit kalten Krakenarmen – und fängt urplötzlich fürchterlich an zu schreien.

Ich schreckte hoch, mein Herz raste. Das Telefon schrillte.

Dieser herrisch-fordernde Klingelton, der sich aggressiv ins Leben drängt und seine Wichtigkeit vor alles stellt, war mir schon lange zuwider. Etwa ein Dutzend Mobiltelefone, die mich als Insignien meiner Bedeutsamkeit meist paarweise auf Schritt und Tritt überwachten, hatte ich nacheinander in einem Eimer Wasser ersäuft. Und ich muß sagen, jeder 'Handytod' gab mir ein Stück Freiheit zurück. Um der letzten Fessel den Garaus zu machen, packte ich das Telefonkabel und riß es aus der Anschlußdose. Ein weitere Akt der Befreiung, nur, ich mußte mich zuerst daran gewöhnen. Denn immer wenn es läutete, bohrte sich die lärmende Frage in meine kreisenden Gedanken, wer wohl dieser Anrufer sein könnte. Hundert Antworten drängten sich auf, jede wollte die erste sein. Aber ich blieb standhaft und schaffte es, sie nach und nach aus meinem Gehirn zu drängen.

Heute bin ich ruhig wie der Kosmos.

Auf der Suche nach dem rechten Weg zur Aufhebung des Leidens, bekleidet mit einem Langhemd und Sandalen an den Füßen, irre ich durch eine trostlose Landschaft ohne Grün und Blüten. Ich stoße auf eine Kreuzung, in die acht Wege münden. Ganz gleich welchen Weg ich einschlage, überall stehen Schranken und bis an die Zähne bewaffnete Wächter.

Wohin soll ich mich wenden?

Ein Lautsprecher herrscht mich metallisch an: "Verschwinden Sie, sofort!" Aber es gibt keinen Ausweg. Acht Kettenpanzer rollen näher, aus jeder Richtung einer. Sie drohen mich zu zermalmen.

Die Zeit stand still, aber mein Leben floß unaufhaltsam dahin. Tag für Tag, immer schneller, mit einer erschreckenden Beschleunigung.

Doch was kümmerte das die Andern.

Dem entgegen ließen sie mir freilich keine Ruhe und zeigten ein reges Interesse an den Äußerlichkeiten meines Daseins. Unaufhörlich wurde geklingelt und geklopft oder mit Fäusten an die Tür gehämmert. Die Briefkastenklappe in der Eingangstür schepperte von morgens bis abends. Leise und laute Stimmen strichen ums Haus wie nächtliche Winde - bis sie eines Tages mitten in der Wohnung flüsterten und meiner Festung näher rückten.

Gedämpft durch dicke Wolldecken, unter denen ich mich verborgen hatte, vernahm ich bruchstückhaft die Rede in einer mir dem Klange nach bekannten aber dennoch fremden Sprache. Gespannt lauschte ich dem Lautgedrechsel, bis mich das Wort 'Vollstreckung' aufschreckte und stutzig machte. Schlimmes ahnend stellte ich mich tot. Ein Geräuschszenario bestehend aus Rumoren, Klappern, Schieben und Getrappel, gelegentlich auch hämischem Lachen und tückischem Gekicher, hielt sich über Tage. Bis Ruhe einkehrte.

Wochenlang ließen sie mich in Frieden. Ich dachte, sie hätten mich vergessen.

Das rhythmische „Klick und Klack" von Wassertropfen im Halbdunkel eines leeren Raumes schwillt an zu einem Klopfen und Pochen, das mit einem dröhnenden Schlag zerbirst. Mauerstücke brocken schmerzhaft auf meinen Leib, trockener Putzstaub schmirgelt meine Augen. Eine haarige Klaue stößt aus der Wand, mir an den Hals, sie würgt mich.

Sie zogen und zerrten an meiner Decke, mein Schild und Wappen, aber ich gab nicht auf. Die erste Attacke wehrte ich erfolgreich ab. Doch der Feind blieb eisern. Listenreich und mit stärkeren Waffen überwältigte er mich. Mitsamt meinem Harnisch wurde ich angehoben, unsanft gewendet, zusammen geschnürt wie ein Paket und abtransportiert. Auf der Seite spürte ich Stöße, die ohne Rüstung gewiß sehr schmerzhaft gewesen wären. Dann warfen sie mich auf die Pritsche eines Wagens, so deutete ich jedenfalls den Aufprall und das folgende Motorgeräusch. Erst später gelang es ihnen, mich zu entwaffnen.

Ein Beamter wollte meine Identität überprüfen, um ganz sicher zu sein, wie er sagte, daß ich der sei, dessen er sich sowieso sicher war. Ich schwieg, weil er mich aushorchen wollte. Verärgert über mein Schweigen legten sie mir Handschellen an und verfrachteten mich in eine Zelle. Völlig erschöpft versuchte ich weiter zu schlafen, so gut es eben ging.

Übrigens hatte ich beschlossen, die Nahrung zu verweigern. Ich wollte sterben.

Graue Wolken streifen mein Haar. Die Plattform schwankt wie ein Schiff in rauher See. Kein Geländer. Mein Blick geht weit über das Meer bis hin zu meinem Elternhaus, das ich unter dem Nebelschleier vermute. Der Stahlboden der Plattform ist glatt wie Eis, nirgends gibt es Halt. Ein heftiger Windstoß legt den Turm weit über. Strauchelnd, mit den Armen rudernd, gleite ich zum Rand - und stürze jäh hinab.

Gerade war ich dabei, mich wieder auf meine Schlafstatt hochzurappeln, als plötzlich Schlüssel klapperten. Die Zellentür quietschte. Zwei Wärter kamen herein. „Mach hier keine Faxen", herrschten sie mich an und versuchten, mich zum Stehen und Gehen zu verfügen. Nachdem ihre Drohungen wirkungslos blieben, wurden sie unwirsch und schleppten mich zum Verhör.

Der routiniert freundliche Untersuchungsrichter eröffnete mir umständlich, welcher Verbrechen ich angeklagt sei. Aus einem ziemlich dicken Aktenordner nahm der ständig sprechende Mann - an dessen Mundwinkeln Schaumbläschen geräuschlos zerplatzten. (Ein winziges Tröpfchen fiel auf meine Unterlippe, sofort hatte ich einen muffigen Geschmack im Mund) - einen Schriftsatz nach dem andern, las jeweils Datum, Absender, Anschrift, Vorgang und Aktenzeichen vor, mein Name war stets dabei, faßte alles kurz zusammen - und verlangte meine Bestätigung. Aber er wartete nicht darauf.

Zum ersten Mal gewahrte ich den riesigen Umfang der Korrespondenz, die zu führen man mich gezwungen hatte. Mir verschlug es den Atem.

Verzweifelt rang ich nach Luft und keuchte um Hilfe, was den Richter und seine Schergen in peinliche Not versetzte. Als schließlich der Notarzt kam, ging es mir wieder besser.

An dieser Stelle halte ich es für erforderlich, ein Stück in die Vergangenheit zurückzugreifen, um mögliche Mißverständnisse zu verhüten und Unklarheiten aufzuhellen, die zu einem verkehrten Eindruck oder falschen Bild führen könnten.

Also im Grunde bin ich ein ganz normaler Mensch, der in eben solchen Verhältnissen aufgewachsen ist und bis zur entscheidenden Wende ein unauffälliges Dasein gefristet hat. Ich liebe die Ordnung eines geregelten Lebens, obgleich ich mich immer schwer getan habe, eine solche Ordnung einzurichten, geschweige sie zu halten.

In dem Kaufhaus, wo ich mich in all den Jahren zum Verkaufsleiter der Teppichabteilung emporgedient hatte, tat ich gewissenhaft die mir auferlegte Pflicht. Meine Vorgesetzten brachten mir ein gewisses Wohlwollen entgegen und übten milde Nachsicht bei gelegentlichen Entgleisungen, was wohl auf Gegenseitigkeit beruhte. Zu den übrigen Mitarbeitern verhielt ich mich distanziert-höflich. Zu Bekannten und selbsternannten Freunden pflegte ich eine unverbindlich-lockere Beziehung, die sich auf gängige Grußfloskeln, gelegentliche Höflichkeitsbesuche und die obligatorischen Feiertagsgrüße beschränkte.

Meine Nachbarn kannte ich kaum. Sie waren wohl fleißige und ehrbare Leute. Zum Glück kam ich nie in die Verlegenheit, ihre Hilfe in Anspruch zu nehmen, denn da wäre jede Rettung zu spät gekommen.

Zu einem ernsten Problem wurde meine früh verwitwete Mutter. Sie respektierte zum Beispiel meine Eheabstinenz nicht, tat aber aber alles, damit meine gelegentlichen Frauenbekanntschaften nicht zu lange dauerten. Gleichwohl waren mir zwei Beziehungen gegönnt, die leibhaftige Früchte trugen. Natürlich kamen sie mir teuer zu stehen, bescherten aber meiner Mutter die heiß ersehnten Enkel, die sie leider nie zu Gesicht bekam. Darüber war sie natürlich erbost und zeterte über das Thema bei jeder Gelegenheit, mit dem üblichen Nachsatz, es sei ja alles meine verdammte Schuld. Überhaupt war die Frau unausstehlich und unsere Beziehung ziemlich angespannt. Ständig nörgelte sie an mir herum, ich konnte ihr partout nichts recht machen. Schon deshalb ist es mir ein völliges Rätsel, daß ich mich von ihr überreden ließ, mit diversen Krediten dieses Einfamilienhaus zu kaufen und zu allem Unglück mit ihr darin zu wohnen.

Gott sei Dank verzögerte sich der Umzug um einige Wochen. Vorher mußte freilich ein widerspenstiger Mieter hinausgeklagt werden. Dessen Anwalt verstand jedoch, die Sachlage so zu verdrehen, daß ich zwar in allen Punkten recht bekam, aber trotzdem wie zum Hohn zur Begleichung sämtlicher Gerichts- und Anwaltskosten verdonnert wurde.

Die dann einsetzenden Umzugswirren, verbunden mit einem bösen Streit mit dem Spediteur über zuviel berechnete Arbeitszeit, Sachbeschädigung und Haftungskosten, setzten uns beiden erheblich zu und gaben meiner sowieso kränkelnden Mutter den Rest. Sie verschied in einer sehr ungünstigen Zeit, mir zusätzliche Arbeit, eine Menge Ärger und einen gewaltigen Schuldenberg hinterlassend.

In höchster Not erschien, wenn auch ungerufen, der rettende Engel in Gestalt eines ausgefuchsten Finanzberaters. Speziell für meinen Fall, gleichsam maßgeschneidert, entwickelte er ein raffiniertes Umschuldungsprogramm, das mich für Jahrzehnte zu allerhand Zahlungen verpflichtete und mich zum Bittsteller bei Banken, Versicherungen und Behörden erniedrigte. Natürlich hatte mich der Fuchs kräftig übers Ohr gehauen und dabei ein erkleckliches Sümmchen in seine private Tasche abgezwackt. Leider bemerkte ich diese Gaunerei zu spät, da war nichts mehr zu machen.

Überhaupt lag auf diesem Haus ein Fluch. Gleich wenige Tage nach dem Einzug begann eine Flut von Rechnungen, Mahnungen und amtlichen Schreiben auf mich herabzuregnen. Man machte mir diverse Auflagen, setzte unter Strafandrohung Termine und Fristen fest, die ich zwar versuchte einzuhalten, was mir freilich beim besten Willen niemals gelang.

Allein die Scherereien im Zusammenhang mit dem Tod meiner Mutter brachten mich an den Rand eines Nervenzusammenbruchs. Da überredete mich zum Beispiel der Bestattungsunternehmer zu einem Steineichensarg mit aufwendiger Luxuseinlage - das sei ich der Verblichenen schuldig, immerhin habe sie mir das Leben geschenkt - obgleich die Kiste, das kann ich beschwören, lediglich aus Holzresten zusammengeleimt und durch handwerkliche Tricks sowie einen Spezialanstrich zum *aufwändigen* Eichenschrein verwandelt worden war. Die 'Luxuseinlage' (allein das Wort ein Schwindel) bestand aus chlorgebleichtem Papier, das die Leiche zwar hinreichend bedeckte, darunter lag sie aber nackt auf bloßen Sägespänen. Das war freilich nicht alles. Die Auseinandersetzungen mit dem Friedhofsamt, das der Grabstätte meiner Mutter den schäbigsten Platz des gesamten Friedhofs zugewiesen hatte, sowie die Sache mit dem Steinmetz, der mir einen aufpolierten Grabstein aus dem vorletzten Jahrhundert als brandneu verkaufte. Vom übrigen Verdruß und Ärger will ich gar nicht reden. Mir kommen schon die Tränen, wenn ich daran denke.

Obwohl ich nach dem Tod meiner Mutter das Haus allein bewohnte, war ich in Wahrheit nie allein. Um mich herum quirlte Leben wie nie zuvor. Der Außendienst unzähliger Ämter, Versicherungsvertreter, die Stadtwerke, das Bauamt, der Bezirksschornsteinfeger nebst Lehrling, Bettler, Staubsaugerrepresentanten, Wohnungssuchende, die Gemeindeschwester, der Ortspfaffe, irgendeine Regulierungsbehörde, Zeugen Jehovas usw. klingelten und klopften, ja sie gaben sich die Haustürklinke in die Hand. Man ließ mir einfach keine Ruhe!

Den ganzen Rummel hätte ich sicher noch eine Zeitlang ertragen, mit 42 war ich jung genug und auch belastbar, doch eine Serie fataler Zwischenfälle und tragischer Verwicklungen strapazierten meine Nerven, bis sie streikten und dann zusammenbrachen.

Beim ersten Schnee rutschte (das gab er zu Protokoll) der alte Mann von gegenüber just auf dem Teil des Gehsteigs aus, der an meinem Grundstück entlangführte und den ich zu räumen hatte. Der Alte legte sich der Länge nach hin und wollte um alles in der Welt nicht mehr aufstehen. Die Hilfe eines hinzugeeilten Passanten lehnte er brüsk ab. Er schrie nach dem Notarzt, den auch irgendwer alarmierte. Nachdem der Arzt grünes Licht gegeben hatte, ließ sich der ausgekochte Hund von den Sanitätern aufhelfen und in seine Wohnung tragen. Seitdem simulierte er den Pflegefall und betrieb über windige Rechtsverdreher eine Haftungsklage gegen mich. Natürlich rechnete das alte Schlitzohr mit einer Aufbesserung seiner Rente, wohlgemerkt auf meine Kosten. Mit dieser Rechnung liegt er höchstwahrscheinlich weit daneben, dafür werde ich schon sorgen.

Ausgerechnet dieser Winter brachte mir nur Unglück und eine Menge Sorgen. Eine geplatzte Wasserleitung richtete großen Schaden an, für den die Versicherung nicht aufkommen wollte. Ich hätte, so hielt man mir vor, die im Vertragswerk eingebettete Klausel über irgendwelche „Vorsorge- und Wartungspflichten" nicht in allen Punkten beachtet und befolgt. Selbstverständlich wehrte ich mich dagegen. Diesmal mit Hilfe eines teueren, dafür bekannten aber auch berüchtigten Anwalts, der im Ruf stand, noch keinen Prozeß verloren zu haben.

Der Klempner, der den Rohrbruch repariert hatte, schrieb mir eine maßlos überhöhte Rechnung, die ich selbstverständlich so nicht bezahlte. Darauf übergab der Kerl die Forderung einem zwielichtigen Inkassobüro, das mir zwei Schlägertypen ins Haus schickte, die mich bedrohten und beim Abschied, das sei die erste Mahnung, mit einem Baseballschläger den Glaseinsatz meiner Haustür zertrümmerten. Was blieb mir anders übrig, ich brachte die Sache zur Anzeige.

Die leidigen Streitereien mit dem Gipser, Maler, Elektriker und der Telekom will ich hier nicht weiter ausführen. Die Aufregungen kosteten mich wenigstens ein Magengeschwür. Aber es kommen noch Verstrickungen hinzu, die weit mehr meinen Niedergang beschleunigten.

Da ist zunächst Brigitte, Mutter unseres unehelichen Sohnes, die immer dann etwas von sich hören ließ, wenn sie mehr Geld haben wollte. Mit zunehmendem Alter wüchsen die Ansprüche des Knaben, dabei sei auch die Inflation zu bedenken, so argumentierte sie. Ja, sie denke ausschließlich an das Wohl unseres gemeinsamen Kindes, wenn sie mich auffordere, künftig den monatlichen Unterhalt um wenigstens hundert EURO zu erhöhen. Zugegeben, das Leben wird von Tag zu Tag teurer. Ich zeigte Einsicht und wollte genau die Hälfte der Forderung bezahlen. Das akzeptierte die Krampfhenne natürlich nicht und machte ihre Drohung wahr, den Betrag über ein Gerichtsurteil zu erwirken.

Dorothea, die Mutter meiner Tochter, war nicht weniger fordernd, nur drehte ich den Spieß in diesem Falle um. Nach diskreten Recherchen und gewissen Informationen gab es keinen Zweifel, die Frau führte einen moralisch bedenklichen und obendrein kostspieligen Lebenswandel. So stellte ich mir die Frage, ob mein sauer verdientes Geld auch wirklich nur dem Mädchen zugute kommt. Ich setzte die Zahlung vorübergehend aus und machte alles weitere vom Ergebnis der jugendamtlichen Überprüfung abhängig, die zu veranlassen mir Dr. jur. Rosenberger dringend angeraten hatte. Für ein halbstündiges Beratungsgespräch verlangte der Halsabschneider ganze 180 EURO und zwar in barem Geld auf den Tisch.

In einer äußerst kritischen Phase, als mich die Sorgen gleichsam zu erdrücken drohten, war es für den hereingeschneiten Verlagsvertreter ein leichtes Spiel, mir einen vielbändigen Rechtsberater in laufender Folge anzudrehen und obendrein eine Studienausgabe der Werke Sigmund Freuds. Bereits am Tag nach der Unterzeichnung des Vertrages wollte ich den Kauf annullieren, freilich ohne Erfolg. Der Verlag bedrängte mich mit Mahnungen und drohte mit Zwangsmaßnahmen. Kurz vor der Pfändung, der Gerichtsvollzieher stand quasi in der Tür, wurde das Verfahren ausgesetzt, wegen eines Formfehlers, wie mir die Anwaltskanzlei mitteilte, die sich nach langem Zögern wegen des geringen Streitwerts schließlich doch der Sache angenommen hatte.

Auf dem Weg von dieser Kanzlei nach Hause sprach mich eine resolute junge Frau an und forderte von mir Auskünfte für eine Art statistische Erhebung, die von der Landesregierung in Auftrag gegeben worden sei. Damit wollte man herausfinden, warum die Deutschen immer weniger Kinder zeugen. Nachdem mir die Fragen zu indiskret wurden - man wollte zum Beispiel wissen, ob ich beim Onanieren Glück empfände und/oder dabei homosexuelle Neigungen verspüre - ließ ich die Dame ziemlich ungalant abfahren. Dem folgte ungesäumt eine saftige Ordnungsstrafe, die mir wegen „Verweigerung von Auskünften über Angaben persönlicher Verhaltensweisen von öffentlicher Relevanz" aufgebrummt wurde. Selbstverständlich erhob ich Einspruch und bestand außerdem auf der höchst richterlichen Entscheidung über das Problem, ob die Pflicht, solche Fragen zu beantworten, mit dem im Grundgesetz verankerten Schutz der Menschenwürde zu vereinbaren sei.

Sozusagen flankierend attackierten mich maschinelle Mahnungen einer sogenannten Liquidationszentrale wegen einer angeblich 'offenen' Arztrechnung, die ich laut Bankbeleg schon längst überwiesen hatte. Meinen schriftlichen Protest ignorierte der Computer und zog die Sache durch bis zum Zahlungsbefehl, gegen den ich postwendend Einspruch erhob. Genau am Tage vor dem Gerichtstermin bemerkte man den Irrtum und entschuldigte sich mit vagen Ausreden von wegen Computerabsturz, Softwareproblemen, Programmumstellung, neuer Mitarbeiter undsoweiter. An den Verschleiß meiner Zeit und Kraft dachte natürlich niemand. Doch wen interessiert das schon.

Es gab da noch eine ganze Menge an 'Kleinigkeiten', die einzeln besehen wohl kaum erwähnenswert, aber zusammengenommen den täglichen Wahnsinn bilden, der die Seelen verletzt, die Gehirne zerrüttet und das Leben zu einer einzigen Posse macht.

Jedenfalls wurde ich in einen Krieg mit mehreren Fronten verwickelt. Schon bald führte ich einen erbitterten Grabenkampf gegen meist anonyme Feinde, die sich in irgendwelchen Amtsstuben, Büros und Kanzleien verschanzten und mich mit Paragraphen, Verordnungen, Vorschriften, kryptischen Vertragsklauseln unter Dauerbeschuß hielten.

Von früh bis spät studierte ich Kleingedrucktes, feilte an Nachfragen, Beschwerden, Richtigstellungen, Ein- und Widersprüchen und mühte mich ab mit hirnrissig konzipierten Antragsformularen, wo zum Beispiel auf einer halben Zeile der berufliche Werdegang skizziert werden sollte. Ich las und schrieb, bis mir die Augen tränten, der Kopf schmerzte und die Finger bluteten.

Das kranke Wesen dieses Geschäfts infizierte mich und verseuchte allmählich meinen gesamten Organismus. Mein Verstand, schon ziemlich krank, entzog sich schließlich der Vernunftkontrolle. Immer öfter ertappte ich ihn, wie er unkontrolliert selbstherrlich Formulierungen durchprobierte und zuweilen, alle Achtung, zu Ergebnissen kam, die selbst gewieften Advokaten schwerlich eingefallen wären.

Damit solche Inspirationen nicht gleich wieder vergessen wurden, besorgte ich mir einen elektronischen 'Merker', den ich in solchen Fällen sofort besprach. Die Einfälle übertrug ich dann schriftlich, meist spät in der Nacht, in einen Ordner, den ich mit dem Label 'Sinnbausteine' versah.

Der saftlose Papierstil dörrte mein Gehirn, formte die Gedanken und prägte meine Sprache, was natürlich zur Folge hatte, daß auch die Menschen, mit denen ich noch Umgang pflegte, binnen kurzem Abstand von mir nahmen.

Einen über Jahre treuen Kunden, der sich für einen ziemlich teuren Sarough begeisterte, belehrte ich beispielsweise in hochgeschraubten und verschachtelten Sätzen, über die unendliche Vielfalt und Variationsbreite gängiger Rechtsmittel, die der Gesetzgeber in weiser Voraussicht und Fürsorge erstellt, und deren er sich bedienen könnte, sofern er nur wollte, wenn der Herr meinte, hereingelegt oder gar betrogen worden zu sein, beziehungsweise wenn er glaubte, das Echtheitszertifikat sei gezinkt und der antike Teppich nur auf 'alt' getrimmt, was ja denkbar und mit den heutigen Mitteln gewiß keine Kunst mehr sei. Schließlich riet ich ihm vom Kauf ab, und zwar mit dem Hinweis auf alle möglichen Schwierigkeiten, die er sich mit diesem Kauf einhandeln könnte, zumal man bei Orientteppichen nie genau wisse, was wirklich stimme und er dies als Laie sowieso nicht beurteile könne und bei einem eventuellen Rechtsstreit immer den Kürzeren ziehe, allein weil die Juristen ihre Villen schon immer gerne mit teueren Teppichen zierten und deshalb mit den örtlichen Händlern gute Kontakte unterhielten und von daher auch nicht unbefangen seien undsoweiter, das beste sei eben grundsätzlich, erst gar kein Risiko einzugehen und die Finger von solchen Geschäften zu lassen.

Meinen gut gemeinten Rat deutete der Kunde prompt als Angriff auf seine Teppichkompetenz sowie Entscheidungsfreiheit. Er reagierte sehr ungehalten, wollte den Abteilungsleiter sprechen, der ja ich selber war, was ihn fast in Rage brachte, schließlich rauschte er davon, laut schimpfend auf unser Kaufhaus und den Kümmeltürken (er meinte mich), der vom Teppichgeschäft soviel Ahnung habe wie ein Hund vom Eier legen. Dann beschwerte er sich bei der Direktion über mein 'unmögliches' Gebaren, was mir einen ordentlichen Rüffel einbrachte, verbunden mit der Drohung, beim nächsten Ausraster würde ich fliegen, aber ohne Teppich. Ein ziemlich billiger Witz, der mich schon verletzte. Mir gehen bereits Gedanken durch den Kopf, wie ich das zynisch-arrogante Verhalten des Direktors in der Geschäftszentrale wirkungsvoll zur Sprache bringen werde.

Auch in meinem außerberuflichen Wirkungsbereich begann ich, mich ungefragt in Gespräche einzumischen und jedem sofort, ob er wollte oder nicht, mit 'unverfänglichen aber treffenden' Formulierungen beizustehen und juristische Ratschläge zu erteilen, wie etwa über Mittel und Wege, die geeignet seien, ja unbedingt ergriffen und gegangen werden müßten, um sein gutes Recht zu erlangen.

Gerade mein Rechtsempfinden und das damit verbundene Stilgefühl reifte allmählich zu einer hochgradigen Sensibilität, was etwa dazu führte, das wohlgemeinte „nun bleiben Sie aber auf dem Teppich" des Personalchefs als Unverschämtheit, ja als besonders perfide Ehrverletzung zu empfinden, worauf ich mich zu meiner seelischen Entlastung gezwungen sah, ihm rechtliche Konsequenzen anzudrohen, was wiederum ihn bewog, offen zu gestehen, er habe von meinen Mätzchen die Nase endgültig voll. Noch am Nachmittag rief er mich zu sich, um mir scheißfreundlich zu eröffnen, ich sei ab sofort „vom Teppich" und dürfe nun in der Versandabteilung die Aufkleber mit den Kundenadressen verwalten und nachhaltig applizieren.

Demütigen lasse ich mich freilich nicht, also erhob ich Klage beim zuständigen Arbeitsgericht. Im übrigen ließ ich mich krank schreiben. Nur so meinte ich Zeit zu finden, um den inzwischen mannshoch angewachsenen Berg an Schreibverpflichtungen abzuarbeiten. Doch weit gefehlt, der Stapel nahm nicht ab, im Gegenteil, er wuchs wie Bohnenkraut. Außerdem ging es mir zunehmend schlechter. Mit jedem Tag wurde ich gereizter und unerträglicher. Die durchwachten Nächte forderten ihren Tribut.

Einmal spielte ich mit dem Gedanken, eine Sekretärin anzustellen, aber ich verwarf ihn wieder, meine finanziellen Mittel ließen das nicht zu. Mir blieb nur übrig, das Äußerste aus mir herauszuholen, und zwar mit allen Mitteln. Schlaf konnte ich mir kaum noch leisten, also schüttete ich literweise Kaffee und Tee in mich hinein, rauchte in Ketten und schluckte unzählige Vitaminkapseln und reichlich Weckamine.

Da war noch eine Sache, über die ich zwar nicht gerne rede, die aber keinen geringen Teil zu meinem schleichenden Burnout beigetragen hatte. Anfangs wollte ich es gar nicht wahrhaben, und ich sah auch keinen Zusammenhang mit meinen umfangreichen Aktivitäten, zumal da ja der Großteil meiner Lebensenergien regelrecht verheizt wurde, daß sich aber all dem zum Trotz mein Geschlechtstrieb regte, ja aufbäumte, und zwar mit ungezähmter Macht, das grenzt schon an ein Mysterium. Um es kurz zu sagen, mich störten häufig fast schmerzhafte Erektionen, die ich nur loswerden konnte, indem ich onanierte, und das mehrere Mal am Tage.

In dieser äußerst mißlichen Phase kam mir zum ersten Mal einer dieser bedrückenden Träume.

In das stark stampfende und völlig durchweichte Papierschiff schwappt Welle um Welle einer schlierigen Brühe, die wie faule Makulatur stinkt. Das Schiff droht zu sinken. Ich schöpfe und schöpfe, schöpfe um mein Leben. Der zähe Schleim bleibt jedoch an meinem Schöpfwerkzeug, einem riesigen Füller ähnlich, hängen und zieht lange klebrige Fäden. Die sirupgleiche Masse steigt rasch an, bis sie mir zur Unterlippe reicht. Dann sinkt das Boot. In höchster Not suche ich Halt an einem vorbeitreibenden aufgeblähten Segel. Doch das Material hält meinem Griff nicht stand. Ich lange hinein in einen seifigen Glibber, aus dem mir der Brodem verwesenden Fleisches entgegenschlägt. Im selben Augenblick treibt ein Schweinskopf auf mich zu, wo gleich sich der zähnefletschende Rüssel knapp vor meiner Nase in einen roten Kußmund verwandelt, der begehrlich die Lippen spitzt. Entsetzt weiche ich zurück und schlage hinein in die zum Kotzen widerliche Fresse, immer hinein - in Wirklichkeit aber auf die grob verputzte Wand, vor der mein Bett stand. Von meinen Knöcheln tropfte Blut und hing die Haut in Fetzen.

Am Abend hatte ich Appetit auf eine Pizza. Die Telefonnummer der Pizzeria, die mich damals frei Haus versorgte, hatte ich natürlich verlegt. Voller Ungeduld, fahrig und mit schmerzenden Händen durchwühlte ich das heillose Gemenge von Schriftsätzen, Kohlepapier, Ratgebern, Notizzetteln, halbvollen Flaschen, schmutziger Unterwäsche, qualmenden Socken, Essensresten und quicklebendigen Kakerlaken. Da klingelte das Telefon, als gerade der Wasserkessel zu pfeifen begann. Just in dem Augenblick schrie die Türglocke ihr häßliches Signal, vor Schreck stieß ich gegen den Tisch, ein Stapel schmutziger Teller kippte und zerbarst auf dem Boden. Ich erstarrte. Spürte aber zugleich ein inneres Zittern, anfangs sacht und leicht, dann heftiger und stärker. Es wuchs zum Beben und schnell zum Tremor, der Seele, Geist und Körper durchschüttelte wie ein Rüttelsieb. Darein mischte sich das Tosen eines Schnellzugs, der in mich oder aus mir raste, bunte Lichter blitzten, die Achsen hämmerten. Mit unbändigem Gebrüll sausten wir hinein in ein schwarzes Tunnelloch.

Nach einer Ewigkeit fand ich mich wieder. Ich lag inmitten eines Trümmerhaufens zerrissener Schriftstücke, zerfetzter Aktendeckel, zerschlagener Möbel, Porzellansplitter und Glasscherben. Aber ich fühlte mich frei. Eine tiefe Ruhe war in mir eingekehrt. Ich schaute auf das vor mir liegende Chaos wie ein Engel in den Hades, ungerührt und gelassen. Ich spürte die Zufriedenheit eines Menschen, der von schwerer Krankheit genesen, der endlich den Kloß, der ihm die Lebensader verstopfte, als erlösenden Auswurf in die Gosse speien durfte.

Weidlich genoß ich den Frieden. Dann klarte ich die Wohnung auf - wie gesagt, ich war völlig ruhig, sogar heiter - der Großteil des Gerümpels verschwand im Mülleimer oder flog einfach hinters Haus. Dann traf ich Vorkehrungen für mein neues Leben.

Der Sinn und Zweck der täglichen Verhöre blieb mir ein Rätsel, zumal ich nichts zu gestehen hatte. Merkwürdigerweise stellten die Beamten nur solche Fragen, deren Antworten bereits schwarz auf weiß vor ihnen lagen, und die sie mir jedes Mal, nach einer Kunstpause, versteht sich, erneut vorlasen und von mir verlangten, sie zu wiederholen. Aber dazu war ich kräftemäßig nicht in der Lage. Geschwächt durch den Hungerstreik konnte ich mich kaum noch konzentrieren, mein Kurzzeitgedächtnis war auf wenige Sekunden geschrumpft, außerdem hatte ich Schwierigkeiten, die Worte verständlich zu artikulieren, meistens kam mir nur ein Gestammel und Gegurgel über die Lippen. Aber die Beamten ließen nicht locker. Ich staune noch heute über ihre Eselsgeduld. Doch einmal, mitten im Verhör, verlor der Kommissar die Contenance und schrie erbost: „Mensch reißen Sie sich zusammen!" Dann fingerte er nach dem Telefon und rief den Notarzt. Der war sofort zur Stelle, nahm Blutdruck und Puls und verpaßte mir eine Spritze, das bringe den Kreislauf in Schwung, meinte er. Weiter hielt er es für nötig, mich doktoral zu belehren, wie einfältig und verstockt ich doch sei. Ich hätte ja keine Ahnung, welche Mittel ihnen zur Verfügung stünden, mich wieder auf die Beine zu stellen und zum Reden zu bringen. Jedes Geständnis könnten sie aus mir quetschen, wenn sie nur wollten. Die Fastennummer könne ich mir ersparen, zumal hier noch keiner verhungert sei, jedenfalls nicht offiziell, schließlich gäbe es erprobte Mittel und Wege, dem Hungerkünstler hoch nutritive Öle und Pasten einzutrichtern, ich solle mir da bloß keine Illusionen machen, schließlich habe es noch keiner geschafft, den Löffel einfach wegzulegen, um sich so auf die leichte Tour vor der Verantwortung zu drücken.

Offensichtlich hatte der Notarzt Partei ergriffen, was ich zuerst überhaupt nicht verstehen konnte. Erst später wurde mir klar, daß sie alle an einem Strang ziehen, wenn es darum geht, einen Quertreiber zu vernichten. Meine Chancen davonzukommen standen schlecht, das sah ich endlich ein und gab meinen Widerstand auf.

Den schmalen Weg in die Finsternis begrenzen hohe Regale, die mit dicken Aktenbündeln und unzähligen Ordern vollgestopft sind. Die Regale neigen sich dem engen Durchgang zu. Die oberen Enden beider Seiten stoßen gegeneinander wie die spitzen Bögen der Seitenschiffe einer gotischen Kathedrale. Schwere Papierstöße hängen beidseits herab und drohen augenblicklich zu rutschen, was mein Grab bedeuten würde. Von Angst getrieben haste ich den immer schmaler werdenden Gang entlang. Aus den Regalfächern greifen gichtige Finger nach mir wie Krakenarme nach der Beute, bleiche Masken schauen tot auf mich herab. Ich stürze vorwärts in tiefe Dunkelheit und stehe unversehens in einem schwach erleuchteten Raum, wo graue Gestalten die Köpfe zusammenstecken. Aus ihrem Gemurmel vernehme ich wiederholt meinen Namen. Peinlich berührt schaue ich an mir hinab und sehe meine Nacktheit. Ich schäme mich. In der Absicht, meine Blöße zu bedecken, greife ich nach einem der umherfliegenden Kanzleibögen. Da schnellen schon die Köpfe herum zu mir, und es kommt Bewegung in die Gestalten. Sie formen wie auf Verabredung einen Ring um mich, den sie bedrohlich enger ziehen. Aus ihren Schößen sehe ich griffeldünne Penisse wachsen, lüstern grinsende Greise mit schlaffen Bäuchen und dürren Schenkeln, sie onanieren heftig. Aus mir platzt höhnisches Gelächter. Der Spuk verschwindet. Doch das Gelächter bleibt und artet schnell zu einem Lachkrampf aus, der kein Ende nehmen will. Schließlich bekomme ich Atemnot und drohe zu ersticken.

Dank meiner robusten Natur hatte ich mich bald erholt.

Einzelheiten des neuerlichen Verfahrens, das sich endlos lange hinzog, sind nicht der Rede wert. Nur soviel sei gesagt, bis dahin hatte ich alle Prozesse verloren. Jetzt ging es lediglich noch darum, den Grad und die Schwere meiner Gesamtschuld zu ermitteln, damit die Höhe des Streitwertes und folglich die Gerichtskosten und Anwaltshonorare angemessen berechnet werden konnten.

Der in dieser Phase tätig gewordene Richter war ein ziemlich aufgeblasener Mensch, der keinerlei Verständnis für die Motive meiner Delikte zeigte. Er beschimpfte mich als renitenten Quertreiber, der den rechten Umgang mit unserer großzügig bemessenen Freiheit nie gelernt habe. Den taktischen Rückzug ins Bett lastete er mir als besonders perfiden Gewaltstreich an, den er als geradezu sittenwidrig bezeichnete. Diese Tat sei erstens beispiellos und komme zweitens einer Verhöhnung aller strebsamen und pflichtbewußten Bürger gleich, vor allem. wenn ich mich als Einzelner erdreiste, durch gleichsam aufsässige Passivität aus der Reihe zu tanzen und dabei die bewährten Regeln der gegenseitigen Rücksichtnahme durch undiszipliniertes Verhalten in Frage stelle und dazu die Rechts- und Verwaltungsorgane unnötig belaste, ihnen gewissermaßen die Zeit raube, zumal sie sowieso nicht wüßten, wohin mit der Zeit, ähh, Arbeit natürlich, oder was haben Sie gedacht! Es sei doch wohl klar - er wollte das mit einem Wort umschreiben - jedenfalls müsse man solchen Elementen unmißverständlich zeigen, wo der Hase im Pfeffer liege und Schneewittchen mit dem bösen Wolf den Froschkönig suche, im übrigen....dem Richter wuchsen plötzlich Eselsohren und ein langer Rüssel, der ihn beim Sprechen hinderte, was ihn sehr zornig machte und mir, der ich gerade dabei war einzunicken, an seinem Ungemach die Schuld gab und drohte, mich auf der Stelle erschießen zu lassen, meine Rolle sei ohnedies so gut wie ausgespielt undsoweiter, etcetera pp.

Im weiteren Verlauf erörterten die Rechtsgelehrten eindringlich die Frage, woher man nun das Geld für die aufgelaufenen Anwaltskosten und Prozeßgebühren nehmen solle, da ja bei mir wirklich nichts mehr zu holen war. Mein Hab und Gut hatten sie bis auf einen kümmerlichen Rest gepfändet, und die Einschätzung meiner Lage gab kaum Hoffnung, daß ich durch redliche Arbeit jemals wieder zu Geld kommen würde.

Nach gründlicher Erwägung der außerordentlichen Umstände befand das Gericht im Namen des Volkes als rechtens, mir eine horrende Summe aufzubrummen, die ich selbst bei größtem Fleiß und dürftigster Lebensführung niemals hätte abtragen können. Mein Angebot, den Betrag in einer Einzelzelle abzusitzen, wurde als ungehörig gerügt und aus grundsätzlichen Erwägungen abgelehnt. Dagegen setzte man mir unter Strafandrohung Zahlungsfristen und Termine - dann entließ mich der Richter mit dem Rat, nach Hause zu gehen und vernünftig zu werden.

Mein neues Zuhause war freilich die Straße, doch die Straßen hatten damals durchweg neue Beläge. Es gab also keinen Grund zur Klage.

Ich trug noch immer meinen Lieblingspyjama, offen gestanden mein letztes Kleidungsstück. Die Daunendecke, weicher Schild in harten Zeiten, hatten sie mir unter den Arm geklemmt. Mein Äußeres erregte natürlich Aufsehen. Autofahrer hupten, winkten mir aufmunternd zu oder tippten mit dem Finger an die Stirn. Passanten blieben stehen, gafften mich ungläubig an oder schüttelten empört den Kopf. Ein unerzogener Bengel warf eine Tomate nach mir, die jedoch ihr Ziel verfehlte und einer dicken Frau auf der Brust zerspritzte. Sie schrie laut, ja fast hysterisch: „Haltet dieses Schwein!" und zeigte auf mich. Sofort war ich von aufgebrachten, schreienden und wild gestikulierenden Menschen umzingelt. „Der ist doch nicht ganz sauber!" hörte ich jemand rufen. Sie hätten mich gewiß zu Boden geworfen und zertrampelt, wären nicht vier derbe Fäuste dazwischen gefahren. Sie packten zu und warfen mich in den vergitterten Fond eines Polizeiautos. Da saß ich dann zusammengekauert, schluchzend, ein Häuflein Elend, den Kopf ins traute Federbett gesteckt.

Auf der Wache klärte sich der Irrtum schnell auf. Ein paar Anrufe beim benachbarten Amtsgericht gaben den Beamten hinreichend Aufschluß über meine Identität und die Wahrheit, daß ich weder Triebtäter noch Terrorist sei. Aber was sollten sie jetzt bloß mit mir machen? Einfach vor die Tür setzen ging ja nicht, dafür war es draußen zu kalt. In meinem leichten Nachtgewand hätte ich mir eine schwere Erkältung zugezogen oder sogar den Tod geholt, was gewiß keine gute Presse für unsere Freunde und Helfer gewesen wäre. Einer jungen Hauptwachtmeisterin kam der rettende Einfall. Sie schlug vor, die Kollegen mögen doch einfach ein paar abgelegte Klamotten besorgen, von zu Hause, bei Nachbarn oder sonstwo. „Damit packen wir den Penner warm ein, dann einen Euro in die Hand gedrückt und arrivederci das Problem." Der Vorschlag wurde mit Jubel begrüßt und nach wenigen Stunden völlig unbürokratisch in die Tat umgesetzt.

Die auffällig heiteren Beamten verabschiedeten mich mit den besten Wünschen für meine Karriere und schoben mich hinaus in den naßkalten Novembertag. Vorher steckte mir die kreative Polizistin noch einen Euro zu. „Aber keinen Schnaps, gell", sagte sie schelmisch.

Was mache ich jetzt, so rat- und mittellos? Wo schlafen? Was essen? Die Ernährung war sicher das größte Problem. Ich erwog alle erdenklichen Möglichkeiten, dachte ans Sozialamt, die Heilsarmee, Betteln, Arbeiten, und verwarf sie wieder. Letztlich gab es nur eine Lösung: ich mußte mir Nahrung beschaffen, wo und wie auch immer.

In einem Supermarkt glückte mir, eine Familienpackung Boullionwürfeln zu entwenden. Also begann mein Abstieg in die Kriminalität.

Am Rande der Stadt brach ich in eine abgelegene Gartenlaube ein und fand so ein Dach über dem Kopf sowie in einem Liegestuhl die heiß ersehnte Ruhe, derer ich nach all den Aufregungen und Strapazen dringend bedurfte.

Ich hatte vor, mich hier für die nächsten Jahre häuslich einrichten. Aber es kam anders. Bereits nach drei Tagen rebellierte mein Körper auf unangenehme Weise. In der Nacht erwachte ich an heftigem Harndrang. Im Garten wollte ich mich erleichtern, ging aber nicht. Ich drückte, zog und schüttelte, ohne Erfolg. Der Druck im Unterbauch nahm zu und wurde schmerzhaft. Verfluchte Prostata, dachte ich, unnützes Organ, du hast mir noch gefehlt. Der Schmerz wurde zur Hölle, er war kaum auszuhalten. Könnte ich mir mit einem Messer durch die Bauchdecke in die Harnblase stoßen? Oder mit einem Benzinschlauch ein Katheter setzen? Leider war beides nicht zur Hand. Ich brauchte dringend einen Arzt. Von Schmerz und Todesangst getrieben, suchte ich den schnellsten Weg in die Stadt. Unterwegs probierte ich es immer wieder, im Stehen, Sitzen, Gehen, Liegen. Nichts zu machen.

Irgendwann schwanden mir wohl die Sinne. Denn ich erinnere mich beim besten Willen nicht, wie ich in dieses Zimmer gekommen war. Nur das eine ist gewiß: hier brach der Damm, das Wasser floß in Strömen.

Offen gesagt, die Sache ist mir äußerst peinlich. Doch der Wahrheit zuliebe muß es gesagt werden, wohl auch deshalb, weil das Motiv meiner Tat durchaus falsch verstanden werden könnte. Was ja auch der Fall war. Bereits tags darauf berichtete der *Stadtanzeiger* über einen besonders üblen Bubenstreich, der in seiner abgeschmackten Frechheit kaum zu überbieten und zweifellos der rechtsradikalen Szene zuzuschreiben sei. Man vermutete einen Anschlag gegen den im bürgerlichen Lager hochgeschätzten Rechtsanwalt und Stadtrat Dr. Estrich, der sich erst kürzlich in der Ratsversammlung dafür stark gemacht hatte, daß Glatzenträger künftig nur mit Kopftuch das Rathaus betreten dürften.

Wie gesagt, ich verlor die Selbstkontrolle. In höchster Not, vor lauter Schmerz besinnungslos, getrieben von niederen Instinkten und dunklen Affekten, brach ich in die Räume der auf dem Wege liegenden Anwaltskanzlei ein und urinierte in den Papierkorb aus Elchleder. Schon mal dabei, folgte dem ein größeres Geschäft.

Nachdem ich von der Not befreit war und die Situation erfassen konnte, begriff ich voller Abscheu die Schwere meiner Tat. Angewidert, bestürzt und beschämt verließ ich den Tatort. Eines irritierte mich freilich sehr, bei aller Empörung dominierte ein Gefühl tiefster Befriedigung.

Im Grunde einverstanden mit mir und der Welt, verließ ich den Ort meiner Schande und suchte todmüde meine bescheidene Heimstatt auf. Nach dem Genuß eines Bouillonwürfel legte mich in den Liegestuhl und schlief sofort den Schlaf des Gerechten.

In einem weiß gefliesten Raum liege ich auf einer Bahre, umgeben von gesichtslosen Gestalten in schwarzen Roben. Ein Robenträger beugt sich über mich und fragt lächelnd, ob ich Schmerzen spüre. Aber warum sollte ich Schmerzen spüren, ich bin doch tot, ist meine Antwort. Interessiert schaue ich zu, wie sie mir die Brust öffnen und mein Herz herausschneiden. Einer reicht es dem andern zu, doch keiner sieht wirklich hin. Wozu auch, denn sie werfen mein Herz, jetzt in Gestalt eines zerfledderten Buches, kreuz und quer durch den Raum und lachen herzlich dabei. Welch ein lustiger Traum, höre ich jemand sagen. Die Gestalten verschwinden, der Raum wird dunkel. Aufstehen, nichts wie weg, raus aus der Finsternis, schießt es mir durch den Kopf, kann aber kein Glied rühren. Natürlich, völlig klar, ich bin tot!

Trauer fühlte ich freilich nicht, nur eine unsägliche Sehnsucht.

Mein Leiden wurde schlimmer. Die Anfälle kamen immer häufiger. Schließlich fand ich keine Ruhe mehr und machte mich fortan jede Nacht auf den Weg und suchte dringlich nach Papierkörben, Schreibtischen, Ledersesseln, Blumentöpfen, Schirmständern, Aktenschränken in Ämtern, Amtsgerichten und Anwaltskanzleien.

Die Presse hielt die Öffentlichkeit ausführlich, detailliert und reichlich bebildert auf dem Laufenden. Man sprach bereits vom 'Pinkelgeist' und 'Kackphantom'. Die Bürger wurden zur Wachsamkeit und Mithilfe aufgefordert. Für Hinweise, die zur Ergreifung des Täters führen, setzte man eine Belohnung in Höhe von tausend Euro aus. Meine 'Klientel' war aufs äußerste besorgt, sie befand sich in höchster Alarmbereitschaft. Vor Ämtern patrouillierten schwarze Sheriffs. In Kanzleien saßen Wachtmeister.

Notgedrungen mußte ich mir immer neue Tricks und Schliche einfallen lassen, um unbehelligt in die begehrten Örtlichkeiten zu gelangen.

Das Ende kam über Nacht. Ich wurde auf 'frischer Tat' gestellt, das heißt, ich war gerade dabei, in den Papierkorb des Oberstaatsanwalts zu kacken, als schwer bewaffnete, maskierte Polizisten durch Fenster und Türen brachen und mich auf den Boden zwangen. Heute noch spüre ich den Stiefel im Genick. Zu einem gerichtlichen Verfahren kam es nicht. Vermutlich genügte meine Vorgeschichte und ein psychiatrischen Gefälligkeitsgutachten, das eindeutig ergäben hätte, ich wäre extrem schizoid und litte unter paranoiden Wahnvorstellungen mit analer Fixierung. Zur Heilung und 'Resozialisierung' (hic) haben sie mich in dieses Sanatorium eingewiesen.

Mir geht es hier gut, lebe ziemlich sorgenfrei, und was mir wichtig ist, man läßt mich ausschlafen. Das Personal ist zwar streng aber verständnisvoll. Schwester Inge scheute sich zum Beispiel nicht, mir zu gestehen, daß sie mich sympathisch finde. Und ich hege da schon gewisse Pläne. Zur Klage habe ich also keinen Grund. Allein was mich stört, sind die anderen Patienten. Sie sind alle verrückt Ich gehe ihnen nach Möglichkeit aus dem Weg. Und wenn mir einer zu nahe kommt, schaue ich ihm gezielt ins Auge und breche so seinen Willen. Gewöhnlich bleibt er kurz stehen, kratzt sich verlegen an der Wange oder am Sack, macht dann kehrt und trollt sich.

Vergangene Woche fing ich an zu schreiben, oder besser gesagt, zu dichten. Ich habe da eine großartige Idee, die ich nun ungestört verwirklichen kann. Ich werde der ruhmvollen Geschichte unseres allseits gepriesenen Rechtssystems mit einem Versepos ein Denkmal setzen - die Freiheit dazu habe ich hier.

Honorar und Recht und Freiheit
Für den deutschen Juristenstand!
Laßt nach Gut und Macht ihn streben,
Preist den Herrn in seinem Land!
Den Advokaten sei die Freiheit,
Die des Bürgers Untergang.
Blüh im Glanze deines Glückes,
Blühe, deutsches Juristenland!

♣

Fakespeech

Zur Lüge sagt man Fake News heut,
das läßt sich trefflich fügen,
keiner weiß, was Fakenews meint,
so kann man ruhig weiter lügen.

Lüge ist ein klares Wort,
jeder weiß, was Lüge heißt,
vergeßt den Schmarren Fake News,
das ist verbaler Scheiß.

Bei Fakespeech ist das anders,
das Wort macht wirklich Sinn,
denn es trifft den Kern,
der in vielen Reden drin.

Wenn etwa der Pastor Gauck,
wortreich unsre Freiheit rühmt,
kann man ohne Zweifel sagen,
er hat Fakespeech wohl bemüht.

Oder nehmen wir den Schulz,
den Shootingstar der Es-Pe-De,
sein Fakespeech ist Gerechtigkeit,
das Geschwätz tut einfach weh.

Schlimmer noch Frau von der Layen,
Deutschlands Kriegsministerin,
sagt sie Frieden, meint sie Krieg,
sie ist im Fakespeech Künstlerin.

Ganz oben steht Frau Merkel
im Fakespeech ungeschlagen,
die Inhaltsdürre ihrer Reden,
ist kaum noch zu ertragen

Nun gibt es tausende Experten,
deren Fakespeech hoch dotiert,
beauftragt, den Wähler zu bewegen,
dass er für's Establishment votiert.

Ob im Radio oder Fernsehn,
egal in welchem Sender,
Fakespeech hörst du pausenlos
im Rundfunk deutscher Länder.

Fakespeech in den Printjournalen
wissen dumme Leser wohl zu schätzen,
denn keiner will die Wahrheit wissen,
sie ergötzen sich am Schwätzen.

Für Fakespeech an den Unis
gibt's so gut wie keine Barriere,
denn für manche Quotenprofessur
macht Fakespeech erst die Karriere.

Und bei den Gender Studies
ist Fakespeech unumgänglich,
denn ohne diese Quintessenz
ist Genderismus gar nicht möglich.

Fakespeech, Fakespeech allerorten,
selbst Küchenmeister sind dabei,
kochst du deren Kochrezepte,
ist das Ergebnis Brei.

Fakespeech geht mir auf den Geist,
muss ihm heute noch entfliehn.
Auf eine menschenleere Insel,
dahin, ja dahin möcht ich ziehn!

♣

Widele Wedele

An Bettlern kommst du in dieser Stadt nicht vorbei. Sie kauern, knien, sitzen, liegen oder stehen an Stellen, wo du kaum ausweichen kannst. Es sei denn, du machst kehrt und gehst einen anderen Weg. Aber auch da erwartet dich ein Almosenspecht. Vielleicht steht dort Pinocchio, Bajazzo, Wallenstein, Mozart, oder gar die Madame de Pompadour, stundenlang, unbewegt, wie ausgestopft. Kratzt du auch da die Kurve, stößt du gleich auf einen Fiedler, der beschwingt den Donauwalzer geigt. Geschwind schlägst du einen Haken und stolperst schier über einen triefäugigen Hund, der so dringend Futter braucht wie sein Herrchen Schnaps. Du entschuldigst dich, läßt in den Futternapf ein paar Cent fallen und rennst weiter. Vielleicht direkt in einen Rollstuhl hinein, in dem ein beinloses Landminenopfer (aus deutscher Produktion) sitzt und stumm fordernd nach Almosen heischt. Weil dich der Anblick rührt, weil es dir peinlich ist vorbeizugehen, kramst du einen Euro aus der Tasche und kaufst dich frei.

Jetzt frage ich dich als Mensch: Wie lange hältst du diesen Jammer aus?

Offen gesagt, ich habe da so meine Schwierigkeit, denn die armen Schlucker tun mir wirklich Leid. Andererseits bewundere ich sie wieder. Oder kannst du dir vorstellen, den ganzen Arbeitstag irgendwo auf einem Lappen zu knien, freundlich die miesepetrigen Passanten zu grüßen, demütig zu lächeln und vor die Brust einen Yoghurtbecher zu halten, der ewig leer bleibt? Dabei nehmen diese Menschen ihre Arbeit ernst und haben vielleicht so etwas wie Berufsethos. Das sollten wir nie vergessen.

Manchmal jogge ich morgens durch die Stadt und sehe fast jedes Mal (auch an Sonn- und Feiertagen), wie eine transsilvanische Bettlerbrigade pünktlich um achtuhrdreißig ihren Arbeitsplatz bezieht. Zu dieser frühen Morgenstunde sind die Läden noch geschlossen, kaum ein Mensch ist unterwegs. Trotzdem nehmen sie die beruflich zweckmäßige Haltung ein und warten geduldig auf Kundschaft. Also perfekte Arbeitsmoral, da kannst du dir was abschneiden.

Oder nehmen wir den Wallenstein. Der steht stundenlang an ein und derselben Stelle, dazu noch auf einem Sockel, bei knalliger Sonne, bei eisiger Kälte, völlig bewegungslos, starr und weiß wie eine Leiche. Die rechte Hand am Degen, die linke auf der Brust, das Kinn nach vorn gereckt, den astrologisch fernen Glanz im Auge. Ja, er blinzelt nicht einmal! Nichts kann ihn erschüttern. Unglaublich, wie der das schafft.

Die Pompadour dagegen schien weniger steif. Kommst Du ihr nahe, dann wedelt sie mit der Hand, weißt du, so vor der Stirn, plemplem. Sie macht das wie ein Automat, der von einem Federmotor betrieben wird. Zuerst wollte ich wissen, ob ihr im Rücken ein Aufziehschlüssel steckt; dann stellte ich mich vor sie hin, schaute ihr tief in die Augen, zwinkerte vielsagend, lächelte maliziös, leckte mir die Lippen, machte Grimassen - sie verzog keine Miene. Darauf wollte ich den Motor schnurren hören und legte mein Ohr an ihre Brust. Nichts, keine Regung. Schließlich flüsterte ich ihr ein paar Anzüglichkeiten ins Ohr, fragte nach einem Date für einen Fick. Hut ab, sie bewahrte Contenance. Nein, die Kuh spuckte mir ins Gesicht und tat dann so, als sei nichts gewesen. Als Gentleman blieb ich cool, keine Frage, sagte „du Sau" und kehrte ihr den Rücken.

Jetzt mal unter uns. Du weißt genau, ich bin ein toleranter Mensch. Meine Devise lautet: leben und leben lassen. Wenigstens solange keiner meine Kreise stört. Du fragst, warum die Almosenspechte überhaupt ein Thema für mich sind? Wo die doch keiner Laus was zu Leide tun? Völlig richtig. Nur solltest du bedenken, es geht hier um grundhumane Dinge wie Empathie, Mitgefühl, Moral und so. Das läßt nur die abgebrühtesten Hunde kalt. Zu denen ich wohl nicht gehöre. Oder?

Früher war natürlich alles anders, darüber sind wir uns einig. Die Leute hatten Arbeit und lungerten nicht untätig in der Gegend herum. Fußgängerzonen kannte man nicht. Arme Schweine gab es reichlich. Denke nur an die Raucher, die in Biergärten Zigarettenkippen aus den

Aschenbechern klaubten. Da war echte Not am Mann. Aber Bettler, die irgendwo auf den Knien herum rutschten? Oder doch, ich erinnere mich. Der stand aber, und zwar beim Einsteineck, seinen Hut auf der Erde, um den Hals ein Pappschild: *Bitte um milde Gabe.* Für uns Jungs war der Bazi eine Witzfigur. Mit Kieseln, Murmeln und Kronkorken spielten wir Zielwerfen auf seinen Hut. Bis der Kerl die Sachen zurückwarf und uns Schläge androhte. Aber die Zeiten haben sich geändert, wem sagst du das. Heute krieg ich es kaum fertig, unberührt an einem almosenbedürftigen Mitbürger vorbeizugehen, kann ihm schlichtweg nicht ins Gesicht schauen und seinen Grüße erwidern, ohne ernsthaft in innere Konflikte zu geraten. Die Sache ist mir jedesmal furchtbar peinlich, schreckliche Schuldgefühle plagen mich. Manchmal möchte ich am liebsten im Boden versinken. Verstehst du das? Warum ich nicht einfach etwas spende? Na hör mal, die Frage ist nicht witzig. Ich bin doch keine Bank!

Das Problem mit den Bettlern ging mir nicht aus dem Kopf. Ständig dachte ich darüber nach und suchte eine Lösung, mit der ich leben kann. Natürlich setzen sich auch andere Leute damit auseinander, und bestimmt gibt es den einen oder anderen, der den Königsweg gefunden hat. Habe schon bei Google unter dem Stichwort *Bettler* nachgeguckt, und tatsächlich, da gibt es 1.660.000 Einträge. Dafür brauchst du zwei Leben, um die alle durchzugehen, vergiß es.

Selbst ist der Mann, sagte ich mir und stellte so meine Beobachtungen an. Dabei ist mir aufgefallen, daß sich die meisten Leute nach gewissen Mustern verhalten, die freilich eines gemeinsam haben: stoßen sie auf Bettler, sind sie fast alle mehr oder weniger peinlich berührt. Eine Ausnahme sind die echten Strategen, die spenden den Peinlichkeitsfaktor auf der Stelle nieder, konsequent und gelassen, die werfen einfach was in den Becher, selbst wenn es nur zwei Centimos sind. Die Sache ist hoch interessant, vor allem wenn man solche Beobachtungen in ein Schema bringt. Genau das habe ich gemacht und daraus eine *Typologie der Almosenverweigerer* entwickelt. Jetzt paß auf.

Oder warte, vorher muß noch etwas Wichtiges geklärt werden. Wie du vielleicht gehört hast, gibt es in unserer Gesellschaft Experten, die sich voll auf Sprachkosmetik verstehen. Die Sitzen als Berater auf allen Ebenen, in der Regierung, den Behörden, den Konzernen, in den Kirchen, Vereinen. Was sie machen? Nun, ich erklär dir das an einem Beispiel. Früher hat man den Berufsanfänger *Lehrling* genannt. Jedem war völlig klar, daß der wenigstens im ersten Lehrjahr für Biernachschub und eine besenreine Werkstatt zuständig ist. Zusätzlich diente er den Gesellen als seelischer Fußabtreter. Heute dagegen hat man dem Grünschnabel den entsetzlichen Namen *Azubi* verpaßt und ihm den Floh gesetzlicher Ansprüche ins Ohr gesetzt. Trotzdem muß er weiterhin die alten Sachen machen. Was hat sich geändert? Im Prinzip nichts, nur daß der Werkstattprinz heute fortwährend unzufrieden ist, weil er ständig seine Ansprüche einfordern muß. Obendrein macht ihn das noch unbeliebt, verstehst du. Bildlich gesprochen kleistert der Sprachkosmetiker ausgediente oder lästige Begriffe mit Wortschminke zu, und plötzlich kommen die Begriffe in einem völlig neuen Outfit daher. Weißt du, was früher eine alte Schachtel war, ist heute eine Seniorin, obwohl sie nach wie vor eine alte Schachtel ist. Man drückt sich heute einfach sensibler aus und stößt die Menschen nicht mit knallharten Ausdrücken vor den Kopf. Genau so haben die das mit dem *Bettler* hingedreht.

Denn *Bettler* sagt heute kein Mensch mehr. Was? Okay, gemeint sind natürlich die Dumpfbacken, die sowieso nichts dazu lernen. *Bettler* heißen heute schlicht und ergreifend *Almosenempfänger,* verstehst du. In Amtschinesisch manchmal auch *Spendenzielperson* oder auf Professorendeutsch einfach *Rezipient,* auf lateinisch *homo rezipientis* und in gehobener Vulgärsprache *Bettelprekariat,* was auf gut Deutsch soviel heißt wie *Bettelpack.* Aber warum erzähle ich dir das alles. Machen wir es kurz. Unter uns Gesangsbrüdern sagen wir einfach *Bettler,* dann wissen wir, was gemeint ist. Alles paletti?

Wo war ich stehn geblieben. Ach so, bei meiner *Typologie der Almosenverweiger,* kurz AV. Bist du bereit? Also paß auf.

An erster Stelle steht der *Wichtigtuer.* Ein besonders unangenehmer Typ, der vorzugsweise von Wesen männlichen Geschlechts verkörpert wird. Er gebärdet sich ungeheuer wichtig und hat es immer eilig. Genau vor dem Bettler bleibt er stehen, zieht eine Agenda, ein Vokabelheft oder einen Zettel nebst Kugelschreiber aus der Tasche. Tut so, als würde er kurz überlegen, macht eine flüchtige Notiz und eilt geschäftig weiter. Außer Sichtweite entspannt sich seine Miene zu einem selbstgefälligen Grinsen. Dann raucht er eine Zigarette. Anschließend verschwindet er in der Öffentlichen, der Sparkasse, oder er nimmt seinen Job als Ladenschwengel auf.

Die *Vergeßliche* wird gerne von älteren Frauen mit Handtasche gespielt. Etwa fünf Meter vor dem Bettler hält die AV*in inne, öffnet die Handtasche, schaut suchend hinein, während die Wühlhand im Sammelsurium herumrührt. Dann schlägt sie die Hand vor die Stirn, spricht eine Selbstverwünschung, klappt die Handtasche zu und macht kehrt.

Am häufigsten trifft man den *Weggucker*. Ihn findet man in etwa gleichem Verhältnis bei Personen beiderlei Geschlecht. Das liegt vermutlich daran, weil dieser Typus keinerlei schauspielerischer Fähigkeiten bedarf. Er repräsentiert sozusagen den Normalfall, bei dem man weder üppige Phantasie noch intellektuelle Regsamkeit erwarten kann.

Etwas höhere Ansprüche stellt *der Ignorant*. Hier geht es wirklich darum, dem Bettler nicht das geringste Gefühl zu vermitteln, daß man ihn überhaupt wahrgenommen hat. Er muß spüren, wie bedeutungslos er ist, also weniger als Luft. Mit anderen Worten: Null, Nichts. Wenn das der Bettler wirklich spürt, dann hat *der Ignorant* seine Rolle perfekt gespielt.

Ob nun der Typus *des Zerstreuten* einer höheren Verstellungskunst bedarf, ist schwer zu sagen. Jedenfalls muß es ihm gelingen, ähnlich wie dem Ignoranten, den Bettler glauben zu machen, er sei möglicherweise nicht wahrgenommen worden. Das ist hoch interessant, denn du siehst hier mustergültig das nuanciert höhere sittliche wie auch humane Niveau eines Almosenverweigerers, der dem *Nichts* ein klares *Vielleicht* entgegensetzt und so dem Bettler eine höhere existentielle Wahrscheinlichkeit zubilligt. Verstehst du? Oder ist dir die Sache zu komplex? Trotzdem, höre dir noch den letzten Typus an, dann ist Zigarettenpause.

Diesen AV nenne ich einfach *Täuscher*. Dafür sind freilich die wenigsten geboren. Denn es gehört schon eine Menge Unverfrorenheit dazu, dem Bettler einen Fünfzigeuroschein vor die Nase zu halten, mit der Frage, ob er vielleicht wechseln und neunundvierzig Euro zurückgeben könne. Was der *Täuscher* treibt, ist zynisch und in hohem Grade verwerflich, er macht dem Bettler gleichsam den Mund wässerig und läßt ihn dann trocken schlucken. Das muß schon mal gesagt werden. Oder bist du anderer Ansicht?

Es gibt noch einen Typus, für den mir freilich keine passende Bezeichnung eingefallen ist. Ich suche noch danach. Dieser AV zeichnet sich durch übersteigertes Mitgefühl und wenig Verstellungsvermögen aus. Kurz gesagt, ein Mensch, der es einfach nicht schafft, ohne Spende am Bettler vorbeizugehen. Der lieber Umwege in Kauf nimmt, als Gefahr zu laufen, dem Bettler in die flehenden Augen zu schauen. Du kannst dir nicht vorstellen, was ein solcher Mensch durchmachen muß. Stell dir vor, der geht so dahin und sieht den Bettler von weitem. Dann überlegt er, ob er heute vielleicht den *Weggucker* oder *Ignoranten* spielen soll. Aber er ist nicht imstande, sich zu entscheiden, kehrt um und geht einen anderen Weg. Kommt es aber dumm, sitzt dort bereits der nächste Almosenspecht. Einmal bin ich tatsächlich durch die halbe Stadt geirrt, ob du das glaubst oder nicht, allein um mir die Peinlichkeit zu ersparen, den freundlichen Gruß der armen Schweine almosenlos zu erwidern.

Kompliment, du hast gut aufgepaßt, zu diesem Typus gehöre nämlich ich. Der ist mir wie auf den Leib geschneidert. Das gebe ich ohne weiters zu.

Okay, ich könnte dem Bettler 5 Cent in den Hut fallen lassen, keine Frage. Aber du darfst eines nicht vergessen, auch mir hängt finanziell betrachtet die Zunge aus dem Hals. Glaube mir, Harz IV läßt wenig Spielraum. Eigentlich bin ich selber Almosenempfänger. Allerdings mit dem kleinen Unterschied, daß mir die Almosen regelmäßig aufs Girokonto überwiesen werden. Ja, ich fühle mich wirklich privilegiert, überhaupt keine Frage, mit sozialer Hängematte, Ansprüchen, Wohnung und alles. Trotzdem pfeift am Monatsende ein kalter Wind durch die Kasse. Und das Leben ist teuer. Weißt du, ich stecke in einem Dilemma und komme da nicht raus. Einerseits möchte ich die Almosenspechte unterstützen, schon wegen des inneren Friedens, andererseits kann ich ihnen beim besten Willen nicht helfen, das läßt mein Budget nicht zu.

Du kannst dir nicht vorstellen, wie mich die Sache beschäftigt, wie ich krampfhaft nach einer Lösung suche, um mich endlich wieder frei, ohne peinliche Begegnungen, in der Stadt bewegen zu können.

Unlängst, vor etwa zwei, drei Wochen - du warst weg auf Montage - machte ich ein Experiment. Zu meiner Schande ging es voll daneben. Hör zu. Die Geschichte begann damit, daß ich vor lauter Bettlern, Pennern, Krüppeln, Statuen und anderen Wegelagerern mal wieder kreuz und quer durch die Stadt irrte. Hinterher fühlte ich mich als Feigling und moralischer Versager und war schrecklich deprimiert. In der Nacht machte ich kein Auge zu. Dafür reifte ein Plan und der Entschluß, endlich Nägel mit Köpfen zu machen. Am Vormittag wechselte ich meinen vorletzten Euro in zwanzig Fünf-Cent Münzen.

Du kannst dir dein Grinsen ersparen, ich wollte mich nicht mit kleiner Münze sozusagen freikaufen oder um die Gunst des Bettelvolkes buhlen. Meine Absicht war lediglich, eine Methode auszuprobieren, die mir ermöglicht, erhobenen Hauptes, mit offenem Blick und ohne Gewissensbisse, den Gruß der Bettler zu erwidern und ihnen obendrein einen heiteren Tag zu wünschen.

Übung macht den Meister, dachte ich, und daß noch kein Meister vom Himmel gefallen ist, steht außer Zweifel. Du mußt auch in dieser Materie klein beginnen und durch konzequentes Üben deine Peinlichkeitsschwelle nach unten schrauben.

Mit zwanzig Fünf-Cent Münzen in der Tasche zog ich also los, mit dem festen Entschluß, jeden Bettler ohne Rücksicht auf Ansehen, Hautfarbe, Kaste, Nationalität, Geschlecht, Stand, Kleidung und so, in gleichem Maße gerecht zu bedienen. Für den fraglichen Tag hatte ich mit zirka siebzehn Spendenaktionen gerechnet. Keinesfalls wollte ich knausrig wirken. Doch schon ergab sich ein Problem. Die Quadratur des Kreises ist nichts dagegen, zumal ich die zwanzig Kupfergroschen nach freiem Ermessen verteilen wollte. Aber du weißt ja, Herausforderungen haben mich schon immer gereizt.

Was brachte der Tag? Paß auf. Ich war gespannt, aber im großen und ganzen ziemlich locker drauf. Meiner ersten Kundin, einer total abgebrannten Alten, die in hinfälliger Pose auf der Erde kauerte, warf ich gleich vier Münzen in den Becher, daß es nur so pratzelte. Ihre Begeisterung schien eher verhalten. Prüfend warf sie einen Blick hinein und lächelte gequält.

Den nächsten Kunden, einen Sandler mit Vollbart und rassereinem Schäferhund, bedachte ich sogar mit ganzen fünf mal fünf Cent, ein Viertel meiner Spendenkasse. Das ist doch klar, weil so ein Hund frißt viel. Weißt du was der Penner sagte? „Hams heit de Spendierhosen an. Herr Graf, des freit me." Also wieder keinen Dank, nur blanke Ironie. Nächstens kriegt der einen Knochen hingeworfen, sonst nichts. Aber hallo!

Dem Zirkusfritzen mit seinem halb verhungerten Lama steckte ich aus reinem Mitleid mit der Kreatur zwei Fünfer in die Sammelbüchse. Der Clown wackelte mit dem Kopf und blies eine quäkende Luftschlange auf, die sofort wieder einrollte. Dem hättest du auch Hosenknöpfe in die Büchse stopfen können, der hätte auch dafür seine Faxen gemacht. Der alte Depp.

Bei der Pompadour saß mir der Schalk im Nacken. Für sie hatte ich mir etwas Besonderes ausgedacht. Mit großer Geste legte ich ihr ein geblümtes Kondom in die Schrumpeltasche. Sie errötete unter ihrer Schminke, hundertprozentig. Ansonsten keine Reaktion. Der Motor war wohl abgelaufen. Ordinär sagst du? Was soll das nun wieder. Die Dame hatte mich gedemütigt! Die konnte von Glück reden, daß sie so glimpflich davongekommen ist. Du kennst mich doch.

Nach Adam Riese waren jetzt noch neun Groschen übrig. Das reichte nicht einmal für eine Tasse Kaffee bei Tchibo, und die hatte ich dringend nötig. Was machst du in einer solchen Situation? Na? Betteln natürlich, das liegt doch nahe! Und schon wieder ein Problem. Meine Hilfsbedürftigkeit nahm mir nämlich keiner ab. Das lag an meiner Garderobe, ohne Zweifel. Denn eines mußt du wissen, Harzer hin oder her, auf meine äußere Erscheinung lasse ich nichts kommen. Immer top, immer gepflegt. Das bin ich mir selber schuldig. Zum Beispiel mein Hut, ein echter Borsalino, bei ebay zu einem wahnsinns Preis ersteigert. Ein Superschnäppchen, nur zehn Euro! Neu kostet der gut das Zwanzigfache. Sicher, er sah etwas mitgenommen aus. Aber er machte was her. Und darauf kommt es an. Verstehst du, so was nennt man Stil!

Und du glaubst es nicht, kaum kniete ich am Boden, meinen Borsalino vor mir, schon flatterte ein fünf Euro Scheinchen hinein. Die älteren Dame, von hinten sah sie aus wie Zwanzig, entzog sich meinem Dank. Vielleicht dachte sie an ihren verlorenen Sohn, wer weiß. Jedenfalls war es ein voller Erfolg. Die Tasse Kaffee hatte ich mir redlich verdient. Danach gönnte ich mir eine Currywurst.

Schon mal beim *Würstlsepp*, kaufte ich für den Rest des Geldes eine üppig belegte Wurstsemmel. Die legte ich feierlich vor die Füße eines verwahrlosten jungen Mannes, der den Leuten ein Stück Pappe vor die Nase hielt, auf dem *Hunger* stand. Der Schnösel dankte nicht einmal, sondern schnauzte mich an: »Was soll der Scheiß, ich bin Vegetarier, he!« Ohne zu zögern nahm ich ihm die Semmel wieder weg. Du kannst dir nicht vorstellen, wie blöd der Bengel aus der Wäsche glotzte.

Ein paar Meter weiter, unter dem Torbogen, kniete ein balkanischer Profibettler. Völlig ausgemergelt, geflickte Hosen, Klumpfuß, Mundgeruch und alles. Dem drückte ich das belegte Brötchen in die Hand, klopfte ihm aufmunternd auf die knochige Schulter und sagte gönnerhaft: »Endlich mal was zwischen die Kiemen, wa Alter", und ging weiter. Ich schaute zurück - und du glaubst es nicht - er steckte die Semmel mit Schinken, Käse und Salatblatt in den städtischen Mülleimer.

Nach derart unerfreulichen Erfahrungen ist mir das eine klar geworden: die Sache mit den Almosen muß völlig anders aufgezogen werden.

Die rettende Idee kam mir zwei Wochen später nach der Lektüre des Buches *Bettler sind auch Menschen* von Horst Hunger. In seinem spannend geschriebenen Buch arbeitet Hunger auf 675 Seiten überzeugend heraus, daß Bettler nicht nur mir und dir als Menschen gleichgestellt sind, sondern ebenso wie ich und du denken, fühlen, empfinden und sogar leiden. In jedem von uns steckt ein Bettler, sagt Hunger, nur komme es im Einzelfall darauf an, ob dieser Keim auf fruchtbaren Boden fällt, beziehungsweise, wie stark Familie, Milieu, Gesellschaft, Schule, Lehrer usw. dazu beitragen, diese Anlage zu nähren und zu entfalten. Natürlich seien frühkindliche Erlebnisse, wie überhaupt die gesamte Biographie eines Menschen, wesentliche Faktoren, die ihn am Ende mehr oder weniger zum Betteln prädestinieren beziehungsweise disponieren, oder so. Verstehst du. Nicht? Dann will ich es dir an einem Beispiel erklären.

Nehmen wir einmal an, dein Urgroßvater ernährte seine Familie als Postbote. Dann schossen sie ihm in der Schlacht bei Sedan ein Bein weg. Als er wieder nach Hause kam, kriegte er keinen Job, er war sozusagen berufsuntauglich. Den Staat juckte das überhaupt nicht, der hatte genug mit sich selber zu tun. Was blieb deinem Uropa übrig? Richtig, er mußte betteln gehen, was denn sonst. Die Arbeit war zeitraubend und anstrengend, dennoch gelang es ihm, elf Kinder auf Kiel zu legen und groß zu ziehen. Zehn Mädchen und einen einzigen Sohn. Und der war dein Großvater. Die Einnahmen als Bettler reichten natürlich nicht aus, die Familie zu ernähren. Die Uroma konnte nichts dazu verdienen, weil sie ewig schwanger war! Ja, ich weiß, bitte unterbreche mich nicht ständig. Also mußten die Kinder ran, besonders der Sohn als hoffnungsvoller Stammhalter. Weil aus Geldmangel keine andere Berufsausbildung möglich war, trat der Sohn, dein Opa, in die Fußstapfen seines Vaters, also deines Uropas, und wurde ebenfalls Bettler. So ging der Beruf fließend vom Vater auf den Sohn über. Dein Großvater wurde Bettler. Der hat deinen Vater zum Bettler ausgebildet, dein Vater dich, du deinen Sohn, dein Sohn deinen Enkel undsoweiter. Das nennt man Familientradition. Ob ich dich verarschen will? Mensch, jetzt sei doch nicht gleich beleidigt, das ist doch nur ein Beispiel! Hat mit dir überhaupt nichts zu tun!

Entschuldige, bin etwas abgeschweift. Was wollte ich sagen? Ach so, die rettende Idee.

Hunger meint, man sollte dem Bettler keine besondere Bedeutung zumessen, sondern ihn genau so behandeln wie die anderen Leute. Merkst du was? Der Hunger schreibt nämlich einen richtigen Schmarren zusammen. Gesetzt den Fall, du würdest den Bettler wie die anderen Leute behandeln, wäre der Bettler innerhalb kürzester Zeit verhungert. Oder hast du jemals beliebigen Leuten Almosen spendiert? Daß du ihnen ab und zu die Fresse polierst, kann ich verstehen. Aber Almosen?

Genau anders herum wird ein Schuh daraus. Du mußt die Bettler besser behandeln als die anderen Leute, und zwar viel besser. Allein schon deshalb, weil die armen Schweine von den Leuten abhängig sind. Ich hatte mir folgendes ausgedacht: wenigsten sollten die Almosenspechte den Tag erfreulicher beginnen als die meisten Normalos, das heißt, die Bettler kriegen ein perfektes Kontinentalfrühstück mit Kaffee, Brötchen, Marmelade, Käse und alles. Ob ich spinne? Langsam, bin noch nicht fertig. Natürlich konnte ich das Projekt nicht alleine auf die Bühne bringen, ich brauchte Helfer. Und glaube mir, das war nicht leicht, welche zu finden. Aber schließlich hatte ich ein Team beieinander. Drei ältere, gut situierte Witwen mit Helfer-Syndrom, eine kinderlose Hausfrau, die endlich was sinnvolles tun wollte, zwei Mädchen aus der Oberprima (sie fanden die Sache geil), Dr. Brunner, Physiker, mit gelegentlichen Wohltätigkeits-Anwandlungen, seit Jahren auf Harz IV. Dazu dessen spät gezeugter Sohn Max, 20 Jahre alt, mittelschweres Downsyndrom.

Die Aufgaben waren klugerweise den Möglichkeiten und Fähigkeiten der Mitarbeiter angemessen verteilt. Die Witwen erklärten sich für das Finanzielle zuständig, Dr. Brunner verwaltete die Kasse, ich machte die Organisation, die Hausfrau und die Unterprimanerinnen regelten das Praktische. Max wurde für die groben Arbeiten eingesetzt. Sozusagen ein perfektes Team. Wo Not am Mann, packten natürlich alle zu. Außer Max, der hatte so seine eigenen Vorstellungen.

Eigentlich schade, daß du weg warst. Dich hätten wir gut brauchen können, als Kundschafter zum Beispiel, der morgens herausfindet, wo unsere Zielpersonen jeweils Stellung bezogen haben.

Unsere Ausrüstung bestand aus fünf Klapptabletts aus Hartplastik, passende Sets mit Blumenmuster, Brotkörbchen, Milch- und Kaffeekännchen, Eierbecher, Einmalbesteck, Papierservietten und für jedes Tablett eine kleine Vase für Blumen der Saison. Unsere Hausfrau, sie hieß Erika, gelang es, ihrem Ehemann seinen *Opel Viagra* abspenstig zu machen, mit dem das ganze Zeug angeliefert wurde. Die Witwen kochten zusammen mit den Schicksen Kaffee und Frühstückseier. Sie spendeten übrigens auch die selbstgemachte Marmelade. Max bekam von seinem Vater Geld und einen Zettel in die Hand gedrückt. Er mußte die Brötchen besorgen. Der Bäckerei hatten wir vorher Bescheid gesagt.

Wie gesagt, die Organisation lag in meiner Hand. Und im Nachhinein darf ich in aller Bescheidenheit sagen: logistisch einwandfrei.

Jetzt fragst du natürlich, wie wir die Sache in Angriff nahmen. Also paß auf. Dr. Brunner, er litt wohl unter seniler Bettflucht, bezeichnete sich selbst als »chronischen Frühaufsteher«. Er mußte dann auch das Terrain erkunden und herausfinden, wo die Almosenspechte Position bezogen hatten. Dabei darfst du nicht vergessen, daß wir manchmal bis zu neun oder zehn Bettler zu betreuen hatten. Wir mußten zwei Schichten fahren. Aber das taten wir gerne und war im Grunde kein Problem. Wir warteten einfach, bis die ersten fünf ihr Frühstück beendet hatten, räumten ab und versorgten dann die Andern.

Vor allem die transsilvanischen Berufsbettler wollten zunächst nicht begreifen, was da vor sich ging. Sie guckten wie bedeppert auf ihren hübsch gedeckten Frühstückstisch und wagten nicht, etwas von den leckeren Sachen zu nehmen. Allein der Sandler kannte keine Hemmungen, er wollte sogar Nachschlag haben. Ja, er beschwerte sich, weil wir seinen Hund vergessen hatten. Außerdem sei er gewohnt, zum Abschluß jeder Mahlzeit, auch nach dem Frühstück, wenigstens einen Schnaps oder ein, zwei Bier zu trinken. Das Versäumnis mit dem Hund wurde umgehend wett gemacht. Für die Bierversorgung fühlten wir uns nicht zuständig, außerdem hätte das unseren Etat gesprengt. Wallenstein blieb ungerührt. Mit steinerner Miene ignorierte er den liebevoll arrangierten Frühstückstisch. Eigentlich eine Unverschämtheit. Oder er war tatsächlich ausgestopft. Jedenfalls wurde er von der Liste gestrichen; wir hatten auch unseren Stolz. Die Pompadour reagierte überraschend freundlich. Spontan trat sie aus ihrer Starre, bedankte sich überschwenglich, schob ihren Tüllkram zur Seite und genoß die gute Gabe. Nebenbei warf sie mir ein sehr gewinnendes Lächeln zu. Ich fühlte mich echt geschmeichelt.

Du fragst, wie die Passanten reagierten. Gemischt, würde ich sagen. Zuerst war die Sache eine Sensation, die sich in der Stadt auf wundersame Weise verbreitete. Wer bereits auf den Beinen war, ging zuerst mal gucken. Dadurch wurden die Bettler regelrecht eingekreist und standen urplötzlich im Mittelpunkt der Aufmerksamkeit. Zig Augenpaare gafften sie an, als seien sie Wunderwesen. Das verschlug den Bettlern nicht nur den Appetit, sondern sie fühlten sich so unwohl, daß sie augenblicklich das Weite suchten. Nicht so unser Sandler. Der blühte richtig auf, ließ seinen Hund pausenlos Männchen machen, scherzte mit den Leuten und schnorrte sie um Geld und Zigaretten an.

Daß Wallenstein so eisern blieb, fanden die Leute respektlos. Ein Spaßvogel schenkte Kaffee ein und hielt ihm die dampfende Tasse unter die Nase. Keine Bewegung. Dann schüttete er ihm den Kaffee über die Hose. Als Antwort bekam der Witzbold einen Tritt in die Eier, der sich gewaschen hatte. Als Dreingabe haute ihm der nun quicklebendige Wallenschein seinen Degen auf den Rücken, titulierte ihn „Arschloch", nahm sein Podestchen, durchbrach stolz die Reihen der Gaffer und machte sich davon.

Die Pompadour reiste an diesem Tag ebenfalls ab. Bevor sie ging, winkte sie mich zu sich und fragte, ob dieser Frühstückszauber meine Idee gewesen sei. Schon in der Fragestellung witterte ich herbe Kritik. In der Absicht mich zu rechtfertigen, holte ich tief Luft. Mit einem knallharten „Scheißidee", ließ sie mich erst gar nicht zu Wort kommen. Sie wandte mir den Rücken zu und segelte ab in Richtung Busbahnhof.

Beim Zirkusclown gab es ein Mißverständnis. Der hielt dem Serviceteam die Spendenbüchse hin, blies in seine Tröte und nickte wie ein Automat. Er merkte überhaupt nicht, daß ihm das Lama alles wegfraß. Und zwar Semmel, Butter, Marmelade mit einem Zungenrollgriff, die frisch gepflückte Margerite als Nachtisch hinterher. An Kaffee und Milch zeigte es kein Interesse. Auch hier hatten die Passanten ihren Spaß, einige applaudierten sogar.

Ja ich weiß, das hättest du mir gleich sagen können, du Schlaumeier. Sicher, hinterher weiß man alles besser und macht das nächste mal dennoch dieselben Fehler. Genau das wollten wir vermeiden. Nach dem Desaster setzten wir uns zur Manöverkritik zusammen. Nach einer mehrstündigen, teilweise heftigen Diskussion, einigten wir uns schließlich darauf, die Sache künftig diskreter, mit weniger Aufsehen, gleichsam in geheimer Mission oder aus dem Untergrund durchzuführen. Die Passanten sollten nach Möglichkeit nichts von unsere Kampagne mitbekommen. Unsere Problemkinder, der Wallenstein und die Pompadour, hatten sich ja Gott sei Dank verabschiedet. Sie standen viel zu sehr im Rampenlicht, Diskretion praktisch unmöglich. Außerdem hatten wir nun mehr Zeit für die übrigen Almosenspechte. Wir konnten uns jetzt umsichtiger, unauffälliger, sorgfältiger um den Einzelnen kümmern. Logisch, oder?

Am Morgen nach dem Desaster schien die Stadt wie leer gefegt, ich meine von Bettlern. Erst gegen Mittag tauchten welche auf. Freilich nicht die von der Transsylvanerfraktion, sondern einfach Tippelbrüder mit und ohne Hund. Sie kamen einzeln und in Haufen und belagerten die Stadt wie Schmeißfliegen. Sie nahmen auch kein Blatt vor den Mund und verlangten dreist ihr Frühstück. Aber bitte mit Bier, Parmaschinken und allem! Erst den Überredungskünsten und Drohgesten der Polzei gelang es, sie aus der Stadt hinaus zu komplimentieren. Nach etwa einer Woche kehrte wieder Alltag ein. Die Transsylvaner knieten wie gewohnt an ihren Plätzen. Zwei neue Sandler, einer mit Hund, versuchten auch ihr Glück. Unser Zirkusclown mit seinem abgezehrten Lama stand wieder an der alten Ecke. Leider hatten sich zwei neue Statuenmenschen eingestellt, diesmal ein Bajazzo und ein weiblicher Harlekin.

Du sagst es, wir mußten unser Konzept überarbeiten. Das auch deshalb, weil zwei der drei Witwen abgesprungen waren, was logischerweise unserem Budget gar nicht gut tat. Als erstes galt es, die Ausgaben rigoros zu senken. Kaffee, Milch, Plastikbecher, Blume und der ganze Firlefanz wurden gestrichen. Wir einigten uns auf eine Frühstücksbox, gefüllt mit ernährungsphysiologisch hochwertigen Nahrungsmitteln. Wir wollten uns keinesfalls nachsagen lassen, daß wir die Hungerleider schlecht ernähren würden. Was denkst du.

Mit was wir die Boxen füllten? Paß auf. Mit einer Vollkornsemmel, Biowurst, Käse je nach Marktlage, Vitalmargarine, Vollwertyoghurt, einem hart gekochten Ei aus Bodenhaltung, einem Klacks Faßbutter sowie einem Vogelschiß selbstgemachter Marmelade. Zum Schmieren ein Plastikmesser. Also alles komplett. Was die Boxen angeht, hatten unsere Schicksen eine geniale Idee. Zusammen mit der Hausfrau besorgten sie gebrauchte Eierbehälter aus Pappe, klopften die Eierformen platt, fertig war die Box. Sie sahen zwar nicht schön aus, erwiesen sich aber als zweckmäßig und waren vor allem kostengünstig.

Klar, die Lebensmittel kosten normal einen Haufen Geld, deshalb klapperten wir ja die Supermärkte nach Artikeln ab, die das Verfallsdatum überschritten hatten. Die sind wesentlich billiger. Da kam es uns auch nicht darauf an, ob das Zeug Bioware war oder nicht, Hauptsache billig, und den Bettlern schadet das eh nichts. Die haben Mägen mit Hornhaut, was glaubst du. Die Witwe hatte übrigens ein Techtelmechtel mit einem Bäckermeister, der schenkte uns die Brötchen und andere Brotreste vom Vortag. Da zahlte sich das Bummsverhältnis wenigstens aus, und das zu einem guten Zweck. Aber hallo.

Diesmal wollten wir die Sache etwas vorsichtiger angehen. Das heißt, wir starteten zuerst mal ein Pilotprojekt. Dafür schien uns der Mongo bestens geeignet, weil er wie kein anderer unvoreingenommen auf die Menschen zuging. Er bekam eine Stofftasche mit zwei Boxen in die Hand gedrückt, die er einem ausgesuchten Transsylvaner und der Harlekina geben sollte. Wir anderen postierten uns unauffällig in der Nähe, damit wir den Ablauf der Übergabe sowie die Reaktion der Versuchspersonen genau beobachten konnten.

Den Gruß des Transsylvaners erwiderte Max zwar ein wenig steif, aber nicht unhöflich. Dann baute er sich vor dem knienden Bettler auf, holte aus der Tasche eine Box und hielt sie ihm mit den Worten „nimm das" vor die Nase. Der nickte nur und grinste verlegen, was Max als Aufforderung verstand, die Box vor ihn auf den Boden zu legen. Max blieb im Fersensitz vor dem Bettler sitzen, schaute ihn aufmerksam an, als wollte er nun genau wissen, was der Bettler mit der Box macht. Die Beiden saßen sich eine Weile gegenüber, bis der Bettler die Box nahm und hinter sich schob. Das gefiel Max überhaupt nicht. Er sagte zum Bettler mit ernster Miene und sehr bestimmt: »Jetzt frühstücken, sofort!« Der Bettler holte die Box hervor und begann zaghaft von den leckeren Sachen zu kosten. Max war auch damit nicht einverstanden. Er guckte den Frühstücksmuffel finster wie ein Hunne an und sagte: »Alles aufessen, sonst knallts!« Der Bettler gehorchte und würgte tatsächlich alles runter. Jetzt hellte sich Maxens Miene auf, er klopfte dem Klappergestell anerkennend auf den Rükken, daß es nur so staubte. Anschließend packte er die leere Box in seine Tasche. Dann entdeckte er seinen Vater, der sich eben verdrükken wollte, ging freudestrahlend auf ihn zu und sagte: »Alles weggeputzt.« Und der Bettler? Als ich mich umdrehte, sah ich gerade noch, wie er hinter dem Torbogen verschwand. Das war dem alles zu viel, völlig klar. Daß die Sache wieder aus dem Ruder zu laufen drohte, konnte ja keiner voraussehen, oder?

Aber so schnell gaben wir nicht auf. Dr. Brunner nahm seinen Sohn nochmal ins Gebet, dann schickten wir Max zur Harlekina. Die Dame verhielt sich überhaupt nicht wie ein Stockfisch, sondern wirkte quicklebendig, was unseren Max etwas irritierte. Als er auf die Spaßmacherin zutrat und ihr die Frühstücksbox hinhielt, wackelte sie zustimmend mit ihrer Schellenkappe und zog ein paar lustige Grimassen. Im ersten Schreck zog Max die Box wieder zurück. Darauf schüttelte die Harlekina ihr schellenbesetztes Haupt und zog die Mundwinkel nach unten wie Frau Merkel. Schob Max die Box wieder vor, sagten Schellen, Gesicht, Augen, Mund: „Ja, ich will". Zog er sie zurück: Angela Merkel. So ging das eine Weile hin und her, Max konnte nicht genug kriegen. Schließlich erinnerte er sich wieder an seinen Auftrag, wurde bierernst und sagte zur Harlekina: „Frühstück, jetzt essen." Darauf schnitt sie eine dermaßen komische Grimasse, daß Max die Backen schwollen, laut losprustete und einen Lachanfall bekam, die Box fallen ließ und sich feixend mit beiden Händen auf die Oberschenkel klopfte. Max wollte nicht aufhören. Das Lachen wurde zum Lachkrampf und veränderte damit die Tonlage, es hörte sich jetzt an wie das Gemecker eines Ziegenbocks. Das zog natürlich Neugierige an und im Nu waren die Beiden von Gaffern umringt. Dann trat Dr. Brunner in Aktion. Er packte Max an den Schultern, redete beruhigend auf ihn ein, brüllte ihn schließlich an: »Jetzt reicht's, du Trottel!« Nichts zu machen. Schließlich sah auch Max ein, daß die Nummer ausgereizt war. Er hörte auf zu lachen, schaute keuchend in die Zuschauerrunde, und kehrte der Harlekina, die wie gelähmt dastand, den Rücken. In dem Augenblick nahm der Doktor seinen sabbernden Sohn an die Hand und zog ihn von der Harlekina weg. Die übrigens sofort das von Gafferfüßen zertretene Frühstück zusammenkratzte, in eine Plastiktüte steckte, die sie in den nächsten Papierkorb warf. Dann bezog sie wieder ihren Posten. Das Publikum zerstreute sich.

Was? Warum wir den Mongo überhaupt vorgeschickt hatten? Das habe ich dir doch erklärt. Der ist einfach direkter, weniger kompliziert als wir. Aber auch unberechenbar, zugegeben. Genau das hatten wir vergessen. Doch davon abgesehen, waren wir uns sicher, den rechten Weg gefunden zu haben. Damit alles wieder ins Lot kommt, ließen wir den Tag verstreichen. Am nächsten Morgen nahmen wir die Sache generalstabsmäßig in Angriff. Jetzt paß auf.

Mit einem Stadtplan bewaffnet brach Dr.Brunner Punkt neunuhrdreißig auf, machte eine Runde durch die Stadt und erkundete die Positionen der Almosenspechte, die er im Plan exakt markierte. An diesem Tag hatten wir elf Standorte zu versorgen, und zwar fünf Transilvaner, den Bajazzo, die Harlekina, den Zirkusclown mit Lama, zwei Penner mit und ohne Hund sowie einen Junkie. Wer nun in welcher Planzone operieren mußte, würfelten wir nach einem Schlüssel aus, den Dr. Brunner extra für uns ausgetüftelt hatte. Das Spiel dauerte über eine Stunde. Am Ende wußte aber jeder, was ihn erwartete. Dr. Brunner gewann die Planquadrate K-L, 6-7, wo heute niemand zu versorgen war. Er konnte nach Hause gehen und seinem Max das Märchen 'Sterntaler' vorlesen. Mich traf Planquadrat C-D, 4-5 mit immerhin vier Stationen, also Zirkusclown, Penner mit Hund, Bajazzo, ein Transilvaner. Wieviel wir waren? Genau, das wollte ich noch sagen. Also Dr. Brunner, die zwei Schicksen, die Hausfrau, unsere Witwe Bolde und ich. Max hatte Stubenarrest. Natürlich war die Verteilung ungerecht und völlig blödsinnig. Aber gegen die überspannte Argumentation Dr. Brunners kamen wir einfach nicht an, und zerstreiten wollten wir uns ja auch nicht. Also fügten wir uns und machten den Blödsinn einfach mit.

Inzwischen stand die Uhr auf zehn vor viertel nach Elf, also auf fünf nach Elf. Wir schwärmten aus, jeder seinem Ziel entgegen. Das Wetter war hinreichend gut, der Himmel bewölkt, ab und zu guckte die Sonne durch, Windstärke 1 bis 2 aus wechselnden Richtungen. Gefühlte Temperatur so um die 19 Grad, Luftfeuchtigkeit erträglich. Passantenfrequenz mittelmäßig. Ein ganz normaler Wochentag.

Meine erste Station, der Zirkusclown. Die Sache war schnell erledigt. Das Lama riß mir die Box regelrecht aus der Hand und fraß sie komplett in sich rein. Ich höre jetzt noch das Knacken des Yoghurtbechers. Aus reiner Verlegenheit steckte ich dem Clown zehn Cent in die Sammelbüchse, und das aus eigener Tasche. Verstehst du das? Ich jedenfalls nicht. Aber aufgepaßt.

Ich ging dann weiter zum Transilvaner, der diesmal eine Frau war. Wie üblich kniete sie auf dem Boden, hielt den Plastikbecher vor sich hin, grüßte freundlich und lächelte steinerweichend. Die Uhr stand jetzt auf halb Zwölf. Höflich grüßte ich zurück, fragte nach dem Empfinden und legte der Dame feierlich die aufgeklappte Frühstücksbox vor die Knie. Im selben Augenblick fiel ein Schatten über ihr Gesicht, dann lächelte sie wieder und sagte: »Dank auch, Dank auch, später essen. Aber hast du nicht Euro für Kinder, Essen, Mann krank.« Natürlich gab ich ihr fünf Cent, was sollte ich denn machen. Die Frühstücksbox klappte sie zusammen und schob sie hinter sich. Unzufrieden mit mir und der ganzen Situation ging ich zur nächsten Station, dem Bajazzo. Aber da kam ich aus dem Staunen nicht heraus. Kaum hatte ich die Box in der Hand, stieg der Kerl vom Podest, baute sich vor mir auf und sagte: »Versuch mich bloß nicht zu verscheißern. Wenn du zu geizig bist, mir ein paar Euro rüberzuschieben, kannst du dir den Eierkarton mit seinem ganzen Scheiß in den Arsch stecken. Verstehst du. Und jetzt verpiß dich.« Das war harter Tobak, den ich nicht so schnell verdaute. Das kannst du dir denken. Warum ich dem Mistkerl nicht eine gefunkt habe? Na hör mal, der war mindestens einen Kopf größer als ich. Bin doch kein Selbstmörder. Jedenfalls steckte ich die Box wieder ein und suchte ziemlich entmutigt den Penner auf.

Der empfing mich in einer geradezu seligen Stimmung. Neben ihm schlief zusammengerollt der Hund; in seinem Napf befand sich reichlich Trockenfutter. ›Denen geht's doch gut‹, sagte ich mir, ›der wird aus dem Programm gestrichen.‹

»Na meen Jung, was gibt es heute Gutes?« Er packte die Box aus, wiegte bedenklich den Kopf und sagte: »Na ja, Wotan wird das schon fressen, der ist nicht wählerisch. Aber unter uns gesagt«, er winkte mich nahe zu sich und brummelte mir ins Ohr, »ein Bierchen oder zwei, vielleicht sogar ein Schnäpschen wär ja auch nicht schlecht.«

Zugegeben, der muffig riechende Alte mit seiner Fuselfahne war mir nicht unsympathisch. Ich beneidete ihn sogar, wie er klaglos, ja unbeschwert sein Schicksal zu ertragen verstand. Als er mich noch zu einem Schwätzchen einlud, sagte ich kurz entschlossen: »Moment, komm gleich wieder«. Ging um die Ecke und kaufte bei Schlecker eine Flasche Doppelkorn und ein paar Plastikbecher. Dann setzte ich mich zwischen Herr und Hund und schenkte uns zuerst mal einen ordentlichen Schluck ein. Paul, so hieß der Wanderbursche, meinte, das sei heute wie Weihnachten und ich der Weihnachtsmann. »Heute kommt der Weihnachtsmann, kommt mit seinen Gaben«, krähte er, entgleiste prompt in ein anderes Lied: »Amsel, Drossel, Fink und Meise, und die ganze Vogelscheiße«. Es dauerte nicht lange, und die Flasche Doppelkorn war leer. Jetzt mußt du wissen, daß zu unserer kleinen Party noch der Junkie stieß, der auch den Alkohol zu schätzen wußte. Und du glaubst es nicht, wenig später tauchte unsere Schickse Katy auf, die ja den Junkie versorgen sollte. Sie schien überglücklich, ihn in unserem trauten Kreis zu finden, und war dann auch einem Schnäpschen durchaus zugeneigt. Aber in so einer Flasche ist viel zu wenig drin, da gab es ein Problem. Wir kratzten alles zusammen, und siehe da, das Geld reichte zu einer weiteren Bouteille. Der Junkie ging sie holen. Als er zurückkam, begrüßten wir ihn stürmisch mit unserer Erkennungshymne. Wie das Kaninchen aus dem Hut, zauberte der Junkie, er hieß Martin, aus seiner Schmuddeltasche eine zweite Flasche, die er triumphierend hochhielt. Offenbar hatte er die geklaut. Du kannst dir leicht vorstellen, daß die zwei Flaschen auch nicht lange reichten, zumal sich inzwischen die Schickse Gabi, die Hausfrau und last but not least unsere Witwe Bolde zu uns gesellt hatten. Gabi veni, vidi und erkannte sofort die Mangellage. Sie verhandelte kurz mit Witwe Bolde, die ihr nach einigem Zögern doch ein Scheinchen zusteckte, das postwendend zu dem umgemünzt wurde, was unsere Stimmung verlangte: zwei weitere Flaschen Doppelkorn. Viele Male erscholl unsere Melodei. Wotan hatte seinen Schlaf unterbrochen, er stand jetzt neben seinem Liegekissen, hing die Zunge raus, hechelte, sabberte und zitterte wie Espenlaub. Ja, du glaubst es nicht, da stellte sich noch die Harlekina ein, und huptiwup zauberte sie aus ihrer Pumphose eine Flasche goldgelben Grappa - und wieder erklang die grause Melodei. Du kannst dir überhaupt nicht vorstellen, welches Ausmaß das Gelage annahm. Das gesamte Dauerfreizeitprekariat der Stadt gab sich bei uns ein Stelldichein. Jeder brachte ein, zwei Flaschen mit, Bier, Wein, Sekt, Wodka und alles. Gebechert wurde bis zum Umfallen. Eigentlich waren alle unterwegs, die sich auf irgendeine Weise dem Produktionsprozeß fernzuhalten verstanden oder sich zwangsweise dem entziehen mußten. Also Frührenter, Arbeitslose, Harzvierer, ewige Studenten, Hausmänner, Alleinerziehende, Halb-, Dreiviertel-, Fulltimeinvaliden, Penner, Gammler, Fixer, Säufer, Asylanten, Veganer, Stadtstreicher, Schulschwänzer und andere Tagediebe. Aber hochinteressant, von der Transsylvanergang war nicht eine nase dabei.

Mit einem Wort, die Fußgängerzone war bevölkert wie beim Papstbesuch. Mit dem kleinen Unterschied, da wird weniger gebechert und schöner gesungen - und die Polizei ist auch nicht so streng.

Natürlich war unsere feucht-fröhliche Farnientedemonstration nicht angemeldet, wie denn auch. Die zwei Typen vom Ordnungsamt ließ man erst gar nicht zu Wort kommen, sie wurden gleich ausgebuht. Zu spät verschafften sich knüppelbewehrte Cops Zugang zum Zentrum des Geschehens, das schon lange seinen Höhepunkt überschritten hatte. Sie stießen nur noch auf Schnapsleichen oder krakeelende, johlende, lallende, schwankende, torkelnde und zugleich kotzende Gestalten, die versuchten, sich davon zu machen. Zur Ehrenrettung meines Teams muß ich sagen, Hut ab, keiner hat sich übermäßig daneben benommen. Jedenfalls kam mir nichts Gegenteiliges zu Ohren. Zwar wollte Gabi einen Strip hinlegen, aber sie ließ es dann bleiben, weil die passende Musik fehlte. Ehrlich gesagt, an vieles konnte ich mich gar nicht erinnern, irgendwann war mir wohl der Film gerissen. Auf jeden Fall wachte ich am nächsten Morgen in meinem Bett auf. Mit einem Brummschädel, das kannst du dir nicht vorstellen. Und dann kam das Tollste, paß auf. Quasi auf allen Vieren kroch ich zum Bad, da stand plötzlich ein Gespenst vor mir. Eine alte Frau mit wirrem Haar, sie hatte meinen Morgenmantel an. Ich rappelte mich hoch, kniff mich in die Nase, um mich zu vergewissern, ob ich nicht träumte. Doch die mit rauchiger Stimme ausgestoßene Frage nach einer Tasse Kaffee riß mich in die Wirklichkeit: Witwe Bolde! Sofort schossen hundert heikle Fragen durch mein wundes Gehirn: Wie kam sie wohl in dieses Haus, in meine Wohnung, in mein Zimmer? War sie auch in meinem Bett? Etwa mit mir zusammen? Haben wir...? Ich durfte gar nicht daran denken. In der Küche schlürften wir wortlos literweise Kaffee in uns rein. Dann verschwand sie ins Bad und machte sich frisch. Zum Abschied sagte sie: »Vergiß es. Man sieht sich. Tschüs.« Ob wir...? Natürlich in jeder Position, ich war ja super drauf. Du Idiot.

Was ich dann im lokalen Käseblatt las, war wenig erheiternd und schon gar nicht motivierend. Obdachlose und einschlägig bekannte Stadtstreicher hätten harmlose Jugendliche sowie zuwendungsbedürftige Bürger zum Konsum alkoholhaltiger Getränke verführt. Was in der Folge zu erheblichen Ausschreitungen geführt habe. Woher die Sozialhilfeempfänger plötzlich das Geld hatten, würde man noch überprüfen. Jedenfalls sehe man sich mit einem Beispiel konfontiert, das deutlich zeige, wie verantwortungslose... bla-bla-bla. Kein Wort über unser selbstloses soziales Engagement. Da kann einem wirklich die Lust vergehen. Und ehrlich gesagt, das bleibt jetzt unter uns, ich hatte nach diesem Desaster einfach die Schnauze gestrichen voll.

Am Nachmittag kam Dr. Brunner vorbei. Ich war überrascht, welch konzilianten Ton er anschlug. So was könne ja passieren, wir seien irgendwie alle Menschen, mit Schwächen und so, obgleich naja, bei allem hätten wir einen Schutzengel gehabt, der seinen Fittich..., wie auch immer, damit sei unser humanitäres Projekt noch lange nicht gestorben, im Gegenteil, er habe da ganz neue Ideen, wir sollten nur etwas Gras über die Sache wachsen lassen etc. Mir rauchte der Kopf, und ich bat Dr. Brunner, er möge alles schriftlich ausarbeiten und jedem vom Team eine Kopie zukommen lassen, dann würden wir schon weiter sehen. Ob ich ihn auf den Arm nehmen wolle, fragte er, worauf ich ihm gestand, daß ich dazu weder Lust verspüre noch Kraft hätte. Überhaupt sei jetzt die Audienz beendet, ich würde mich morgen melden.

Es dauerte eine volle Woche, bis ich wieder Kontakt zu meinem Team hergestellt hatte. Wir wollten uns bei Dr. Brunner treffen. Witwe Bolde ließ sich wegen irgendwelcher Unpäßlichkeiten entschuldigen. Kati hatte kurz vorher Dr. Brunner angerufen, sie und Gabi müßten für Klassenarbeiten lernen, außerdem hätten sie auf diese komische Art der Bettlerbetreuung keinen Bock mehr. Und der Hausfrau habe ihr Gatte wohl den Autoschlüssel weggenommen, weil sie im alkoholisierten Zustand das Garagentor gerammt hätte. Dr. Brunner machte mir zunächst mal heftige Vorhaltungen. Ich hätte völlig versagt, nicht nur in der Sache, sondern auch als Akademiker, der in unserer Gesellschaft eine gewisse Vorbildfunktion habe und insofern eine sozialethische Verantwortung trage. Er würde sich selber große Vorwürfe machen, weil er an dem Tag nach Hause gegangen sei und uns nicht wenigstens im Auge behalten habe. Denn das eine könne er mir versichern, dann wäre so eine Schweinerei nicht passiert. Aber nun hätten wir den Salat. Jetzt müsse ich eben zusehen, wie ich die Sache wieder ins Lot brächte. Er würde sich jedenfalls zurückziehen und stünde für diesen Unfug nicht mehr zur Verfügung. Ja, er habe gleich gewußt, daß dieses ganze Bettlermitleidsgetue zu einem unrühmlichen Ende führen mußte. Für solche Projekte brauche man Profis und keine Dilettanten. Nachdem er genügend Dampf abgelassen hatte, wurde er sachlicher und hielt mir einen langen Vortrag über die Imponderabilien sozialer Fehlentwicklungen und die Ohnmacht der Regierungen. Es gäbe eben Dinge zwischen Himmel und Erde... Ich denke, es bringt wenig, wenn ich dir alles bis ins Kleinste referieren würde, oder? Dr. Brunner redete sich praktisch wie ein Politiker aus der Verantwortung, während Max pausenlos mit dem Kopf nickte und gebetsmühlenartig »ja genau, ja genau, ja genau« sagte.

Du könntest jetzt meinen, ich hätte mich mit Dr. Brunner überworfen. In gewisser Hinsicht hast du recht, aber so möchte ich mich nicht ausdrücken. Sagen wir besser so, wir haben unsere Beziehung bis auf Weiteres auf Eis gelegt.

Du mußt dir das eine merken, vor allem bei humanitären Projekten ist es keineswegs leicht, Menschen zu finden, die den Anforderungen entsprechend tolerant und großmütig sind und nicht gleich bei den kleinsten Mißerfolgen, bildlich gesprochen, das Portemonnaie mit dem Schweißbrenner versiegeln. Es lohnt sich nicht, das Problem weiter zu vertiefen; ich habe meine Erfahrung gemacht und werde mich künftig nur noch auf mich selber verlassen. Es sei denn, du willst dich mir anschließen. Keine Zeit? Genau hier liegt der Hase im Pfeffer. Wärst du wirklich humanitär eingestellt, wäre dir die Sache schon ein paar Urlaubstage wert. Aber so weit bist du anscheinend noch nicht.

Wie auch immer, jedenfalls ließ ich mich durch kleine Fehlschläge nicht entmutigen und war nun fest entschlossen, den Lazarus in eigener Regie zu spielen und die caritative Maßnahme alleine durchzufechten. Mein Budget setzte mir natürlich enge Grenzen, deshalb mußte ich die ganze Bettlerhilfe auf ein Minimum zusammenstreichen. Für mich kamen jetzt nur noch jene Almosenempfänger in Frage, die wirklich Hilfe nötig hatten und diese auch verdienten. Das waren zweifellos die schwer arbeitenden und überaus disziplinierten transilvanischen Berufsbettler.

Zigeuner, Zigeuner. In welcher Zeit lebst du eigentlich. Zigeuner sagt heutzutage kein Mensch mehr, die heißen heute Sinti & Roma. Das ist etwas so wie bei den Migranten, die man früher Ausländer nannte. Du erinnerst dich vielleicht an das Beispiel vom Lehrling und Azubi. Na also, dann weißt du, was ich meine. Sprache verändert sich genauso wie wir Menschen, so wie du und ich, und so wie wir uns verändern, verändert sich auch Sprache und umgedreht. So einfach ist das.

Also mir persönlich ist es völlig wurscht, ob da ein Sinti oder Roma bettelt, ein Moldavier, Besaraber, Inder oder Pakistaner, ich kann die Typen sowieso nicht unterscheiden. Außerdem sehen die immer noch genauso aus, wie früher die Zigeuner. Um nicht in irgendein Fettnäpfchen zu treten, sage ich einfach Transilvaner. Verstehst du? Wir beide wissen Bescheid, wer gemeint ist, und das genügt. Okay?

Mein Aktionsfeld war jetzt ziemlich übersichtlich und die Klientel zahlenmäßig erträglich. Ich kannte die Arbeitszeit der Transilvaner sowie die Örtlichkeiten, wo sie gewöhnlich knieten. Diesmal machte ich keinen Plan, sondern tat einfach so, als wollte ich den Hungerleidern spontan helfen. Natürlich ihren Hunger zu stillen, was denn sonst. Mich hatte die Erfahrung gelehrt, was man für einen sicheren Erfolg tun und was man lassen muß. Ich war einfach schlauer geworden. Verstehst Du. Die Bettler haben absolut keine Lust, planmäßig versorgt zu werden. Das verstößt wohl gegen ihre Berufsehre. Nein, sie brauchen die Gewißheit, daß alleine Mitleid im Zusammenspiel mit der Peinlichkeit, sie zu ignorieren, den Spendenimpuls auslöst. Natürlich sehen sie die Zusammenhänge weit weniger kompliziert, vielleicht so: im Yoghurtbecher muß es scheppern!

Eine Wurstsemmel scheppert nicht, klar doch, das war nur bildlich gesprochen, um die Sache auf den Punkt zu bringen. Zugegeben, hin und wieder müssen Münzen scheppern. Die brauchen selbstverständlich auch Bargeld für Dosenfutter, damit ihre Bälger nicht verhungern, keine Frage. Doch wie gesagt, das Ressort Bargeld überließ ich den besser Betuchten. Oder den Omas, die angesichts der Trauergestalten vor Mitleid fast zerfließen, mit zitternder Hand einen Euro aus ihrer Geldbörse fischen, die Münze neben den Becher fallen lassen und sich hinterher noch entschuldigten.

Meine Aufgabe hatte ich nach allem, was geschehen ist, klar umrissen. Ich beschränkte mich jetzt auf direkte Hungerhilfe. Was, wie? Du meinst die Penner, den Lamabändiger und...na, die Wallensteins, Pompadours, Harlekinas und so. Richtig, da gab es eine Einschränkung. Für die Pennerhunde besorgte ich Schlachtabfälle, und das Lama bekam Restgemüse aus der Biotonne von REWE. Die Penner? Schaun mer mal. Jedenfalls kriegten die Statuenmenschen nullkommanichts. Die sollten meinetwegen stehen, bis ihnen die Krampfadern platzen. Sind doch selber schuld, warum haben die Knalltüten nichts anständiges gelernt? Langsam, langsam, bin ja schon dabei. Weißt du, irgenwie habe ich das Gefühl, du hältst mich für leicht bekloppt. Läßt mich reden und reden, stehst mit offenem Mund vor mir, kratzt dich ab und zu am Sack, glotzt mich mit großen Augen an und stellst zwischendurch dämliche Fragen.

- Okay, hab's ja nicht so gemeint. Das war in den letzten Tagen einfach zuviel. Meine Nerven, verstehst du. Ich fühle mich abgebrannt und ausgepowert. Die Mediziner sagen dazu *Burnout*, eine weit verbreitetes Leiden der Leistungsträger.

Sei jetzt etwas duldsam und hör mir noch fünf Minuten zu, dann bist du erlöst. Denn was jetzt kommt, ist hochinteressant. Also wie gesagt, nachmittags und spät abends fuhr ich die Ernte ein. Vom Bäckermeister, der, mit dem die Witwe - du weißt Bescheid - der unterstützte mich weiterhin mit altem Backwerk, das ihm sowieso keiner mehr abgekauft hätte. Von der 'Tafel' holte ich abends Margarine, Wurst- und Käsereste sowie die übrig gebliebenen Yoghurts und Quarkspeisen ab.

Nachts durchwühlte ich die Biotonnen vom Supermarkt nach Gemüse, Obst und Salaten. Vor Schlachtabfällen konnte ich mich kaum retten. Josi, du kennst doch Josi, der murkst im städtischen Schlachthof die Schweine am Fließband ab, genau der stellte mir jeden Tag eine Plastiktüte mit Schlachtabfällen vor die Tür. Lunge, Milz, Knochen und so Zeug. Einfach widerlich, aber die Pennerhunde waren ganz wild darauf. Du kannst dir gar nicht vorstellen, welche Berge sich da in meiner kleinen Küche häuften. Dabei brauchte ich für meine täglichen Runden nur einen Teil davon. Den Rest mußte ich in der Biotonne, und wenn die voll war, in den Papierkörben im Park entsorgen. Das war eine scheiß Arbeit, du glaubst es nicht. Aber was man für seine Mitmenschen nicht so alles tut. Ich kannte mich selber nicht mehr.

Im Laufe des Vormittags zog ich dann los mit zwei gefüllten Einkaufstaschen. Zuerst versorgte ich die Transsylvaner mit belegten Brötchen, Yoghurts und Quarkspeisen. Deren Reaktion war eher verhalten. Am dritten Tag fingen die Typen sogar an zu zicken, das glaubst du nicht. Sie lehnten meine Spende rundweg ab. Einer sagte sogar in gebrochenem Deutsch: „Essen du dich selber. Nix Brot, Euro geben." Okay, das hat mich natürlich hart getroffen, aber keinesfalls entmutigt. Du mußt nämlich wissen, in der Bettlerhilfe darf die Toleranzschwelle nicht zu niedrig sein, sonst wirfst du gleich den Bettel hin. Ich machte dem Bettler mit einfachen Worten klar, daß er die Semmel und die Quarkspeise schon wegen seiner Gesundheit zu sich nehmen müsse. Außerdem hätte ich keinen Euro übrig, weil ich selber Bettler sei. Was ich hier mache, sei rein humanitär und in gewisser Hinsicht sogar eine Solidaritätserklärung. Der Transylvaner nickte verständnisvoll und sagte etwas zu laut und mit einem gewissen Groll in der Stimme: »Euro, nix Brot!«

»Genau«, sagte ich, »geht in Ordnung, sowieso«, klopfte ihm anerkennend auf die Schulter und schob ihm nachdrücklich die liebevoll belegte Käsesemmel und den Becher Quarkspeise hin. Was er damit machte, war mir in dem Moment egal. Ich hatte meine moralische Pflicht erfüllt und damit basta.

Meine caritative Hartnäckigkeit muß sich in Windeseile herumgesprochen haben. Schon beim nächsten Transylvaner, nein, es war eine Frau, also Transilvanerin, hatte ich keine Chance. Die Frau sah mich kommen und riß aus, als hätte ich ihr einen unanständigen Antrag gemacht. Genau den Verdacht hatte wohl eine etwa fünfzigjährige Passantin. Ich hörte noch ihre Worte: »Männer sind doch alles Schweine.« Ein Pensionär, ganz in Beige gekleidet und mit Prinz-Heinrich-Mütze, zückte sogar sein Notizbuch und machte einen Eintrag.

Am nächsten Tag hatten sich die Transilvaner offenbar zu einer gemeinsamen Strategie verabredet. Sie ignorierten mich mit einer geradezu stoischen Sturheit. Meine Gaben schoben sie einfach hinter oder neben sich und legten eine Plastiktüte darüber. Gutgläubig wie ich eben bin, signalisierte ich ihnen meine Zufriedenheit, konnte ich doch davon ausgehen, daß sie die Sachen mit in ihren Wohnwagen nahmen und sie mit Weib und Kind in gewohntem Ambiente verzehrten.

Und jetzt wird's interessant. Paß auf. Am dritten Tag kam es zu einem Zwischenfall. Ein Transilvaner, der mich vorher immer höflich gegrüßt hatte, schaute mich diesmal ziemlich finster an. Die mit Wurstresten belegte Butterstulle und den Yoghurtmix warf er mir nach der Übergabe quasi vor die Füße. Da platzte mir der Kragen, das kannst du dir vorstellen. Ich schmiß Stulle und Yoghurt in seine Bettlermütze, worauf der blöde Yoghurtbecher aufsprang und eine riesen Sauerei anrichtete. Der Bettler sprang auf und stürzte laut schimpfend davon. Sofort war ich umringt von empörte Leuten. Sie beschimpften mich auf übelste Weise: »Rassist, Nazischwein, Ausländerhasser, Migrantenklatscher!« Als besonders abscheulich, gar zynisch fanden einige, daß ich den armen Schlucker mit Lebensmittel beworfen hätte. Ein Nichtsnutz mit Rastalocken, Bockmist in den Haaren und schlechten Zähnen krächzte: »Killt die Nazisau!« Worauf ihm ein stiernackiger Glatzkopf, der zufällig in seiner Nähe stand, eine Maulschelle verpaßte, die dem unappetitlichen Streuner die Reststimme verschlug. Dieser Nebenschauplatz zog zu meinem Glück alle Aufmerksamkeit an sich, worauf mich keiner hinderte, schleunigst das Feld zu räumen. Ich kam freilich nicht weit. Zwei Polizisten stellten mich, und ab ging's zur Wache.

»So, so, also Harz IV«, sagte beim Verhör ein Beamter, als hätte er plötzlich eine höhere Eingebung gehabt. Die Tasche mit den Broten, Milchspeisen, Knochen und zwei Köpfen welkem Salat wurde als Beweismittel beschlagnahmt. Das Verhör mit eingehacktem Protokoll und erkennungsdienstlicher Behandlung dauerte etwa zwei Stunden. Die Geschichte mit der Bettlerhilfe fanden die Beamten zum Brüllen. Noch nie hätten sie eine dermaßen groteske Lügengeschichte gehört. In der Wache wurde wohl noch nie so viel gelacht.

Schließlich entließen sie mich mit der Auflage, ich dürfe die Stadt bis auf Weiteres nicht verlassen. Außerdem hätte ich zu jeder Person mit Migrationshintergrund einen Abstand von mindestens Einmeterfünfzig einzuhalten. Eine Anzeige wegen migrantenfeindlicher Umtriebe in Tateinheit mit Sachbeschädigung (die Mütze!) würde mir ebenfalls ins Haus stehen. Im übrigen rieten mir die Beamten dringend, ich solle mich während der nächsten Wochen in der Wohnung aufhalten und die Öffentlichkeit möglichst meiden. »Selbstverständlich zu Ihrer eigenen Sicherheit, oder?«

Auf dem Weg zu meiner Wohnung erlebte ich eine weitere Überraschung. Mitten im Park sprachen mich zwei halbseidene Gestalten an. Beide unverkennbar Migranten südöstlicher Provenienz. Ob ich einen Moment Zeit hätte, fragte der eine. Ohne meine Antwort abzuwarten, machten sie Anstalten, mich in die Büsche zu drängen. Dank meiner Krav-Maga-Ausbildung konnten die Typen gar nicht so schnell gukken, wie ich dem einen mit den Handfläche auf beide Ohren klatschte, daß ihm die Trommelfelle platzten. Zeitgleich bekam der andere einen Tritt in die Hoden, der seine Wirkung auch nicht verfehlte. Die Hände ans Gemächt gepreßt, schrie er laut auf, krümmte sich und kotzte einen Haufen stinkendes Zeug auf den Anzug seines Freundes, der auf ihn zugetorkelt war, weil sein Gleichgewichtsorgan wohl gerade den Dienst versagt hatte.

Dieser Zwischenfall brachte mir noch einen Haufen Ärger ein. Das kannst du wohl glauben. Doch davon wollen wir jetzt nicht reden. Jedenfalls ergriff ich gleich die Flucht. Ich hatte einfach schiß. Wer konnte denn wissen, ob da noch weitere Strolche im Gebüsch lauerten.

Zu Hause angekommen, fiel ich erschöpft und völlig verzweifelt ins Bett. Ich machte mir Vorwürfe, fühlte mich als Versager und zweifelte an meinem Verstand. Über all diesem Jammer schlief ich schließlich ein. Und nicht einmal im Traum ließ mich das Bettlerpack los. Ich gehe über den Steinernen Steg und sehe am anderen Ende *sie* in der üblichen Haltung auf dem Boden knien. Sie winkt mir schon von weitem. Als ich ihr näher komme, lächelt sie mir zu, steht auf, streift ihr langes Kleid mit beiden Händen glatt. Schwarzes Haar fällt ihr locker auf die Schultern. Sie schaut mich herausfordernd an. Ich werde scharf wie eine Streitaxt. Doch in dem Augenblick wandelt sich ihr Gesicht, ja ihre ganze Gestalt. Vor mir steht ein altes, verwittertes Weib mit einem Nachttopf in der Hand, den sie mir gerade ins Gesicht schütten will - da wachte ich auf. Mit einem Prügel in der Hose, das glaubst du nicht.

Die Sache war nun gelaufen. Mein ganzes humanitäres Engagement ging voll daneben. Noch mehr, das ist unglaublich, man hat mich kriminalisiert und in die rechte Ecke gestellt. Im Polizeicomputer werde ich wohl als 'potentiell ausländerfeindlich', nazifreundlich und sonst noch alles geführt. Das hat man von seiner Menschenliebe. Ich kann Dir nur das eine raten, laß dich in humanitären Sachen niemals von Gefühlen leiten, das bringt dich nur in Teufels Küche.

Ein paar Tage nach der Katastrophe tauchte Dr. Brunner mit seinem Max bei mir auf. Er wolle sich wieder mit mir vertragen, meinte er, vor allem jetzt, wo er mich keinesfalls allein lassen könnte. Schließlich habe er die Sache mit aus der Taufe gehoben und fühle sich für das ganze Desaster mit verantwortlich, usw. Er redete den halben Abend über die ethische Verpflichtung, seinen Mitmenschen im Rahmen seiner Möglichkeiten uneigennützig zu helfen, über eine verfehlte Sozialpolitik, die das private Engagement regelrecht verhindere und über Bürger, die man neuerdings als Wut-Bürger verunglimpfe, die aber gerade deshalb, also trotzdem beherzt zur Selbsthilfe griffen, beziehungsweise... Hier hatte Dr. Brunner wohl den Faden verloren und begann mit Wortsalat gefüllte Sprechblasen zu produzieren, bis er schließlich auf das transsylvanische Bettlerwesen zu sprechen kam. Jetzt paß auf. Das mußt du dir unbedingt anhören.

Durch gezieltes Googeln habe Dr. Brunner herausgefunden, daß die transilvanischen Berufsbettler in einem festen Angestelltenverhältnis stünden. Sie seien also keineswegs den Arbeitslosen zuzurechnen oder den Menschen, die Ansprüche auf Harz IV geltend machen könnten. Diese hart und entbehrungsreich arbeitenden Menschen seien gewissermaßen Außendienstmitarbeiter international operierender Almosenverwertungssyndikate, freilich ohne Tariflohn, ohne Kranken- und Sozialversicherung, ohne Kündigungsschutz, ohne Urlaub, ohne Erschwerniszulage, ohne Kitaanspruch, also ohne alles. Doch dafür seien die Anforderungen hoch und die Bezahlung miserabel. Besser gesagt: ganze Familienverbände im Frondienst. Oder noch besser: pferdfreie Indianer, deren vornehmste Aufgabe darin besteht, ihren Chiefs schon zu Lebzeiten die Gewißheit zu verschaffen, sie seien bereits in den ewigen Jagdgründen. »Mit einem Wort, die transsylvanischen Bettler werden schamlos ausgebeutet.« Während Dr. Brunner langatmig und bildreich fabulierte, hatte Max nichts Besseres zu tun, als in der Wohnung herumzunasen. »Stinkt nach alte Sau«, sagte er immer wieder und freute sich wie ein Kind.

Da bist du sprachlos, gell. Und was machen wir jetzt? Genau, am besten gar nichts, sowieso. Doch das eine will ich dir sagen, ich für meinen Teil habe dazu gelernt, bin eine Erfahrung reicher geworden und habe bei der Ehre meiner Großmutter geschworen: Nie mehr humantär! Das dankt dir nämlich kein Schwein. Wie gesagt, ich bin schlauer geworden, sehe nun das Bettlerwesen mit völlig anderen Augen und habe dadurch an Selbstsicherheit gewonnen. Die Peinlichkeitsmaske zieht bei mir nicht mehr. Ich gehe jetzt ungerührt an den Almosenspechten vorüber und denke einfach: schlechtes Karma, Pech gehabt.

♣

Hierarchie

Mayer, jetzt hören Sie mal zu,
mein Gott, was sind Sie ignorant!
Ts,ts,ts, wie kann man nur,
das weiß doch jeder Praktikant.

Frau Müller, nein, so geht das nicht.
Sagten Sie nicht, Sie hätten Abitur?
Was soll der Chef bloß denken,
ts, ts, ts, wie kann man nur.

Herr..., wie war doch gleich Ihr Name?
Ach ja, Herr Klein aus der Registratur.
Mann, was haben Sie da gemacht?
ts,ts,ts, wie kann man nur.

Sie, ja Sie, kommen Sie mal her,
und schauen Sie mal auf die Uhr -
Wissen Sie, so geht das nicht,
ts, ts, ts, wie kann man nur.

Ich darf doch bitten, Fräulein Scharf
jetzt seien Sie bloß nicht so stur.
Ich kann das einfach nicht begreifen,
ts, ts, ts, wie kann man nur.

Was ein Kreuz mit Ihnen, Bohlke,
das ist doch Schwachsinn pur!
Wenn das Herr Klein erfährt...
ts, ts, ts, wie kann man nur.

Ach ja, Sie sind der Praktikant!
Das hab ich mir gedacht,
ts, ts, ts, wie kann man nur!
Mein Gott, was haben wir gelacht.

Geh her, du Mufti, schleich dich,
du gehst mir gegen die Natur,
fünf Mal am Tage beten,
ts, ts, ts, wie kann man nur.

Was du sagen ts, ts, ts!
Gleich kriegst du Faust in Fresse,
dann fick ich deine Schwester,
die verhurte Puffhostesse.

♣

Zeitverschiebung

Ach, wie schnell die Zeit vergeht, hört man die Leute klagen, freilich oft dieselben, die aus Langeweile, Überdruß oder Dummheit nichts besseres wissen als die Zeit zu vertreiben oder gar totzuschlagen. Doch wie ist das mit der Zeit, vergeht sie wirklich, oder bilden wir uns das nur ein?

Eine uralte Frage, gewiß, aber bei genauerem Hinsehen kommt der Verdacht, daß wohl weniger die Zeit vergeht, sondern eher wir es sind, die vergehen, wie alles *zeitliche* in der Welt. So wandern, kriechen, sausen wir von Geburt bis zu unserem Ende an der im Universum fest genagelten Zeitleiste entlang, mal schnell, mal langsam, und werden dabei alt. Nur wenigen gelingt der Dreh, das Tempo ihrer Zeitreise zu steuern. Walter Doll war so einer, er trat das Gaspedal tiefer durch als die andern, wenn auch dummerweise und sicher nicht gewollt.

Zum Anlaß seiner Pensionierung hatte Walter die Kollegen seiner Dienststelle zu einer kleinen Feier eingeladen. Eine Gelegenheit für den Dienststellenleiter, eine seiner ausschweifenden Reden zu halten. Weit griff er zurück in Walters Biographie und Werdegang bei der Deutschen Bundesbahn, die ja früher Reichsbahn hieß, doch das spielte jetzt keine Rolle mehr. Jedenfalls würdigte er ganz allgemein Walters dienstliche Leistungen, ohne konkret zu werden. Vor allem betonte er Walters Verantwortungsbewußtsein, seine Verläßlichkeit auch in schwierigen Zeiten und natürlich seine Pünktlichkeit, die überhaupt für seine Generation typisch, so komme ja die Redensart *pünktlich wie die Maurer..äh Bahn* nicht von ungefähr usw.

Die Rede des Dienststellenleiters dauerte ganze fünfunddreißig Minuten, eine lange Weile, gewiß, die selbst einem schlechten Redner genügen würde, gelangweilten Zuhörern klarzumachen, was er eigentlich sagen will. Da aber Walters Leben an herausragenden Ereignissen eher dürftig verlaufen war, dehnte der Dienststellenleiter die geplante Zeit mit ausgesuchten Allgemeinplätzen und wolkigen Wendungen, deren Sinnleere den Zuhörern gar nicht auffiel, weil sie, wie gewöhnlich bei solchem Sprachgetöse, in eine Art Trance fielen, die ihnen die gefühlte Zeit von vielfacher Dauer dennoch erträglich machte.

Am Ende applaudierten sie dennoch, einmal weil es alle tun, diesmal aber auch Walter zuliebe. Sie hoben die inzwischen mit Kalterersee gefüllten Gläser und stießen auf Walters Wohl und den verdienten Ruhestand an, wo, wie alle meinten, ihm Freizeit ohne Ende winke, wenn nicht deine Helga gar, wie einer fröhlichwissend frotzelte, nicht schon, ääh, alles restlos, nun du weißt Bescheid, he,he...

Alles Gerede, meinte Walter und protestierte entschieden: ihr habt ja keine Ahnung, was mit der Zeit so alles aufläuft, unerledigtes Zeug, Träume, Ideen und eine Unmenge Pläne. Das ist doch alles Quatsch mit dem Ruhestand, schon das Wort ist völlig daneben, denn jetzt geht's erst richtig los, hallo. Mit Fünfundsechzig ist man heute noch kein alter Mann, was glaubt ihr denn. Wie sangen damals die Beatles, oder war das Karl May..., jetzt komme ich ganz durcheinander. Wie gesagt, seit Jahren will ich unseren Garten verlegen, weil unter der Bahn hat das keinen Zweck mehr, da kann ich doch gleich Scheißdreck fressen. Übrigens die erste größere Sache, nächste Woche geht's los, ohne Pardon. Und dann arbeite ich ein Ding nach dem andern ab, präzise wie ein Roboter, das könnt ihr mir glauben. Ich hoffe nur, daß mir die Gesundheit keinen Strich durch die Rechnung macht, Aber wie gesagt, langweilig wird es mir mit tödlicher Sicherheit nicht.

Ja er fürchtete, daß die Zeit, die ihm so Gott will noch bleibt, gar nicht ausreicht.

.Seit Jahren hatte Walter auf diesen Tag hingelebt, wenn auch mit gemischten Gefühlen. Einerseits war er ja ganz Eisenbahner, andererseits sah er sich freilich als kleines, austauschbares Rädchen in einem unüberschaubar großen Räderwerk. Denn ehrlich gesagt, darüber machte sich Walter keine Illusionen, die eigentlichen Entscheidungen fallen weiter oben, er hatte imgrunde nur zu funktionieren.

Wie auch immer, nun ist es soweit, endlich, obgleich bis dahin die Zeit dahingekrochen ist wie eine Schnecke, genau die Zeit, die jetzt im Rückblick zusammenschrumpft zu einem kläglichen Erinnerungsrest.

Wie doch die Zeit vergeht, dachte er schicksalergeben.

Das heißt nun aber nicht, Walter habe mit der Zeit geschlampt, ganz im Gegenteil, schon von Berufs wegen pflegte er ein enges Verhältnis zu ihr, mußte er, denn der Redensart 'pünktlich wie die Eisenbahn', fühlte er sich als Bahner ganz und gar verpflichtet. Da gab es kein wenn und aber, solange die Züge pünktlich verkehren, ist die Welt in Ordnung.

Auch die existenzielle Dimension der Zeit berührte Walter hin und wieder, ja er neigte in solchen gleichsam philosophischen Fragen zur Nachdenklichkeit, die er freilich so abzurichten verstand, daß dabei wahrhaft unangenehme Gedanken, wie zum Beispiel solche der Vergänglichkeit, erst gar nicht zum Thema wurden. Aber sie waren dennoch da, wirkten versteckt im Stillen und sonderten schlechte Gefühle, dumpfe Ängste sowie bedrückende Ahnungen ab, die in der Nacht seine Träume vergifteten und am Tage sein Gemüt betrübten.

Hinzu kam die unterschwellig schwelende Sorge, vieles im Leben versäumt oder nur halb gemacht, kurz, die Daseinsfrist zu wenig ausgeschöpft zu haben. Doch in den Tagen seiner Pensionierung schien dieser schwärende Gedanke auf wundersame Weise einer Metamorphose unterzogen, wo, wie Phönix aus der Asche, plötzlich Hoffnung auftauchte und zur Gewißheit wurde, daß der Zug noch lange nicht abgefahren sei. Was sicher stimmte, aber die Lok stand bereits voll unter Dampf, und es war nur eine Frage der Zeit, bis sie tatsächlich ihr Räderwerk bewegte oder der Kessel explodierte. Jedenfalls schien Walter vollgetankt mit Energie, die ihn nicht zur Ruhe kommen ließ und zu einer quirligen Geschäftigkeit trieb.

Wenige Wochen nach seiner Pensionierung kandidierte er bei der Wahl zum Kirchengemeinderat, mit dem Versprechen, sich im Falle seiner Wahl vor allem der 'Altenbetreuung' zu widmen, die nach seiner Meinung immer wichtiger werde, denn die Leute werden ja immer älter und damit zahlreicher, und es gehe nicht an, daß sie wie vor hundert Jahren auf dem 'Altenteil' gewissermaßen verkümmern, nein, man müsse ihnen schon etwas bieten, Theater, Konzerte, Kultur, Ausflüge und so. Nach einem arbeitsreichen Leben hätten sie schließlich Anspruch darauf.

Als Vertrauensmann der örtlichen Sektion des Albvereins machte er fast alle Vorwanderungen selber, wie bisher. Den inzwischen überalterten und etwas müde gewordenen Verein, wolle er mit neuen Wanderzielen und Aktionsprogrammen auch für die Jugend attraktiv machen und „überhaupt etwas mehr Schwung in den Laden bringen". Das jedenfalls verkündete Walter bei der letzten Vollversammlung, was seine Zuhörer wohl nicht alle begeisterte, denn der Beifall war eher verhalten.

Da gab es noch, wie gesagt, den Gemüsegarten unter der Eisenbahnbrücke, den auf der einen Seite ein Bach begrenzte, wo Walter und seine Frau während der trockenen Tage das Gießwasser holten, der aber auch zwischen zwei verkehrsreichen Straßen lag, wo jede Menge Auspuffgase und Staub auf das liebevoll angebaute Gemüse niederrieselte und die Salatköpfe welk und fleckig werden ließ und den Blumenkohl zu einer gemeinen Steckrübe verwandelte. Dieser Gemüsegarten mußte also verlegt werden, ein geeignetes Grundstück hatte Walter schon vor Jahren gekauft. Jetzt, da er ja Zeit hatte, galt es, den Gedanken endlich in die Tat umzusetzen.

Auch am Haus mußte einiges gerichtet werden, sowohl innen wie außen. Ein neuer Anstrich war fällig, die Dachrinne leckte, Fenster mußten erneuert werden, der Flur benötigte eine Holzdecke, das wollte Helga, und auch der Teppichboden im Wohnzimmerboden sei verschlissen und eigentlich unerträglich, überhaupt gehöre das ganze Haus frisch tapeziert, ja genau, dann noch die marode Ölheizung, raus mit ihr, dafür eine Gasheizung, die entschieden sauberer und umweltfreundlicher sei, wenn auch nicht billiger, doch was soll's, das sind wir dem Klima und unseren Enkeln schuldig.

Es gab noch viele wichtigen Dinge mehr, jedenfalls mußte jede einzelne Sache geplant und abgearbeitet werden, was Walter in Angriff nahm, wurde gewissenhaft und ordentlich erledigt, da kannte er nichts, das war sein Prinzip. Natürlich hatte auch das Fernsehn seinen Platz, und zwar jeden Abend ab Tagesschau. Kam anschließend der Musikantenstadel oder die Sendung mit Frau Nebel, blieb auch Walter sitzen. Auch diesen oder jenen Tatort sahen beide gerne an, obgleich Walter gewöhnlich nach einer halben Stunde eingeschlafen war und dabei schnaufte und pfiff wie eine kaputte Rangierlok. Ansonsten zog er sich freilich nach der Tagesschau zurück in sein 'Dienstzimmer', wie er es nannte, und bastelte noch ein bis zwei Stunden an seiner Modelleisenbahn.

So verflogen die Tage, ohne merklich Spuren zu hinterlassen. Hin und wieder, wenn es ihm am wenigstens paßte, mußte er eine Verschnaufpause einlegen, sein Herz zwang ihn dazu. Doch darüber sprach er nicht, was ging das die Andern an.

Wurde bei einem Gespräch das Thema Eisenbahn angesprochen, was häufig der Fall war, dann hakte Walter ein und war kaum noch zu bremsen. Er schimpfte über die unhaltbaren Zustände und den allgemeinen Schlendrian. Vor allem beklagte er die nachlässige Dienstauffassung der jungen Leute, denn genau darauf seien die ständigen Zugverspätungen zurückzuführen. „Früher, in meiner Zeit, waren Verspätungen höchst selten, da mußte schon eine Brücke einstürzen oder der Zug entgleisen. Für jede Minuten Verspätung mußten wir Rechenschaft ablegen, jawohl, und zwar schriftlich, da gab es kein wenn und aber, das war Ehrensache. Und heute? Natürlich ist der Computer schuld, egal was passiert, der trägt auch die Verantwortung, klar. Daß ich nicht lache. Doch was kümmert mich der Kram, ich bin da raus. Im übrigen können die mich kreuzweise."

Walter war fest davon überzeugt, jetzt im Ruhestand sei er endlich sein eigener Herr, der auch über die Zeit bestimmen könne, wie er wolle. Nicht im entferntesten kam ihm der Gedanke, daß 'Herren' nicht einfach so vom Himmel fallen.

Obgleich Walter unheimlich viel zu tun hatte, davon war er überzeugt, fand er ausreichend Zeit für seine Modelleisenbahn. Vor etwa 30 Jahren schenkte er seinem Sohn Harald zu dessen drittem Geburtstag eine elektrische Märklinbahn, die aus einer niedlichen Lokomotive, drei Personenwagen, einem Schienenkreis samt Trafo bestand. Das

Kind verfolgte mit großen Augen, wie das Züglein ratternd im Kreis fuhr, fast auf der Stelle stoppte, zurücksetzte, wieder vorwärts eilte, auch mal entgleiste, von Walter erneut auf die Schiene gesetzt wurde und von neuem lossurrte. Als klein Harald schließlich auch mal durfte, grabschte er mit trotzigem Gesicht nach der Lok, von der die Wägelchen klödernd auf den Boden fielen, und warf sie mit ganzer Kraft gegen den Wohnzimmerschrank, wo heute noch eine Macke zu sehen ist. Walter reagierte sehr ungehalten, worauf das Kind zu brüllen anfing. Dann brachte er das Bähnchen in Sicherheit, klein Harald vertröste er auf den Sankt Nimmerleinstag. Aber der Grundstein für Walters Modellbahn war gelegt. Fuhr das Züglein mal wieder im Kreis, durfte das Harald nur noch zugucken, und wenn er ihm zu nahe kam, gab es einen Anpfiff. Ein Grund warum klein Harald vom 'Bähnle' bald genug hatte, er spielte sowieso lieber mit Puppen und und nervte seine Eltern mit einer Tröte, die ihm seine Oma geschenkt hatte. Später wurde Harald nicht Eisenbahner sondern Musikclown beim Zirkus Compostella.

Walters Rentnerleben war straff strukturiert und zeitlich durchgeplant. Sein Arbeitstag begann morgens um acht und endete abends gegen zehn, Mahlzeiten, Tagesschau und Hansi Hinterseer inbegriffen. Natürlich auch seine Modelleisenbahn, für die täglich etwa zwei Stunden vorgesehen waren. Manchmal auch mehr, mit zunehmender Tendenz. Dafür ging er zum Ausgleich erst um Mitternacht ins Bett.

Das Ergebnis unzähliger Einfälle und fleißiger Tüftelei belegte inzwischen die zwei Zimmer der zum Haus gehörigen Einliegerwohnung. Von einer zentralen Station verliefen Schienenstränge in alle Richtungen, vorbei an schmucken Siedlungen, acrylgrünen Buschgruppen, reichen Bauernhöfen mit Kühen, Pferden, Heuwagen, Mähdreschern und sogar einer Gänsliesel, klappernden Sägewerken und hell klingenden Hammerschmieden. Personen-, Güterzüge und rote Triebwagen wandten sich durch Täler, Waldinseln, fuhren über Berge und Brücken oder verschwanden in einem der zwei Tunnels, wozu Walter extra die Trennwand der beiden Zimmer durchbrochen hatte. An mehreren sehr malerisch und anschaulich gestalteten Bahnhöfen hielten die Züge schlagartig, um dann gleichsam aus dem Stand weiterzueilen, als gälte es, keine Sekunde zu verlieren. Automatisch gesteuerte Signal-, Weichen- und Schrankensysteme sollten für einen reibungslosen Betriebsablauf sorgen, was leider nur selten gelang. Ständig funktionierte etwas nicht, immer wieder traten Störungen auf, die den mühsam ausgetüftelten Fahrplan über den Haufen warfen und oft schwerste Unfälle zur Folge hatten. Kürzlich erlitt die Dampflok DT 287, ein sehr seltenes und wertvolles Modell, bei einem Zusammenstoß erhebliche Schäden, und zwar hauptsächlich durch den Sturz von der Brücke, die über eine mit echtem Wasser gefüllte Seezunge führte. Jedenfalls machte die Lok keinen Muckser mehr und mußte zur Reparatur eingeschickt werden.

Wann immer Störungen eintraten, oft kamen sie in Serie, dann suchte Walter verbissen nach Fehlschaltungen, gelösten Kabeln, Kurzschlüssen, Kriechströmen und anderen Ursachen. Bis er den Fehler gefunden und die Sache repariert hatte, dauerte oft Stunden, was natürlich seine ganze Terminplanung durcheinanderwarf, eine Fehlleistung, in deren Folge auch Verabredungen platzten und Walters Ruf als Muster an Zuverlässigkeit und Pünktlichkeit empfindlich schädigte. Dessen war sich Walter durchaus bewußt und hatte folglich permanent schlechtes Gewissen, aber er konnte einfach nicht anders.

Allmählich nahm ihn seine Modelleisenbahn völlig in Beschlag.

Etwa ein Jahr nach seiner Pensionierung, legte er sein Mandat als Kirchengemeinderat nieder. Walter hatte zwei Versammlungen und mehrere Termine schlichtweg versäumt, worauf ihm der Ortspfarrer in seiner Eigenschaft als Seelsorger bei einem Gespräch unter vier Augen schonend beibrachte, daß die Kräfte mit zunehmendem Alter tatsächlich schwinden würden, beim einen früher beim andern später, das sei der Lauf der Welt und vom Herrn so eingerichtet, da müsse sich Walter üerhaupt keine Gedanken machen, jedenfalls, das wolle er damit sagen, wäre es für Walter und die Gemeinde zum Vorteil, wenn er, Walter, in der Zeit, die ihm so Gott will noch bleibe, seinen Freiheitsdrang ungehindert auslebe, sich dazu aber freiwillig von seinem Amt entbinden müsse, um künftig seine Kräfte mit gewohnter Einsatzfreude mehr in ehrenamtliche Tätigkeiten einzubringen, denn auf keinen Fall wolle man auf seine Mitarbeit verzichten, er müsse aber einsehen usw.

Den Vorsitz beim Wanderverein überließ er seinem jüngeren Vertreter. Er habe Probleme mit seinem Knie, Abnützungserscheinungen oder so, er sei ja nicht mehr der Jüngste und müsse leider allmählich etwas kürzer treten. Das war seine offizielle Version, Helga gestand er, daß ihm der Goretexverein mit seinem Naturgesäusel schon lange auf den Wecker gehe. Überhaupt sei es reine Zeitverschwendung, bei Wind und Wetter ziellos durch die Landschaft zu latschen, „ich mache da nicht mehr mit, basta".

Die allzeit notwendigen Ausbesserungen am Haus und jahrszeitlich bedingten Arbeiten im Garten schob er zunehmend vor sich her, da bewirkten auch die ständigen Anmahnungen Helgas nichts, sie vergifteten nur die häusliche Atmosphäre, in der sowieso schon dicke Luft herrschte. Auch die markigen Worte Haralds, der gelegentlich hereinschneite, um nach seinem Erbe zu schauen, waren in den Wind gesprochen. Walter verschwand immer häufiger und länger im „Stellwerk", wie er neuerdings die Einliegerwohnung nannte.

Helga hatte absolut kein Verständnis für Walters Marotte, war sie es doch, auf der all das lastete, was Walter am Haus ignorierte oder vernachlässigte. Andererseits war sie besorgt über die Veränderung, die sie bei ihrem Mann beobachtete und spielte mit dem Gedanken, einen Arzt einzuschalten. Natürlich sprach sie darüber mit ihren Kindern. Harald wollte Vater unbedingt zu einem Psychologen bringen, sein bester Freund übrigens, der ihm auch um Mitternacht einen Termin geben würde. Also wie gesagt jederzeit, das ginge völlig in Ordnung. Und schon rauschte er wieder ab, Termine, Termine, Verpflichtungen, sorry. Seine Tochter Renate bedauerte in der ihr eigenen Ausführlichkeit, daß der Opa keine Zeit mehr für seine Enkel habe, die jetzt schon fragen, ob der Opa mit ihnen böse sei, und sie bedrängte ihre Mutter, sie möge Vater doch endlich dazu bringen, sich wieder normal zu verhalten, ja sie solle ihm ins Gewissen reden, er habe schließlich gewisse Pflichten gegenüber seiner Familie, aber so wie er sich in letzter

Zeit verhalte, das sei wirklich kein Zustand. Der Schwiegersohn Gerd sah die Sache etwas nüchterner, er hielt den Alten schlicht für „betriebsgestört", und meinte, für solche Fälle habe man ja die Klapse erfunden, da würde er gewiß schnell wieder auf die Schiene kommen.

Walter galt bei seinen ehemaligen Kollegen, seinen Wanderfreunden und näheren Bekannten als zuverlässig und hilfsbereit, kurz als ein Mensch, auf den man in jedem Falle zählen konnte. Was freilich wenige hinter seinem Rücken kritisierten, war Walters kurz angebundene und vermeintlich reservierte Art, bei der man leicht den Verdacht hegte, er sage nicht immer alles, was er dachte. Doch wer sagt schon alles, was er denkt. Tatsache dürfte freilich gewesen sein, daß Walter jetzt ein Maß an Freiheit spürte, das ihm die Chance bot, endlich das zu verwirklichen, worüber er mit niemand je ernsthaft gesprochen hatte, weil er fürchtete, belächelt oder für einen Phantasten, wenn nicht gar Spießer gehalten zu werden, also das zu realisieren, wovon ihm schon lange träumte, ja als Lebensziel vor Augen stand: die ultimative Modelleisenbahn mit dem perfekten Fahrplan.

Walter hatte sich in den Kopf gesetzt, die gesamte Anlage mit allem drum und dran, einer Landschaft mit Bergen und Tälern, mit Brücken, Straßen, Bahnübergängen, Dörfern, Siedlungen, Tunells, Unter-, Überführungen undsoweiter exakt der Wirklichkeitu seines Arbeits- und Lebensraumes in einem machbaren Maßstab nachzubilden. Dazu beschaffte er Karten oder nahm, wo dies ihm nötig erschien, selbst Messungen vor, und wenn er einmal nicht wieder unterwegs war, um Farbe, Holz, Kleister, Schrauben, Zubehörteile oder anderes Material zu besorgen, dann rechnete er, vermaß Strecken, Schienen und Teile, feilte, sägte, schnitt, leimte, verlegte Kabel, lötete und tüftelte neue Schaltungen aus. Zu den Mittags- und Abendmahlzeiten, die ihm Helga aus reiner Fürsorgepflicht immer noch zubereitete, erschien er erst nach mehrmaliger Aufforderung, schlang das Essen hastig hinunter, stand wieder auf und verließ die Küche wortlos Richtung 'Stellwerk'. Auf die Tagesschau oder den Musikantenstadel verzichtete er schon lange, es gab einfach Wichtigeres zu tun. So gegen Mitternacht fiel er gewöhnlich müde ins Bett, wo er wenige Stunden unruhig schlief.

Nach etwa acht arbeitsreichen Monaten schien das Werk vollbracht. Wie einst der Demiurg schaute Walter auf seine Welt, die nun neu gestaltet vor ihm lag, ein aus dem Chaos erschaffener Kosmos.

Nun tauchte er wieder auf, erfolgsgestärkt, positiv gestimmt, bereit den Freudenquell des wirklichen Lebens auszuschöpfen. Alle waren natürlich froh und dankten Gott oder wem auch immer, den Ehemann, Vater, Großvater, Kameraden, ehemaligen Kollegen wieder zu haben, waren aber auch überrascht über den schnellen Wandel, der nicht zuletzt auch Anlaß zur Sorge über einen möglichen Rückfall gab.

Walter versuchte, die Sache herunterzuspielen, bat um Entschuldigung und versicherte, alles würde wieder sein wie früher, nur, das müsse man ja verstehen, sein 'Stellwerk' könne er nicht vernachlässigen, da stecke zuviel Arbeit drin. Im übrigen sehe er nicht ein, warum er von seinem Hobby, das ihm ungemein viel bedeute, Abstand nehmen solle. Das tat er dann auch nicht, allein schon wegen einer genialen Idee, die unterschwellig reifte und schließlich deutlich in Walters Bewußtsein trat und schnellstmögliche Realisierung forderte. Denn so perfekt und schön, wie Walters Modellwelt ihm zunächst schien, war sie tatsächlich noch lange nicht. Zwar stimmte die Modellwelt mit Walters wirklicher Umwelt sowie dem Bahngelände in befriedigender Weise maßstäblich überein, doch die Laufzeiten der Modellzüge zeigten überhaupt keine Verhältnismäßigkeit zum Fahrplan der richtigen Züge, das heißt, die Modellzüge fuhren viel zu schnell. Zum Beispiel benötigte ein Personenzug bei normaler Geschwindigkeit mit Anfahrts- und Bremszeit für die Strecke über 8,8 km zwischen den Bahnhöfen Kreisbüch und Beeringen genau 10 Minuten. Dagegen durcheilte ein Modellzug die im Maßstab 1:5000 verkleinerte Strecke in nicht einmal 8 Sekunden. Das geht so nicht, auf keinen Fall, Walter wollte, daß auch die Modellzüge entsprechend zum amtlich geltenden Fahrplan zeitgleich verkehrten. Er stand hier vor einem echten Problem, zugleich aber vor einer großen Herausforderung, die ihn nicht mehr losließ, ihn ständig beschäftigte und allmählich völlig okkupierte.

Zuerst versuchte er, den empfindlichen Elektromotor einer Lokomotive vorsichtig zu drosseln. Doch beim Probelauf kroch die Lok dahin wie eine Schnecke, so etwa eine halbe Minute lang, dann ein leises Knistern, das zu einem lauten Brummen anschwoll, plötzlich aber Stillstand, die Lok brummte weiter, jetzt aber tiefer und bedrohlicher. Walter drehte wild am Transformator. Der Lok entwich ein ätzendgraues Stinkewölkchen, ein Flämmchen züngelte auf - Walter reagierte professionell und riß den Trafostecker aus der Dose.

Dieser Ansatz war falsch, das hatte er sofort begriffen, die Lösung mußte woanders liegen. Also suchte er verbissen weiter, rechnete die Verhältnisse rauf und runter und übers Kreuz. Einmal schoß ihm der Gedanke durch den Kopf, vielleicht das Nachbargrundstück zu kaufen oder wenigstens zu pachten, ein Zelt aufzustellen und...er verwarf ihn wieder. Nach allem hin und her sah er schließlich keinen anderen Ausweg, als eine Reihe nötiger Kompromisse einzugehen. Das fiel ihm nicht leicht, denn für ihn waren das nichts weiter als Scheinlösungen, also reiner Selbstbetrug, was seiner aufrichtigen Natur entschieden zuwiderlief. Aber ihm blieb keine andere Wahl.

Durch raffinierte Veränderungen und Anpassungen des real übernommenen Fahrplans und aufwendigen technischen Manipulationen an den Transformatoren und Elektromotoren seiner Lokomotiven in Verbindung mit komplizierten, kaum nachvollziehbaren Anpassungsberechnungen gelang es ihm schließlich, ein Zeitverhältnis von 1 : 7 auszuklügeln. Damit war es nun möglich, einen kompletten Wochenfahrplan in einem einzigen Tag unterzubringen, was folglich bedeutete, daß ein Tag in Walters Modellwelt lediglich drei Stunden und sechsundzwanzig Minuten dauerte. Die Ankunfts- und Abfahrtzeiten der Züge, ihre Geschwindigkeiten und nötigen Sicherheitsabstände, die durch eine spezielle Konstante zur Realität ins Verhältnis gesetzt wurden, errechnete Walter mit Hilfe eines *Scientific Calculators,* mit dessen Bedienungsweise er sich natürlich zuvor vertraut machen mußte. Allein das kostete ihn unsägliche Mühe und Kopfzerbrechen und viele schlaflose Nächte.

Eine nicht minder große Herausforderung an sein technisches Verständnis und handwerkliches Geschick stellte die Konstruktion einer passend funktionierenden Bahnhofsuhr. Dank seiner Beharrlichkeit gelang ihm schließlich auch das. Mit ein paar Widerständen, Transistoren, Kondensatoren und Quarzen von zureichender Frequenz überlistete er eine Digitaluhr mit überdimensionalem Ziffernblatt, auf dem man nun exakt Jahr, Monat, Tag, Stunde und Minuten ablesen konnte. Dieser Zeitmesser, das Herz der Anlage, hing schließlich genau über der zentralen Bahnstation. Walter hatte ihn mittels einer Zierkette an einem Deckenhaken aufgehängt.

Damit alles möglichst naturgetreu ablief, auch der Wechsel von Tag und Nacht, befestigte er eine runde Milchglaslampe an einem Läufer, der sich mit Hilfe einer genial konstruierten Mechanik auf einer Bogenschiene entlangbewegte, die als senkrecht stehender Kreis rund um die Modellandschaft führte, so daß morgens gegen 6.00 Uhr Modellzeit (Mz) gleichsam die Sonne im Osten aufging, durch den Zenit wanderte und am Abend im Westen hinter den grün gefärbten Rupfenhügeln verschwand. Die Kreisschiene hatte Walter zusätzlich an zwei versteckten Drehpunkten befestigt, was eine Auf- und Abbewegung der Bogenschiene ermöglichte, wobei die unterschiedliche Länge der Lampen- bzw. Sonnenbahn den Ablauf der Jahreszeiten simulierte. Was dem System freilich fehlte, war der Mond, dessen Bedeutung in punkto Zeitmessung heute sowieso keine Rolle mehr spielt, jedenfalls nicht bei uns.

Das ganze Regelwerk ist durch unzählige Kabel in unterschiedlichen Farben über Relais, Schaltzentralen und Knotenpunkte mit der Digitaluhr, dem Gehirn der Anlage, verbunden, von wo das System die nötigen uhrzeitlichen Steuerimpulse erhält. Damit ja kein Lichtschimmer von außerhalb die totale Illusion gefährdete, hatte Walter die Rolläden herabgelassen, jede Ritze mit schwarzer Silikonmasse verschmiert und zusätzlich die Fensterscheiben von innen und außen mit schwarzer Farbe bestrichen.

Das Gesamtkunstwerk kostete ihn sieben Monate hochkonzentrierte Arbeit, bis alles tatsächlich reibungslos funktionierte, mußte er weitere fünf Wochen anhängen.

Die menschliche Umgebung war über den krassen Rückfall Walters nicht nur enttäuscht, sondern geradezu entsetzt, ja sogar hoch empört. Helga sagte ihm ganz offen, daß sie mit einem solchen Egoisten, der nur noch an sich und seine Interessen denkt, nicht länger zusammenleben möchte. Entweder ich oder deine gottverdammte Märklinbahn, er solle sich entscheiden. Aber das war nichts weiter als der im Frust und Äger abgelassene Dampf. In Wahrheit war sie tief besorgt, denn was sie hier mit ansehen mußte, deutete sie als psychische Erkrankung, die unbedingt behandelt werden mußte. Sie sprach darüber mit ihrem Hausarzt. Aber der hatte wie immer viel um die Ohren und speiste die bekümmerte Frau mit der Bemerkung ab, daß solche Überspanntheiten bei Männern in Walters Alter schon mal vorkämen. Sie müsse einfach etwas Geduld mit ihm haben, dann wird's schon wieder. Ein schwacher Trost, zumal ihr Geduldsfaden bald zu reißen drohte, und der stets in anderen Welten schwebende Mensch, der ihr bei den wenigen gemeinsamen Mahlzeiten schweigsam gegenübersaß und sie überhaupt nicht mehr wahr nahm, mit *ihrem* Walter kaum noch Gemeinsamkeiten zeigte. So langsam schien ihr der fremde Mann an ihrem Tisch unheimlich. In einem schmalen, unrasierten Gesicht mit grauem Bartschatten brannten, durch die Brille stark vergrößert, zwei fiebrige Augen, Walters frühere Redseligkeit ist einer Art konzentrierter Schweigsamkeit gewichen. Bei seinem Anblick fröstelte Helga, sie verstand überhaupt nichts mehr.

Natürlich war Walter auf seine Leistung stolz. Doch was nützt dieser Stolz, wenn er nur die eigene Brust schwellt und sonst unbeachtet bleibt. Also beschloß Walter, einen *Tag der offenen Tür* abzuhalten, vergaß freilich die Werbetrommel zu rühren oder ein paar Einladungen zu verschicken oder das Ereignis wenigstens im engeren Freundeskreis bekanntzumachen. Folglich hielt sich der Ansturm in Grenzen. Es erschienen seine Frau Helga mit Tochter Renate und Manfred, ihrem Mann. Dazu zwei ehemalige Kollegen, Friedhelm und Rainer.

Beide wußten von Helga, was sie erwartete und hatten den Auftrag, irgendwie ihren Einfluß geltend zu machen, damit Walter wieder Kontakt zur Außenwelt aufnehme und begreife, daß es immer noch Menschen gebe, die ihn schätzten und ungern den Kontakt zu ihm verlieren würden.

Am *Tag der offenen Tür* sollten die Zuschauer im kleinen Flur vor dem 'Stellwerk', wo drei Klappstühle bereit standen, Platz nehmen. Doch sie standen lieber und schauten mit gemischten Gefühlen durch die Eingangstür, wo, wenn man nicht gerade den Kopf durch die Tür steckte und den Hals verdrehte, ein kleiner Ausschnitt der Szenerie überschaubar war. Walter bestand übrigens darauf, daß jeder Zuschauer wenigstens für die Dauer eines Modelltags anwesend blieb, also etwas mehr als drei Stunden, nur so könne er wirklich verstehen, was sich da vor seinen Augen abspielte. Sowie jedoch Walter an seinem Schaltpult saß und hoch konzentriert die Fäden zog, hatte er seine Gäste vergessen und bemerkte nicht, wie zuerst Manfred mit Renate, fünf Minuten später Helga, dann mit etwas Abstand Friedhelm und Rainer wegschlichen. Oben im Wohnzimmer kamen sie wieder zusammen, alle irgendwie peinlich berührt, und überlegten, wie sie Walter helfen und wieder in die Wirklichkeit zurückholen könnten.

Unfähig zur Selbstkritik, wie Demiurgen nun mal sind, war Walter von der Vollkommenheit seiner selbst erschaffenen Welt überzeugt, was ihn schließlich zum Entschluß bewegte, fortan sein Leben in seinem Kosmos einzurichten.

Die Einliegerwohnung hatte soweit alles, was Walter benötigte, Toilette, Badezimmer mit Dusche, Anrichte und eine Schlafliege, bei der aus Platzgründen etwa die Hälfte unter das Tragegestell der aufsteigenden Mittelgebirgslandschaft ragte, und zwar genau dort, wo die Atrappe einer Miniaturseilbahn zum höchsten Gipfel, dem Kirkel, führte. Die feststehende Kabine hing genau über der Liege und geriet jedesmal heftig ins Schaukeln, wenn Walter seine Schlafstellung änderte. Obgleich Walter meinte, souveräner Herrscher seiner Miniwelt zu sein, so log er sich doch in die eigene Tasche, denn er blieb in vielerlei Dingen völlig abhängig von der Außenwelt, vor allem aber vom guten Willen seiner Frau. Allein wenn Helga den außerhalb der Einliegerwohnung installierten Hauptsicherungsschalter umgelegt hätte, wären bei Walter nicht nur die Lichter ausgegangen, es wäre für seinen Minikosmos gleichsam der absolute Supergau gewesen. Hätte sie versäumt, ihn mit Nahrungsmittel zu versorgen, wäre er binnen kurzem verhungert. Hätte sie nicht seine Wäsche gewaschen, hätte er bald gestunken wie ein Ziegenbock. Auch für sein Bluthochdruckmittel wäre früher oder später der Nachschub ausgeblieben, was ihn wohl dem Schlagfluß schnell näher gebracht hätte.

Natürlich ließ Helga nichts unversucht, um Walter zurückzugewinnen. Sie suchte wiederholt die Hilfe ihres Hausarztes, der freilich seine Ratlosigkeit zugab und ihr einen Psychiater empfahl, der seinerseits nichts besseres wußte als gerichtliche Schritte, Entmündigung und notfalls Gewalt. Doch derart unwürdige Maßnahmen konnte Helga nicht zulassen, sie achtete Walter nach wie vor, schließlich war er kein schlechter Mensch, sondern nur ziemlich schrullig geworden, oder vielleicht sogar krank, und da durfte sie ihn auf keinen Fall hängen lassen, das gebot schon der Anstand. Zudem hatte sie die Hoffnung noch nicht begraben, daß sich irgendwann und irgendwie alles zum Guten wenden wird, es wird schon wieder, Zeit heilt Wunden, war ihre Devise. Eine Einstellung, die Helgas Langmut erklärt, das verrückte Theater bis zum Ende mitzuspielen.

Bei den sparsamen Gesprächen über das Haustelefon, dessen Apparat in Walters Schaltzentrale signalrot leuchtete, ging es im Wesentlichen um Essenswünsche oder um Besorgungen von kleinen aber notwendigen Dingen. Der Frage Helgas, wie lange sie noch warten solle, bis er wieder zur Vernunft komme, wich er gewöhnlich mit Allgemeinplätzen aus, wie 'gut Ding braucht Weile', 'Rom wurde auch nicht an einem Tag erbaut' oder 'in sieben Tagen schuf Gott die Welt', wobei er schulmeisterlich hinzufügte, daß bei Gott ein Tag so lang wie tausend Jahre dauere. Im übrigen, meinte er, solle sie wenigstens versuchen, ihn zu verstehen und etwas mehr Geduld zeigen, denn schließlich gehe es hier nicht um irgendeinen Rentnerspleen, sondern um die

Verwirklichung eines genialen Planes, oder anders gesagt, um die Erschaffung einer Welt.

Dieser hochgestochene Anspruch Walters beindruckte Helga wenig, sie tat einfach, was ihr nötig schien und in Maßen, was Walter erwartete, doch das war in der Tat nicht wenig. In einen Servieraufzug, der irgendwann für die gehbehinderte Schwiegermutter installiert worden war, mußte sie etwa alle dreieinhalb Stunden kleinere Mahlzeiten stellen, und das rund um die Uhr. Als erfahrene Hausfrau wußte sie natürlich die Sache ökonomisch zu gestalten, so waren die vorgekochten, abgepackten und tiefgefrorenen Gerichte in der Microwelle schnell aufgetaut und angewärmt. Und wenn sie einmal zum Kochen keine Lust hatte, schob sie ein Fertiggericht in die Röhre. Was ihr freilich bald lästig wurde, war der zeitliche Abstand der Mahlzeiten von etwa dreieinhalb Stunden, und das rund um die Uhr. Gegen Walters ausdrücklichen Protest, stellte sie ihm nun abends die gesamte Nachtration in den Aufzug, und überließ es Walter, sie aufzuteilen. In dem Zusammenhang sagte Walter zu Helga, sie möge sich nicht wundern, aber in seinem Alter würde nur eine Mahlzeit täglich genügen, zumal er bei seiner sitzenden Tätigkeit sowieso zu wenig Bewegung hätte. Helga schüttelte irritiert den Kopf und verstand die Welt nicht mehr, wußte aber, daß Walter nun völlig den Verstand verloren hat. Die Sonderlichkeiten wurden tägliche Routine und fielen am Ende kaum noch auf, so auch der Lärm in Form vielfältiger Laute, der Tag und Nacht die Wände der Einliegerwohnung durchdrang.

Als neugieriger Lauscher mit dem Ohr am Rolladen oder an der Tür hätte man eine Geräuschkulisse vernommen, die der Betriebsamkeit eines städtischen Bahnhofs nahe gekommen wäre. Über einen Lautsprecher von mäßiger Qualität quakte Walters entstellte Stimme und meldete ankommende und abfahrende Züge. Es rauschte, knirschte, schnarrte, zischte, klapperte und pfiff pausenlos, fast wie im wirklichen Leben.

Was anfangs sonderbar, ungewöhnlich, störend oder besorgniserregend anmutete, gehörte, wie gesagt, nach geraumer Zeit zum Alltag, oder besser gesagt zum täglichen Wahnsinn und gab folglich kaum

Anlaß zu irgendwelcher Sorge. Walter bekam sieben Mal am Tag seine warme Malzeit. Alle 52 Tage feierte er seinen Geburtstag. Zur Feier des Tages fand er dann auch, wie vereinbart, in der Essensklappe ein Stück Schwarzwälder Kirschtorte und eine Glückwunschkarte. An bestimmten Tagen, die Walter jeweils genau errechnet und vorher angekündigt hatte, bestand er auf einem mit Lametta geschmückten Tannenbäumchen, das auch aus Plastik sein durfte, und einem Teller Weihnachtsgebäck. In ähnlichen Abständen wurde auch die Auferstehung des Herrn gefeiert, dazu bekam Walter wunschgemäß jedesmal ein Krokantei. In diesem Rhythmus flogen zweieinhalb Jahre dahin, ohne herausragende Ereignisse.

Urplötzlich brach Stille aus, und zwar an einem Freitag Abend. Unheilvolle Ruhe drang aus dem Stellwerk, durchzog das ganze Haus und brachte Helga in helle Aufregung. Per Telefon rief sie den Schwiegersohn, der zwanzig Minuten später zur Stelle war und kurz entschlossen die Eingangstür zur Einliegerwohnung aufbrach und sich zusammen mit Helga durch leere Kartons und anderes Gerümpel den Weg zum Stellwerk bahnte. Doch was sie jetzt sahen, vergaßen sie ihr Leben lang nicht mehr.

Im Sessel vor dem Schaltpult, wo blaue, grüne, gelbe, rote Lämpchen blinkten, saß Walter, regungslos, den Kopf nach vorne geneigt, das Kinn auf der Brust. Die Arme hingen seitlich herab, auf dem Boden lag ein zerbrochenes Glas.

Walter war tot. Aus seiner roten Fahrdienstleitermütze quoll schlohweißes Haar, das ihm wellig auf die Schultern fiel. Sein Gesicht wies deutlich auf ein hohes Alter, war runzelig und verwittert, wirkte aber entspannt und irgendwie zufrieden. Offenbar ein schmerzloser Tod, gelitten hatte er jedenfalls nicht.

Die große Wanduhr, wo die Minuten wie Sekunden tickten, zeigte den 26. Juni 2015. An diesem Tag wäre Walter 86 Jahre, 7 Monate und 24 Tage alt geworden.

Der herbeigerufene Hausarzt führte die Todesursache auf Herzversagen zurück, und zwar wegen Altersschwäche. Ein ganz natürliches Ende, dachte der Mediziner, ohne Zweifel, doch mit 66 Jahren ziemlich ungewöhnlich. Ja, so ist das Leben, unberechenbar und voller Rätsel - und warum in aller Welt sollte es diesen Fall nicht geben.

♣

Inhalt	Seite
Postmoderne	3
Mallomania	5
Kulturereignis	27
Juratl	29
Heute ist's Sonntag	45
Maria	47
Der neue Mann	83
Die Frau in der Menge	87
Arabischer Frühling	115
Der zweite Mann	119
Ein Leben	125
Der Alte Mann nimmt Abschied von seinem Schiff	133
Cockpitgespräche	169
Tod der Kanzlerin	175
MeToo oder Rache ist süß	283
Der Gucker	286
Mallorca	315
Versuch Wasser zu lassen	327
Oblomow läßt grüßen	331
Fakespeech	353
Widele Wedele	357
Hierarchie	387
Zeitverschiebung	389